宋元學案

四部備要

子部

中華書局據清道光道州
何氏刻本校刊

桐鄉　陸費逵總勘
杭縣　高時顯
吳汝霖輯校
杭縣　丁輔之監造

宋元學案卷四十九

餘姚黃宗羲原本　　後學慈谿馮雲濠校刊

男百家纂輯　　鄞縣王梓材重校

鄞縣全祖望修定　　道州何紹基重刊

晦翁學案下

晦翁文集

自聖學不傳世之爲士者不知學之有本而惟書之讀則其所以求于書不越于記誦訓詁文辭之閒以釣聲名干祿利而已是以天下之書愈多而理愈昧學者之事愈勤而心愈放詞章愈麗議論愈高而其德業事功之實愈無以逮乎古人然非書之罪也讀者不知學之有本而無以爲之地也福州州學經史閣記

人之所以位天地之中而爲萬物之靈者心而已矣然心之爲體不可以聞見得不可以思慮求謂之有物則不得于言謂之無物則日用之閒無適而非是也君子于此亦將何所用其力哉必有事焉而勿正心勿忘勿助長則存之之道也如是而存存而久久而熟心之爲體必將瞭然有見乎參倚之閒而無一息之不存矣存齋記

若如所謂當應事然後思是事之理當接物然後思是物之理則恐

思之不豫而無所及若豫講之則又陷于所謂出位而思念慮紛擾之病竊意用力之久必有說以處此矣幸明告我得以反復之 答程次卿

若知此心此理端的在我則參前倚衡自有不容舍者亦不待求而得不待操而存矣格物致知亦是因其所已知者推之以及其所未知只是一本原無兩樣工夫也 答陳才卿

如釋氏擎拳豎拂運水般柴之說豈不見此心豈不識此心而卒不可與入堯舜之道者正謂不見天理而專認此心以爲主宰故不免流于自私爾前輩有言聖人本天釋氏本心蓋謂此也 答張敬夫

邵子又謂心者性之郛廓乃爲近之但其語意未免太粗須知心是身之主宰而性是心之道理乃無病爾所謂察識此心乃致知之切近者此說是也然亦須知所謂識心非徒欲識此心之精靈知覺也乃欲識此心之義理精微爾 答姜叔權

治國平天下與誠意正心修身齊家只是一理所謂格物致知亦曰如此而已矣此大學一書之本指也今必以治國平天下爲君相之事而學者無與焉則內外之道異本殊歸與經之本旨正相南北矣禹稷顏回同道豈必在位乃爲爲政邪 答江德功

文字雖不可廢惟涵養本原而察于天理人欲之判此是日用動靜之閒不可頃刻閒斷底事若于此處見得分明自然不到得流入世俗功利權謀裏去矣熹亦近日方實見得向日支離之病雖與彼中證候不同然其忘己逐物貪外虛內之失則一而已程子說不得以天下萬物撓己己立後自能了得天下萬物今自家一箇身心不知安頓去處而談王說霸將經世事業別做一箇伎倆商量講究不亦誤乎

梓材謹案主一所纂此下一條移入東萊學案

須知必有事焉只此一句便合見天理流行活潑潑地方要于此著意尋討便窒礙了如說先難只此二字已見得爲仁工夫然于此處才有計較便夾雜了故才說上句便說下句以急救之

來書亦于智力二字畢竟看不破放不下殊不知此正是智力中之仁義賓中之主鐵中之金若苦向這裏覓道理便落在五霸假之以下規模裏出身不得孟子董子所以拔本塞源斬釘截鐵便是正怕後人似此拖泥帶水也熹常語此閒朋友孟子一生忍窮受餓費盡心力只破得枉尺直尋四字今日諸賢苦心勞力費盡言語只成就枉尺直尋四字不知淆訛在甚麼處此話無告訴處只得仰屋浩歎

也

示諭日用工夫如此甚善然亦且要見得一大頭腦分明便于操舍之閑有用力處如實有一物把住放行在自家手裏不是謾說求其放心實卻茫茫無把捉處也

來書謂伊川先生所云內外不備者爲不然蓋無有能直內而不方外者此論甚當據此正是熹所疑處若使釋氏果能敬以直內則便能義以方外便須有父子有君臣三綱五常缺一不可今曰能直內矣而其所以方外者果安在乎又豈數者之外別有所謂義乎以此而觀伊川之語可謂失之恕矣然其不然特老兄未之察爾所謂直內者亦謂其有心地一段工夫爾但其用功卻有不同處故其發有差他卻全不管著此所以無方外之一節也固是有根株則必有枝葉然五穀之根株則生五穀之枝葉華實而可食稊稗之根株則生稊稗之枝葉華實而不可食此則不同爾薓朮以根株而愈疾鉤吻以根株而殺人其所以殺人者豈在根株之外而致其毒哉以上答呂子約

百家謹案此內外之辯

涵養本原之功誠易間斷然纔覺得間斷便是相續處只要常自提

撕分寸積累將去久之自然接續打成一片爾講學工夫亦是如此莫論事之大小理之淺深但到目前卽與理會到底久之自然浹洽貫通也答方賓王

前者所論未嘗欲專求息念但以爲不可一向專靠書册故稍稍放教虛閑務要親切自己然其無事之時猶是本根所在不可昏惰雜擾故又欲就此便加持養立箇主宰其實只是一箇提撕警策通貫動靜但是無事時只是一直如此持養有事處便有是非取舍所以有直內方外之別非以動靜眞爲判然二物也答余正叔

學問臨事不得力固是靜中欠卻工夫然欲舍動求靜又無此理蓋人之身心動靜二字循環反覆無時不然但常有此心勿令忘失則隨動隨靜無處不是用力處矣答吳伯豐

所論爲學之意善矣然欲專務靜坐又恐墮落那一邊去只是虛著此心隨動隨靜無時無處不致其戒謹恐懼之力則自然主宰分明義理昭著矣然著箇戒謹恐懼四字已是壓得重了要之只是略綽提撕令自省覺便是工夫也答潘子善

夫性者理而已矣乾坤變化萬物受命雖所稟之在我然其理則非有我之所得私也所謂反身而誠蓋謂盡其所得乎己之理則知天

下萬物之理初不外此非謂盡得我之知覺則衆人之知覺皆是此物也性只是理不可以聚散言其聚而生散而死者氣而已矣所謂精神魂魄有知有覺者皆氣之所爲也故聚則有散則無若理則初不爲聚散而有無也但有是理則有是氣苟氣聚乎此則其理亦命乎此爾不得以水漚比也鬼神便是精神魂魄程子所謂天地之功用造化之迹張子所謂二氣之良能皆非性之謂也故祭祀之禮以類而感以類而應若性則又豈有類之可言邪然氣之已散者既化而無有矣其根于理而日生者則固浩然而無窮也故上蔡謂我之精神卽祖考之精神蓋謂此也然聖人之制祭祀也設主立尸焫蕭灌鬯或求之陰或求之陽無所不用其極而猶止曰庶或享之而已其至誠惻怛精微恍惚之意蓋有聖人所不欲言者非可以世俗粗淺知見執一而求也豈曰一受其成形則此性遂爲吾有雖死而猶不滅截然自爲一物藏乎寂然一體之中以俟夫子孫之求而時出以饗之邪必如此說則其界限之廣狹安頓之處所必有可指言者且自開闢以來積至于今其重併積疊計已無地之可容矣是又安有此理邪且乾坤造化如大洪鑪人物生生無少休息是乃所謂實然之理不憂其斷滅也今乃以一片大虛寂目之而反認人物已死

者非體之禮作句所以都說不得禮者非體之是一句禮是自然底道理是一句禮者不是將吾身體得出來乃是自然底道理纔說體之則便非自然便身與禮爲二

格物是窮理不可易也而以格爲至則有可籌繹者格于上下可以訓至格物難以訓至曰致知在至物非辭也愚嘗謂格且比方思量之謂此爲是此爲非此爲正此爲邪此爲輕此爲重今之諺欲知輕重則曰以稱格之此字必有傳承玉篇云格至也量也度也廣韻亦然彼之字義多出于古時經註格至也是堯典註不知度也量也出在何處以此訓格正與今文合向曾以告星渚星渚以面看屋久之無說

自先王之禮不行人心放恣被釋氏乘虛而入而冠喪葬祭皆被他將蠻夷法來奪了冠禮如他初削髮受戒之類其丁寧告戒甚嚴古時亦有幾箇好僧今時受戒出壇便破喪禮則有七次之說謂人死後每逢七日其魂必經陰司受許多苦凡七次愚夫惑其說請僧追薦然今讀書人旣闢佛老不用其說而于吾禮自不曾盡朝夕無奠朔望無奠飲酒食肉若罔聞知則又夷狄之不若也火化是大逆又被他說火化上天施斛一節旣薦祖先因請客共享之神不歆非類

民不祀非族蓋是理之必然然後世小人但知自己飢餓何曾思親往往雖有子孫亦是若敖則施斛畢竟是一祭祀以僧代巫或亦致死致生之道呂居中云鄭惜堂先生亦不信佛老亦不廢施斛但要擇僧補

魏文侯自請于周爲諸侯又爲田和請吾爲卜子夏段干木恥矣補

頴考叔取蝥弧以登純孝者如此乎補

古者人鬼不相襲而相得也後世人求鬼鬼求人鬼亦非其鬼矣

程子曰盡其心者知其性也釋氏所謂識心見性是也若存心養性一段則無矣愚謂釋氏但能存其無用之心養其無實之性却不盡心知性也

乾元者始而亨者也利貞者性情也文王卦辭元亨利貞本只兩意元而亨利于正而已今諸卦都是如此孔子文言自以所見拆作四字說自是一項道理然非文王繫卦之本意也孔子到此却又就文王本意作兩件說自乾元發出豁達呈露生意徧滿無不亨通所謂始而亨也然皆可見者氣也須有理主于其中何嘗有不好底生意蓋純粹至善是乾德之本然乾之性情只是利于正也乾之性情如此則凡資始于乾者皆如此是故人可以爲善不可以爲惡蓋其本

來情性只是利于正也

梓材謹案玉峯脚氣集梨洲所錄者十一條今以其一條爲沈可亭立傳于後又一條移入木鐘學案一條移入滄洲諸儒謝山所錄十條今以其一條爲金叔明立傳于後又移入象山學案一條木鐘學案一條蜀學略一條

附錄

王魯齋曰近得車玉峯書謂大學格致傳未嘗亡也欲以知止而后有定一段合聽訟共爲一章不動斧鑿而元詞儼然誠追亡之上功也昔日嚴陵吳守槃亦有此說見盧新之跋嘗以此說請教于西山葉先生曰且去涵養

宗羲案魯齋以知止爲格致之傳發自玉峯凡玉峯之所論著者魯齋未嘗不歎服其學力也玉峯于魯齋在師友之閒魯齋之門如吉甫玉峯皆所謂知過于師方堪傳授耳

玉峯講友

胡思齋先生常

胡常字立方號思齋黄巖人好修不慕榮利親掃戶庭一唾不委于地几案光潔如洗書籍圖畫端正完整若手未觸觀書必端坐未嘗

行動挾攜雖在市廛跬步不出戶外彙編朱子語錄十卷又著蕢釜吟三卷與車玉峯友善玉峯以兄事之王令華甫親訪其廬洪令穮趙守景緯皆加敬禮時就問政陰及物者甚衆天子錫恩台士使盡赴春官徐守宗臣曰若思齋不可挽之其相重如此一日疾革神色如常時猶誦語及大學疑義以書抵玉峯已而屬纊玉峯志其墓參台州府志

堂長王石潭先生貢別見北山四先生學案

沈先生可亨

沈可亨玉峯友人也玉峯脚氣集云趙幾道說誠無爲幾善惡作一圖上寫一誠字直落寫箇善字偏旁一絲寫箇惡字以惡是誠之庶孽善是宗嫡可亨疑之以問此疑甚善幾道自謂可勝胡氏同體異用之說不知其尤非也且如喜怒哀樂未發謂之中當其未發只是至善至于發時始有中節與不中節中節者是不走作這中不中節者是走作這中却不是這中先生箇中節旋生箇不中節如水之清有以濁之不是當初帶得這濁來若是庶孽亦從他身上出豈不枉屈

梓材謹案趙幾道說朱子文集屬之幾道從弟致道

玉峯同調

隱君蔡春山先生希點

蔡希點字子與號春山太平人博學善詩隱居授教從遊者以百數多擢高第躋膴仕先生安貧樂道以終其身所著有春山雜稿參台州府志

祕監戴泉溪先生艮齋

戴艮齋字彥肅黄巖人嘉熙進士累官祕書少監以古文鳴而尤精性理之學所著有中說辯妄通鑑前紀曾子遺書論語外書孔子年譜世譜七十子說林公輔答徐始豐書有曰當今經書雖皆具完而禮經獨爲殘缺如以漢儒之記有不純者郡先哲戴大監嘗力爲之辯草廬吳文正公師之得其說于今未大行也觀此其學之源委可見參赤城新志

雲濠謹案謝山劄記有戴艮齋泉溪集六字泉溪蓋先生之號

木居門人

戴蠢翁先生亨

戴亨字子元臨海人師事邱木居有太極圖說人心道心說近思錄補注朱子詩解北溪字義辨正其教人以毋自欺爲第一義嘗銘座

右曰莫見乎隱莫顯乎微欲人不知莫若弗爲 參浙江通志

梓材謹案台州府志載先生號蠢翁黃巖戴秘書艮齊之從子也

方懋翁先生儀

方儀字儀父黃巖人少從邱木居學復參問于徐徑畈劉後村林竹溪諸公俱愛敬之性沖淡温厚待人以誠沈思于易至老無倦所著有懋翁玩易十卷及感遇歌侯樵存稿 參台州府志

起巖門人 敬齋再傳

康敏黃壽雲先生超然 別見北山四先生學案

高天逸先生耕

高耕字志伊其先觀察使棟從高宗南渡居臨海先生詩文意不拔俗語不驚人不已也晚歲益奇自號天逸所著有□金集 參台州府志

方懋翁先生儀 見上木居門人

玉峯門人 劉李五傳

州判盛聖泉先生象翁 別見北山四先生學案

隱君潘柏峯先生希宗

潘希宗字景昭一名煃黄巖人從蔡春山車玉峯游宋景定二年領漕薦文丞相器重之有往來書札宋亡隱居不仕號柏峯居士有文集補

金先生叔明附董華翁

金叔明玉峯之徒也玉峯脚氣集曰周禮冬官散在諸官之中而地官尤多自編帙散亂俗儒補緝遂以田野諸職並附地官則馮相保章之類皆可附天官邪叔明作周禮十疑十答予遂授以俞氏復古編董華翁辯俞氏之不可憑此是忠厚不欲輕動古人之意叔明云周官三百六十今已存三百五十只亡其十豈可謂冬官亡也但冬官之不亡只可使人自曉自推俞氏乃斷定撥置爲累多矣補

梓材謹案董華翁當是陳潛室弟子董正翁楷之兄侍郎楧正翁見木鐘學案

春山門人

隱君潘柏峯先生希宗見上玉峯門人

泉溪門人

文正吳草廬先生澄別爲草廬學案

西元二〇二一年六月一日重製一版

宋元學案 冊四（清黃宗羲撰 全祖望補訂）

平裝六冊基本定價伍仟伍佰元正
（郵運匯費另加）

發行人：張敏君
發行處：中華書局
臺北市內湖區舊宗路二段一八一巷八號五樓（5FL., No. 8, Lane 181, JIOU-TZUNG Rd., Sec 2, NEI HU, TAIPEI, 11494, TAIWAN）
客服電話：886-8797-8396
公司傳真：886-8797-8909
匯款帳戶：華南商業銀行西湖分行
179100026931
印刷：維中科技有限公司
海瑞印刷品有限公司

No. N2044-4

國家圖書館出版品預行編目(CIP)資料

宋元學案/(清)黃宗羲撰 ; 全祖望補訂. -- 重製一
版. -- 臺北市 : 中華書局, 2021.06
冊 ; 公分
ISBN 978-986-5512-60-6(全套 : 平裝)

1.宋元哲學 2.學術思想

125 110009152

之知覺謂之實然之理豈不誤哉又聖賢所謂歸全安死者亦曰無失其所受乎天之理則可以無媿而死爾非以爲實有一物可奉持而歸之然後吾之不斷不滅者得以晏然安處乎冥漠之中也夭壽不貳修身以俟之是乃無所爲而然者與異端爲生死事大無常迅速然後學者正不可同日而語今乃混而言之以彼之見爲此之說所以爲說愈多而愈不可合也

詳來諭正謂日用之閒別有一物光輝閃爍動蕩流轉是卽所謂無極之眞所謂谷神不死二語皆來書所引所謂無位眞人此釋氏語正谷神之酋長也學者合下便要識得此物而後將心想像照管要得常在目前乃爲根本工夫至于學問踐履零星湊合則自是下一截事與此粗細迥然不同雖以顏子之初仰高鑽堅瞻前忽後亦是未見此物故不得爲實見爾此其意則然矣然若果是如此則聖人設教首先便合痛下言語直指此物教人著緊體察要令實見著緊把捉要常在目前以爲直截根原之計而卻都無此說但只教人格物致知克己復禮一向就枝葉上零碎處做工夫豈不誤人枉費日力邪論孟之言平易明白固無此等元妙之談雖以子思周子喫緊爲人特著中庸太極之書以明道體之極致而其所說用工夫處只

說擇善固執學問思辨而篤行之只說定之以中正仁義而主靜君子修之吉而已未嘗使人日用之閒必求見此天命之性無極之眞而固守之也蓋原此理之所自來雖極微妙然其實只是人心之中許多合當做底道理而已但推其本則見其出于人心而非人力之所能爲故曰天命雖萬事萬化皆自此中流出而實無形象之可指故曰無極爾若論工夫則只擇善固執中正仁義便是理會此事處非是別有一段根源工夫又在講學應事之外也

爲政以寬爲本者謂其大體規模意思當如此爾古人察理精密持身整肅無偷惰戲豫之時故其政不待作威而自嚴但其意則以愛人爲本爾及其施之于政事便須有綱紀文章關防禁約截然而不可犯然後吾之所謂寬者得以隨事及人而無頹弊不舉之處人之蒙惠于我者亦得以通達明白實受其賜而無閒隔欺蔽之患聖人說政以寬爲本而今反欲其嚴正如古樂以和爲主而周子反欲其淡蓋今之所謂寬者乃縱弛所謂和者乃哇淫非古之所謂寬與和者故必以是矯之乃得其平爾如其不然則雖有愛人之心而事無統紀緩急先後可否予奪之權皆不在己于是奸豪得志而善良之民反不被其澤矣此事利害只在目前不必引書傳攷古今然後知

也但爲政必有規矩使姦民猾吏不得行其私然後刑罰可省賦斂可薄所謂以寬爲本體仁長人孰有大于此乎以上答廖子晦

子思以來教人之法惟以尊德性道問學兩事爲用力之要今子靜所說專是尊德性事而某平日所論卻是問學上多了所以爲彼學者多持守可觀而看得義理全不子細又別說一種杜撰道理遮蓋不肯放下而某自覺雖于義理上不敢亂說卻于緊要爲己爲人上多不得力今當反身用力去短集長庶幾不墮一邊爾答項平父

人之所以嬾惰只緣見此道理不透所以一向提掇不起若見得道理分明自住不得豈容更有嬾惰時節邪又謂海內善類消磨摧落之後所存無幾此誠可歎若鄙意則謂纔見消磨得去此等人便不濟事若使真有所見實有下工夫處則便在鐵輪頂上轉旋亦如何動得他

天下只有一理此是卽彼非此非卽彼是不容並立故古之聖賢心存目見只有義理都不見有利害可計較日用之閒應事接物直是判斷得直截分明而推以及人吐心吐膽亦只如此更無回互若信得及卽相與俱入聖賢之域若信不及卽在我亦無爲人謀而不盡底心而此理是非昭著明白今日此人雖信不及向後他人須有信

得及底非但一時之計也若如此所論則在我者未免視人顏色之可否以爲語默只此意思何由能使彼信得及乎然此亦無他只是自家看得道理自不曾端的故不能真知是非之辨而爲此回枉不是說時病痛乃是見處病痛也以上答劉季章

聖門所謂聞道聞只是見聞玩索而自得之之謂道只在君臣父子日用常行當然之理非有元妙奇特不可測知如釋氏所云豁然大悟通身汗出之說也如今更不可別求用力處只是持敬以窮理而已

旣謂之同體則上面便著人欲兩字不得此是義理本原極精微處不可少差試更子細玩索當見本體實然只一天理更無人欲故聖人只說克己復禮教人實下工夫去卻人欲便是天理未嘗教人求識天理于人欲汨沒之中也若不能實下工夫去卻人欲則雖就此識得未嘗離之天理亦安所用乎以上答吳斗南

百家謹案此答天理人欲同體而異用同行而異情進修君子宜別之

二先生所論敬字須該貫動靜看方其無事而存主不懈者固敬也及其酬酢不亂者亦敬也故曰毋不敬儼若思又曰事思敬執事敬

豈必以攝心坐禪而謂之敬哉禮樂固必相須然所謂樂者亦不過胸中無事而自和樂爾非是著意放開一路而欲其和樂也然欲胸中無事非敬不能故程子曰敬則自然和樂而周子亦以爲禮先而樂後此可見也則自得後須放開不然卻只是守此言既自得之則自然心與理會不爲禮法所拘而自中節若未能如此則是未有所得才方是守法之人爾亦非謂既自得之又卻須放開也克己復禮固非易事然顏子用力乃在于視聽言動禮與非禮之閒未敢便道得其本心而了無一事也此其所以先難而後獲與今言之甚易而苦其行之難亦不考諸此而已矣答或人

雖至于堯舜孔子之德其自處常只在下學處也上達處不可著工夫更無依泊處動靜語默無非下學聖人豈曾離此來答許順之

非氣無形無形則性善無所賦故凡言性者皆因氣質而言但其中自有所賦之理爾人心道心亦非有兩物也答林德久

梓材謹案此下答嚴時亨五行之生各一其性條移入滄洲諸儒學案

孟子指齊王愛牛之心乃是因其所明而道之非以爲必如此然後可以求仁也夫必欲因苗裔而識本根孰若培其根本而聽其枝葉

之自茂邪 答呂伯恭問胡子知言疑義

若使道可以多聞博觀而得則世之知道者爲不少矣熹近日因事方有省發如鳶飛魚躍明道以爲與必有事焉勿正之意同者今乃曉然無疑日用之間觀此流行之體初無間斷處有下工夫處乃知日前自誑誑人之罪蓋不可勝贖也此與守書冊泥言語全無交涉幸于日用間察知之

百家謹案勿忘勿助原是活潑潑地鳶飛魚躍乃是自然之事無容造作者

或問子程子曰心術最難執持如何而可子曰敬又嘗曰操約者敬而已矣惟其敬足以直內故其義足以方外義集而氣得所養則夫喜怒哀樂之發其不中節者寡矣孟子論養吾浩然之氣以爲集義所生而繼之曰必有事焉而勿正心勿忘勿助長也蓋又以居敬爲集義之本也夫必有事焉者敬之謂也若曰其心儼然肅然常若有所事云爾夫其心儼然肅然常若有所事則雖事物紛至而沓來豈足以亂吾之知思而宜不宜可不可之機已判然于胸中矣如此則此心晏然有以應萬事之變而何躁妄之有哉 以上答何叔京

夫道之極致物我固爲一矣然豈獨物我之間驗之蓋天地鬼神幽

明隱顯本末精粗無不通貫而爲一也正蒙之旨誠不外是然聖賢言之則已多矣正蒙之作復何爲乎恐須反復研究其說求其所以一者而合之于其所謂一者必銖銖而較之至于鈞而必合寸寸而度之至于丈而不差然後爲得也孟子曰博學而詳說之將以反說約也正爲是爾今學之未博說之未詳而遽欲一言探其極致則是銖兩未分而億料鈞石分寸未辨而目計丈引不惟精粗二致大小殊觀非所謂一以貫之者愚恐小差積而大謬生所謂鈞石丈引者亦不得其真矣此躐等妄意之蔽世之有志于爲己之學而未知其方者其病每如此也明道先生行狀云先生教人自致知至于知止誠意至于平天下灑掃應對至于窮理盡性循循有序病世之學者舍近而趨遠處下而窺高所以輕自大而卒無得也此言至矣答江彥謀

觀舜居深山之中伊尹耕于有莘之野豈不是樂此以終身後來事業亦偶然爾若先有一毫安排等待之心便成病痛矣答甘吉甫

伊川先生言性卽理也此一句自古無人敢如此道心則知覺之在人而具此理者也橫渠先生又言由太虛有天之名由氣化有道之名合虛與氣有性之名合性與知覺有心之名其名義亦甚密皆不

易之至論也蓋天之生物其理固無差別但人物所稟形氣不同故其心有明暗之殊而性有全不全之異爾若所謂仁則是性中四德之首非在性外別爲一物而與性並行也然惟人心至靈故能全此四德而發爲四端物則氣偏駁而心昏蔽固有所不能全矣然其父子之相親君臣之相統閒亦有僅存而不昧者然欲其克己復禮以爲仁善善惡惡以爲義則有所不能矣然不可謂無是性也若生物之無知覺者則又其形氣偏中之偏者故理之在是物者亦隨其形氣而自爲一物之理雖若不復可論仁義禮智之彷彿然亦不可謂無是性也又謂枯槁之物只有氣質之性而無本然之性此語尤可笑若果如此則是物只有一性而人卻有兩性矣此語非常醜差蓋由不知氣質之性只是此性墮在氣質之中故隨氣質而自爲一性正周子所謂各一其性者向使元無本然之性則此氣質之性又從何處得來邪況亦非獨周程張子之言爲然如孔子言成之者性又言各正性命何嘗分別某物是有性底某物是無性底孟子言山之性水之性山水何嘗有知覺邪若於此看得通透卽知天下無無性之物除是無物方是無性若有此物卽如來諭木燒爲灰人陰爲土亦有此灰土之氣既有灰土之氣卽有灰土之性安得爲枯槁無性

也答徐子融

天之生物有有血氣知覺者人獸是也有無血氣知覺而但有生氣者草木是也有生氣已絕而但有形色臭味者枯槁是也是雖其分之殊而其理則未嘗不同但以其分之殊則有其理之在是者不能不異故人爲最靈而備有五常之性禽獸則昏而不能備草木枯槁則又幷與其知覺者而亡焉但其所以爲是物之理則未嘗不具爾若如所謂絕無生氣便無生理則是天下乃有無性之物而理之在天下乃有空闕不滿之處也而可乎答余方叔

人生而靜靜者固是性然只是生字便帶卻氣質了但生字已上又不容說蓋此道理未有形見處故今纔說性便須帶著氣質無能懸空說得性者繼之者善本是說造化發育之功明道此處卻是就人心發用處說如孟子所謂乃若其情則可以爲善之類是也伊川所言極本窮源之性乃是對氣質之性而言言其氣質雖善惡不同然極本窮源而論之則性未嘗不善也

性之始終一于善而已不當云性之初只有善也若如所云則謂性之終爲有惡可乎性之發用非情而何情之初則可謂有善而無惡爾以上答王子合

孟子所謂性善者以其本體言之仁義禮智之未發者是也所謂可以爲善者以其用處言之四端之情發而中節者是也蓋性之與情雖有已發未發之不同然其所謂善者則血脈貫通初未嘗有不同也此孟子道性善之本意伊洛諸君子之所傳而未之有改者也答胡伯逢

善惡二字便是天理人欲之實體今謂性非人欲可矣由是而并謂性非天理可乎必曰極言乎性之善而不可名又曷若直謂之善而可名之爲甚易而實是也

釋氏只是恍惚之間見得些心性影子亦卻不曾子細見得真實心性所以都不見裏面許多道理正使有存養之功亦即是存養得他所見底影子固不可謂之無所見亦不可謂之不能養但所見所養非心性之真爾 以上答胡季隨

心體固本靜然亦不能不動其用固本善然亦能流而入于不善夫其動而流于不善者固不可謂心體之本然然亦不可不謂之心也但其誘于物而然爾故先聖只說操則存舍則亡出入無時莫知其鄉只此四句說得心之體用始終真妄邪正無所不備又見得此心不操即舍不出即入別無閑處可安頓之意若如所論出入有時者

爲心之正然則孔子所謂出入無時者乃心之病矣不應卻以惟心之謂與一句直指而總結之也答游誠之

梓材謹案此下有答嚴時亨問明道言人生而靜以下不容說條移入滄洲諸儒學案

夫讀書固收心之一助然今只讀書時收得心而不讀書時便爲事所奪則是心之存也常少而其放也常多矣且胡爲而不移此讀書工夫向不讀書處用力使動靜兩得而此心無時不存乎然所謂涵養工夫不是閉眉合眼如土偶人然後謂之涵養也只要應事接物處之不失此心各得其理而已答陳膚仲

所論才說存養卽是動了此恐未然人之一心本是光明不是死物所謂存養非有安排造作只是不動著他卽此知覺炯然不昧但無喜怒哀樂之偏思慮云爲之擾爾當此之時何嘗不靜不可必待冥然都無知覺然後謂之靜也答孫敬甫

纔說性字便是以人所受而言此理便與氣合了但直指其性則于氣中又須見得別是一物始得不可混并說也答李晦叔

百家謹案性卽氣之有條理者是非別是一物也

至于孔孟言性之異則其說又長未易以片言質然略而論之則夫

子雜乎氣質而言之孟子乃專言其性之理也雜乎氣質而言之故不曰同而曰近蓋以爲不能無善惡之殊但未至如其所習之遠爾以理而言則上帝之降衷人心之秉彝初豈有二理哉但此理在人有難以指言者故孟子之告公都子但以其才與情者明之辟如欲觀水之必清而其源不可到則亦觀諸流之未遠者而源之必清可知矣 答宋深之

孟子固未嘗不畏大人但藐其巍巍然者爾辨得此心卽更掀卻臥房亦且露地睡似此方是真正大英雄人然此一種英雄卻是從戰戰兢兢臨深履薄處做將出來若是血氣粗豪卻一點使不著也答陳同甫

白鹿洞書院教條

父子有親　君臣有義　夫婦有別　長幼有序　朋友有信

右五教之目堯舜使契爲司徒敬敷五教卽此是也學者學此而已而其所以學之之序亦有五焉其別如左

博學之　審問之　慎思之　明辨之　篤行之

右爲學之序學問思辨四者所以窮理也若夫篤行之事則自修身以至處事接物亦各有要其別如左

言忠信　行篤敬　懲忿窒慾　遷善改過

右修身之要

正其誼不謀其利　明其道不計其功

右處事之要

己所不欲勿施于人　行有不得反求諸己

右接物之要

熹竊觀古昔聖賢所以教人爲學之意莫非使之講明義理以修其身然後推以及人非徒欲其務記覽爲詞章以釣聲名取利祿而已也今人之爲學者旣反是矣然聖賢所以教人之法具存于經有志之士固當熟讀深思而問辨之苟知其理之當然而責其身以必然則夫規矩禁防之具豈待他人設之而後有所持循哉近世于學有規其待學者爲已淺矣而其爲法又未必古人之意也故今不復以施于此堂而特取凡聖賢所以教人爲學之大端條列如右而揭之楣閒諸君其相與講明遵守而責之于身焉則夫思慮云爲之際其所以戒謹而恐懼者必有嚴于彼者矣其有不然而或出于禁防之外言之所棄則彼所謂規者必將取之固不得而略也諸君其亦念之哉

附錄

先生之父韋齋建炎閒爲南劒州尤溪尉罷官待調遷寓于隔溪鄭氏之書室于庚戌九月十五日生先生後人因名所近之山曰毓秀峯

先生幼有異禀五歲入小學始誦孝經卽了其大義書八字于其上曰若不如此便不成人閒從羣兒嬉遊獨以沙列八卦象詳觀側玩又嘗指日問韋齋曰日何所附曰附于天又問天何所附韋齋異之

韋齋疾以家事屬劉子羽而訣于籍溪胡憲白水劉勉之屏山劉子翬且俾先生父事之白水以女女焉不數年二劉俱沒獨事籍溪最久

孝宗卽位應詔上封事首論聖學次論金人有不共之讐萬無可和之理卽參以利害亦有百害而無一利次年趣召命又極言之

乾道四年建州饑先生請于府貸粟散給民多免死社倉之法始此

淳熙二年呂東萊自東陽來訪先生留止寒泉精舍月餘商訂近思錄餞東萊至鵝湖陸子壽子靜劉子澄來會相與講辯其所聞

六年知南康軍立濂溪祠以二程配別立五賢堂祀陶靖節劉西澗父子李公擇陳了齋復白鹿洞書院

十三年入對上封事次年戊申又上封事

紹熙元年知漳州刊四經四子書成

光宗之立也趙忠定求能通信于長信宮者未有其人或言韓侂冑于太皇后爲親屬遣入白不許侂冑出遇內侍關禮于門告之故禮請獨入涕泣固請太皇許之命呼侂冑入使喻意廟堂其論遂定侂冑自謂有定策功依託肺腑居中用事先生惕然爲憂因疏寓其意且進對面陳之又數戒忠定勿使預政而忠定謂其易制不復遠慮先生因講畢奏疏極言之侂冑大怒陰使其黨謀去先生乃于禁中爲優戲以熒惑上聽及先生再申前疏而御批與祠先生去國矣

慶元元年侂冑誣趙相以不軌竄置永州且創僞學之名以斥善類先生草疏萬言極諫奸邪蔽主之禍白宰相之冤諸生力諫遂筮之遇遯之同人先生默然焚其稿更號遯翁朝廷時治黨人方急趙相死于道

先生自筮仕以至屬纊五十年間歷事四朝仕于外者僅九考立朝纔四十日

初居崇安五夫築書院于武夷之五曲榜曰紫陽識鄉關也後築室建陽蘆峯之巔曰雲谷其草堂曰晦庵自號雲谷老人亦曰晦庵或

晦翁晚居考亭作精舍曰滄洲號滄洲病叟最後曰遯翁

方伯謨勸先生少著書答曰在世閒喫了飯後全不做得些子事無道理

張南軒與先生書曰所與廣仲書言語未免有少和平處從共甫詳問日用閒事使人歎服處固多但其閒于氣質偏處似未能盡變乎舊蓋自他人謂爲豪氣底事自學者論之亦是爭氣病痛元晦要學顏子卻不于此等偏處下自克之功豈不害事願于平時以爲細故者作九病醫療異時相見當觀變化氣質之功以下補

又曰聞兄行社倉一鄉之人賴焉或者妄有散青苗之譏兄聞之作而曰王介甫獨有散青苗一事是爾奮然欲作社倉記以述此意是則過矣王介甫竊周官泉府之說強貸而規取其利逆天下之公理而必欲其說之行前輩辯之甚悉其與元晦今日社倉之意義則相異固亦曉然元晦初豈有取于介甫特因或者之言有所激故并介甫而是之不自知其偏譬之執權以稱物之輕重初未至于偏也或指而告之曰此爲重執權者主其說曰吾猶覺此之輕也于是復就所指之處增之使重而其偏始甚此雖爲一事然因人之激而至于偏則懼其有害爾

又曰又慮元晦學行爲人尊敬眼前多出己下平時只是箴規他人見他人不是處多己是處多他人亦憚元晦縱有所疑不敢以請諛言多而拂論少所偏不加省察則異日流弊恐不可免

又曰所與共甫書似乎逆億而少含宏感悟之意殆有怒髮衝冠之象理之所在平氣而出之可也

又曰或問所條晰誠恐前輩說中偏處有誤後學不可不辯但一二辨晰恐未能盡又似太費力只舉其大者與其條目使人推尋之如何

又曰或問書未須出極力辯說恐使輕易趨薄

又曰編通鑑綱目極善以鄙見每事更采舊史尤佳恐通鑑亦有所闕遺

又曰聞刊小書版以自助想是用度大段逼迫今日此道孤立信向者鮮若刊此文字取其贏以自助竊恐聞者別生思維愈無靈驗爲貧之故寧別作小生事不妨此事殊于心未穩

又曰太極圖解後面不必辯論如此之多只于綱領處拈出可也不然卻只是騁辯求勝轉將精當處混汨

又曰得伯恭書云兄猶有傷急不容耐處某又恐伯恭卻有大容耐

處吾曹氣質之偏乘間發見誠難消化想兄存養有道也陸子壽兄
弟如何肯相聽否
又曰山中諸詩其閒猶時有未和平之語此非是語病正恐氣稟發
處所偏尚微有存幸深察之
又與呂伯恭書曰濂溪自得處誠渾全元晦持其說句句而論字字
而解未免流于牽強亦非濂溪本意也
又曰元晦議論商確閒終是有意思過處
又答胡季隨書曰秦漢以來學道不明士之見于事業者固多可憾
然其閒豈無嘉言善行與一事之得者要當以致遠自期而于人則
一善之不廢元晦名臣言行錄編得未精細
呂東萊與先生書曰汪丈所謂道不同不相知昨因其說思之誠未
允當但詳觀來諭激揚振厲頗乏廣大溫潤氣象若立敵校勝負者
頗似未宏如注中東坡字改爲蘇軾不知以諸公例書名而釐正之
邪或者因辯論有所激而加峻邪出于前說固無害出于後說則因
激增怒于治心似不可不省察也
又曰比聞五夫旁近料理補助已有端緒不知其詳如何頗聞豪右
閉有旅拒者或不免封倉送郡之類此于時位頗似侵過恐更須于

意必兩字上點檢伊川莊上散藥謂只做得此等事此意可玩也耳目所接疾痛凍餒惻然動心蓋仁之端至于時位則有所止乃仁之義莫若擇其可告語者至誠勸率之其不可告語者容養而使之自發足矣就上增添便成意必自葉知根所當加澄治之功也

又曰或者傳著述探索過苦要須放令閒暇從容爲善

又與陳同甫書曰朱元晦英邁剛明工夫就實入細殊未可量陸子靜亦堅實有力但欠開闊爾

陳龍川復先生書曰浙閒議論自始至末亮並不曉一句道之在天下至公而已矣屈曲瑣碎皆私意也有公則無私私則不復有公王霸可以雜用則天理人欲可以並行矣亮所以縷縷者不欲更添一條路所以開拓大中張皇幽眇而助祕書之正學也豈好爲異說乎不深察其心則今可止矣比見陳一之國錄梓材案陳一之當是陳益之止齋從弟也說張體仁太博爲門下士每讀亮與門下書則怒髮衝冠以爲異說每見亮來則以爲異人輒舍去不與共坐由此言之未能免罪于流俗而得罪于門下士亦多矣不止則楚人又將鉗我于市進退維谷可以一笑

又跋晦庵送寫照郭秀才序後曰廣漢張敬夫東萊呂伯恭于天下

之義理自謂極其精微世亦以是推之其精深紆餘于物情無所不致其盡而于陰陽卜筮書畫技術及凡世間可動心娛目之事皆斥去弗顧若將浼我者新安朱元晦論古聖賢之用心平易簡直直欲盡擺後世講師相授流俗相傳入于人心而未易解之說以徑趣聖賢心地而發揮其妙其不得見于世則聖賢之命脈猶在而人心終有時而開明也抱大不滿于秦漢以來諸君子然而于陰陽卜筮書畫技術皆存而信之豈悅物而不留于物者固若此乎予因以見秦漢以來諸君子猶煩新安之刮剔而後聖賢之心事可盡白也

祖望謹案同甫譏朱子多不中肯獨此篇則朱子難以自解

又志錢叔因曰朱元晦齒牙所至噓枯吹生天下學士大夫往往繫其意之所向背雖心誠不樂而亦陽相應和若予非不願附而第其品級不能高也予亦自咎其有所不講而未敢怨

陸復齋與趙景明書曰元晦論語集解已脫稿此書必傳于世若詩集傳中庸大學章句則殊有未安恐終不能傳遠

祖望謹案論朱子學庸章句詩傳一條黃氏蓋亦非之而愚以爲其說不爲無見

洸叔晦曰晦翁是進退用舍關時輕重者且願此老無恙

舒廣平答袁恭安曰晦翁當世人傑地步非吾儕所及其有不合者姑置之向在新安未嘗與諸友及此後有發者能自知之後生未聞道吾儕之論一出便生輕薄心未能成人反以誤人

葉水心序陰陽精義曰朱公元晦聽蔡季通豫卜藏穴門人裹糗行紼六日始至乃知好奇者固通人大儒之常患也 以上補

黃勉齋狀其行曰其爲學也窮理以致其知反躬以踐其實居敬者所以成始成終也謂致知不以敬則昏惑紛擾無以察義理之歸躬行不以敬則怠惰放肆無以致義理之實持敬之方莫先主一既爲之箴以自警又筆之書以爲小學大學皆本于此終日儼然端坐一室討論典訓未嘗少輟自吾一心一身以至萬事萬物莫不有理存此心于齋莊靜一之中窮此理于學問思辨之際皆有以見其所當然而不容已與其所以然而不可易然充其知而見于行者未嘗不反之于身也不睹不聞之前所以戒懼者愈嚴愈敬隱微幽獨之際所以省察者愈精愈密思慮未萌而知覺不昧事物相接而品節不差無所容乎人欲之私而有以全乎天理之正不安于偏見不急于小成而道之正統在是矣其爲道也有太極而陰陽分有陰陽而五行具稟陰陽五行之氣以生則太極之理各具于其中天所賦爲命

人所受爲性感于物爲情統性情爲心根于性則爲仁義禮智之德發于情則爲惻隱羞惡辭遜是非之端形于身則爲手足耳目口鼻之用見于事則爲君臣父子夫婦兄弟朋友之常求諸人則人之理不異于己參諸物則物之理不異于人貫徹古今充塞宇宙無一息之閒斷無一毫之空闕莫不析之極其精而不亂然後合之盡其大而無餘先生之于道可謂建諸天地而不悖質諸聖賢而無疑矣故其得于己而爲德也以一心而窮造化之原盡性情之妙達聖賢之蘊以一身而體天地之運備事物之理任綱常之責明足以察其微剛足以任其重宏足以致其廣毅足以極其常其存之也虛而靜其發之也果而確其用之也應事接物而不窮其守之也歷變履險而不易本末精粗不見其或遺表裏初終不見其或異至其養深積厚矜持者純熟嚴厲者和平心不待操而存義不待索而精猶以爲義理無窮歲月有限常歉然有不足之意蓋有日新又新不能自已者而非後學之所可擬議也其可見之行則修諸身者其色莊其言厲其行舒而恭其坐端而直其閒居也未明而起深衣幅巾方履拜于家廟以及先聖退坐書室几案必正書籍器用必整其飲食也羹食行列有定位匕箸舉措有定所倦而休也瞑目端坐休而起也整步

徐行中夜而寢既寢而寤則擁衾而坐或至達旦威儀容止之則自少至老祁寒盛暑造次顛沛未嘗有須臾之離也行于家者奉親極其孝撫下極其慈閨庭之間內外斬斬恩義之篤怡怡如也其祭祀也事無纖鉅必誠必敬小不如儀則終日不樂已祭無違禮則油然而喜死喪之禮哀戚備至飲食衰絰各稱其情賓客往來無不延遇稱家有無常盡其歡于親故雖疏遠必致其愛于鄉閭雖微賤必致其恭吉凶慶弔禮無所遺賙卹問遺恩無所闕其自奉則衣取蔽體食取充腹居止取足以障風雨人不能堪而處之裕如也若其措諸事業則州縣之設施立朝之言論經綸規畫正大宏偉亦可概見雖達而行道不能施之一時然退而明道足以傳之萬代謂聖賢道統之傳散在方策聖經之旨不明則道統之傳斯晦于是竭其精力以研窮聖賢之經訓于大學中庸則補其闕遺別其次第綱領條目燦然復明于論語孟子則深原當時答問之意使讀而味之者如親見聖賢而面命之于易與詩則求其本義攻其末失深得古人遺意于數千載之上凡數經者見之傳注其關于天命之微人心之奧入德之門造道之域者既已極深研幾探賾索隱發其旨趣而無遺矣至于一字未安一辭未備亦必沈潛反覆或達旦不寐或累日不倦必

求至當而後已故章旨字義至微至細莫不理明辭順易知易行于書則疑今文之艱澀反不若古文之平易于春秋則疑聖心之正大決不類傳注之穿鑿于禮則病王安石廢罷儀禮而傳記獨存于樂則憫後世律尺既亡而清濁無據是數經者亦嘗討論本末雖未能著爲成書然其大旨固已獨得之矣若歷代史記則又考論西周以來至于五代取司馬温公編年之書繩以春秋紀事之法綱舉而不繁目張而不紊國家之理亂君臣之得失如指諸掌周程張邵之書所以繼孔聖道統之傳歷時未久微言大義鬱而不彰爲之裒集發明而後得以盛行于世太極先天二圖精微廣博不可涯涘爲之解剝條畫而後天地本原聖賢蘊奧不至于泯沒程張門人祖述其學所得有深淺所見有疏密先生既爲之區別以悉取其所長至或識見小偏流于異端者亦必研窮剖析而不没其所短南軒張公東萊呂公同出其時先生以其志同道合樂與之友至或識見少異亦必講磨辯難以一其歸至若求道而過者病傳注誦習之煩以爲不立文字可以識心見性不假修爲可以造道入德守虛靈之識而昧天理之真借儒者之言以文佛老之說學者利其簡便詆訾聖賢捐棄經典猖狂叫呶側僻固陋自以爲悟立論愈下者則又崇獎漢唐比

附三代以便其計功謀利之私二說並立高者陷于空無下者溺于卑陋其害豈淺淺哉先生力排之俾不至亂吾道以惑天下于是學者靡然向之先生教人以大學語孟中庸爲入道之序而後及諸經以爲不先乎大學則無以提綱挈領而盡論孟之精微不參之以論孟則無以融會貫通而極中庸之旨趣然不會其極于中庸則又何以建立大本經綸大經而讀天下之書論天下之事哉其于讀書也又必使之辨其音釋正其章句玩其辭求其義硏精覃思以究其所難知平心易氣以聽其所自得然爲己務實辨別義利毋自欺謹其獨之戒未嘗不三致意焉蓋亦欲學者窮理反身而持之以敬也從遊之士迭誦所習以質其疑意有未諭則委曲告之而未嘗倦問有未切則反覆戒之而未嘗隱務學篤則喜見于言進道難則憂形于色講論經典商略古今率至夜半雖疾病支離至諸生問辨則脫然沈疴之去體一日不講學則惕然常以爲憂摳衣而來遠自川蜀文辭之傳流及海外至于荒裔亦知慕其道竊問其起居窮鄉晚出家蓄其書私淑諸人者不可勝數先生既沒學者傳其書信其道者益衆亦足以見理義之感于人者深也繼往聖將微之緒啓前賢未發之機辯諸儒之得失闢異端之訛謬明天理正人心事業之大又孰

有加于此者至若天文地志律歷兵機亦皆洞究淵微文詞字畫騷
人才士疲精竭神常病其難至先生未嘗用意而亦皆動中規繩可
爲世法是非姿稟之異學行之篤安能事事物物各當其理各造其
極哉學修而道立德成而行尊見之事業者又如此
劉剛中問黃直卿曰先生學有淵源羣弟子皆知之矣比以古昔聖
賢未識到得何人地位直卿曰自洙泗以還博文約禮兩極其至者
先生一人而已然則先生之學其踵孔顏乎直卿曰然
剛中退見李方子問曰先生作綱目愈于涑水通鑑殆法春秋以立
綱法傳文以著目與方子曰宏綱細目實本大學三綱領八條目所
以規制盡善前此未有也
謝山書朱子綱目後曰黃榦嘗謂綱目僅能成編朱子每以未
及修補爲恨李方子亦有晚歲思加更定以歸詳密之語然則
綱目原未成之書其同門賀善爭之以爲綱目之成朱子甫踰
四十而後修書尚九種非未成者又力言朱子手著但觀朱子
與趙師淵書則是書全出訥齋本之朱子者不過凡例一通餘
未嘗有所筆削是左證也著述之難卽大儒不能無餘論雷同
附和之徒遂以爲春秋後第一書可謂耳食苟或能成朱子之

志重爲討論不可謂非功臣也但必爲蚍蜉所大駭爾

李季札曰先生遊鍾山書院見書籍中有釋氏書因而揭看先君問其中有所得否曰幸然無所得吾儒廣大精微本末備具不必他求

陳北溪序竹林精舍錄曰先生寢疾某每入臥內聽教諄諄警策無非直指病痛所在以爲所欠者下學惟當專致其下學之功而已致知必一一平實循序而進而無一物之不格力行必一一平實循序而進而無一事之不周如顏子之博約毋遽求顏子之卓爾如曾子之所以爲貫毋遽求曾子之所以爲一其所以痛切直截之意比之向日從容和樂之論又不同以下補

又答李貫之曰先生平日教人尊德性道問學固不偏廢而著力處卻多在道問學上江西一派只是厭煩就簡偏于尊德性上去先生力爲之挽乃確然自立一家門戶而不肯回

又答陳伯澡曰晦翁論語孟子集註及大學中庸章句或問時時修改至屬纊而後絕筆最爲精密如論語或問著之丁酉年已高矣然後來置之不修未得爲成書今細觀之時覺有枯燥處亦多有不穩處亦時有失之太甚處比之大學中庸或問大不同若以參訂集註之所未詳則可矣未可全案之以爲定論

又答蘇德甫曰文公表出近思錄及四子以爲初學入道之門使人識聖門蹊逕于此融會貫通以作權度去讀天下羣書究人生萬事非謂天下道理皆叢萃該備于此可以向此取足便安然兀坐持循把守以爲聖賢事業盡在此無復他求便可運用施爲無往而不通是大不然也程子曰須大其心使開闊如只孤孤單單窄窄狹狹去看道理左動右礙前觸後窒更無長進之望矣

祖望謹案此段甚佳然愚謂四子之書道理自無不該備特博觀事變誠有不可以此自畫者前此大儒如尹和靖持守甚固卻是不教人讀書得此說可以救其流弊

又答郭子從曰尙書先師只解得三篇蔡仲默林子武皆有書解皆各自爲一家昨見子武中庸解以書相參爲說中閒分章有改易文公舊處又見蔡伯靜易解訓詁依本義而逐字分晰又太細碎及大義則與本義不同多涉元妙不脫莊列之習直卿去年南康講乾三坤二爻義似舉子時文態大義殊不出則真見之粹然者最爲難也

劉漫堂回湯德遠書曰朱氏書年來盛行立要津者多自謂嘗登先生之門而趣向舛錯使人太息

魏鶴山師友雅言曰晦翁講筵劄子貼黃引中庸人一己百人十己千愚明柔強節注謂以鹵莽滅裂之學或作或輟果于自棄爲不仁某因此言惜陰愛日義理愈探索而愈無窮歲月逾邁令人慨然以懼

王深寧困學紀聞曰觀朱文公答項平甫書尊德性道問學之說未嘗不取陸氏之所長

黃東發日鈔曰六經之文皆道秦漢以後之文鮮復關于道甚者害道韓文公始復古文而猶未必盡純于道我朝諸儒始明古道而又未嘗盡發于文晦庵先生表章四書開示後學復作易本義作詩傳面授作書傳分授作禮經疏義且謂春秋本魯史舊文于是明聖人正大本心以破後世穿鑿凡例謂周禮周公未必盡行于是教學者非所宜先于身事一句無預提挈綱維疏別緩急無一不使復還古初六經之道賴之而昭昭乎如揭中天之日月其爲文也孰大于是宜不必復以文集爲矣然其天才卓絕學力閎肆落筆成章殆于天造其剖析性理之精微則日精月明其窮詰邪說之隱遁則神搜霆擊其感慨忠義發明離騷則苦雨凄風之變態其泛應人事游戲翰墨則行雲流水之自然究而言之皆此道之流行猶化工之妙造也

以上補

熊勿軒考亭書院記曰周東遷而夫子出宋南渡而文公生世運升降之會天必擬大聖大賢以當之者三綱五常之道所寄也道有統羲軒邈矣陶唐氏迄今六十二甲辰孟氏歷敘道統之傳爲帝爲王者千五百餘歲則堯舜禹之于冀也湯伊尹之于亳也文武周公之于岐豐也自是以下爲霸爲強者二千餘歲而所寄僅若此儒者幾無以藉口于來世嗚呼微夫子六經則五帝三王之道不傳微文公四書則夫子之道不著人心無所于主利欲持世庸有極乎七篇之終所以近聖人之居而尚論其世者其獨無所感乎嗚呼由文公以來又百有餘歲矣建考亭視魯闕里初名竹林精舍後更滄洲宋理宗表章公學以公從祀廟庭始錫書院額諸生世守其學不替龍門毋侯逢辰灼見斯道之統有關于世運故于此重致意焉歲戊子侯爲郡判官始克修復邑令古澶郭君瑛又從而增闢之乙巳侯同知南劍郡事道謁祠下顧謂諸生曰居已完矣其盍有所養乎書院舊有田九十餘畝春秋祀猶不給侯捐田爲倡郭君適自北來議以克協諸名賢之冑與邦之大夫士翕然和之合爲田五百畝有奇供祀之餘則以給師弟子之廩膳名曰義學田初省府以公三世孫朱沂

充書院山長旣歿諸生請以四世孫朱椿襲其職侯白之當路仍增弟子員屬其事于邑簿汪君蒙且以書來曰養可以粗給矣而教之不可以無師也謂禾猶逮前聞俾與前貢士魏夢牛分教大小學蓋有甚歆然者旣又屬禾記其事其將何以爲祠重惟文公之學聖人全體大用之學也本之身心則爲德行措之國家天下則爲事業其體則有健順仁義中正之性其用則有治教農禮兵刑之具其文則有小學大學語孟中庸易詩書春秋三禮孝經圖書西銘傳義及通鑑綱目近思錄等書學者學此而已今但知誦習公之文而體用之學曾莫之究其得謂之善學乎矧曰體其全而用其大者乎公之于考亭也門人蔡氏淵嘗言其晚年閑居于大本大原之地充養敦厚人有不得窺其際者蓋其喜怒哀樂之未發蚤聞師說于延平李先生者體驗已熟雖其語學者非止一端而敬貫動靜之旨聖人復起不易斯言矣嗚呼此古人授受心法也世之溺口耳之學何足以窺其微哉公之修三禮自家鄉至邦國王朝大綱小紀詳法略則悉以屬之門人黃氏榦且曰如用之固當盡天地之變酌古今之宜而又通乎南北風氣損文就質以求其中可也使公之志克遂有王者作必來取法矣嗚呼古人爲治之大經大法平居旣無素習一日臨事

惟小功近利是視生民亦何日蒙至治之澤乎秦人絕學之後六經
無完書若井田若學校凡古人經理人道之具盡廢漢猶近古其大
機已失之矣當今治宇一統京師首善之地立冑學興文教文公四
書方爲世大用此又非世運方升之一幾乎邵氏觀物所謂善變之
則帝王之道可興者以時考之可矣誠能于此推原義軒以來之統
大明夫子祖述憲章之志上自辟雍下逮庠序祀典教法一惟我文
公之訓是式古人全體大用之學復行于天下其不自茲始乎今公
祠以文肅黄氏榦配舊典也從以文節蔡氏元定文簡劉氏爚文忠
眞氏德秀建安武夷例也我文公體用之學黄氏其庶幾焉餘皆守
公之道不貳其侑公也實甚宜公以建炎庚戌生于劒之南溪父吏
部韋齋先生仕國也公蘊經世大業屬權奸相繼用事鬱鬱不得展
道學爲世大禁公與門人益務堅苦泊如也慶元庚申歿于考亭後
十年庚午疆場事起又六十七年丙子宋亡公之曾孫浚以死節著
嗚呼大聖大賢之生其有關于天地之化盛衰之運者豈可以淺言
哉夫子之六經不得行于再世而公之四書乃得彰于當代公之身
雖詘于當時而公之道卒信于其後者天也過江來中州文獻欲盡
自左丞覃懷許公衡倡明公學家誦其書人尊其道凡所以啓沃君

心栽培相業以開治平之原者皆公餘澤也方侯創義學東平袁君壁適以臬事至閩訪求公後表浚二子林彬于省長南溪建安二書院奉韋齋及公祠又以考亭乃公舊宅懇懇爲語諸生小學入門之要尤以師道不立爲憂既而金華陳君公舉司文吳會爲胄學徵藏書考尋文獻且欲于此繼成公志以復六經古文爲屬誠鉅典也而必欲有竢焉天道循環無往不復欲觀周道舍魯何適正學一派亟起而讶續之則天地之心生民之命萬世之太平當于此乎在侯之功不亦遠乎侯世以德顯其仕閩以化爲政道南七書院皆其再造也考亭西北偏有山曰雲谷晦庵在焉亦爲之起廢汪君于山之麓爲門以識之凡公墳宅悉從而表樹焉庶乎知爲政之先務矣精舍創于紹興甲寅前堂後室制甚樸寶慶乙酉邑令莆陽劉克莊始闢公祠今燕居廟則淳祐辛亥漕使眉山史侯季温舊構也書院之更造惟公手創不敢改棟宇門廡煥然一新邑士劉熙寶終始之義學創興宋燮黃樞首帥以聽華恭孫葉善夫趙宗叟盱江李廷玉與有謀焉而厚絫庾完塈茨以迄于成則虞子建劉實也賢勞皆可書時提調官總管燕山張仲儀教授三山黃文仲助田名氏悉書石陰後甲辰三歲大德十一年四月朔日記

晦翁講友
宣公張南軒先生栻別爲南軒學案
成公呂東萊先生祖謙別爲東萊學案
忠定趙先生汝愚別見玉山學案
趙先生汝靚
趙汝靚忠定公汝愚之從弟也苦節講學餘干有東山書院先生所建以延朱子講學餘干學者祀朱子以先生配補
尙書韓南澗先生元吉別見和靖學案
顯謨潘先生時別見元城學案
縣令方先生耒別見劉胡諸儒學案
縣令張先生杰別見玉山學案
知軍石克齋先生𡼖
石𡼖字子重其先新昌人大父公孺始遷臨海先生自少警悟不羣及長刻意爲學與晦庵朱子交好嘗稱其論仁之體要甚當願與長者各盡力于斯又謂心說甚善但更須收斂造約爲佳以紹興十五年進士歷四縣知南康軍卒年五十有五晦庵志其墓晚名其燕居之室曰克齋讀書其閒沒身不懈後生執業就正者多賴以知嚮方

陳著卿修郡乘謂里人自克齋知有洛學車若水亦云克齋石公所謂大人爲己之學深造而自得者也所集周易大學中庸解數十卷文集十卷傳學者參台學源流

附錄

子重問止于至善至善乃極則否朱子答曰不然至善者本也萬善皆于此乎出

縣令何臺溪先生鎬

何鎬字叔京郡武人龜津先生兌之子以父蔭爲安溪主簿與朱子爲友後調善化令未至卒學者稱臺溪先生有易論語說朱子稱其可傳參閩大紀

梓材謹案朱子爲先生墓志云予獲從之遊相好也是先生與朱子爲友之證而或以爲朱子門人誤

晦翁學侶

龍圖項平庵先生安世

項安世字平甫其先括蒼人後家江陵登淳熙進士除祕書正字光宗以疾不過重華宮先生上書切諫不報求去尋遷校書郎寧宗即位先生應詔言當省兵及宮掖之費時朱子召至闕未幾予祠先生

言朱熹本二千里外一庶官陛下即位未數日召侍經幄天下皆以爲初政之美供職甫四十日即以內批逐之舉朝不知所措願留朱熹使輔聖學不報俄以僞黨罷先生素善吳文定獵坐學禁久廢開禧用兵文定起帥荊渚先生起知鄂州淮漢師潰以文定爲宣撫使尋以宣諭使入蜀朝命先生權宣撫使陞太府卿因私忿殺文定客王度坐免繩以道誼之交先生不能無遺議也後以直龍圖閣爲湖南運判未上用臺章奪職罷嘉定元年卒所著易玩辭等書行于世

參史傳

雲濠謹案謝山奉臨川帖子云項平甫來往于朱陸之閒然未嘗偏有所師又案謝山學案原底于嶽麓諸儒序錄有項平甫三字後定刊本抹之

附錄

魏鶴山師友雅言曰最愛項平甫孚齋詩云乳㱿中函天渾沌浮鈞破處玉嶙峋

錄參黃敬齋先生樵仲

黃樵仲字道夫龍溪人御史預之孫號敬齋登淳熙第居家每日率子弟衣冠見家廟退則默坐終日飲食衣服不求鮮美居喪三年人

未嘗見其有笑容鄉里有爲非者恐先生知之朱文公守漳禮延入學牒云器資渾厚操履端方杜門讀書不交權利鄉閭有識莫不推高若以禮請屈居教導必能使諸生觀感而化有所興起及講小學文公每稱善初尉永福再調汀州錄參咸有善績自書于屏云俸薄儉亦足官卑清自尊有禮記解小學口義行于世

侍郎陳先生景思

陳景思字思誠弋陽人丞相文正公康伯之孫也用丞相恩補承奉郎仕至朝請大夫直煥章閣遷太府卿兼夏官侍郎先生競朗通達而以門閥自畏問學師友出于嗜欲水心客錢塘不擇晨暮過從爲僚于徐夜失睡者再三朱文公在建安接牘續簡無曠時時攻僞日峻士重足不自保浮薄者以時論相恐喝先生每爲所親正說不忌與文公書具言其無他文公答曰其然其然韓丈于我本無怨惡我于韓丈亦何嫌猜乎所親見之意大折道學不遂廢先生之力爲多

參葉水心集

晦翁同調

宣簡趙先生不息

趙不息南塘之祖也雅敬朱子云某恨見公晚自見公從始至末無

一語爲無益以是敬之今觀其行尤合因上疏請用之又乞賜南軒張子謚累官大宗正封崇國公謚宣簡補

梓材謹案先生名當從宋史宗室傳作不㥑其字仁仲㥑爲憂之古文字當作㥑因㥑而傳寫爲㥑蓋取仁者不憂之義嗣濮王宗暉曾孫也紹興二十七年登第然宗室世系表已誤作不息又載長子𥁕臨𥁕臨子汝訓汝諿汝詁汝淡汝鐺汝淡汝鐺卽汝談汝鐺之譌也

教授劉孝敬先生靖之

知州劉靜春先生清之 並爲清江學案

文節劉後溪先生光祖 別爲邱劉諸儒學案

晦翁家學 楊胡三傳

中散朱先生塾 附子鑑

朱塾字受之文公長子從呂東萊學以廕官將仕郎早卒贈中散大夫子鑑字子明官奉直大夫湖廣總領 參姓譜

朝奉朱先生埜

朱埜字文之文公次子以廕補官歷朝奉郎 同上

侍郎朱先生在 附孫浚

朱在字敬之文公季子以恩補承務郎歷官至工部侍郎經筵日讀父四書玉音訪問不已因請黜楊雄乞以二程張載從祀帝嘉納之孫浚字深源累官吏部侍郎死節同上

梓材謹案謝山學案劄記引葉紹翁曰考亭子在趨媚時好遂喈法從視其父異矣

朱小翁先生洪範別見介軒學案

晦翁門人

文節蔡西山先生元定別爲西山蔡氏學案

文肅黃勉齋先生榦別爲勉齋學案

文定李宏齋先生燔

文憲張主一先生洽並見滄洲諸儒學案

朝奉輔傳貽先生廣別爲潛庵學案

輔先生萬別見潛庵學案

通直陳潛室先生埴別爲木鐘學案

文修葉西山先生味道別見木鐘學案

主簿杜南湖先生煜

杜方山先生知仁並爲南湖學案

隱君蔡節齋先生淵
運幹蔡復齋先生沆 並見西山蔡氏學案
文正蔡九峯先生沈 別爲九峯學案
文安陳北溪先生淳 別爲北溪學案
陳後之先生易 別見北溪學案
吏部廖槎溪先生德明
通判李果齋先生方子 並見滄洲諸儒學案
州判余先生元一
漕帥趙先生師恕 並見勉齋學案
安撫趙先生崇憲
朝散趙節齋先生崇度 並見玉山學案
文節趙章泉先生蕃
郡守宋先生之源
特奏劉先生黼
許先生子春 並見清江學案
忠肅彭止堂先生龜年
知州趙先生善佐

張錦溪先生巽
學博潘先生友端
胡季隨先生大時並見嶽麓諸儒學案
朝奉王定庵先生瀚
縣令王先生洽
侍郎詹先生儀之
尚書李先生大同
周先生介
府判鄒先生補之
黃先生謙
忠簡王渾尺先生介並見麗澤諸儒學案
呂先生喬年别見東萊學案
教授高先生松别見止齋學案
傅先生定别見說齋學案
文靖舒廣平先生璘别見廣平定川學案
通判傅曾潭先生夢泉
判軍孫燭湖先生應時

進士諸葛先生千能

進士周先生艮

包克堂先生揚

包先生約

包先生遜

知軍石先生斗文

侍從石先生宗昭

喻先生仲可 別見象山學案

趙先生師蔵

直閣趙先生師雍 並見槐堂諸儒學案

梓材謹案晦翁弟子綦繁自別見諸學案外百餘人並入滄洲

諸儒學案

晦翁私淑

宣獻樓攻媿先生鑰 別見邱劉諸儒學案

正肅吳先生柔勝 父口

吳柔勝字勝之宣城人幼聽其父講伊洛書知持敬之學淳熙中進

士調都昌簿差嘉興教授御史湯碩劾其救荒浙右擅放田租爲趙

汝愚收人心且主朱氏之學不可爲師儒自是閑居十餘年嘉定初歷國子正以晦庵四書與諸生誦習于是士知趣向後以祕閣修撰奉祠卒諡正肅參史傳

特奏陳先生績附子口孫口

陳績字德容羅源人淳質有守毅然任道少慕伊洛考亭之學屢試禮部獨以正心誠意爲說俱見黜後對時務擢第廷試復如初始終發明伊洛考亭之旨孝宗擢特奏第一時淳熙八年也子孫世其家學參道南源委

獻肅柴南溪先生中行別見邱劉諸儒學案

文靖魏鶴山先生了翁別爲鶴山學案

學錄詹流塘先生初別見勉齋學案

堂長蔡白石先生和別見北溪學案

文節李貫之先生道傳別見劉李諸儒學案

常博李先生大有別見東萊學案

祕丞謝夢頤先生夢生別見木鐘學案

迪功陳先生均

陳均字平甫興化人俊卿從孫安貧力學以累舉當奉大對不就參

稽宋史及司馬稽古錄徐氏國紀李氏續通鑑長編諸書用朱子綱目義例提要備言輯成宋編年舉要備要二書起太祖建隆庚申迄寧宗嘉定甲申凡八十八卷端平初時宰言于朝下福州取其書賜迪功郎不受補

雲濠謹案宋陳均有二一先生爲朱子私淑一字子公平陽人以秘閣修撰致仕眞西山門人爲朱子三傳弟子見西山眞氏學案

學士趙庸齋先生汝騰

趙汝騰字茂實宗室子居福州寶慶初舉進士歷官至禮部尚書兼給事中嘗入奏言前後姦諛興利之臣甚切直拜翰林學士後辭歸累召至闕復以翰林學士承旨知泉州知南宗正事卒贈四官參姓譜

梓材謹案先生號庸齋亦有南塘之稱與朱子門人文懿汝談之號同又案何北山有繳回太守趙庸齋詩著先生知婺州時嘗薦北山與王正敘也

克齋門人

主簿杜南湖先生煜

杜方山先生知仁　並爲南湖學案

宣簡家學

文懿趙南塘先生汝談　別見滄洲諸儒學案

知州趙嬾庵先生汝譡　別見水心學案

正肅家學

參政吳退庵先生淵

丞相吳履齋先生潛　並見槐堂諸儒學案

朱學續傳

奉直方先生鎔　別見北山四先生學案

隱君趙江漢先生復　別見魯齋學案

司法余桃谷先生季芳　別見介軒學案

御史俞默翁先生淅

俞淅字季淵新昌人也以開慶進士歷官御史初爲賈似道所排其後王爚引而入臺而論者謂王私其鄉人先生亦以三疏時事不報求去改官大理少卿不就宋亡杜門講學宗師朱子學者稱爲致曲先生雲濠案學案底本別傳云先生私淑朱子之學篤行寡言莊重介潔宋亡杜門著書學者稱爲默翁先生所著有六經審問離騷審

問韓文舉隅集宋之南也浙東儒學極盛而越中獨少李莊簡公後惟新昌石子重石天民石應之黄文叔呂聲之呂沖之其眉目也姚江孫燭湖師象山孫偉夫師水心山陰胡達材兄弟亦師象山而諸葛誠之往來諸儒之閒韓蕺山父子繼起世守劉子澄之教其後上虞劉習甫學于何氏唐忠介學于牟氏而先生復出于新昌最爲有光黄東發陳本堂皆重之補

州判熊天慵先生朋來 附子太古

熊朋來字與可豫章人咸淳進士元世祖求宋遺士而雅重進士以狀元王龍澤爲南臺御史先生與龍澤同榜聲名不相下然不肯表襮苟進隱居州里生徒受業者常百人取朱子小學書提其要領示之學者與人談經義日益不倦用治書侍御史王構薦連爲閩海廬陵教授所至攷古篆籀文調律呂協歌詩以興雅樂制器定辭必則古式遠近師宗之晚以福清州判官致仕延祐設科行省爭請爲考官先生以應試者大半皆及門不赴其後江浙湖廣率卑辭致禮先生始往應其請及對大廷所選士居天下三之一初先生以周禮首薦鄉郡而元制周官不與設科治戴記者尤鮮先生屢以爲言蓋先生之學諸經中三禮尤深是以當世言禮學者咸推宗之至治中英

宗始親祀太廟銳意制禮作樂學士元明善以先生薦未及召而卒年七十八有經說七卷子太古字鄰初舉至順二年鄉薦官江西行省員外郎晚隱樠山著書以老從黃氏補本錄入

梓材謹案黃氏補本熊先生朋來列胡熊諸儒學案俞先生琰列李俞諸儒學案謝山序錄並無其目以皆爲朱學入是卷

隱君俞石澗先生琰

俞琰字玉吾吳郡人生宋寶祐間以辭賦稱宋亡隱居著書自號林屋山人精于易世之言圖書者類以馬毛之旋龜文之坼獨先生持論謂尙書顧命天球河圖在東序河圖天球並列則河圖亦玉也玉之有文者爾崐崙產玉河源出崐崙故河亦有玉洛水至今有白石洛書蓋石而白有文者其立說頗異嘗著經傳考證讀易須知六十四卦圖古占法卦爻象占分類易圖合璧連珠等書潛心三十餘年惜其書無存惟周易集說十三卷而以易圖纂要易外別傳附焉武宗至大二年門人王都中爲之刊行所居傍石澗學者稱爲石澗先生同上

周易集說自序

周易集說者集諸說之善而爲之說也曷爲善能明三聖人之本旨

則善也夫易始作于伏羲僅有六十四卦之畫而未有辭文王作上下經乃始有辭孔子作十翼其辭乃備當知辭本于象象本于畫有畫斯有象有象斯有辭易之理盡在于畫詎可舍六畫之象而專論辭之理哉舍畫而玩辭舍象而窮理辭雖明理雖通非易也漢去古未遠諸儒訓解多論象數蓋亦有所本至魏王弼以老莊之虛無倡于前晉韓康伯又和于後聖人之本旨遂晦沿襲至唐諸儒皆宗之太宗詔名儒定九經正義于易則取王韓而孔穎達輩以當時所尚故雖其說未盡善亦必爲之回護由是二三百年閒皆以虛無爲高至宋濂洛諸公彬彬輩出一掃虛無之弊聖人之本旨始明柰何世之尙占而宗邵康節者則以義理爲虛文尙辭而宗程伊川者則以象數爲末技而程邵之學分爲兩家羲畫周經亦爲兩途遂使學者莫之適從逮夫紫陽朱子本義之作發程邵之未發辭必歸于畫理不外于象聖人之本旨于是乎大明焉琰幼承父師面命首讀朱子本義次讀程傳長與朋友講明則又有程朱二先生所未言者于心蓋不能無疑乃歷考諸家易說摭其英華萃爲一書名曰大易會要凡一百三十卷不揣固陋遂自至元甲申集諸說之善而爲之說至元貞丙申而後成凡四十卷因名爲周易集說云

庸齋續傳

祕書趙大蓬先生必晷

趙必晷字伯煒晉江人濮安懿王八世孫補承務郎悵望中原懷古賦詩慨然有祖逖之志從益王至永嘉蒲壽庚爲福建廣東安撫使發舟航海次泉州港口壽庚作亂以田真子降元先生逃甃竈村真子遺兵勤還草降表先生誓必死持七首自刺吉甫抱哭曰我愧死萬萬不能復見子矣張世傑回兵圍城壽庚盡殺宗室縛先生將斬之錄曹參軍吳伯厚以計出之遂居泉之東陵參姓譜

梓材謹案吳禮部序陳監丞衆仲安雅集序云君之學得于外舅趙大蓬名必曄者爲多必曄庸齋汝騰之孫有學行君早從指授故前輩淵源尤所習聞則先生之家學可見矣宋史宗室世系自濮安懿王歷建孝艮王宗蓋安康郡公仲郵豫章侯士滅直祕閣不敵善綽汝騰凡七世汝騰子崇堂崇堂子必晷暈蓋晷字之譌又案先生官至祕書宋潛溪云南塘趙氏之孫二陳之外王父也故謝山于陳衆仲謂其先世得于趙南塘云

默翁門人

隱君黃先生奇孫別見潛菴學案

石澗門人

清獻王本齋先生都中別見魯齋學案

大蓬門人庸齋三傳

縣尹陳先生仁伯

陳仁伯莆田人官同安尹莆田之先達有二陳焉一則先生一則國子丞衆仲皆以文鳴于時實兄弟也其學出于南塘趙氏參宋文憲集

監丞陳先生旅別見草廬學案

宋元學案卷四十九

南軒學案表

張栻
紫巖子
五峯門人
氏劉
龜山、和靖
氏武傳
再傳程
二三元城
文定子
安傳
溪涑泰山
四水
傳濂百源
（劉氏、王氏、謝氏、胡氏、胡氏傳）

張栻
從子　庶——子　圯
附師孫松壽
從子　忠恕——從子　洽
胡大時
彭龜年
吳獵
游九言
游九功　並爲嶽麓諸儒學案
宇文紹節
陳槩
楊知章

張唐　張氏續傳

李修己
張仕佺
范仲黼
范子長
范子該
范蓀
宋德之並爲二江諸儒學案
曾集別見廌山學案
陳孔碩
虁蓋卿
吳必大
王遇
呂勝己並見滄洲諸儒學案
舒璘別爲廣平定川學案

曾夢泉

詹阜民 並見槐堂諸儒學案

詹儀之 別見麗澤諸儒學案

又二十八人並見嶽麓諸儒學案

私淑 趙昱

虞剛簡 別見二江諸儒學案

程遇孫

薛紱

鄧諫從

張方 並見二江諸儒學案

魏了翁 別爲鶴山學案

李大有 別見東萊學案

木天駿 張學續傳

方敏中
張學之餘

朱熹別爲晦翁學案
呂祖謙別爲東萊學案
趙汝愚別見玉山學案
潘時別見元城學案
吳松年別見周許諸儒學案
張杰別見玉山學案
並南軒講友
陳傅良別爲止齋學案
胡大本別見五峯學案
張寓附見嶽麓諸儒學案
呂陟
並南軒學侶

趙不息別見晦翁學案

劉靖之

劉清之並爲清江學案

邱密

並南軒同調

餘姚黃宗羲原本　　後學慈谿馮雲濠校刊
男百家纂輯　　鄞縣王梓材重校
鄞縣全祖望修定　　道州何紹基重刊

南軒學案

祖望謹案南軒似明道晦翁似伊川向使南軒得永其年所造更不知如何也北溪諸子必欲謂南軒從晦翁轉手是猶謂橫渠之學于程氏者欲尊其師而反誣之斯之謂矣述南軒學案

梓材案是卷南軒文集蓋謝山所補其餘則梨洲原本也

五峯門人 楊胡再傳

宣公張南軒先生栻

張栻字敬夫一字樂齋號南軒廣漢人遷于衡陽父浚故丞相魏國公諡忠獻先生穎悟夙成少長從五峯胡先生問程氏學五峯一見知其大器卽以所聞孔門論仁親切之指告之先生退而思若有得也五峯曰聖門有人吾道幸矣先生益自奮厲以古聖賢自期作希顏錄以見志以蔭補承務郎紹興閒忠獻出督奏先生充機宜以軍事入見上異之除直祕閣丁父憂服闋長沙郴桂帥守劉公珙薦于

朝除知撫州改知嚴州奏言先王所以建事立功無不如志者以胸中之誠有以感格天人之心而與之無閒也今規畫雖勞事功不立陛下誠深察之亦有私意之發以害吾之誠者乎明年召爲吏部郎兼侍講時相方謂敵勢衰弱可圖先生奏言時猶未可上爲歎息褒諭其後因賜對反覆前說帝益嘉歎面諭當以卿爲講官冀時得晤語也會史正志爲發運使名爲均輸實盡奪州縣財賦遠近騷然士大夫爭言其害先生亦以爲言上閱其實卽詔罷之除左司員外郎仍兼侍講講詩葛覃進說治生于敬畏亂起于驕淫使爲國者每念稼穡之勞而其后妃不忘織紝之事則心不存者寡矣因上陳祖宗自家刑國之懿下斥今日興利擾民之害帝歎曰此王安石所謂人言不足恤者所以爲誤國也知閤門事張說除簽書樞密院事先生夜草疏極諫其不可旦詣朝堂責宰相虞公允文曰宦官執政自京黼始近習執政自相公始先生奏再上命遂寢然宰相實陰附張說明年出先生知袁州先生在朝未期歲而召對至六七所言皆修身務學畏天恤民抑僥倖屏讒諛于是宰相憚之近習尤不說退而家居累年孝宗念之詔除舊職知靖江府經略安撫廣南西路治聞詔特進秩直寶文閣尋除祕閣修撰荊湖北路轉運副使改知江陵府

安撫本路嘗與朱子書曰郭杲問此閑得毋爲守備乎緩急有堡寨否某應以此閑出門即平原走襄陽僅六百里所恃者襄漢立得定折衝捍蔽耳太尉當力任此事要兵要糧此當往助若教賊入肝脾裏人心瓦碎何守備爲向來劉信叔張安國皆有緩急移保江北之論乃大謬也賊到此地何以爲國守臣但當握節而死渠爲悚然然某所恃者有此二萬義勇所可整頓緩急有隱然之勢今專務固結其心愛養其力庶幾一旦可共生死雲濠案與朱子書一節謝山稿從南軒集中摘錄標識此節當移載傳內今爲補入湖北故多盜先生首劾大吏之縱賊者捕斬奸民之舍賊者令其黨得相捕告以除罪羣盜皆遁去會信陽守劉大辨怙勢希賞先生劾請論罪不報即以不得其職求去詔以右文殿修撰提舉武夷山沖佑觀病革猶手疏勸上親君子遠小人信任防一己之偏好惡公天下之理先生有公輔之望卒年四十八世咸惜之先生爲人坦蕩明白表裏洞然詣理既精信道又篤其樂于聞道而勇于徙義則又奮厲明決無毫髮滯吝意故其德日新業日廣而所以見于論說行事之閑者上下信之至于如此著有論語孟子詩書太極圖說經世編年等書嘉泰中賜諡宣景定初從祀孔子廟庭修

宗羲案湖南一派在當時爲最盛然大端發露無從容不迫氣象自南軒出而與考亭相講究去短集長其言語之過者裁之歸于平正有子考无咎其南軒之謂與

南軒答問

來書所謂思慮紛擾之患此最是合理會處其要莫若主一遺書論此處甚多須反覆玩味據目下底意思用功辟如汲井漸汲漸清如所謂未應事時此事先在既應之後此事尚存正緣主一工夫未到之故須思此事時只思此事做此事時只做此事莫教別底交互出來久久自別看時似乎淺近做時極難某前作主一箴爲一相識所刋其閒亦有此意

居敬有力則其所窮者益精窮理浸明則其所居者亦有地所謂持敬乃是切要工夫然要將箇敬治心則不可蓋主一之謂敬敬是敬此者也若謂敬爲一物將一物治一物非惟無益而反有害乃孟子所謂必有事焉而正之卒爲助長之病如左右所謂窘于應事無舒緩意無怪其然也故欲從事于敬惟當常存主一之意此難以言盡實下工夫涵泳勿舍久久自覺深長而無窮也

所諭收斂則失于拘迫從容則失于悠緩此學者之通患于是二者

之閒必有事焉其惟敬乎拘迫則非敬也悠緩則非敬也但當常存乎此本原深厚則發見必多而發見之際察之則必精矣若謂先識所謂一者而後可以用力則用力未篤所謂一者只是想像何由意味深長乎

論及邇來工夫足見不輟但所謂二病若曰荒忽因循則非游泳之處若曰蹙迫寡味則非矯揉之方此正當深思于主一上進步也要是常切省勵使凝斂清肅時多則當漸有向進不可求一切近功也

葉六桐曰主一從敬字用功始敬久則誠而一在是矣

問近有人疑但能存心則自無不敬乃以動容貌整思慮爲言卻似從外面做起不由中出不若直言存其心之爲約也曰程子教人居敬必以動容貌整思慮爲先蓋動容貌整思慮則其心一以敬也今但欲存心而以此爲外既不如此用功則心亦烏得而存其所謂存者不過強制其思慮非敬之理矣此其未知內外之本一故也今有人容貌不莊而曰吾心則存不知其所謂不莊者是果何所存乎推此可見矣

所諭雖閒有平帖安靜之時意思清明四體和暢念慮不作覺無所把摸接物遇事則渙散矣此蓋未能持敬之故所謂平帖安靜者亦

是暫時血氣休息耳且既曰覺無所把摸安得謂安靜乎敬有主宰涵養漸熟則遇事接物此意豈容遽渙散乎主一之義且深體之

所論居敬雖收斂此心乃覺昏昏不活而懈意漸生夫敬則惺惺而乃覺昏昏是非敬也惟深自警勵以進主一之功幸甚

嗟乎自聖學不明語道者不覩夫大全卑則割裂而無統高則汗漫而不精是以性命之說不參乎事物之際而經世之務近出乎私意小智之爲豈不深可歎哉惟周子生乎千有餘年之後超然獨得大易之傳所謂太極圖乃其綱領也推明動靜之一源以見生化之不窮天命流行之體無乎不在文理密察本末該貫非闡微極幽莫能識其指歸也然而學者若之何而可進于是哉亦曰敬而已矣誠能起居食息主一而不舍則其德性之知必有卓然不可掩于體察之際者而後先生之蘊可得而窮太極可得而識矣

格至也格物者至極其理也此正學者下工夫處呂舍人之說雖美乃是物格知至以後事學者未應躐等及此也雖然格物有道其惟敬乎是以古人之教有小學有大學自灑掃應對而上使之循循而進而所謂格物致知者可以由是而施焉故格物者乃大學之要也

問孟子曰可欲之謂善伊川謂與元者善之長同理又曰乾聖人之

分也可欲之善屬焉剛仲嘗謂孟子言可欲非私欲之欲也自性之動而有所之焉者耳于可不可之閒甚難擇姑以近者言之如飲食男女人之所大欲人孰不欲富貴亦皆天理自然循其可者而有所之如飢而食渴而飲以禮則得妻以其道而得富貴之類則天理也過是而恣行妄動則非天理矣故書曰敬修其可願孟子又曰無欲其所不欲是也乾聖人之分豈謂聖人之動皆循天理而然與元者天德也孟子所謂善豈指天理而言與橫渠又曰明善必明于未可欲之際未可欲謂大本未發者否見于可欲則性之苗裔已發見者未可欲則大本全體渾然不容一毫之僞明之之功何自而先莫亦當先從于可不可之際審擇而固執之否愚見如此心中亦未安恐伊川引乾元處別有深意曰人具天地之心所謂元者也由是而發見莫非可欲之善也其不由是而發則爲血氣所動而非其可矣聖人者是心純全渾然天理乾知大始之體也故曰乾聖人之分也可欲之善屬焉在賢者則由積習以復其初坤作成物之用也故曰坤學者之事也有諸己之信屬焉今欲用功宜莫若養其源先于敬用功之久人欲寖除則所謂可者益可得而存矣若不養其源徒欲于發見之際辨擇其可不可則恐紛擾而無日新之功也

元晦謂略于省察向來某與渠書亦嘗論此矣後便錄呈如三省四勿皆持養省察之功兼焉大要持養是本省察所以成其持養之功者也

百家謹案子劉子曰省察正涵養之得力喫緊處

垂論忿怒之病氣習偏私處正當深致其力損懲忿窒慾懲之爲言須思其所以然而懲艾之先覺謂惟思爲能窒慾某謂懲忿亦然若謂正當發時最好看吾本心此卻有病本心須是平日涵泳庶幾私意漸可消磨若當其發時如明道先生所謂遽忘其怒而觀理之是非則可若直待此時看吾本心則天理人欲不相參恐無力也更幸思之

姜定庵曰正當發時亦能覺著本心畢竟人欲居勝此處惟用懲窒之力方能挽回終不若平日涵泳不使私意相參之爲得也

問君子時中朱編修云以其有君子之德而又能隨時以取中也龜年竊謂君子精義故能時中謂之時中者以其全得此理故無時不中非謂就時上處中也今曰以其有君子之德而又能隨時以處中心竊疑焉曰隨時以取中非元晦語乃先覺之意也此意甚精蓋中字作統體看是渾然一理也若散在事物上看事事物物各有正理

存焉君子處之權其所宜悉得其理乃隨時以取中也然元晦云以其有君子之德而又能隨時以取中語卻有病不若云所貴于君子之中庸者以君子能隨時以處中也

問明道先生曰維天之命於穆不已不其忠乎天地變化草木蕃不其恕乎伊川先生曰乾道變化各正性命恕也侯子曰伊川說得尢有功天授萬物之謂命春生之冬藏之歲歲如是天未嘗一歲誤萬物也可謂忠矣萬物洪纖高下短長各得其欲可謂恕矣九思謂維天之命於穆不已蓋一元之氣運行無息所謂天行健者也以其行健無息故能生生萬物而各稟此善意故曰恕其在人體之則曰乾乾誠意無毫髮閒斷則發見于外斯能以己推之以心之所本既善則應人接物皆如其心可謂恕矣觀明道謂草木蕃于伊川言各正性命不見有差殊其在萬物得其所以蕃生便是正性命不知侯子何以分輕重兼謂維天之命爲天授萬物者恐此天命只是天理伊川所謂在天爲命不必須是授之萬物方可言命故又謂春生冬藏歲歲如是未嘗誤萬物爲忠恐此亦只是恕蓋已發者也九思所言忠恕與天命大意是否及所疑侯先生之言幷乞詳教曰明道之言意固完具但伊川所舉各正性命之語爲更有功忠體也恕用也體

立而用未嘗不存乎其中用之所形體亦無乎不具也以此意玩味則見伊川之言尤有功處侯師聖所說忠字恐未爲得二先生之意天命且于理上推原未可只去一元之氣上看

問明道所云志動氣者什九氣動志者什一所謂氣動志者非獨趨蹶藥也酒也亦是也若只以藥酒與趨蹶言之謂之少可也明道又云氣專在喜怒上豈不動志夫人爲私欲所勝喜怒不公以移奪其志者多矣而謂氣動志者什一此則未諭曰所以喜怒亦志動氣也但因喜怒之氣而志益不能自寧是氣復動志也蓋常人志動氣而氣復動志無窮已耳然自始動而言只可謂志之動氣也惟趨蹶與藥也酒也則是氣先之也

問明道先生論持其志曰只這箇也是私然學者不恁地不得九思思之謂人之有志不能持之使常自覺其所在往往遇事則爲氣所使顛倒失次而不能制與不自知其所以然者皆志不定故也使其志常定于內昭然不亂必不至遇事而失措矣故志不可不持持之久而熟則必能自然以心驗之未見其爲私明道謂只這箇也是私其意如何曰纔涉人爲便是私有箇持守字便是人爲然學者從此用功由誠之進于誠殺有節次

或問伊川先生必有事焉當用敬否曰敬只是涵養一事必有事焉須當集義只知用敬不知集義卻是都無事也九思思之若能敬則能擇義而行伊川謂知敬而不知集義爲都無事不曉其旨又集義所生義生于心不知如何集曰居敬集義工夫並進相須而相成也若只要能敬不知集義則所謂敬者亦塊然無所能爲而已烏得心體周流哉集義訓積事事物物莫不有義而著乎人心正要一事一件上集

梨洲孟子師說曰集義者應事接物無非心體之流行心不可見見之于事行所無事則卽事卽義也心之集于事者是乃集于義矣有源之水有本之木其氣生生而不窮義襲者高下散殊一物有一義模倣迹象以求之正所謂欲事事皆合于義也襲裘之襲羊質虎皮不相黏合事事合義一事不合則伎倆全露周章無措矣告子外義之病如此朱子言其冥然無覺悍然不顧此則世俗頑冥之徒孟子亦何庸與之辯哉

問心無內外而有內外是私心也非天理也故愛吾親而人之親亦所當愛敬吾長而人之長亦所當敬今吾有親則愛焉而人之親不愛吾有長則敬焉而人之長不敬是心有兩也是二本也且天之生

物使之一本而二本可乎曰此緊要處不可毫釐差蓋愛敬之心由一本而施有差等此仁義之道所以未嘗相離也易所謂稱物平施稱物之輕重而吾施無不平焉此吾儒所謂理一而分殊也若墨氏愛無差等卽是二本伊川先生答楊龜山論西銘書當熟玩味

問奔逸絕塵存乎思曰如此等語皆涉于浮夸不穩帖夫思者沈潛縝密優游涵泳以深造自得者也今曰奔逸絕塵則有臆度採取之意無乃流入于異端一聞便悟一超直入之弊乎非聖門思睿作聖之功也推此類察之

問吾心純乎天理則身在六經中飢而食渴而飲天理也晝而作夜而息天理也自是而上秋毫加焉卽爲人欲矣人欲萌而六經違矣曰此意雖好然飢食渴飲異教中亦有拈出此意者而其與吾儒異者何哉此又不可不深察也孟子卽常拈出愛親敬長之端最爲親切于此體認便不差也

所謂一陰一陽之道凡人所行何嘗須臾離此此則固然然在學者未應如此說要當知其所以不離也此則正要用工夫主敬窮理是已如飢食渴飲晝作夜息固是義然學者要識其真孟子只去事親從兄上指示最的當釋氏只爲認揚眉瞬目運水搬柴爲知義而不

分人欲天理于毫釐之閒此不可不知也

克己復禮之說所謂禮者天之理也以其有序而不可過故謂之禮凡非天理皆己私也己私克則天理存仁其在是矣然克己有道要當審察其私事事克之今但當指吾心之所愧者必其私而其所無負者必夫禮苟工夫未到而但認己意爲則且將以私爲非私而謂非禮爲禮不亦誤乎又如格物之說格之爲言至也理不遺乎物至極其理所以致其知也今乃云物格則純乎我是欲格去乎物而己獨立此非異端之見而何且物果可格乎如其說是反鏡而索照也所諭尙多駁雜如云知無後先此乃是釋氏之意甚有病知有淺深致知在格物格字殺有工夫又云儻下學而不加上達之功此尤甚謬上達不可言加功聖人教人以下學之事下學工夫浸密則所謂上達者愈深非下學之外又別有上達之功也致知力行皆是下學此其意味深遠而無窮非驚怪恍惚者比也學者且當務守守非拘迫之謂不走作也守得定則天理浸明若強欲驟開拓則將窮大而失其居無地以崇德矣惟收拾豪氣毋忽卑近深厚縝密以進居敬窮理之功則所望也

問爲佛學者言人當常存此心令日用之閒眼前常見光爍爍地此

與吾學所謂操則存者有異同否曰某詳佛學所謂與吾學之云存字雖同其所爲存者固有公私之異矣吾學操則存者收其放而已矣收其放則公理存故于所當思而未嘗不思也所當爲而未嘗不爲也莫非心之所存故也佛學之所謂存心者則欲其無所爲而已矣故于所當有而不知有也于所當思而不之思也獨憑藉其無所爲者以爲宗日用閒將做作用其云令日用之閒眼前常見光爍爍地是弄此爲作用也目前一切以爲幻妄物則盡廢自利自私此其不知天故也

問程子云視聽思慮動作皆天也但其中要識真與妄耳伯逢疑云既是天安得妄某以爲此六者人生皆備故知均稟于天但順其理則是真違其理則是妄卽人爲之私耳如此言之知不謬否曰有物必有則此天也若非其則則是人爲亂之妄而已矣只如釋氏揚眉瞬目自以爲運用之妙而不知其爲妄而非真也此毫釐之閒正要辨別得如伯逢病正在此耳所答語大意已得之

天命之全體流行無閒貫乎古今通乎萬物者也衆人自昧之而是理也何嘗有閒斷聖人盡之而亦非有所增益也未應不是先已應不是後立則俱立達則俱達蓋公天下之理非有我之得私此仁之

道所以爲大而命之理所以爲微若釋氏之見則以爲萬化皆吾心所造皆自吾心生者是昧夫太極本然之全體而反爲自利自私天命不流通也故其所謂心者是亦人心而已而非識道心者也知言所謂自滅天命固爲己私蓋謂是也

問不可息者非仁之謂與曰仁固不息只以不息說仁未盡程子曰仁道難名惟公近之不可便以公爲仁須于此深體之

問性太極太極不動不動則不見其所以爲仁心則與物接矣與物接則自心應之矣此古人所以直指心要曰仁人心也曰未與物接時仁如之何

問心有所覺謂之仁此謝先生救拔千年餘陷溺固滯之病豈可輕議哉云云夫知者知此者也覺者覺此者也果能明理居敬無時不覺視聽言動莫非此理之流行而大公之理在我矣尚何躁憤險薄之有曰元晦前日之言固有過當然知覺終不可以訓仁如所謂知者知此者也覺者覺此者也此言是也然所謂此者乃仁也知覺是知覺此又豈可遂以知覺爲此哉

問以愛名仁者指其施用之迹也以覺言仁者明其發見之端也曰愛固不可以言仁然體夫所以愛者則固求仁之要也此孔子答樊

遲之問以愛人之意

問觀過斯知仁矣舊觀所作訥齋韋齋記與近日所言殊異得非因朱丈別以一心觀又別以一心知頃刻之閒有此二用爲急迫不成道理遂變其說乎某嘗反覆紬繹此事正如懸鏡當空萬象森羅一時畢照何急迫之有必以觀人之過爲知仁則如觀小人之過于薄何處得仁來又如觀君子之過于厚則如鬻拳之以兵諫豈非過于忠乎唐人之刲股豈非過于孝乎陽城兄弟之不娶豈非過于友悌乎此類不可勝數揆之聖人之中道無取焉耳仁安在哉若謂因觀他人之過而默知仁之所以爲仁則曷若返之爲愈乎顫于先生舊說似未能遽舍更望詳教曰後來玩伊川先生之說乃見前說甚有病來說大似釋氏講學不可潦草蓋過須是子細玩味方見聖人當時立言意思也過于厚者謂之仁則不可然心之不遠者可知比夫過于薄甚至于爲忮爲忍者其相去不亦遠乎請用此意體認乃見仁之所以爲仁之義不至渺茫恍惚矣

梨洲答姜定庵問觀過知仁曰黨偏也無偏無黨王道蕩蕩人之氣質剛柔狂狷各有所偏而過亦從之而生過則不仁識得過底是己私便識得不過底是仁如工夫有閒斷知閒斷便是續故觀

過斯知仁此南軒韋齋記意如此晦翁以爲一部論語何嘗只說知仁便須有下手處殊不知不知仁亦無從有下手處果視其所知者懸空測度只在影響一邊便是禪門路徑若觀過知仁消融氣質正下手之法明道之識仁獨非知乎

垂論仁之說若只做周流無滯礙氣象看了卻只是想象又云其所以然者乃仁也不知其所以然者果何與顧只于日用閒因其發見苗裔而深察默求之勿舍勿棄當的然見其樞機之所由發也

問平居以利物爲心然後此道廣曰若日常以利物爲心是外之也曰公天下萬物而不私其己焉則可矣

問人者天地之心經以禮論而五峯以論仁者自其體言之爲禮自其用言之爲仁曰仁其體也以其有節而不可過故謂之禮禮運人者天地之心之言其論禮本仁而言之也

問子文文子之事聖人以清忠目之就此事言只可謂之清忠此洙泗言仁之所極是也然遺書有謂聖人爲之亦只是清忠茲又不能無疑夫聖人無一事之非仁而乃云爾何也又況程子于博施濟衆之下乃云今人或一事是仁亦可謂之仁至于盡仁道亦謂之仁此通上下言之也則又與清忠之說不同請問之曰遺書中之意大要

以爲此事只得謂之清忠然在二子爲之曰忠曰清而止矣仁則未知也在聖人事或有類此者以其事言亦只得謂之清忠然而所以然者則亦不妨其爲仁也如伯夷之事雖以清目之亦何害其爲仁乎看先覺話切忌執殺不知如何

不睹不聞者指此心之所存非耳目之所見聞也目所不睹可謂隱矣耳所不聞可謂微矣然莫見莫顯者以善惡之幾一毫萌焉即吾心之靈有不可自欺而不可以掩者此其所以爲見顯之至者也以吾心之靈獨知之而人所不與故言獨此君子之所致嚴者蓋操之之要也今以不睹不聞爲方寸之地隱微爲善惡之幾而又以獨爲合是二者以吾之所見乎此言之不支離否

或問伊川曰心出入無時如何曰心本無出入孟子只據操舍言之又問人有逐物是心逐之否曰心則無出入矣逐物是欲九思謂性之在人可以言不動心若性之已發已行安有無出入今人對鏡則心馳焉是出矣不必言邪惡之事只大凡遇一事而此心逐之便是出及定而入其舍是入矣然孟子固已明言其出入爲心矣而伊川謂心無出入不知逐日之閒有出入者是果何物又有一處謂在人爲性則不可言出入謂主于身爲心凡能主之則在內不能主之則

外馳是亦出入之意不知心之于性相去如何思慮之于心相去又如何曰心本無出入言心體本如此謂有出入者不識心者也孟子之言特因操舍而言出入也蓋操之在此謂之入可也舍則亡矣謂之出可也而心體則實無出入也此須深自體認固未可以語言盡之爾程子曰心本無出入以操舍而言又曰心則無出入矣逐物是欲蓋操之便在此舍之則不見因操舍故有出入之云耳若論人之逐物蓋因其舍亡故誘于物而欲隨之欲雖萌于心然其逐物而出則是欲耳不可謂心也至于是心之存物來心應理在于此又豈得謂之出乎

樂記人生而靜一章曰靜曰性之欲又曰人欲靜者性之本然也然性不能不動感于物則動矣此亦未見其不善故曰性之欲是性之不能不動者然也然物之感人無窮而人之好惡無節則流爲不善矣此豈其性之理哉一己之私而已于是而有人欲之稱對天理而言則可見公私之分矣譬諸水泓然而澄者其本然也其水不能不流也流亦其性也至于因其流激汨于泥沙則其濁也豈其性哉

未發已發體用自殊不可溟涬無別要須精晰體用分明方見貫通一源處有生之後豈無未發之時正要深體之若謂有生之後皆是

已發是昧夫性之所存也伊川先生語錄所論幸精思之
問自誠意至平天下條析甚明而獨于格物致知無說朱編修以爲闕文是也然龜年嘗以爲自平天下溯而求之其極至于物格知至順而達之其極至于國治天下平其閒雖節目繁夥而其道甚要所謂要道蓋不過格物致知而已耳然聖人自誠意而下又各疏其說焉非謂格物致知之外又別有所謂誠意正心修身齊家治國平天下之道此蓋聖人深指人以格物致知者然也故聖人于齊家之條引書曰如保赤子心誠求之雖不中不遠矣此格物致知之最近者也不識是否曰自誠意正心以至平天下固無非格物致知事也然疑致知格物一段解說自須有闕文 補

讀書欲自博而趨約此固前人規模其序固當爾但旁觀博取之時須常存趨約之意庶不至溺心又博與雜相似而不同不可不察也

南軒文集 補

天地其父母乎父母其天地乎不以事天之道事親者不得爲孝子不以事親之道事天者不得爲仁人全而生之全而歸之事親之道所以事天 潔白堂記

漢儒之言曰明于天地之性者不可惑以神怪知萬物之情者不可

罔以非類斯言必有所授非漢儒所能言 黃鶴樓記

時習之功有斷絕者心過有以害之也心過尤難防一萌于中雖非視聽所及而吾時習之功已斷絕矣察之緩則滋長矣惟人每以爲微而忽焉而不知此豈可使之熟也哉今日一念之差而不痛以自改則明日茲念重在矣積而熟時習之功消矣不兩立也是以君子懼焉萌于中則覺覺則痛懲而絕之如分桐葉然不可復續如此則過境自疏時習之功始專 名軒室記

爲人者無適而非利爲己者無適而非義曰利雖在己之事亦爲人也曰義則施諸人者亦莫非爲己也王者以義伯者以利 孟子講義序

人欲揚其先之美未若行其身無負之爲先也 趙氏行實序

事無大小美惡流而不返皆足以喪志 南嶽唱酬序

所謂致知者本之六經以發其蘊泛觀千載以極其變即事即物身親格之超然會夫大宗 送張荊州序

梓材謹案東萊遺集與張荊州書及言張荊州教人皆謂南軒此張荊州則別一人也

爲仁莫要乎克己 仁說

學之用極天地而其端不遠乎視聽食息之閑識其端則大體可求明其體則妙用可充 與劉共甫

晩輩假先儒之論以濟其私誠如所憂胡文定蓋嘗論此今日爲甚使人言學之難非是不告語之正恐竊聞一言半句反害事耳

學者徇名忘實此眞可憂但因此遂謂理學之不可講大似懲噎廢食是因盜儒爲害者而遂謂儒之不可爲可乎 以上寄周子充

天理之微爲難存氣習之偏爲難矯如射者在此有秋毫之未盡則在彼有尺尋之差 答薛士龍

專一工夫積累多自然體察有力只靠言語上苦思未是也 答潘端叔

來者多云會聚之閑酒酣氣張悲歌慷慨此等恐皆平時血氣之習未能消磨不可作小病看人心易偏氣習難化君子多因好事上不覺乘快偏了

所謂觀書當虛心平氣以徐觀義理之所在如其可取雖庸人之言有所不廢如其可疑雖或傳以聖賢之言亦須更加審擇斯言誠是然虛心平氣豈獨觀書當然某既已承命因敢復以爲獻也

君臣之際須要自盡積其誠意庶幾感通其閑絲毫未盡惡能有動

二豎雖補外若上心中非是見得近習決不可邇道理分明則病根猶在二豎去後二豎復生不然又恐其覆出爲惡若得有見識者乘此時進沃心妙論拔根塞源庶有瘳乎

近世議論眞所謂謀其身則以枉尋直尺爲可以濟事謀人國則以忘親苟免爲合于時變世所號爲賢者正墮在此中此風方熾正道湮微率獸食人甚可愧也吾曹當相與講明聖學庶幾有正人心承三聖事業

近事使人憂心不遑假寐伏思吾君勤儉之德天必將相之有所開悟恨臣下不能信以發志

正論極微假借爲此論者未嘗了然于義理之所在而徒邅回于利害之末途自顧藐然之身其將何以障此波瀾然苟留一日不敢不勉

今日大患是不悅儒學爭馳乎功利之末而以先王嚴恭寅畏事天保民之心爲迂闊遲鈍之說上聰明所恨無人朝夕講道至理以開廣聖心

念學力未到誠意不能動人只合退歸勉其在我然竊念吾君聰明勤勞不忍只如此舍去當更竭盡反覆剖判庶幾萬一言至此不覺

酸鼻
仲冬以後三得對區區之誠不敢不自竭上聰明反覆開陳每荷領納私心猶有庶幾乎萬一之望講筵開在後月自此或更得從容以盡底藴惟是迹孤愈甚側目如林此則非所計也
某日被命出守自惟備數朝列荷吾君知遇迄無所補報學力不充無以信于上下歸當温繹舊學益思勉勵他皆無足言惟是吾君聰明使人眷眷不忍置
日閑覺向來語言多所未安尤不敢輕易立辭中庸末章自衣錦尙絅而下反復引詩明愼獨始終之道朝夕從事于此而未之有進也
近年讀書頗覺平易中意味向來多言徒爾爲贅欲下手痛加删正以官守事奪不敢草草
論語日夕玩味覺得消磨病痛變移氣質須是潛心此書久久愈見其味
議論往往墮一偏孟浪者卽要功生事委廢者一切放倒爲害則均年來務欲收斂于本原處下功覺得應事接物時差帖帖地但氣習露見處未免有之一向鞭辟不敢少放過
所謂若稍作意主張便爲舊說所蔽豈獨說書爲然理道本平鋪放

著只被人起意自礙

英州數日前得書頗似悔前非有欲閉中讀書之意又恐爲釋氏乘此時引將去

古人居是邦卽葬是邦蓋無處無可葬之地近世風俗深泥陰陽家之說君子固不爾但恐聞風失實流弊或滋以上與朱元晦

存養省察之功固當並進然存養是本覺向來工夫不進蓋存養處不深厚故省察少力

好事上一毫才過便是私意如要救正此人盡吾誠意以告之從與不從固不可必若必欲救正便有偏推此可見

自歸半歲省過矯偏但覺平日以爲細故粗迹者乃是深失銷磨雖庶幾兢兢焉惟恐乘閑竊發

向來每見衣冠不整舉止或草草此恐亦不可作小病看古人衣冠容止之閑不是要作意矜持只是循他天則合如是爲尋常因循怠弛故須著勉強自持外之不肅而謂能敬于內可乎此恐高明所自知但不可以爲小病耳

今世學者慕高遠而忽卑近之病爲多此閑有肯來講論者今殊不敢泛告想渠輩聽某以前說話覺有滋味今卻鈍悶若信得及始可

與講習也

以不當憂責爲幸近世士君子墮在此病爲多此意殊不厚惟先自隔絕無所感通存心旣爾一旦臨事豈復更有力詳味考槃之詩與夫志在君也之辭使人三嘆

魯論教人以詩爲先蓋興起情性使人篤于人倫之際學者須是先教存忠厚之心

平日頗恃嗜慾少故飲食起居多不戒此亦是自輕觀鄉黨中聖人衞生之嚴豈是自私蓋理合如是尋常忽略亦是豪氣中病痛

相識閒有好爲調護審細之論退而察之其實畏怯名曰憂國只是爲身蓋直前妄發固爲不是然于所當然而不然又別爲之說終不免爲姦而已矣（以上與呂伯恭）

舍實理而駕虛說忽下學而驟言上達掃去形而下者而自以爲在形氣之表此病恐不細正所謂欲闢釋氏而不知正墮其中者也（與彪德美）

理義固須玩索然求之過當反害于心涵泳栽培日以深厚則玩索處自然有力

平時病痛所貴銷磨矯揉之不可徒自悔恨于胸中反添一病遺書

中所謂罪己責躬不可無卻不可留在胸中是也
急迫之與因循只是一病不失之此則失之彼滅于東而生于西要
須本原上用功其道莫如敬則弊可漸減
待旁子職所當任不可少有厭煩忽細之意以上與呂子約
二程遺書談性命處讀之愈勤探義愈晦無怪其然只靠言語上求
解總未是須玩味其旨于吾動靜之中體之久久自別歲月易邁人
心易危華戚之地奪志者多惟敬自勉以承先業
升高自下陟遐自邇善學者志必在乎聖人而行無忽于卑近不爲
驚怪恍惚之見而不舍乎沈潛縝密之功
夸勝爲害要須深思夸勝之意何自而生于根原上用功銷磨乃善
若只待其發見而後自遏止將見滅于東而生于西也
士子實作工夫耐久者難得
一日克己復禮天下歸仁蓋是積累工夫到處非謂只勇猛便能如
此如釋氏一聞一超之說也以上答胡季隨
病之在身猶將不遠秦楚之路求以治之病之在心獨不思所以治
之乎凡心之病固多端大抵由其偏而作自一句而至稽天則若人
雖生無以異于死也聖賢之經皆妙方也察吾病所由起審處其方

而藥之則病可去去則仁仁則生矣 答謝夢得

長者謂事最忌激觸然此要當平心易氣審處其理期于中節若還就回互于所當然而不然枉尋以求直尺而曰吾所畏者激觸也無乃終墮于姦邪之域人慾愈肆天理愈滅與觀伊川解遇主于巷一爻意極明切 答喻郎中

儒者之政以護養邦本爲先 與施蘄州

近世學者之弊渺茫臆度更無講學之功其意見只類異端一超徑詣之說又出異端之下非惟自誤亦且誤人五峯所謂此事是終身事天地日月長久斷之以勇猛精進持之以漸漬薰陶故能有常而日新誠至言哉 答周允升

無欲者無私也無私則可欲之善著故靜則虛動則直虛則天理之所存直則其發見也 順理之謂直 若異端之談無欲則是批根拔本泯棄彝倫淪實理于虛空之境何翅霄壤之異 答羅孟弼

生死鬼神之說須是胸中見得灑落世閒所說不得放過一一教分明方得若有絲毫疑未斷將來被一兩件礙著未必不被異端搖動引去 答蕭仲秉

箋註訓詁學者雖不可使之溺乎此又不可使之忽乎此要當昭示

以用功之實而無忽乎細微之閒使之免溺心之病而無躐等之失答陸子壽

力貴乎壯工夫貴乎密若不密雖勝于暫終不能持于久答喬德瞻

主一之功艱難曲折甚多要耐苦辛長遠勿舍則寖有味答潘叔昌

聖門教人循循有序始終條理一毫潦草不得答周穎叔

周公欲代武王之死只是渾全一箇誠意至誠可以回造化有是理也若金縢冊祝之詞則不無妄傳者如元孫不若旦多材多藝不能事鬼神之類意者金縢之事則有之而冊祝之辭則不傳矣答俞秀才

鬼神之說六經所稱莫非造化之迹其德則誠而已後世異說熾行譸張爲幻莫可致詰流俗眩于怪誕怵于恐畏胥靡而從之至于其說之窮則曰焉知天地閒無是事委諸茫昧于是交于幽明者皆失其理禮壞樂廢浮僞日滋所謂因其說而爲善者亦莫非私利之流亂德害教孰此爲甚題鬼神說後

梓材謹案謝山所錄南軒文集一百單四條今移爲附錄三條移入橫渠學案一條上蔡學案三條龜山學案一條五峯學案一條又一條分作五峯語二條又移入劉胡諸儒二條玉山學

案一條晦翁學案十四條東萊學案六條艮齋學案二條止齋
學案一條滄洲諸儒二條嶽麓諸儒二條槐堂諸儒二條

附錄

孝宗初起忠獻謫籍都督諸軍事卽奏先生書寫機宜文字先生時年甫三十內贊密謀外參庶務夙夜凜凜直以君父之責爲己憂閒以軍事入見因進言曰陛下上念祖宗之讎恥下閔中原之塗炭惕然于中而思有以振之臣謂此心之發卽天理之所存也願陛下勿怠此心而親賢稽古以擴充之則不惟今日之功可以必成而千古因循之弊亦庶乎其可革矣帝異其言

湯思退用事務罷兵講和金反乘隙縱兵入淮甸中外大震先生疏言我與金義不同天日者雖嘗詔以縞素出師而玉帛之使未嘗不躡其後是以和戰之念雜于胸中而至誠惻怛之心無以感格乎天人之際繼今以往誓不言和專務自強雖折不撓遲以歲月何功之不濟哉

召爲吏部郎時宰相方謂敵勢衰弱可圖先生入見孝宗曰卿知彼中事乎先生曰不知也曰彼國饑饉連年盜賊四起先生曰彼中之事臣雖不知然境內之事則知之詳矣帝曰何事對曰比年諸道水

旱民貧而國家兵弱財匱大小之臣又皆誕謾不足倚仗正使彼中可圖臣懼我之未足以圖彼也帝默然久之先生因言必勝之形當在于早正素定之時而不在乎兩陳決機之日爲今之計但當下哀痛之詔明復仇之義顯絶金人不與通使然後修德立政用賢養民選將帥練甲兵通內修外攘進戰退守爲一事又且必治其實而不爲虛文使必勝之形隱在目前則雖三尺童子亦且奮躍而爭先矣帝爲之嘆息哀諭以爲前始未聞此論也

一日奏事帝問天先生曰不可以蒼蒼者便爲天當求諸視聽言動之間一念纔是便是上帝監觀上帝臨汝簡在帝心一念纔不是便是上帝震怒

先生寢疾微吟曰舍瑟而作敢忘事上之忠鼓缶而歌當盡順終之理乃自作遺表勸帝親君子遠小人絶己偏公好惡拳拳不已云

五峯先生與書曰辱示希顏錄足見稽考之勤先賢之語去取大是難事文中子之言誕漫不親切楊子雲淺陋不精通莊子坐忘費力心齋支離家語如不容然後見君子亦未免于陋

又曰某意希顏錄如易論語中庸之說不可瑕疵亦須真實見得不可瑕疵然後可也其他諸說亦須玩味于未精當中求精當

嘗與朱子書曰祈請竟出疆顛倒紕悖極可憂某決求去蓋會慶在近不忍見大使之至也

又曰聞建寧書坊將孟子解已刻板極皇恐見今刪改不定恐誤學者兼亦甚不便已移文漕司毀板矣更望力主張

又曰舟中覺向來偏處取所解孟子觀之段段不可意正當深培其本

呂東萊與先生書曰吾丈世道所繫宜深體志未平之戒朝夕省察所存者果常不違乎所感者果皆正乎日用飲食之閒果皆不踰節乎疏密生熟歷歷可見于此實用力焉工夫自無不進之理 補

又與朱侍講書曰張荆州從遊之士往往不得力不知何故如此蓋荆州不能察人情虛實其教未必能有益中庸論盡己之性盡人之性工夫無窮如此此豈追往事亦要高明深勉之耳 補

又與陳同甫書曰張荆州使不死合整頓點檢處尚多至于不自是不尙同則相識中未見兩人也 補

又麗澤講義曰張荆州教人以聖賢語言見之行事因行事復求之聖賢語言 補

朱子述行狀後曰公之教人必使之先有以察乎義利之閒而後明

理居敬以造其極其剖析精明傾倒切至必竭兩端而後已
又曰公嘗有言曰學莫先于義利之辯而義也者本心之所當爲而不能自已非有所爲而爲之者也一有所爲而爲之則皆人欲之私而非天理之所存矣嗚呼至哉言也其亦可謂廣前聖之所未發而同于性善養氣之功者與
又語類曰南軒洙泗言仁編得亦未是聖人說仁處固是仁然不說處不成非仁天下只有這箇道理聖人說許多說話都要理會豈可只去理會說仁處不說仁處便掉了不管
陳龍川志何茂宏曰朱元晦論張敬夫不惑于陰陽卜筮雖奉其親以葬苟有地焉無適而不可也天下之決者何以過之補
魏鶴山跋南軒與李季允帖曰南軒先生受學五峯久而後得見猶未與之言泣涕而請僅令思忠清未得爲仁之理蓋往返數四而後與之前輩所以成就後學不肯易其言如此故得其說者啓發于憤悱之餘知則真知行則篤行有非俗儒四寸口耳之比今帖所謂無急于成乃先生以其所以教于人者教人補
王深寧困學紀聞曰丹書敬義之訓夫子于坤六二文言發之孟子以集義爲本程子以居敬爲先張宣公謂工夫並進相須而成補

又曰命不可委故孟子言立命心不可委故南軒以陶淵明委心之言爲非 補

許魯齋曰東萊嘗云南軒言心在焉則謂之敬且如方對客談論而他有所思雖思之善亦不敬也才有間斷便是不敬

宗羲案南軒之學得之五峯論其所造大要比五峯更純粹蓋由其見處高踐履又實也朱子生平相與切磋得力者東萊象山南軒數人而已東萊則言其雜象山則言其禪惟于南軒爲所佩服一則曰敬夫見識卓然不可及從遊之久反復開益爲多一則曰敬夫學問愈高所見卓然議論出人表近讀其語不覺胸中灑然誠可嘆服然南軒非與朱子反復辯難亦焉取斯哉第南軒早知持養是本省察所以成其持養故力省而功倍朱子缺卻平日一段涵養工夫至晚年而後悟也

宗羲又案南軒受教于五峯之日淺然自一聞五峯之說即默體實踐孜孜勿釋又其天資明敏其所見解初不歷階級而得之五峯之門得南軒而有耀從遊南軒者甚衆乃無一人得其傳故道之明晦不在人之衆寡爾

梓材案黎洲未及廣輯嶽麓二江諸儒學案故有是語

南軒講友

文公朱晦庵先生熹 別爲晦翁學案

成公呂東萊先生祖謙 別爲東萊學案

忠定趙先生汝愚 別見玉山學案

顯謨潘先生時 別見元城學案

知州吳先生松年 別見周許諸儒學案

縣令張先生杰 別見玉山學案

南軒學侶

文節陳止齋先生傅良 別見止齋學案

胡季立先生大本 別見五峯學案

知軍張先生寓 附見嶽麓諸儒學案

監司呂先生陟

呂陟字昇卿零陵人也累官監司與南軒遊而受知于誠齋 補

梓材謹案萬姓統譜作呂涉云楊誠齋萬里爲丞時因督租過

其里往見之郡守問誠齋曰所過知有文才否答曰青桂里得

一呂昇卿飽學之士即召致鄉校領袖諸生即謝山補傳所謂

受知於誠齋者列之誠齋之門可也蓋誠齋爲零陵丞時張魏

公謫承南軒實從故先生得與南軒遊爾儒林宗派列先生於
南軒之門誤矣謝山學案底本標南軒弟子亦數先生當係未
爲補傳之筆也

南軒同調

宣簡趙先生不息別見晦翁學案

教授劉孝敬先生靖之

知州劉靜春先生清之並爲清江學案

忠定邱先生崈別爲邱劉諸儒學案

南軒家學楊胡三傳

張先生庶附師孫松壽子圯

張庶字晞顏宣公再從子也少爲忠獻公所愛嘗曰孝弟忠信學之本不然雖工于文辭無益也又曰讀書當潛心誠意方有得不可曠過時日又曰親良師求益友善言善行敬信而力行之先生再拜受教而是時宣公已成醇儒亦勉以黜浮崇實之說先生遂師事之大母孫氏其姪曰松壽有高行蜀中所稱牧齋先生者也天下士當其意者無幾先生復問學焉得其箋札規警之語揭諸座右而牧齋亦待之絕異忠獻將官之會薨不果先生護喪歸長沙因侍宣公者九

年講學嶽麓書院先生執筆爲司錄題曰南軒書院而先生所私記者曰誠敬心法宣公亦以忠獻之意欲官之而遽卒不果紹熙二年宣公弟杓以兵部尚書鎮襄陽後溪劉文節公謂先生曰尚書必成其父兄之志矣然君老尚爲吏邪曷以子君子先生曰然已而尚書果推恩先生辭之尚書曰然則以而子來先生雖諾之終不告其子又課之學二年尚書申前言益力乃遣其子圯就之鶴山魏文靖公嘆曰范宣子尚以世祿爲不朽睎顏真知義利之分者邪 補

梓材謹案魏鶴山誌先生墓云惟張氏遠有世緒沂公文矩始從綿竹生咸舉賢良方正科累贈太師秦國公生五子長瀞以累舉恩得官終從事郎監潭州南嶽廟其季爲忠獻公君則南嶽之孫承事郎四川制置司幹辦公事累贈朝散郎杓之子也先生於忠獻爲從孫故於宣公爲再從子而其父名杓宣公弟端明殿學士杓亦有傳寫作杓者可知其誤矣

直閣張拙齋先生忠恕

張忠恕字行父宣公弟端明杓子也學者稱爲拙齋先生以祖任入官歷任至權發遣澧州籍田令因輪對請廣言路通下情以太府丞權發遣湖州以司農丞權發遣寧國府忤監司奉祠起知鄂州凡所

至皆有聲入爲戶部右曹郎首陳司馬光仁武之說申之以進賢退
不肖賞功罰有罪甯宗是之次年賜對極言時事曰數年以來方內
弗甯山東之地既歸而未稟正朔忠義之徒雖附而左衽自如得之
無補秖以示弱而況殘金易酋外示安靜縱還俘掠議遣行人安知
不以怠我韃之來也實與我使俱至彼能使邊人獸駭鼠伏則于我
非必有畏慕之誠意一與之盟而嗣有難塞之請則或從或卻皆足
兆禍海上之盟厥監未遠次言薦舉科墨之弊互送苞苴之弊苛斂
虐征賄訟粥獄剽奪民產勢所不免請自朝廷之上肅紀綱以示觀
聽申憲度以警貪婾不然天下之禍有不可勝言者理宗卽位先生
上書宰相請取法孝宗行三年之喪曰孝宗始自踐祚服勤子職凡
二十有七年今皇帝自外邸入繼大統未嘗躬一日定省之勞欲報
之德視孝宗宜有加時宰相請太后同聽政先生復貽書謂英宗以
疾仁宗哲宗以幼垂簾有不容已欽聖出于勉強故務從抑損不避
父名不廢生日不御前後殿半載卽辭今吾君長矣姑援爲請亦中
策耳先生蓋有深慮而太后卒卻垂簾之請集議廟制先生謂九廟
非古今若升祔先帝則十世之廟昉之今日于禮無稽遷將作監寶
慶元年下詔求言先生上封事凡五千言其一曰天人之應捷于影

響今日冬徂春雷電非時積陰久雨西霅東淮狂悖洊興邇者客星為妖太白晝見正統所係不宜諉之分野二曰人道莫先乎孝而送死尤為大事自漢景並緣吏民釋服之語忍薄其親貽誚千載惟我祖宗定為宮中之禮孝宗朝衣朝冠皆以大布于昔有光甯考以嫡孫承重光宗雖有疾未嘗不服喪宮中也洎光宗上賓則權燄方張莫有言者去秋禮侍受成胥吏開端聽擇未嘗以義折衷今已不可追咎而尚有當講者蓋再期而祥百寮始純服吉慶元末年初議為得令若甫經練祭雖朝臣一帶之微亦不復有凶吉之別則是三年之喪降而為期害理滋甚況人主執喪于內而羣工無異常日是有父子而無君臣也曩時德壽重華異宮慮數蹕以煩民故有五日一朝之制今筵几在前自可朝朝夕夕而無故疏簡臣所甚惑也三曰母后之賢本朝為盛太后力卻垂簾之請天下誦之而慶壽前期陛下吉服稱觴播為詩什凡以寓頌禱者惟恐不至此世俗之見而表儀天下者為之乎太后撫時觸物追念所天亦豈樂于受此四曰夫婦人倫王化之基陛下嶄然在疚大昏之議固未暇及然非豫講夙定竊恐俗說乘閒而入所望嚴取舍而正法度廣詢謀而叶公議五曰陛下嗣服以來濟王之恩禮自謂彌縫曲盡矣而不留京師徙之

外邸不擇牧守混之民舍一夫奮呼闔城風靡旋雖弭患莫副初心謂當此時亟下哀詔痛自引咎優崇卹典選立嗣子則所以自處者庶或無憾而造訛騰謗者亦無所致力自始至今率誤于含糊而猶不是之思臣所不解六曰近世憸佞之徒凡正言直論率指爲好名歸過夫果好名歸過則其自爲者非世而人君實賴其忠若首萌逆億厭惡之心則言者莫不望風此危國之鴆毒也七曰陛下御極之初凡在名流首被褒顯然而命召所及不過數人方其未來不加勉趣迨其既至無所咨訪而況搜羅未廣遺才尚多經明行修如柴中行陳孔碩楊簡識高氣直如陳宓徐僑傅伯成僉論所推招來何緩若精于史筆如李心傳不俾與聞鉅典他固未易徧舉矧有不及知者乎邇來世俗以名節爲矯激以忠讜爲迂疏以介潔爲不通以寬厚爲無用以趣辯爲強毅以拱默爲靖共以迎合爲適時以操切爲任事正士不遇小才日親識者所憂陛下安得付之悠悠不以動心乎八曰近世士習日異民生益艱第宅之麗聲伎之美服用之侈餽遺之珍向來宗戚奄宦所閒見者今薦紳士夫殆過之公家之財視同己物而猶未厭也則薦舉獄訟軍投吏役僧寺道觀富民巨賈凡可以得賄者無不爲至其避譏媒進往往分獻厥餘欲基本之不搖

殆卻行而求前也疏入朝野傳誦爭錄之交口稱魏公有後又以輪對述世父宣公之語謂當求曉事之臣不求辯事之臣欲求仗節死義之臣不求犯顏敢諫之臣一日問天子之學諸臣爭言天子之學與人臣異先生獨曰大學之道格物致知誠意正心修身齊家治國平天下而其要則自天子以至于庶人皆曰修身蓋正心以上皆修身之事齊家以下則舉而措之無二道也後世乃有謂天子之學與人臣異者吁其亦異乎大學之道矣先生素闇修世不知所造之深至是連入對乃知其學魏文靖公嘆曰畢竟張氏子弟有真傳也洪舜俞丁文伯皆求見焉一時名流無不傾心而枋臣積惡之先生知不爲所容請外以直祕閣知贛州次年以朋比罷先生歸講學于嶽麓書院益求爲己之功志益厲士之出湖湘者皆從之遊紹定三年復官晉直寶章閣奉祠請老許之是秋卒得年五十有七魏文靖公嘗曰行父孜孜體國似魏公撥煩剸劇似端明而中年斂華就實則有得于宣公之學惜其不待年而卒也補

祖望謹案中興四大儒之後先生最有光于世學陸伯微呂喬年亦足並驅乃有叨其先世之庇得列清班而不免有阿附史氏之誚令人短氣然則張氏之世澤長矣

附錄

魏鶴山師友雅言曰上初卽位二從官輪日上殿曹箾父陳正父喬壽朋皆說天子之學與士大夫不同不謀而合爲此說張忠恕行父對劉卻云天子之學正與士庶人同大學云自天子至于庶人壹是皆以修身爲本蓋自致知格物誠意正心爲修身之本齊家治國平天下爲修身之用天子至于庶人一也畢竟有家學淵源云

參軍張先生洽

張洽宣公孫也父倬早夭宣公之亡育于從祖端明而學于端明之子直閣參揚州司理軍事有兄弟爭財者諭之曰訟于官是吏胥之利也冒法求勝孰若全手足之愛訟者感悟後爲白鹿書院山長昌

明家學補

南軒門人

胡季隨先生大時

忠肅彭止堂先生龜年

文定吳畏齋先生獵

文清游默齋先生九言

莊簡游受齋先生九功並爲嶽麓諸儒學案

忠惠宇文顧齋先生紹節
進士陳平甫先生概
楊雲山先生知章
知州李先生修己
通判張先生仕佺
知州范月舟先生仲黼
知州范雙流先生子長
范先生子該
知州范華陽先生蓀
知州宋彭山先生德之 並爲二江諸儒學案
知軍曾先生集 別見廌山學案
修撰陳北山先生孔碩
正言龔先生蓋卿
縣丞吳先生必大
右司王東淵先生遇
朝請呂渭川先生勝己 並見滄洲諸儒學案
文靖舒廣平先生璘 別爲廣平定川學案

通判傅曾潭先生夢泉

知州詹默信先生阜民　並見槐堂諸儒學案

侍郎詹先生儀之　別見麗澤諸儒學案

梓材謹案南軒弟子自別見諸學案及二江學案外並入嶽麓諸儒學案

南軒私淑

郡守趙中川先生昱

趙昱字希光衞文定公雄子也少苦學以司馬周程氏爲師嘗謂存天性之謂良貴充諸己之謂內富故漠然不以利祿動其心當是時南軒之教盛行蜀中黃兼山范文叔皆導其緒文定故嘗與南軒不咸以是兩家子弟其初不甚往還而先生獨與其高弟議論多合說者以爲呂正獻公之于范歐諸老爲親炙而先生之于南軒爲私淑然其善于親師取友則同也先是文定常爲孝宗言吳挺專制蜀已久雖名三軍其三軍僅當挺之偏裨陛下神武雖百挺何能爲然爲子孫萬世計不當如此孝宗是之及挺卒朝廷雖略行其言已而復以兵予吳氏先生性沖淡出仕二十餘年然歷任不滿三年及以廣安守家居無復宦情開禧丁卯吳曦之變作先生每念文定之言輒

投身大慟或至氣絶初欲買舟順流而東賊以兵守夔門不克于是製大布之衣每有自關表避亂歸者輒號泣弔之貽書成都帥楊輔謂逆雛驕豎干亂天紀痛哉宗社哀哉蒼生此直愚騃無知爲敵所啗逆順昭然其下未必皆樂從也肘腋之閒禍將自作事尚可爲因勸以舉義輔不能用先生遂絶粒浸臥疾不能起猶晝夜大號聲達于外置一劍枕閒每舉欲自刺家人捍之不得閒然竟以不食而卒俄而亂平吳文定獵疏上其事且乞以先生故追予其父恩澤以昭世臣之賞詔衞公賜謚文定而先生亦予贈卹如制讀鶴山魏公集稱滄江虞氏之向道審由先生而岳倦翁言其兼治養生術或先生少年之所爲與要其舍身取義不愧先人則眞儒者也宋史旣不列之忠義又不附之文定傳未可爲太息補

梓材謹案謝山跋宋史趙雄列傳述程史言先生事與此傳略同

提刑虞滄江先生剛簡

漕使程先生遇孫

祕書薛符谿先生紱

通判鄧先生諫從

提刑張亨泉先生方並見二江諸儒學案

文靖魏鶴山先生了翁別爲鶴山學案

常博李先生大有別見東萊學案

張學續傳

宗丞木先生天駿

木天駿字德遠瑞安人也少傳止齋之學成嘉熙進士教授永州道出嶽麓書院得聞南軒之教遂心醉焉日與諸生講明求仁之旨累官建昌守有聲除大宗正丞卒補

梓材謹案嘉熙元年丁酉去止齋之卒嘉泰三年癸亥已三十五年當是止齋再傳也

張氏續傳

朝奉張先生唐

張唐潭人廣漢張敬夫後也景炎二年與趙璠張虎熊桂劉斗元吳希奭陳子全王夢應起兵邵永閒復數縣撫州何時等皆起兵應文丞相明年十二月丞相見執先生與熊桂吳希奭陳子全兵敗被獲死焉參史傳

梓材謹案晉府忠義傳載先生云長沙人先儒栻諸孫官朝奉

即謝山答諸生問思復堂集帖數宋儒講學家死節云南軒之後有唐是也一統志仍湖廣舊志作張鏜云衡山人僕射浚之後也益王即位於揚州詔天下勤王鏜起兵衡州移檄安化諸獠得民兵數千文天祥督兵梅嶺相與接應既而兵敗被執元參政崔斌欲降之罵曰今日降何以見我祖魏公於地下殺之觀其罵語與督府忠義傳所載略同其即先生無疑也宋史忠義傳九齊張鏜之目而闕其傳其作唐者附見文丞相傳蓋本一人不復重載其傳耳

張學之餘

隱君方明軒先生敏中

方敏中巴陵人也南軒先生嶽麓之教身後不衰宋之亡也嶽麓精舍諸生乘城共守及破死者無算惜其莫可考見先生當元世私淑南軒之學自年十二輒通春秋厲志以傳墜緒書其室曰明軒高尚不仕從遊者教以克己爲要顧其詳不可得聞僅見臨川江漢敘錄而已補

東萊學案表

呂祖謙　大器子　紫微從孫　白水玉山三山芮氏門人　元城龜山譙氏武夷橫浦再傳　涑水二程滎陽了翁廌山和靖三傳　安定泰山濂溪焦氏荊公橫渠百源清敏四傳　高平廬陵鄞江西湖五傳

弟祖儉

　子喬年

　從子康年

　從子延年

　　羊哲　別見麗澤諸儒學案

　舒衍　別見絜齋學案

　張渭　別見慈湖學案

從弟祖泰

葉邽

樓昉

葛洪

喬行簡　並為麗澤諸儒學案

趙焯　別見玉山學案

輔廣　別為潛庵學案

朱塾　別見晦翁學案

劉爚

劉炳

吳必大

王遇

陳孔碩 並見滄洲諸儒學案

沈有開

潘友端

宋甡 並見嶽麓諸儒學案

章用中

倪千里 並見止齋學案

舒璘 別爲廣平定川學案

袁燮 別爲絜齋學案

石斗文

石宗昭

陳剛 並見槐堂諸儒學案

丁希亮 別見水心學案

又六十三人並見麗澤諸儒學案

私淑 李大有

宋濂 別見北山四先生學案

王禕 別見滄洲諸儒學案 並呂學續傳

朱熹 別為晦翁學案

張栻 別為南軒學案

潘時 別見元城學案 並東萊講友

陳傅良 別為止齋學案

陳亮 別為龍川學案 並東萊學侶

劉靖之

劉清之 並爲清江學案

邱崈 別爲邱劉諸儒學案

郭良臣 子澄 別見麗澤諸儒學案

並東萊同調 子江

從子溥

宋元學案卷五十一

餘姚黃宗羲原本　後學慈谿馮雲濠校刊

男百家纂輯　鄞縣王梓材重校

鄞縣全祖望修定　道州何紹基重刊

東萊學案

祖望謹案小東萊之學平心易氣不欲逞口舌以與諸公角大約在陶鑄同類以漸化其偏宰相之量也惜其早卒晦翁遂日與人苦爭并詆及婺學而宋史之陋遂抑之于儒林然後世之君子終不以爲然也述東萊學案梓材案是卷謝山修補詳盡其稿具存

林汪門人劉胡再傳

成公呂東萊先生祖謙

呂祖謙字伯恭其先河東人後徙壽春六世祖申國文靖公自壽春徙開封曾祖東萊郡侯好問始居婺州先生少時性極褊後因病中讀論語至躬自厚而薄責于人有省遂終身無暴怒長從林拙齋汪玉山胡籍溪三先生遊與朱晦庵張南軒二先生友講索益精以祖致仕恩補將仕郎登隆興元年進士第又中博學宏詞科歷太學博

士兼史職輪對勉孝宗以聖學且言恢復規模當定方略當審召試館職先是試者前期從學士院求問目獨先生不然而文特典美嘗讀陸象山文喜之而未識其人考試禮部得一卷曰此必江西小陸之文也揭示果象山人服其精鑑父喪除奉祠越三年除祕書郎國史院編修官實錄院檢討官重修徽宗實錄書成進秩先生嘗面對言曰願陛下虛心以求天下之士執要以總萬事之機勿以圖任或誤而謂人多可疑勿以聰明獨高而謂智足徧察勿詳于小而忘遠大之計勿忽于近而忘壅蔽之萌又言國朝治體有遠過前代者有視前代爲未備者夫以寬大忠厚建立規模以禮遜節義成就風俗此所謂遠過前代者也故于俶擾艱危之後駐蹕東南踰五十載無纖毫之慮則根本之深可知矣然文治可觀而武績未振名勝相望而幹略未優故雖昌熾盛大之時此病已見是以元昊之難范韓皆極一時之選而莫能平殄則事功之不競從可知矣臣謂今日治體視前代未備者固當激厲而振起遠過前代者尤當愛護而扶持還著作郎以疾請祠歸旋除直閣主管武夷沖佑觀病閑除著作郎不就添差浙東帥議亦不就主管明道宮淳熙八年七月卒年四十五謚曰成先生文學術業本于天資習于家庭稽諸中原文獻之所傳

博諸四方師友之所講融洽無所偏滯晚雖臥疾其任重道遠之意不衰達于家政纖悉委曲皆可爲後世法先是書肆有書曰皇朝文海周益公必大言去取差謬委館職銓擇孝宗以命先生遂斷自中興以前崇雅黜浮類爲百五十卷上之賜名皇朝文鑑又修讀詩記大事記皆未成書攷定古周易書說閫範官箴辨志錄歐陽公本末皆行于世雲濠案四庫書目收錄東萊春秋左氏傳說二十卷春秋左氏傳續說十二卷詳注東萊左氏博議二十五卷呂氏家塾讀詩記三十二卷

謝山同谷三先生書院記曰宋乾淳以後學派分而爲三朱學也呂學也陸學也三家同時皆不甚合朱學以格物致知陸學以明心呂學則兼取其長而復以中原文獻之統潤色之門庭徑路雖別要其歸宿于聖人則一也

麗澤講義補

聖作物覩須詳體此意吾胸中自有聖人境界能反而求之則當有應之者克復歸仁是也

履霜堅冰蓋言順也此句尤可警非心邪念不可順養將去順養去時直至弑父與君飲酒順而不止必至沈湎殺身鬬狠順而不止必

至殺人世俗所謂縱性即順之謂懲忿窒欲不順之也

人惟中無所有則必夸人以爲有

今之爲學自初至長多隨所習熟爲之皆不出窠臼外惟出窠臼外然後有功

釋氏之湛然不動道家之精神專一亦近于有孚只爲非在道以明

隨六三係丈夫失小子而又戒之曰利居貞蓋不能自守其正而欲苟悅君子便與諂小人無異九五孚于嘉吉則雖無諂心而慕用之心太過見得君子無事不善一切隨之則亦非得中矣

爲桀紂爲盜跖皆以不能聽人之言

天道有復乃天行自然之道人之善心發處亦人心固有之理天道復便運行無閒而人心多汩没以私意障蔽然雖有障蔽而秉彝不可汩没便是天行無閒之理

多識前言往行考迹以觀其用察言以求其心而後德可畜不善畜蓋有玩物喪志者

頤六五不可涉大川上九利涉大川六五君也上九臣也君當量力臣當盡力君當畏難臣當徇難君之患常在于太自任臣之患常在于不自任

君臣之閒君當求臣臣不可先求君
吾之性本與天地同其性吾之體本與天地同其體不知自貴乃慕
爵祿所謂舍爾靈龜觀我朵頤咸其股執其隨
此理雖新新不息然不曾離元來去處一步所謂立不易方
今世學者病不在弱只是小
遜字是入道之門
君子之攻小人當攻其根本苟不攻其根本見小人在聚斂則攻聚
斂在諂諛則攻諂諛在開邊則攻開邊則終不勝小人所以爲根本
先能以左道壞人君之心術故人君深信之而攻之者但攻其門庭
而不及其室所以不勝然則何以攻其根本在正君心也
此心之惑初解不必汲汲驅迫但順而治之自然來復然亦非任之
如枯木死灰其不息之誠原未嘗頃刻停滯也
參用君子小人並非中道以上易說
看詩且須諷詠此最治心之法
看詩欲徽穿鑿之弊只以平易觀之然有意要平易便非
窒欲之道當寬而不迫譬治水若驟遏而急絕之則橫流而不可制
故人不禁欲之起而速禮之復漢廣之詩已知游女之不可求而猶

思秣其馬秣其駒是不禁欲之起終之以不可泳不可方是速禮之
復心一復則欲一衰至再至三則欲亡而純乎理矣
公孫碩膚可見周公氣象大雖處艱難之時亦不能移孟郊出門有
礙只是胸中自窄狹耳
數問夜如何其雖是勤畢竟把來日做事底心被他動了人要心使
事不要事使心宣王未免以事使心者
人處憂患時退一步思量則可以自解此乃處憂患之大法
靈臺之詩俯仰萬物之動無不在太和之中樅鏞之類是樂之有聲
者濯濯鶴鶴之類乃樂之無聲者皆爲天地和氣所動而不能自已
此詩氣象非胸中廣大而無所偏累者未易覩此
東坡謂武王殺父封子使武庚非人也則可謂武庚當叛是以世俗
之心度古人豈知禹立于舜之朝不爲不孝知此則知振鷺之詩以
上詩說
伊川先生曰後世事君知規過而不知養德師氏以媺詔王者專以
從容和緩養君之德不幸而君有過則有保氏之官蓋二官朝夕與
王處一則優游容與以養君之德不使有一毫矯拂一則秉義守正
以止君之邪不肯有一事放過故人君既有所養又有所畏所謂禮

樂不可斯須去身若一于從容則是有樂而無禮一于矯拂則是有
禮而無樂所以不可偏廢
教國子以三德三行立其根本固是綱舉目張然又須教以國政使之通達治體古之公卿皆自幼時便教之以爲異日之用今日之子弟卽他日之公卿故國政之是者則教之以爲法或失則教之以爲戒又教之以如何整救如何措畫使之洞曉國家之本末源委然後他日用之皆良公卿也自科舉之說興學者視國事如秦越人之視肥瘠漠然不知至有不識前輩姓名者一旦委以天下之事都是杜撰豈知古人所以教國子之意然又須知上之人所以教子弟雖將以爲他日之用而子弟之學則非以希用也蓋生天地閒豈可不知天地閒事乎
大司樂掌成均之法自舜命夔教胄子以此知五帝三王之政無不由樂始蓋陶冶之功入人最深動盪鼓舞優游浹洽使自得之死則爲樂祖祭于瞽宗惟待之甚重故責之不輕所謂君子教思無窮樂祖之祭不特明尊師敬長之義使之歸厚亦當時教之入人也深人不能忘先王因人心祭之與身沒教盡者不同非特一時賴之沒世亦賴之所謂樂語非特樂章蓋以樂之理見于言語之閒者便有感

發人處成周之學政不傳所謂誦讀不過尋行數墨舉章句意思迫促都無生意所謂樂舞古人動容周旋無非至理屈伸綴兆皆不徒然所謂四體不言而喻後世此事都廢然散在末技流于鄭衞鼓動波蕩猶能使人生起淫心因此想像先王之樂語樂舞安得不生起善心 以上周禮說

長者問不辭讓而對非禮也有問固當對然須是虛心而受之若率爾而對自以爲能便實了此心雖有法言精語亦不能受子路所以被哂也如曾子曰參不敏何足以知之此辭讓而對也學者須以此禮涵養此心令熟

人所以陷于小人者多因要實前言實前言最是入小人之徑路

秦漢以來外風俗而論政事

五帝憲老而不乞言何也當時風氣未開人情惇厚朝夕與老者親炙觀其仁義之容道德之光自得于觀感不言之際所以不待乞言三王雖不及五帝然其問答之際從容款曲忠敬誠慤亦與後世問答氣味不同蓋尊老之至不敢急迫叩問伺閒乘暇微見其端而徐俟其言其誠敬氣象可見

孔門惟顏子少有憲而不乞之意子貢卽有不言何述之憂

祖望謹案鄉黨一篇則孔門所得亦不僅在乞言

五帝三王名史曰惇尤有深意大抵忠厚醇篤之風本于前言往行今之學者所以澆薄皆緣先生長者之說不聞若能以此意反覆思之則古人之氣味庶猶可續也

曲禮少儀皆是遜志道理步趨進退左右周旋若件件要理會必有不到惟常存此心則自然不違乎禮心有不存則禮有時失所謂遜志如徐行後長如灑掃應對如相師皆是遜志氣象

宵雅舊說爲小雅大抵經書字不當改

古人爲學十分之中九分是動容周旋灑掃應對一分在誦說今之學者全在誦說入耳出口了無涵蓄所謂道聽塗說德之棄也

未至聖人安能無欠闕須深思欠闕在甚處然後從而進之

發育峻極而繼之以禮儀威儀聖人之道如此若無禮以行之便是釋氏以上禮記說

三年無改須知事之害理傷義則父在固將下氣幾諫號泣隨之豈以存沒二其心是亦無改于父之道也

見賢思齊才有一分不如便不是齊見不賢內自省如舜之聖禹尙以丹朱戒之此最學者日用工夫然格其義是聖賢地位

總統一代謂之政隨時維持謂之事前漢之政尚有三代之遺意光武所設施皆是事耳前漢有政後漢無政

人必曾從克己上做工夫方知自朝至暮自頂至踵無非過失而改過之爲難所以言欲寡過而未能此使者非獨知蘧伯玉做工夫處其自己亦必曾去做工夫過有所體驗非徒善爲辭命不自夸張也

學者若才輕易發言語便是不曾做工夫

春秋之末先王之澤將盡高見遠識之士多是不事王侯高尚其事以聖人論之病痛便見若以後世學者論之荷蕢者之底蘊亦未易窺既識聖人之心且天下事皆是經意曾去體量知其深又做不得淺又做不得與其他望風口說者不同但心不虛耳

後世人所見不明或反以輕捷便利爲可喜淳厚篤實爲遲鈍不知此是君子小人分處一切所見所爲淳厚者雖常居後輕捷者雖常居先然一乃進而爲君子之路一乃小人之門而淳厚之資或反自恨不如輕捷者而與之角則非徒不能及之秖自害耳 以上論語說

學者非特講論之際始是爲學閭街談巷語句句皆有可聽見輿臺皁隸人人皆有可取如此德豈不進

孔孟門人所見迥然不同孔門弟子或失之過然所見卻不狹孟氏

弟子只去狹處求所以不得不嚴其教

屈原愛君之心固善然自憤怨激切中來離騷一篇始言神仙中言富貴終言遊觀已是爲此三件動故託辭以自解而反歸于愛君若孟子則始終和緩

　祖望謹案屈原宗臣非孟子比東萊之言微有未審但屈原上不及箕子下不逮劉向則有之

父子之閒不責善非置之不問也蓋在乎滋長涵養其良心

草芥寇讎之對似覺峻厲無温厚氣蓋爲齊王待臣之薄其言不得不然然使孔子遇齊王必有不動鋒芒自然啓發之理此卻是聖人事

三王四事皆于平常處看惟孟子識聖人故敢指日用平常處言之楊子不識聖人乃曰聰明淵懿冠乎羣倫把大言語來包羅

　祖望謹案此乃水心譏中庸祖述憲章一條所本

所主非人終身陷于其黨谷永是也然亦自有轉移之理故陳瑩中說使王氏之門有負恩之士則漢不至于亡瑩中亦嘗因蔡卞所薦入朝卻深排之豈有終不可改者哉雖然有了翁之志則可要之進身不可不謹

學者志不立一經患難愈見消沮所以先要立志

今人說好事不可放過固是然必待好事然後做不知雞鳴而起孳孳爲善是甚事自朝至暮必有所用

小人中庸不必加反字小人自認無忌憚爲中庸

孟子不與申韓辯而與楊墨辯蓋深明乎疑似之際 以上孟子說

人不爲技能所使者難吳起以此殺妻

義理之上不可增減分毫

自古文武只一道堯舜三代之時公卿大夫在內則理政事在外則掌征伐孔子之時此理尚明冉有用矛有若劫舍孔子亦自當夾谷之會西漢猶知此理大臣韓安國之徒亦出守邊東漢流品始分劉巴輕張飛矣

柳仲塗記其皇考嘗呼諸婦列堂下言兄弟本是同生只緣異姓婦人入門教壞丈夫諸婦莫不戰慄其意固是然孝友非男子獨有婦人獨無使男子之性堅定婦人自當感化豈有反爲轉移之理 以上史說

國語釋詩自古在昔先民有作溫恭朝夕執事有恪此是古聖相傳非一人之私言如孔子告顏淵仲弓亦非孔子自說左氏云志有之

克己復禮仁也又云出門如賓承事如祭仁之則也曰志曰則皆是

古人相傳乃知三代下此氣脈不曾斷

王湛年三十宗族皆以爲癡王述年三十人或謂之癡蓋其質厚韜

晦爲學須質厚

君臣之閒不是不可說話此皆士大夫愛身太重量主太淺

殺數百萬生靈亡數百年社稷皆生于士大夫患失

楊炎併租庸調爲二稅此外不許誅求一錢他卻不知保不得後來

大凡治財最不可壞舊法不可幷省名目

不愧屋漏凡口然而心不然念慮閒有萌動皆是

辭受之際辭不必與人商量若受卻宜商量

人二三十年讀聖人書一旦遇事便與里巷人無異或有一聽老成

人之語便能終身服膺豈老成人之言過于六經哉只緣讀書不作

有用看故也

梓材謹案此下有一條移入南軒學案

爲學須是一鼓作氣閒斷便非學所謂再而衰也

用工夫人纔做便覺得不是覺得不是便是良心

處兩不足之閒凡應和語須對兩人皆可說

聽人語不中節者擇其略可應一語推說應之

權職便當以正官自處但不可妄有支用

處家固不可不正且肅然不可不放一分以上雜說

東萊遺集補

平時徒恃資質工夫悠悠殊不精切于要的處或鹵莽領略于凝滯處或遮護覆藏爲學不進咎實由此大概以收斂操存公平體察爲主

觀史先自書始然後次及左氏通鑑欲其體統源流相接國朝典故亦先考治體本末及前輩出處大致于大畜之所謂畜德明道之所謂喪志毫釐之間不敢不致察也但恐擇善未精非特自誤亦復誤人

我方閑居既非其同寮又非其掾屬義有所止易傳隨孚于嘉義最宜潛玩蓋恐爲其樂善美意所移易得侵過耳又賓主資稟皆明快則欠相濟之義尤易得侵過也

儉德蓋凡事斂藏不放開之謂

從前病痛良以嗜欲粗薄故卻欠克治經歷之功思慮稍少故卻欠操存澄定之力積蓄未厚而發用太遽涵泳不足而談說有餘

始欲和合彼此而是非卒以不明始欲容養將護而其害反致滋長屑屑小補迄無大益

著書與講說不同止當就本文發明使其玩索引申太盡則味薄而觀者不甚得力若與學者講說詳為指示可也以上與張荊州

所以喋喋煩瀆正欲明辨審問懼有毫髮之差初非世俗立彼我校勝負者

大凡人之為學最當于矯揉氣質上做工夫如懦者當強急者當緩視其偏而用力以吾丈英偉明峻之資恐當以顏子工夫為檃括回禽縱低昂之用為持養斂藏之功斯文之幸也

近時論議非頹惰卽孟浪名實先後具舉不偏者殆難乎其人此有識者所深憂

供職已月餘風俗安常習故之久齟齬頗多此皆誠意未孚之咎惟日省所未至不敢諉其責于人

邪說詖行辭而闢之誠今日任此道者之責竊嘗謂異端之不息由正學之不明此盛彼衰互相消長莫若盡力于此此道光明盛大則彼之消鑠無日所以為此說者非欲含糊縱釋黑白不辨但恐專意外攘而內修工夫反少

向見論治道書其間如欲仿井田之意而科條州郡財賦之類此固爲治之具然施之當有次第今日先務恐當啓迪主心使有尊德樂道之誠衆建正人以爲輔助待上下孚信之後然後爲治之具可次第舉也儻人心未孚信驟欲更張則衆口譁然終見沮格雖成功則天本非君子所計然于本末先後之序爲有憾焉不可不審也今事雖已往亦不得不論耳

從遊亦有可望者否根本不實者所宜深察往時固有得前輩言語謦欬以藉口而行則不掩焉媢嫉者往往指摘此輩以姍侮吾道紹興之初是也雖有教無類然今日此道單微排毀者舉目皆是恐須謹嚴也

析理當極精微雖毫釐不可放過至于尊讓前輩之意亦似不可不存

前此雖名爲嗜學而工夫泛漫殊未精切推原病根蓋在徒恃資稟觀書粗得味卽不復精研故看義理則汗漫而不別白遇事接物則頹弛而少精神今乃覺氣質粗厚思慮粗少原非主敬工夫而聖賢之言本末完具意味無窮尤不可望洋向若而不進也

日用間精明新鮮時節嘗苦不續而弛惰底滯意思未免閒雜殊以

自懼主一無適誠要切工夫但整頓收斂則易入于著力從容涵泳又多墮于悠悠勿忘勿助長信乎其難也

艮背之用前說誠過高而未切竊謂學者正當操存戒懼實從事于夫子告顏子視聽言動之目馴致不已然後可造安止之地

君子動靜語默雖毫釐閒有未到處要當反求其所以然蓋事雖有大小爲根本之病則一也來教所謂本不欲如此不得已而止之或者漸近于自恕而浸與初心不類乎

講論形容之語欲指得分明卻恐緣指出分明學者便有容易領略之病而少涵泳玩索之功其原殆不可不謹也

學者所以徇于偏見安于小成皆是用功有不實若實用功則動靜語默日用閒自有去不得處必悚然不敢安也

學者氣質各有利鈍工夫各有淺深要是不可限以一律正須隨根性識時節箴之中其病發之當其可乃善固有恐其無所向望而先示以蹊徑者亦有必待其憤悱而後啓之者

往來講論一問一答謂之無意嚮氣味則不可然歇滅斷續玩歲愒日終難見功須令專心致志絕利一源凝聚停蓄方始收拾得上

論義理談治道闢異端不容有一毫回避屈撓至說自己及朋友只

當一味斂縮

往者臨安兩年遇事接物或躁率妄發而失于不思或委曲求濟而失于不直大抵誠意淺薄將以動人悟物而手忙腳亂出位踰節處甚多憂患以來雖知稍自懲艾而工夫緩慢向來病痛猶十存四五今復遽從事役夙夜自懼未知所措

己得地否陰陽家說不足信但得深密處可矣

善類衰微元氣漓薄稍有萌動正當扶接導養雖如孔孟交際苟善未有不應之者若到官後或有齟齬則卷舒固在我也

此看易无妄傳云雖無邪心苟不合正理則妄也乃邪心也益悚然自失因思去年給札當時本意欲得數月間得對展盡底蘊故事事未欲說破緣此回互卻多暗昧此正易傳所謂邪心也

致知力行本交相發學者若有實心則講貫玩索固為進德之要亦有一等後生推求言語工夫常多點檢日用工夫常少雖便略見髣髴然終非實有諸己也默而成之不言而信存乎德行訓誘之際願常存此意非謂但使之力行而以致知為緩但示之者當有序夫子亦有可以語上不可以語上之別

保養奸凶以擾善良固君子之所恥要當無忿疾之意乃善詩云豈

爲君子民之父母若霜雪勝雨露則不可也

稟賦偏處便使消磨得九分觸事遇物此一分依前張皇要須融化得盡乃可來諭所謂未得力只是用力猶未至耳自己工夫緊切則遊從者聽講論觀儀容所得亦莫不深實矣

當仁不讓檢身若不及兩句初不相妨堅任道之志而致察理之功乃區區所望

論學之難高者其病墮于元虛平者其末流于章句二者之失高者便入于異端平者浸失其傳猶爲惇訓故勤行義輕重不同然要皆是偏 以上與朱侍講

實有裨益則不必蹟之外見事有次第則不必人之遽孚

消長安危所繫當念茲在茲無所不致其力 以上與周子充

吾儕所以不進者只緣多喜與同臭味者處殊欠泛觀廣接故于物情事理多所不察而根本滲漏處往往鹵莽不見要須力去此病乃可

行有不得者當返求諸己外有齟齬必內有窒礙反觀內省皆是進步不敢爲時異勢殊之說以自恕

善未易明理未易察吾儕所當兢兢 以上與劉子澄

前日紛紛不必猶置胸次回首既無甚媿怍隨時恬養足矣至于明辨曲直此乃在位者之責或遲或速順聽之而已

人情法意經旨本是一理豈有人情法意皆安反不合經旨者勉之

以上與潘叔玠

謹思明辨最爲急務自昔所見少差流弊無窮者往往皆高明之士

近思爲學必須于平日氣稟資質上驗之如滯固者疏通顧慮者坦蕩智巧者易直苟未如此轉變要不得力

在我者果無徇外之心其發必有力而不可禦至于周旋調護宛轉入細正是意篤見明于本分條路略無虧欠若有避就回互籠絡之心乃是私意此毫釐之際不可不精察也

義理無窮才智有限非全放下終難湊泊然放下正自非易事

私意之根若尚有秒忽未去遇事接物助發滋長便張皇不可翦截其害非特一身

公私之辨尤須精察

喜事則方寸不凝是故擇義不精衛生不謹以上與陳君舉

學者自應本末並舉若有體而無用則所謂體者必參差鹵莽無疑然特地拈出卻似有不足則夸之病如歐陽永叔喜談政事之比

處大事者必至公血誠相期然後有濟若不能察人之情而輕受事任或雖知其非誠而將就借以集事到得結局其獘不可勝言

辭章古人所不廢然德盛仁熟居然高深與作之使高濬之使深者則有間矣願更留意于此

登高自下發足正在下學處往往磊落之士以爲鈍滯細碎而不精察

後生可畏就中收拾得一二人殊非小補要須帥之以正開之以漸先惇厚篤實而後辯慧敏銳則歲晏刈穫必有倍收

意外少撓要是自反進德之階更願益加培養天下之寶當爲天下愛之

井渫心惻正指汲汲于濟世者所以未爲井之盛蓋汲汲欲施與知命者殊科孔子請討見卻但曰以吾從大夫之後不敢不告孟子雖有自任氣象亦云吾何爲不豫哉殆可深玩也

祖望謹案此蓋諷同甫之累上書

春初之舉習常守故者自應怪駭然反觀在我亦未得爲盡無憾觀論語說知及之上更有所謂守所謂涖所謂動節次階級猶多此話甚長

比嘗患子子小諒者或畏避太甚而善意無人承領遂至消歇或隔限太嚴而豪俊無以自容遂至飛揚惟篤于忠厚者視世間盎然無非生意故能導迎淑氣扶養善端蓋非概以爲近厚語言也然于此蓋有則焉又須精察不可侵過也

天資之高得氣之清其所以迎刃破竹者何莫非此理不知其所自則隨血氣盛衰此一段精明不能常保論至于是則所謂克己者雖若陳言要是不可易耳

百圍之木近在道隅不收爲明堂清廟之用此將作大匠之責耳如彼木者生意濯濯未嘗不自若也惟冀益加寬裕從容自頤

偶記荀子論儒者進退處有一句云不用則退編百姓而慤似有味

畎澮之水涓涓安流初何足言唯三峽九河抑怒濤而爲伏槽循岸乃可貴耳

顏子犯而不校淮陰侯俛出跨下路徑雖不同都欠不得幸深留意

諺曰赤梢鯉魚就齏甕裏浸殺陳拾遺一代詞宗只被射洪令斷送事變豈有定哉

著書大是難事雖高明之資亦不可不思有餘不敢盡之語 以上與陳同甫

賢士大夫蓋有學甚正識甚明而其道終不能孚格遠近者只爲實地欠工夫與陳正己

靜多于動踐履多于發用涵養多于講說讀經多于讀史工夫如此然後能可久可大與葉正則

門內若尙有可媿外雖奮振束勵終于無力

應物涉事步步皆是體驗處若知其難而悉力反求則日益精明若畏其難而日益偷惰則向來意思悉冰消瓦解矣習俗中易得汩沒須常以格語法言時時洗滌然此猶是暫時排遣要須實下存養克治體察工夫眞知所止乃有據依自進進不能已也以上與郭養正

持之以厚守之以默與鞏仲至

散漫歇滅學者同病嘗記胡文定有語云但持敬十年自別此言殊有味大抵目前學者用功甫及旬月未見涯涘則已逡巡退卻不復自信久大德業何自而成經曰念終始典于學曰冥升利于不息之貞曰仁者先難而後獲正謂學者多端顧慮者衆一意勇往者少故每惓惓于此也與周允升

日用閒不須著意要坐卽坐要立卽立凡事如常便是完養若有意則是添一重公案矣覺有忿戾始須消平覺有凝滯始須開豁病至

則服藥不必預安排也涵泳義理本所以完養思慮正恐舊疾易作自涵泳而入于研索自研索而入于執著或反爲累靖節不求甚解雖其淺深未可知要是不尋枝摘葉也

毀不滅性禮經所戒兼古今人氣稟厚薄亦自不同如疏食水飲之類更當量體力所宜不可使致疾病

仁人之事親如事天一毫不用其極則非事天之道如昔人薦芰之類皆以私事親非以天事親

喪禮廢弛已久若曰親族未安習俗未喻則向日同堂共講滕文公問喪一章矣蓋在己而不在人也

行實須削去浮華直書事實若有增飾則心已不誠非所謂事親如事天也

喪禮今人所謂觸礙掣肘不得專制之語最爲害事蓋遇事望風以此等語言自恕則因循苟且無一事可爲矣要當反己盡誠極力以感動之是心人所均有安有不動者彼之未動乃我誠未至之明證也

憂患中最是進德處深味自致之語識情性之極而以哀敬持之則心之本體斯常存矣

燒丹事適以問張守乃其內人虛怯附蘭溪醫者燒一兩耳傳聞過實乃如是然益知居人觀瞻之地尤須事事警省渠甚感見愛之意也

葬地但得深穩高燥不必太求備也緩葬春秋所深譏略去拘忌乃易就

不拯其隨之義固由有所制然必可隨者始隨之亦必盡所以拯之者非未嘗拯而遽隨也

天地間何物不有要皆不冒太和之內胸次須常樂易寬平乃與本體不相違背

日來圭角突兀之病雖去而媮惰因循之病復易生每切自警不問在朝在野職分之內不可媮惰職分之外不可侵越自然日用省力

講論治道不當言主意難移當思臣道未盡不當言邪說難勝當思正道未明工夫到此必有應也 以上與潘叔度

爲學工夫涵泳漸漬玩養之久釋然心解平帖的確乃爲有得天高地厚鳶飛魚躍之語恐發得太早

書曰若藥不瞑眩厥疾不瘳若百事安穩無違情咈志而可以成就則君子當滿天下惟其不然所以貴于用心剛而進學勇 以上答潘

叔昌

切要工夫莫如就實深體力行乃知此二字甚難而有味行有不得者反求諸己而已不敢他咎以上與喬德瞻

前書所論甚當已嘗爲子靜詳言之講貫誦繹乃百代爲學通法學者緣此支離泛濫自是人病非是法病見此而欲盡廢之正是因噎廢食然學者徒能言其非而未能反己就實悠悠汩汩無所底止是又適所以堅彼之自信也誠深思之

論致知則見不可偏論力行則進當有序並味此兩言則無籠統零碎之病以上與邢邦用

大凡人資質各有利鈍規模各有大小此難以一律齊要須常不失故家氣味所向者正所存者實信所當信耻所當耻持身謙遜遇事審細如此則雖所到或遠或近要是君子路上人與內弟曾德寬

坐談常覺從容臨事常覺迫切乃知學問無窮當益思所未至居官臨事外有齟齬必內有窒礙蓋內外相應毫髮不差只有反己二字更無別法以上與戴在伯

欲求繁冗中不妨課程之術古人每言整暇二字蓋整則暇矣微言淵奧世故崢嶸愈覺工夫無盡嘗思時事所以艱難風俗所以澆薄

推其病源皆由講學不明之故若使講學者多其達也自上而下爲勢固易雖不幸皆窮然善類既多氣燄必大薰蒸上騰亦有轉移之理雖然此特憂世之論耳中天下而立定四海之民所性不存此又當深致思也

思索不可至于苦玩養不可至于慢

承上接下最是親切工夫呂與叔所謂嚴而不離寬而有閑殊有味持養之久則氣漸和氣和則温裕婉順望之者意消忿解而無招咈取怒之患矣體察之久則理漸明理明則諷導詳款聽之者心喻慮移而無起爭見欲之患矣更須參觀物理深察人情以試驗學力若有窒礙齟齬即求病源所在而鋤去之

知猶識路行猶進步若謂但知便可則釋氏一超直入如來地之語也

所謂無事者非棄事也但視之如早起晏寢飢食渴飲終日爲之而未嘗爲也大抵胸次常令安平和豫則事至應之自皆中節心廣體胖百疾俱除蓋養生養心同一法

房族閑事當盡誠委曲曉譬感切之尤須防爭氣若有毫髮未去則招咈激怒所傷者多矣若事果不可爲當體不可貞之義此必誠意

已盡自反已至方可
敬字固難形容古人所謂心莊則體舒心肅則容敬兩語當深體
收斂凝聚乃是大節目至于察助長之病乃是節宣之宜以上與學者及諸弟

梓材謹案謝山所錄東萊遺集一百二十八條今移爲附錄三條移入景迂學案二條周許諸儒一條武夷學案一條五峯學案一條玉山學案二條晦翁學案四條南軒學案三條艮齋學案五條止齋學案二條龍川學案一條又二條與復齋學案複出刪之又移入象山學案二條清江學案一條

附錄

壽皇喜看莊老蓋德壽之餘風儒臣多以此箴規而東萊言之尤切以爲當讀中庸大學之書不當流于異端補

嘗與汪端明書曰劉子澄傳道尊意是時以四方士子業已會聚難于遽已今歲悉謝遣歸

祖望謹案此卽象山謂伯恭在衰絰中而戶外之屨恆滿者也南軒亦嘗問朱子曰伯恭聚徒世多議其非者觀此條則先生因玉山之言而止亦善改過者

又與朱侍講書曰某以六月八日離輦下五日而張丈去國羣陰崢嶸陽氣斷續理自應爾然以反己之義論之則當修省進步處甚多未可專咎彼也

又曰請祠便養未報而有召試之命已復申前請矣儻得如志閉戶爲學殊爲僥倖或敦迫而出亦唯以心之所安條對然後徐度進退之宜要之所學未成輕犯世故招尤取累不若退處之爲得也向來一出始知時事益難平爲學工夫益無窮而聖賢之言益可信

張南軒與先生書曰尊兄于尋常人病痛往往皆無之資質固美然若只坐在此上卻恐頹墮少精神惟析夫義理之微而致察于物情之細每存正大之體尤防己意之偏擴而充之則幸甚

又曰去年聞從學者甚衆某殊謂未然若是爲舉業而來先懷利心豈有利上誘得就義之理但舊已嘗謝遣後來何爲復集今次須是執得定亦非特此事大抵老兄平日似于果斷有所未足時有牽滯流于姑息雖是過于厚傷于慈爲君子之過然在他人視我則觀過可以知仁在我則終是偏處仁義常相須義不足則仁亦失其正矣

又與朱元晦書曰伯恭真不易得向來聚徒頗衆今歲已謝遣然渠猶謂前日欲因而引之以善道某謂來者既爲舉業之故先懷利心

恐難納之于義大抵渠凡事似于果斷有所未足
又曰伯恭近來于蘇氏父子亦甚知其非向來渠亦非助蘇氏但習
熟元祐閒一等長厚之論未肯誦言排之今頗知此爲病痛矣
又曰伯恭愛弊精神于閑文字中徒自損何益如編文海何補于治
道于後學
又答陸子壽書曰伯恭亦坐枉費心思處多以上補
朱子曰文鑑編得泛然亦見得近代之文如沈存中律歷一篇說渾
天亦好
又曰文鑑編康節詩不知怎生地那天向一中分造化人從心上起
經綸底詩卻不編入
又曰向見說左氏之書極爲詳博然遣辭命意亦頗傷巧矣
又曰博雜極害事伯恭日前只向雜博處用功卻于要約處不曾子
細研究如閫範之作旨意極佳
又曰伯恭之學大概尊史記不然則與陳同甫說不合同甫之學正
是如此
又曰其學合陳君舉陳同甫二人之學問而一之永嘉之學理會制
度偏考究其小小者惟君舉爲有所長若正則則渙無統紀同甫則

談論古今說王說霸伯恭則兼君舉同甫之所長

又曰伯恭講論甚好但每事要鶻圇說作一塊又生怕人說異端俗學之非護蘇氏尤力以爲爭較是非不知斂藏持養

又曰伯恭無恙時愛說史學身後爲後生輩糊塗說出一般惡口小家議論賤王尊霸謀利計功更不可聽

又哭之曰嗚呼伯恭有蓍龜之智而處之若愚有河漢之辯而守之若訥胸有雲夢之富而不以自多辭有黼黻之華而不易其出此固今之所難而未足以議兄之髣髴也若乃孝友絕人而勉勵如弗及恬淡寡欲而持守不稍懈盡言以納忠而羞爲訐秉義以飭躬而恥爲介是則古之君子尚或難之而吾伯恭猶歉然而未肯以自大也蓋其德宇寬洪識量閎廓既海納而川渟豈澄清而撓濁矧涵濡于先訓紹文獻于故家又隆師而親友極探討之幽遐所以稟之既厚而養之深取之既博而成之粹宜所立之甚高亦無求而不備故其講道于家則時雨之化進位于朝則鴻羽之儀造辟陳謨則宣公獨御之對承詔奏篇則右尹祈招之詩上方虛心而聽納衆亦注目其敷施何遭時之不遂遽縈疾而言歸慨一臥以三年尚左圖而右書閱逍遙以曳杖悅沂上之風雩衆咸喜其有瘳冀卒攄其素蘊否則

傳道以著書抑亦後來之程準何此望之難必奄一夕而長終增有邦之殄瘁極吾黨之哀恫嗚呼哀哉我實無似兄辱與遊講摩深切情義綢繆粤前日之枉書尙粲然其手筆始言沈痼之難除猶幸死期之未即中語簡編之次第卒誇草樹之深幽謂昔騰牋而有約盍今命駕以來遊欣此旨之可懷悼訃車而偕至考日月之幾何不旦暮之三四嗚呼伯恭而遽死邪吾道之衰乃至此邪

問東萊之學朱子曰伯恭于史分外子細于經卻不甚理會常有人問他忠恕楊氏侯氏之說孰是他卻說公如何恁地不會看文字這箇都好看來他要說爲人謀而不盡心爲忠傷人害物爲恕恁地時方說不是門人曰他是相戲浙間一種史學故恁地曰史學甚易只是見得淺

□□□曰伯恭以進文鑑爲陳騤所詆其後侂胄方以道學爲禁史臣亦據騤言詆之然伯恭旣爲辭臣醜詆自當力遜職名今受之非矣直卿亦以予言爲然 補

葉水心習學記言曰東萊呂氏歿陳亮祭之曰孔氏之家法儒者世守之得其麤而遺其精則流而爲度數刑名聖人之妙用英豪竊聞之徇其流而忘其源則變而爲權譎縱横蓋嘗欲整兩漢而下庶幾

復見三代之英方夜半之劇論歎古來之未曾夫孔氏亦豈于家法之外別有妙用使英豪竊聞哉亮嘗言程氏易傳似桓玄起居注呂氏黽勉答之所謂夜半劇論者呂氏嘗笑以爲自知非豪傑被同甫差排做蓋難之也補

陳北溪張呂合五賢祠說曰南軒守嚴東萊爲郡文學是時南軒學已遠造猶專門固滯謂湖湘性無善惡之說及晦翁痛與反覆辯論始翻然爲之一變無復異趣東萊少年豪才藐視斯世何暇窺聖賢門戶謂東萊留心文辭及聞南軒一語之折愕然屏去故習道紫陽沿濂洛以達鄒魯雖于南軒所造有不齊要不失爲吾名教中人視世之竊佛學以自高屹立一家門戶且文聖賢之言以蓋之以爲真有得乎千古心傳之妙誤學者于詖淫邪遁之域爲吾道之賊者豈不相萬邪補

祖望謹案朱張呂三賢同德同業未易軒輊張呂早卒未見其止故集大成者歸朱耳而北溪輩必欲謂張由朱而一變呂則更由張以達朱而尚不逮張何尊其師之過邪呂與叔謂橫渠棄所學以從程子程子以爲幾于無忌憚矣而楊龜山必欲謂橫渠無一事不求教于程子至田誠伯則又曰橫渠先生其最

也正叔其次也弟子各尊其師皆非善尊其師者也詆陸氏亦太過

魏鶴山師友雅言曰人而無禮不亦禽獸之心乎聖人不曾有此等語東萊于皋陶朕言惠下說孟子既云三自反乃有禽獸之語孟子有鋒稜孔子口中無之 補

王深寧困學紀聞曰呂成公謂爭校是非不如斂藏收養

又曰乾文言曰寬以居之朱子謂心廣而道積程子易小畜傳曰止則聚矣呂成公謂心散則道不積充拓收斂當兩進其功 並補

黃東發日鈔曰東萊先生以理學朱張鼎立為世師其精辭奧義豈後學所能窺其萬分之一然嘗觀之晦翁與先生同心者先生辯詰之不少恕象山與晦翁異論者先生容下之不少忤鵝湖之會先生謂元晦英邁剛明而工夫就實入細殊未易量謂子靜亦堅實有力但欠開闊其後象山祭先生文亦自悔鵝湖之會粗心浮氣然則先生忠厚之至一時調娛其閒有功于斯道何如邪若其講學之要尤有切于今日者學者不可不亟自思也蓋理雖歷萬世而無變講之者每隨世變而輒易要當常以孔子為準的耳孔子教人以孝弟忠信躬行為本至子思則言誠至孟子則言性已漸發其祕視孔子

之說爲已深至濂溪則言太極至橫渠則言太虛又盡發其祕視子思孟子之說爲益深一議論出一士習變至晦庵先生出始會萃濂洛之說以上達洙泗之傳取本朝諸儒議論之切于後學者爲近思錄然猶以無極太極陰陽造化冠之篇首則亦以本朝之議論爲本也東萊先生乾道四年規約以孝弟忠信爲本明年規約以明理躬行爲本至其題近思錄卷首則謂陰陽性命特使之知所嚮講學具有科級若躐等陵節流于空虛豈所謂近思嗚呼學者可以觀矣補

東萊講友

文公朱晦庵先生熹 別爲晦翁學案

宣公張南軒先生栻 別爲南軒學案

顯謨潘先生畤 別見元城學案

東萊學侶

文節陳止齋先生傅良 別爲止齋學案

文毅陳龍川先生亮 別爲龍川學案

東萊同調

教授劉孝敬先生靖之

知州劉靜春先生清之 並爲清江學案

忠定邱宗卿先生崈別爲邱劉諸儒學案

將仕郭先生良臣

郭良臣字德鄰東陽人官將仕郎橫浦弟子欽止從兄也創西園書院延師教授一如欽止石洞之規子澄江皆好學參隆慶東陽志

東萊家學劉胡三傳

忠公呂大愚先生祖儉

呂祖儉字子約金華人成公之弟也受業于成公如諸生監明州倉將上會成公卒部法半年不上者爲違年先生必欲終期喪朝廷從之詔違年者以一年爲限自先生始淳熙壬寅至官去以丁未凡六年時明州諸先生多里居慈湖開講于碧沚沈端憲講于竹洲絜齋則講于城南之樓氏精舍惟舒文靖以宦遊出先生以明招山中父兄中原文獻之傳其于諸講院無日不會也甬上學者遂以先生代文靖亦稱爲四先生而滕德粹爲鄞尉朱文公語之曰彼中有楊袁沈呂可與語也寧宗卽位歷大府丞時韓侂冑用事正言李沐論右相趙忠定罷之先生上疏論救貶韶州安置後移筠州卒朱子與書曰熹以官則高于子約以上之顧遇恩禮則深于子約乃今子約獨舒憤懣觸羣小而蹈禍機其愧嘆深矣先生報書曰在朝行聞時事

如在水火中不可一朝居使處鄉閭理亂不知又何以多言爲哉著有大愚集謚忠修

謝山呂忠公祠堂碑文曰忠公之官吾鄉爲司庾故不得有所設施但傳其屏去倉中淫祠一事深寧志之四明七觀而是時正甬上奎婁光聚正學大昌忠公以明招山中父兄中原文獻之傳左右其閒其功無所見于官守而見之講學忠公之集雖不傳然猶散見于永樂大典中予欲鈔其與諸先生論學之文而未得顧讀忠公吾鄉之詩弔景迂之祠式清敏之里求了翁寓溪之遺想見其一往情深乃自元訖明以至于今竟無有以齋芼薦及忠公者是則甬上文獻之衰可爲長太息者矣禮于釋奠之制必求之其鄉之先師不然者則有合也有合者謂其鄉無足以當先師之享則合之他鄉之近而可溯者今甬上之先師楊袁舒沈其人可謂盛矣而愚謂當以忠公合之以其同講學于鄞久並列于先師之座無歉也

又奉臨川帖子五曰攷大愚東王季和詩云晁景迂大觀庚寅冬爲四明船場後七十有餘年某適以倉氏之職至此閒而王兄季和亦來作景迂官相與訪問舊蹟尚有可攷偶成數語柬

季和幷呈叔晦其詩有曰鄞江舊有船司空小江晚望江之東朅來海頭四閱月塵埃滿袖生鬖鬞是大愚初至明之作其時慈湖方參佐浙西帥幕廣平教授徽州絜齋以進士尉江陰獨叔晦以國正家居故往還者不及三君其遊候濤山記曰壬寅之冬逐祿海東距海六十里友人潘端叔主定海簿相約偕遊未果今年夏四月端叔因謝子暢自臨安至會于太白鄮山之閒刻日康炳道兄弟會于王季和家李叔潤方居敬史丞相之幼子開叔楊希度偕行舒元英亦與其徒諸葛生來東萊卒于辛丑大愚以壬寅冬之官正合期喪服滿之期元英則廣平弟也其題慈溪龍虎軒詩云年來世路轉蹉跎正大中庸論愈多出本無心歸亦好何須胸次自干戈似屬大愚將去明之作大愚之赴銓也本傳言平園方爲丞相招之不往宰輔表平園自西樞入中書在淳熙丁未春二月而朱子答大愚書曰對班在何時今日既難說話而疏遠尤難且只收斂人主心念是第一義題注在丁未冬十一月是大愚之赴任以壬寅其去官以丁未首尾六年

子約問主忠信之言後于不重則不威其意如何朱子答曰聖賢所言爲學之序例如此須先是外面分明有形象處把捉扶持起來不如今人動便說正心誠意卻打入無形影無稽考處去也

監嶽呂先生祖泰

呂祖泰字泰然文靖公夷簡五世孫寓常之宜興性疏達尚氣誼學問該洽徧遊江淮交當世知名士論世事無所忌諱慶元初忠公以言事移置瑞州先生徒步往省之留月餘語其友王深厚曰（梓材案厚當作原說見麗澤諸儒學案）自吾兄之貶諸人箝口我雖無位義必以言報國當少須之今未敢以累吾兄也及忠公歿貶所嘉泰初周益公降少保致仕先生乃詣登聞鼓院上書曰道學自古所恃以爲國也丞相汝愚今之有大勳勞者也立僞學之禁逐汝愚之黨韓侂胄自尊而卑朝廷一至于此願亟誅侂胄以周必大代之書出中外大駭有旨拘管連州右諫議程松與先生友懼爲所連奏請杖黥竄遠方乃杖之百配欽州牢城收管先生知必死無懼色既至府廷尹爲好語誘之曰誰教汝共爲章先生笑曰公何問之愚也吾固知必死而可受教于人且與人議之乎尹曰汝病風喪心邪先生曰今之附韓氏得美官者乃病風喪心耳先生既貶道出潭州錢文子爲

醴陵令私𧸘其行伲胄誅朝廷詔雪其寃特授迪功郎監南嶽廟喪母無以葬至都謀于諸公得寒疾索紙書曰吾與吾兄共攻權臣今權臣誅死不憾獨吾生還無以報國且未能葬吾母爲可憾耳乃卒尹王合齋栩爲具斂歸葬焉參史傳

東萊門人

主簿葉先生邽

軍守樓迂齋先生昉

端獻葛先生洪

文惠喬先生行簡並爲麗澤諸儒學案

司直趙先生焯別見玉山學案

朝奉輔傳貽先生廣別爲潛庵學案

中散朱先生塾別見晦翁學案

文簡劉雲莊先生爚

侍郎劉先生炳

縣丞吳先生必大

右司王東湖先生遇

修撰陳北山先生孔碩並見滄洲諸儒學案

直閣沈先生有開

潘先生友端

鹽事宋西園先生甡並見嶽麓諸儒學案

章先生用中

侍講倪先生千里並見止齋學案

文靖舒廣平先生璘別爲廣平定川學案

正獻袁絜齋先生燮別爲絜齋學案

知軍石先生斗文

侍從石先生宗昭

教授陳先生剛並見槐堂諸儒學案

少詹丁先生希亮別見水心學案

梓材謹案東萊弟子自別見諸學案外並入麗澤諸儒學案

東萊私淑

常博李先生大有

李大有字謙仲東陽人也大同之兄私淑三先生之學嘗以輪對上

疏略曰國朝自周敦頤張載程顥程頤本于正心修身至于致君行

道近世張栻朱熹呂祖謙闡而大之而義理益明自慶元權臣創道

學名以排之而士始有以其說爲不足學者其能者又求之于科舉而幸中于剽竊願召宿儒推明儒先之訓扶植治本而師儒之官亦以此意風厲作成毋徒爲襲取利祿計聞者是之

雲濠謹案先生慶元二年進士官至太常博士卒魏鶴山誌其墓

郭氏家學

主簿郭先生澄 別見麗澤諸儒學案

參軍郭先生江

郭江字伯山東陽人良臣子葉水心謂其本有佐世材用既習熟師友大旨芒銳銷盡不復伸吐云後官管押三江袋鹽監穿山破鹽場盱眙軍錄事參軍以卒 參葉水心集

梓材謹案陳同甫志何夫人杜氏墓云女適同邑郭江江兄弟爲東方學者

郭先生溥

郭溥字伯廣良臣猶子亦創南湖書院 參隆慶東陽志

大愚家學 劉胡四傳

呂先生喬年

呂喬年字巽伯金華人忠公長子沈端憲壻也亦賢者能守家學補

梓材謹案先生絜齋稱其克肖厥父議論勁正不阿

進士呂先生康年

呂康年成公猶子諸講學子孫惟呂氏未墜先生甲戌廷對真文忠公欲置之狀頭同列以其言中書之務多觸時政固爭不從遂自甲置乙文忠太息爲之開雕補

梓材謹案嘉定七年甲戌距成公之卒淳熙八年辛丑已三十四年則先生蓋受學大愚者

寺丞呂先生延年

呂延年字伯愚成公之子縉雲羊哲師之參括蒼彙紀

梓材謹案王氏崇炳撰成公本傳言成公一子曰延年成公之卒也甫三歲官至寺丞先生不及受學于成公蓋亦得之大愚也

大愚門人

舒先生衍別見絜齋學案

張先生渭別見慈湖學案

寺丞門人劉胡五傳

羊先生哲別見麗澤諸儒學案

呂學續傳

文憲宋潛溪先生濂別見北山四先生學案

忠文王華川先生禕別見滄洲諸儒學案

宋元學案卷五十一

艮齋學案表

- 薛季宣 徽言子 袁氏門人 二程武夷再傳 安定濂溪三傳 泰山四傳
  - 從子叔似 — 郭澄 別見麗澤諸儒學案
  - 陳傅良 別爲止齋學案
  - 徐元德
  - 王枏
  - 沈有開 別見嶽麓諸儒學案
  - 樓鑰 別見邱劉諸儒學案 象先合齋學侶
- 鄭伯熊 別見周許諸儒學案
- 鄭伯英 附見周許諸儒學案
- 劉夙
- 劉朔 並見艾軒學案
  並艮齋講友
- 葉適 別爲水心學案

陳亮別爲龍川學案

並艮齋學侶

張淳

艮齋同調

敖繼公

忠甫續傳

倪淵

楊維楨

鄭真別見深寧學案

趙孟頫別見雙峯學案

宋元學案卷五十二

餘姚黃宗羲原本　後學慈谿馮雲濠校刊
男百家纂輯　鄞縣王梓材重校
鄞縣全祖望補定　道州何紹基重刊

艮齋學案

祖望謹案永嘉之學統遠矣其以程門袁氏之傳爲別派者自艮齋薛文憲公始艮齋之父學于武夷而艮齋又自成一家亦人門之盛也其學主禮樂制度以求見之事功然觀艮齋以參前倚衡言持敬則大本未嘗不整然述艮齋學案梓材案梨洲原本合下止齋爲永嘉學案之二自謝山始別是卷爲艮齋學案下卷爲止齋學案

袁氏門人程胡再傳

文憲薛艮齋先生季宣

薛季宣字士龍永嘉人父徽言梓材案先生父爲胡文定高弟詳見武夷學案先生年十七辟爲荊南書寫機宜文字獲事袁道潔溉問道潔以義理之辨道潔曰學者當自求之他人之言善非吾有道潔之學自六經百氏下至博弈小數方術兵書無所不通先生得其所

傳無不可措之用也召爲大理寺主簿除大理正出知湖州改常州未上卒年四十雲濠案謝山學案劄記先生著有書古文訓義詩性情說春秋經解指要大學說論語小學約說伊洛禮書補亡伊洛遺禮通鑑約說漢兵制九州圖志武昌土俗編校讎陰符山海經風后握奇經

百家謹案汝陰袁道潔溉問學于二程又傳易于薛翁已侍薛于宣器之遂以其學授焉季宣既得道潔之傳加以考訂千載凡夫禮樂兵農莫不該通委曲真可施之實用又得陳傅良繼之其徒益威此亦一時燦然學問之區也然爲考亭之徒所不喜目之爲功利之學

艮齋浪語集

夫道之不可邇未遽以體用論見之時措體用宛若可識卒之何者爲體何者爲用卽以徒善徒法爲體用之別體用固如是邪上形下形曰道曰器道無形舍器將安適哉且道非器可名然不遠物則常存乎形器之內昧者離器于道以爲非道遺之非但不能知器亦不知道矣下學上達惟天知之知天而後可以得天之知決非學異端遺形器者之求之見禮儀威儀待夫人而後行苟不至德誰能知

味日用自知之謂其切當矣乎曾子日且三省其身吾曹安可輒廢檢察且不識不知順帝之則者古人事業學不至此恐至道之不凝此事自得則當深知殆未可以言言之也以同甫天資之高檢察之至信如有見必能自得諸心如日未然則凡平日尙論古人下觀當世舉而措之于事者無非小知謏聞之累未可認以爲實第于事物之上習于心無適莫則將天理自見持之以久會當知之洪範無黨無偏大學不得其正真萬病之鍼石獨無意于斯乎答陳同甫書

梓材謹案梨洲所錄浪語集六條其第一條與朱晦翁書移入

安定學案

自大學之不明其道散在天下得其小者往往自名一家高者論入虛無下者凝滯于物狂狷異俗要非中庸先王大經遂皆指爲無用滔滔皆是未易奪也故須拔萃豪傑超然遠見道揆法守渾爲一途蒙養本根源泉時出使人心悅誠服得之觀感而化乃可爲耳此事甚大既非一日之積又非盡智窮力所到故聖人難言之後世昧于誠明明誠之分遂謂有不學而能者彼天之道何與于人之道致曲未盡何以能有誠哉孟子必有事焉而勿正心勿忘勿助長也之說雖非聖人優之柔之使自求之之意學者于此從事思過半矣顏氏

之子其過與怒寧與人異不可及處正在不以怒遷不以過貳一節法守之事此吾聖人所以異于二本者空無之學不可謂無所見迄無所用不知所謂不二者爾未明道揆通于法守之務要終爲無用灑埽應對進退雖爲威儀之一古人以爲道無本末者其視任心而作居然有閒然云文武之道具在方策其人存其政舉苟非其人道不虛行要須自得之也學不至于不識不知順帝之則竟亦何用有如未辨澡心藏密莫若去故去智古人讀書百徧其義自見未易以淺近奪信能反復涵泳會當有得得之大小則繫乎精誠所至時文稱于一經之內有一言之悟則六經之義粲然矣不可以人廢言也

與沈應先書

某竊嘗喜易讀之將數百過而弗知其際也夫以先天之卦見之三畫重易之象繫之六爻天地之大昆蟲之細與夫聖人之道先王之治君子小人之事工師卜祝之流幽而鬼神遠而造化凡有可推之數可形之象可行之事靡不備在此書微若書不可言亦求斯得之矣六經之義于易備焉以爲通（疑動字）足以盡之則太極之體未嘗動也以爲定足以周之則作易之道變爲占是皆本諸吾身參諸天地擬諸變化可由而不可測者某安足以知之不知易而施諸民猶

胥行而暬者也思得通儒而與之論未之能得執事不以某為不肖惠然辱枉臨之詒我以書縱言而及于易也惟學有倫有要執事其知之矣善乎書之論政體也曰當仁明而通變舍是則為姑息為苛察矣易曰通其變使民不倦此黃帝堯舜之治某何德以堪之高山仰止敢不欽服訓誨雖然切有必酬之誼故某謹布其腹心今夫煦煦之仁察察之明而後有姑息苛察之事信能仁並天地明等日月則何二弊之能有某學也未造乎此其能億二儀二曜之仁明若夫易之通變後世失之遠矣執中無權猶執一也苟知變而不知止則必若晉人之為通大傳有之無思也無為也寂然不動感而遂通天下之故變通之道盡此贊矣復張人傑學論書

巧匠不世生其法具乎規矩繩墨聖人不世出其言在乎易禮詩書然則易禮詩書與夫規矩繩墨往之所以貽後今之所以求古也即規矩繩墨以為方員雖非巧匠而巧匠之制作于是乎在由易禮詩書以趨理義雖非聖人而聖人之精微備于吾身學者為道而舍經猶工人而去其規墨也雖有工倕之指其能制器乎論語直解序

吾道貫一而無方老氏致虛而無極若釋氏則歸空而無物矣三者若同而偏反若霄壤之卑高孟氏于孔氏之門為有功其氣豪而辭

辯無聲無臭豈其然乎比而同之其害有不可勝言者讀其書而知其旨能內參諸其心仰觀聖人之形容察其像似而自識其真僞從而爲取舍焉不隨波于末流真好學者也妄意如此明者必有以辨之 直解序附言○補

記有之曰人莫知苗之碩莫知子之惡言蔽物也有己而蔽于物則古之性情與今先儒之說未知其孰通信能復性之初得心之正豁蔽以明因詩以求序則反古之說其殆庶幾乎 序反古詩說○補

易繫天垂象見吉凶聖人象之河出圖洛出書聖人則之其言蓋有敘觀之以理無晦也說者或謂河圖洛書本皆無有聖人爲此說者以神道設教也是非唯不知聖人直不達不言而化之義烏足與校是非理道哉或者又以爲當伏羲之時河嘗出龍馬負圖自神農至于周公洛水皆出龜書此則似是而非無所考徵就龍龜之說成無驗之文自漢儒啓之後世宗之徵引釋經如出一口而聖人之道隱巫史之說行後世暗君庸夫亂臣賊子據之假符命惑匪彝爲天下患害者比比而是聖人憂深慮遠肯爲此妖僞殘賊哉蓋亦有其說世傳註求其事而弗得于是託渙漫以駕其游誣雖知惑世害人不暇恤也且聖人之作易仲尼固嘗已于大傳詳之大傳無文其可鑿

以胸臆就如其說垂象爲象降自天乎走嘗竊痛之爲反覆以思之者更歲推之久究之至而後乃得之傳不云乎伏羲氏之作易也仰以觀于天文俯以察于地理觀鳥獸之文近取諸身遠取諸物始畫八卦圖書之說從可知矣夫易之有卦所以縣法也畫卦之法原于象數則象數者易之根株也河圖之數四十有五乾元用九之數也洛書之數五十有五大衍五十之數也究其始終之數則九實尸之故地有九州天有九野傳稱河洛皆九曲豈取數于是乎春秋命歷序河圖帝王之階圖載江河山川州界之分野讖緯之說雖無足深信其有近正不可棄也信斯言也則河圖洛書乃山海經之類在夏爲禹貢周爲職方氏所掌今諸路閏年圖經漢司空輿地圖地理志之比也按山海經所言皆地之物產鳥獸蟲魚草木之屬其古史職方之意與仲尼所言幾不外是其曰河洛之所自出川師上之之名也走不能遠引請以官儀爲徵凡古今官書之所爲名稱者必以某官司某郡國自是而後具其職官如春秋他國之事漢官府上尚書其傳于人書于史亦第稱某所行某事言某事上某事而于其職事皆略聞者皆斷然不惑者以官師郡縣必有主之者非能自爾也然則圖書爲川師上何獨至古而惑之哉或曰是則然矣圖與書奚辨

曰圖書者詳略之云也河源遠中國不得而包之可得而聞者其形之曲直源委之趨向也洛源在九州之内經從之地與其所麗名物人得而詳之史闕其所不知古道然也是故以書言洛河則第寫于圖理當然耳昔者周天子之立也河圖與大訓並列時九鼎亦寶于周室皆務以辨物象而施地政所謂據九鼎按圖籍者也仲尼作于周末病禮樂之廢壞職方之職不舉所謂發歎鳳圖者非有他也龜龍之説果何稽乎第觀垂象之文其義可以自見 河圖洛書辯

宗羲案永嘉之學教人就事上理會步步著實言之必使可行足以開物成務蓋亦鑒一種閉眉合眼矇瞳精神自附道學者于古今事物之變不知爲何等也夫豈不自然而馴致其道以計較億度之私蔽其大中至正之則進利害而退是非與刑名之學殊途而同歸矣此在心術輕重不過一銖茫乎其難辨也

附錄

張南軒與呂伯恭書曰士龍正欲詳聞其爲人事功固有所當爲若曰喜事功則喜字上煞有病

又答先生書曰聞欲招陳君舉來學中此固善但欲因程文而誘之讀書則未正今日士子耳剽口誦用資進取轉趨于薄此極害事

呂東萊與朱侍講書曰薛士龍歸途道此留半月向來喜事功之意頗銳今經歷一番却甚知難雖尚多當講畫處然胸中坦易無機械勇于爲善于田賦兵制地形水利甚下工夫眼前殊少見其比義理不必深窮之說亦嘗叩之云初無是言也

又曰士龍坦平堅決所學確實有用甚虛心方欲廣咨博訪不謂止此

又與陳同甫書曰士龍所學固不止于所著書但終尚有合商量處

艮齋講友

文肅鄭景望先生伯熊別見周許諸儒學案

判官鄭歸愚先生伯英附見周許諸儒學案

著作劉先生夙

正字劉先生朔並見艾軒學案

艮齋學侶

文定葉水心先生適別爲水心學案

文毅陳龍川先生亮別爲龍川學案

艮齋同調

監嶽張忠甫先生淳

張淳字忠甫永嘉人也五試禮部不中授特奏名官棄去養母或薦之朝祿以監嶽先生以爲徒費縣官俸歷三任不食祿亦不書考居母喪無不與士喪禮合閨爲族姻治喪亦斷斷持古制時爲文章銘人墓有諷有勸皆不虛書負其學自刻苦忍窮以死爲人嚴重深博善忍事鎭物絕有材智抑不使出其爲止齋所述如此攻媿亦嘗述其言曰今之仕者皆非出于古之道或問之曰始至則朝拜遇國忌則引緇黃而薦在天之靈古有之乎是以雖貧不願祿也嗚呼先生斯言可謂得禮之精而能以之自持豈徒考度數之末文者哉永樂大典中有古禮十七卷釋文一卷識誤三卷雲濠案謝山學案劄記作釋說一卷則先生所校定也補

謝山永嘉張氏古禮序曰宋中興藝文志謂儀禮既廢學者幾不復知有此書忠甫始識其誤則是經在宋當以忠甫爲功臣之首又曰永嘉自九先生而後伊川之學統在焉其人才極盛宋史不爲忠甫立傳故其本末闕然獨見于陳止齋所作墓志乃知其與薛士龍鄭景望齊名固乾淳間一大儒也

艮齋家學 程胡三傳

文節薛象先先生叔似

薛叔似字象先其先河東人後徙永嘉游太學解褐國子錄對論稱旨遷太常博士未幾孝宗自除先生左補闕論劾首相王淮去位光宗受禪抗疏金人使名未正不宜遽納其使上奮然開納除將作監出爲江東運判俄以諫臣論罷主管沖佑觀累除祕書監權戶部侍郎提舉太史局尋兼樞密都承旨以劉德秀疏罷起知贛州移盧州召除在京宮觀兼國用司參議官奏蠲兩浙身丁錢歷除兵部尚書宣撫使時韓侂胄開邊先生亦以功業自期而委任失當以言者論奪職罷祠侂胄誅再謫福州久之許自便嘉定十四年卒贈銀青光祿大夫諡恭翼改諡文節先生雅慕朱子窮道德性命之旨談天文地理鍾律象數之學有稿二十卷參史傳○雲濠案謝山學案劄記有薛文節公集蓋本永樂大典

梓材謹案先生爲艮齋兄子浪語集有與象先姪書

附錄

水心祭薛象先曰彼建安之裁量外永嘉而弗同幸于公而無疑亦莫知其所從

艮齋門人

文節陳止齋先生傅良別爲止齋學案

教授徐先生元德

徐元德字居厚瑞安人也艮齋弟子淳熙進士爲福建軍學教授身先矩矱爲多士倡已而添差通判徽州誠齋楊文節公狀其治行以薦曰具官東浙名儒朝列正士持論鯁挺特立不阿徽州倅乃員外置凡州郡迎輅之數廚傳之儀皆無故實出于創爲緜蕞者如挈攜囊衣則有僦僕之弊如下檐宴集則有折俎之弊率爲緡錢者數百元德問之故府咸曰無之則舉而付之郡庠以爲養士之費于是民皆知其廉潔江東一路徽最多訟使者皆以委元德審決元德一一繙閱文案至忘寢食吏牘山積迎刃而解于是民皆稱其明斷欲望聖慈特賜陞擢晉知通州先生精于考索周官制度精華二十卷前半乃止齋後半皆先生之筆也補

附錄

呂東萊與陳同甫書曰徐居厚極有立作士人中殊難得

又曰居厚病知已平復但渠須是調伏得性氣然後養生處世方少齟齬不然憂未艾也

秘監王合齋先生枏

王枏字木叔號合齋故順州人石晉以其地入契丹徙永嘉乾道丙

戌進士爲婺州推官孝宗嘗疑諸州上供有滲漏漕司遽令婺州增斛二萬守以下不敢爭先生言今苗畝七升羅四十餘千較他郡已重又無故增二萬何以共命新守周權以書奏之孝宗愕然曰朕未嘗加賦也由是凡議滲漏者皆免移台州能決寃獄知績溪縣積錢買田爲新塘六十八堨六浚舊陂百頃歲無憂旱監進奏院太常寺簿以僞學罷知江陰軍蔡涇者江海之交也淤閼先生開渠港五百餘里漕運以通民事妖神巫故爲陰廡複屋詭其像設先生鞭巫撤祠壞像而民以安召爲大理丞禮部員外郎初周益公在政府招先生既見清談之外絕無所言至是蘇師旦欲見之許以還先生曰吾義不交匪人寧止于此鄧友龍議北伐援以爲助曰前日有發策者驟用矣先生力言無草草國與身且俱不利友龍曰何怯也竟取宣撫去出先生提舉江東常平茶鹽兼知池州先生言池州城甚惡何以待敵請城之不報乃募得緡錢八萬請自城之又不許乃補其穿穴深其濠抽兵嚴備池人得少安召爲吏部郎國子司業祕書少監兼侍左郎韓侂胄死緣坐者多先生言無使滋蔓執政善之不能用錢相象祖雅慕先生欲進用之忌者因罷先生以撼錢先生奉祠而錢亦不安其位矣起知贛州諭其耆老曰元祐黨籍贛人一十有四

何多君子也汝曹勉之課桑麻清鹽禁提刑者惡之復毀先生子祠贛人雪涕留之不得賦詩而別先生少與永嘉諸公同學及仕于台寮屬如尤遂初樓攻媿以及彭子復石應之輩皆相砥礪崖峭孤特不輕徇物尤工于文所著有王祕監詩文集共二十卷補○雲濠案謝山學案劄記王合齋集十六卷詩四卷

梓材謹案劄記又一條云王枏字和叔永嘉人嘗以經世之學授樓攻媿攷攻媿跋汪季路所藏邵康節觀物篇云余始在永嘉得先天方圓二圖于薛象先叔似傳皇極經世之書于王木叔枏是和叔即木叔也又案謝山補傳謂先生少與永嘉諸公同學學案原表亦列先生于艮齋之門當是也

直閣沈先生有開別見嶽麓諸儒學案

薛王學侶程胡四傳

主簿郭先生澄別見麗澤諸儒學案

王氏門人

宣獻樓攻媿先生鑰別見邱劉諸儒學案

忠甫續傳

教授敖先生繼公

敖繼公字君善長樂人後寓家吳興築一小樓坐臥其中冬不爐夏不扇日從事經史初仕定成尉以父任當補京官讓于弟壽擢進士對策忤時相遂不仕益精討經學嘗以魯高堂生傳士禮十七篇即今儀禮也生之傳既不存而王肅袁準孔倫陳銓蔡超宗田僧紹諸家註亦未流傳于世鄭康成舊註儀禮疵多醇少學者不察因復刪定取賈疏及先儒之說補其闕猶未足附以己意名曰儀禮集說凡十七卷成宗大德中以江浙平章高彥敬薦雲濠案高彥敬一作高顯卿擢信州教授未任而卒從黃氏補本錄入

儀禮集說自序

儀禮何代之書也曰周書也先儒皆以爲周公所作愚亦意其或然也何以言之周自武王始有天下然其時已老矣未必暇爲此事至周公相成王始制禮作樂以致太平故以其時考之當是周公之書又以其書考之辭意簡嚴品節詳備非聖人莫能爲也然周公此書乃爲侯國而作而王朝之禮不與焉何以知其然也書中十七篇冠昏相見鄉飲鄉射士喪既夕士虞特牲饋食凡九篇皆言侯國之士禮少牢饋食上下二篇皆言侯國之大夫禮聘食燕大射四篇皆言諸侯之禮唯覲禮一篇則言諸侯朝天子之禮然主于諸侯而言也

喪服篇中言諸侯及公子大夫士之服詳矣其閒雖有諸侯與諸侯之大夫爲天子之服然亦皆主于諸侯與其大夫而言也然則聖人必爲侯國作此書者何也夫子有言曰夫禮必本于天殽于地列于鬼神達于喪祭冠昏射御朝聘聖人以禮示之故天下國家可得而正也以此言證之則是書也聖人其以爲正天下之具也與故當是時天下五等之國莫不寶守是書而藏之有司以爲典籍無事則其君臣相與講明之有事則皆據此以行禮又且頒之于國以教其人此有周盛時所以國無異禮家無殊俗兵寢刑措以躋太平者其以是乎其後王室衰微諸侯不道樂于放縱而憚于檢束于是惡典籍之不便于己而皆去之則其鄉之受于王朝者不復藏于有司矣鄉之藏于有司者或私傳于民閒矣此十七篇之所以不絕如綫而幸存以至今日也或曰此十七篇爲侯國之書固也其本但如是已乎抑或有亡逸而不具者乎曰是不可知也但以經文與其禮之類考之恐其篇數本不止此但經之言士禮特詳其于大夫則但見祭禮而昏喪無聞焉此必其亡逸者也公食大夫禮云設洗如饗謂其如公饗大夫之禮也而今之經乃無是禮焉則是逸之也明矣又諸侯之有覲禮但用于王朝耳若其邦交亦當有相朝相饗相食之禮又

諸侯亦當有喪祭禮而今皆無聞焉是亦其亡逸者也然此但以經之所嘗言禮之所可推者知之也况其間又有不盡然者由此言之則是經之篇數不止于十七亦可見矣記有之曰經禮三百曲禮三千所謂經禮即十七篇之類也其數乃至于三百者豈其合王朝與侯國之禮而言之與若所謂曲禮則又在經禮之外者如內則少儀所記之類是也先王之世人無貴賤事無大小皆有禮以行之蓋以禮有所闕即事有所遺故其數不容不如是之多也去古既遠而其所存者乃不能十一可勝歎哉繼公半生遊學晚讀此書沈潛既久忽若有得每一開卷則心目之閒如親見古人而與之揖讓周旋于其際此書舊有鄭康成註然其疵多而醇少學者不察也今輒刪其不合于經者而存其不謬者意義有未足則取疏記或先儒之說補之又未足則附以一得之見焉因名曰儀禮集說其于初學之士未必無小補云

梓材謹案敖先生傳黃氏補本列李俞諸儒學案茲以其爲儀禮之學繫之忠甫續傳以明宋元兩朝禮學之不絕有自云

敖氏門人

主簿倪文靜先生淵

倪淵字仲深烏程人生而卓異精敏絶人既長刻意聖賢之學三山敖先生繼翁深于三禮而尤善易先生從之遊于節文度數之詳辭變象占之妙靡不博攷洞究用薦署本郡儒學錄調杭州學正教授湖州教授累考入流授太平路當塗縣主簿時長官皆以放免去先生獨理縣事延祐初經理田土考覈多失其實賦斂不均公私咸以爲患先生分畫編次以爲圖籍出其隱匿而去其增加二稅乃如期而集歲適大祲民以狀言災傷郡戒縣勿受先生爭之不得卽解印求去郡遣吏謝且以檢視之事悉諉之先生躬履阡陌不避其勤民賴以甦以年垂七十致仕少嘗從星官歷翁治其術運算尤精既老于家杜門罕與人事接潛心于易著易集說二十卷圖說序例各一卷參黃文獻集

文敏趙松雪先生孟頫別見雙峯學案

倪氏門人敖氏再傳

縣尹楊鐵崖先生維楨

楊維楨字廉夫諸暨人雲濠案貝清江所作傳云世爲紹興山陰縣人泰定丁卯進士授天台尹罷去張士誠據浙西屢使求致不能屈明太祖登位敦迫至京作老客婦謠以見意笑而遣之還淞江卒先

生初遊甬東得黃氏日鈔歸學業日進居鐵崖山下自號鐵崖先生好吹鐵笛亦號鐵笛子與人交無疑貳尤喜接引後生識不識稱爲長者惜不得大用然亦以是得肆力于文章崖鑴野刻布列東南宋景濂有言曰元之中世有文章鉅公起于淛河之間曰鐵崖先生聲光殷殷摩戛霄漢撫其論撰如覩商敦周彝雲靁成文而寒芒橫逸奪人目睛于詩尤號名家震蕩淩厲神出鬼沒其文中之雄乎所著諸集通數百卷參兩浙名賢錄

梓材謹案先生爲倪處士墓志云維楨爲文靜先生門生也又云某父事先生則先生嘗及倪氏之門

楊氏門人敖氏三傳

教授鄭先生真別見深寧學案

宋元學案卷五十二

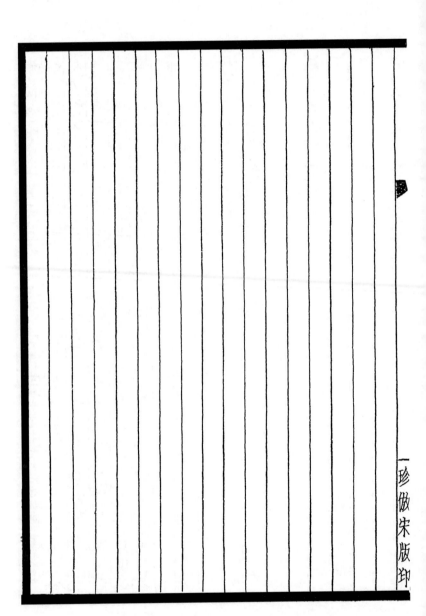

止齋學案表

陳傅良 艮齋鄭氏門人、袁氏徐氏再傳、二程武夷三傳、安定濂溪四傳、泰山五傳

從弟 說

蔡幼學

子 範

周端朝 別見嶽麓諸儒學案

李元白 別見廣平學案

曹叔遠

呂聲之

呂沖之

章用中

陳端己

林頤叔

林淵叔

沈昌

洪霖

朱黼
胡時
高松
倪千里——虞復
徐雲
黃章
袁申儒
林子燕
吳漢英
吳据
沈體仁
胡大時　別見嶽麓諸儒學案
沈有開　別見嶽麓諸儒學案
趙希錧　別見徐陳諸儒學案

木天駿 別見南軒學案
止齋續傳

陳武
芮氏門人

陳謙

黃度——周南 別見水心學案
子章 見上止齋門人

徐誼 別爲徐陳諸儒學案

薛叔似 別見艮齋學案

鄭鑑
並止齋學侶

唐仲友 別爲說齋學案

錢文子 別見徐陳諸儒學案

戴溪——胡大時

濂止齋同調

周頭並見嶽麓諸儒學案

宋之源別見清江學案

宋元學案卷五十三

餘姚黃宗羲原本　　後學慈谿馮雲濠校刊

男百家纂輯　　鄞縣王梓材重校

鄞縣全祖望補定　　道州何紹基重刊

止齋學案

祖望謹案永嘉諸子皆在艮齋師友之閒其學從之出而又各有不同止齋最稱醇恪觀其所得似較艮齋更平實占得地步也述止齋學案梓材案序錄原底有云止齋實從艮齋分派而非弟子是謝山不以標目薛氏門人爲然然考艮齋浪語集末卷所載行狀云乾道九年門人迪功郎新泰忻州教授陳傅良狀則先生故薛氏門人又案蔡行之爲先生行狀云宗正少卿鄭公伯熊大理正薛公季宣皆以經學行義聞于天下公每見二公必孜孜求益修弟子之禮是先生亦鄭氏門人也

鄭薛門人袁徐再傳

文節陳止齋先生傅良

陳傅良字君舉溫州瑞安人少有重名授徒僧舍士子莫不歸敬薛艮齋過之啓以其端已而束書屏居艮齋又過之問治何業先生陳

其所得艮齋曰吾懼子之累于得也于是往依艮齋而卒學焉茅茨一閒聚書千餘卷日考古咨今于其中蓋從游者凡七八年伊洛之學東南之士自龜山廌山之外紹興以後言理性之學者宗永嘉艮齋後出加以考訂千載自井田王制司馬法八陣圖之屬該通委曲真可施之實用先生既得之而又解剝于周官左史變通當世之治具條畫本末粲如也乾道八年登進士第授泰州教授未上召爲太學錄出判福州罷主管崇道觀起知桂陽軍歷提舉荆湖南路常平茶鹽事轉運判官兩浙提點刑獄入奏事留爲吏部員外郎擢祕書少監兼嘉王府贊讀除起居舍人起居郎光宗不過重華挂冠而出寧宗即位以中書舍人召還兼侍講兼直學士院同國史院修撰罷而奉祠嘉泰三年授寶謨閣待制卒于家年六十七諡文節學者稱止齋先生雲濠案謝山劄記先生所著有周禮說三卷春秋後傳左氏章指共四十二卷毛詩解詁二十卷建隆編一卷讀書譜一卷西漢史鈔十七卷止齋文集五十二卷

謝山奉臨川帖子曰陳止齋入太學所得于東萊南軒爲多然兩先生皆莫能以止齋爲及門

經筵孟子講義

聖王不作諸侯放恣處士橫議楊朱墨翟之言盈天下天下之言不歸楊則歸墨楊氏爲我是無君也墨氏兼愛是無父也無父無君是禽獸也公明儀曰庖有肥肉廄有肥馬民有飢色野有餓莩此率獸而食人也楊墨之道不息孔子之道不著是邪說誣民充塞仁義也仁義充塞則率獸食人人將相食吾爲此懼閑先聖之道距楊墨放淫辭邪說者不得作作於其心害于其事作于其事害于其政聖人復起不易吾言矣

聖王不作者言周之衰上無明天子也諸侯放恣者言上無明天子則下無賢方伯凡有國之君皆得自便縱欲而專利也處士橫議者言自天子至于諸侯皆失其道不復以明教化爲務則天下蕩然學術無統紀而世之處士各橫爲議論人自爲一說家自爲一書也楊朱墨翟之言盈天下者言處士橫議者雖多于其中獨有楊朱墨翟之教盛行而莫之抗也天下之言不歸楊則歸墨言從其說者之衆也舉天下之能言者不以楊朱爲師則以墨翟爲師而堯舜禹湯文武周公孔子之教□□道也楊氏爲我是無君也者此孟子之所以闢楊朱也何也朱之爲說曰拔一毛而利天下弗爲也且夫惟天生民有欲無主乃亂故人主者天之所置非天下徒尊之也葵藿之于

太陽江漢之于海鳥獸之于麟鳳皆此物也而誰敢易之是故天下之士忘身以爲主忘家以徇國非直苟利祿也假使世之學者皆操楊朱之心雖損一毛而不以利物是無與事君者也故曰是無君也墨氏兼愛是無父也者此孟子所以闢墨翟也何也翟之爲說曰摩頂放踵利天下爲之且天之生物也使之一本父母是也今夫人有父母有兄弟有夫婦均此愛也而先王立教每爲之差而獨隆于父記曰爲人子者不可不私其父不私其父不可以爲人子矣是故有東宮有西宮有南宮有北宮此言苟私其父雖其父之伯仲不可以不異宮也又曰資于事父以事母而愛同天無二日土無二王國無二主家無二尊以一治之也故父在爲母齊衰期者無二尊也此言苟尊其父雖父之妃不可以不殺服也是之謂一本假使世之學者皆操墨翟之心愛無差等是人人而父也故曰是無父也無父無君是禽獸也者孟子極其弊而言之也人所以相羣而不亂者以其有君父也有君在則上下尊卑貴賤之分定有父在則長幼嫡庶親疏之分定定則不亂矣苟無君父則凡有血氣者皆有爭心苟有爭心不奪不饜是人心與禽獸無擇也公明儀曰庖有肥肉廏有肥馬民有飢色野有餓莩此率獸而食人也者此孟子舉公明儀之語推廣

言之也公明儀以爲國君之肥馬在廄而民飢莩在野是爲君者率獸而食人也楊墨之道不息孔子之道不著是邪說誣民充塞仁義仁義充塞則率獸而食人人將相食者蓋孟子終言楊墨之害與禽獸無異也且夫孔子之道所以尊信于萬世者非儒者能強之也誠以三綱五常不可一日殄滅故也三綱五常不明而殄滅則天地不位萬物不育矣自古及今天地無不位之理萬物無不育之理則三綱五常無絶滅之理三綱五常無絶滅之理則孔子之道無不足尊信之理今楊墨者自信其私說而不信孔子故楊墨之道不息則孔子之道不著如此則邪說行而仁義廢今夫人之所以老者相供養幼者相撫字敵己者相往來以其本諸仁義之心也無君則不義無父則不仁矣此心苟亡則私欲橫流弱者之肉強者之食爾故曰人將相食吾爲此懼閑先聖之道距楊墨放淫辭邪說者不得作此孟子以衞道自任之言也且孟子非好辯也懼斯道之不明而人心淪胥至于□□□□□□□□□□□□□□□□□□謂君不君臣不臣父不父子不子雖有粟吾得而食諸雖有天下不能一朝居也此聖賢之所大懼也作于其心害于其事作于其事害于其政者言淫辭邪說之初亦甚微也不過其門人弟子轉相轉授以爲可行而

深信之焉耳夫苟有是說也在于人心則不見之于行事斯已矣苟見之于行事則必害及于其事不施之于有政斯已矣苟施之于有政則必害及于其政孟子逆知二氏之學一日得志于天下其害有不可勝言者聖人復起不易吾言矣者孟子篤于自信之辭也臣聞之曰天下未嘗一日無邪說也聖王在上教明而禁立雖有邪說而不得行耳反道敗德侮慢自賢有苗氏之邪說也而虞舜遷之威侮五行怠棄三正有扈氏之邪說也而夏啓征之謂祭無益謂暴無傷謂己有天命謂敬不足行商紂之邪說也而周武滅之然則道術分裂閉爲異端自唐虞三代有焉而卒不足以干大中至正之統者聖王在上故也今夫楊墨非有王公貴人之勢也非有醲賞以誘率人嚴刑以驅迫人也又未得嘗試其術于戰國之際也而天下翕然從之不歸楊則歸墨是豈一人之力一朝一夕之故哉蓋聖王不作則教不明禁不立教不明則曲學之論興禁不立則朋邪之類勝及其末流而莫之救也由此觀之凡不本于孔子而敢爲異說者豈不甚可畏哉有聖王者作豈可不深察哉

昔者禹抑洪水而天下平周公兼夷狄驅猛獸而百姓寧孔子成春秋而亂臣賊子懼詩云戎狄是膺荊舒是懲則莫我敢承無父

無君是周公所膺也我亦欲正人心息邪說距詖行放淫辭以承
三聖者豈好辯哉予不得已也能言距楊墨者聖人之徒也
抑遏也兼幷也言幷治之也膺當也言北當戎與狄也懲艾也言南
艾荆楚及羣舒也承止也言天下莫敢禦之也聞之曰聖賢之生斯
世必以天下爲己任當堯之時洪水爲天下害商之末夷狄禽獸爲
天下害周之衰亂臣賊子爲天下害戰國之際邪說詖行爲天下害
洪水夷狄之害則生人不得安其居不得安其居則不得適其性矣
亂臣賊子之害則生人不得定其分不得定其分則不得適其性矣
邪說詖行之害則生人不得修其學不得修其學則亦不得適其性
矣是皆人心之所由紛亂而皆蔽也聖賢者天民之先覺將使之啓
迪人心而歸于正者也則以生人爲己任者聖賢之責此正人心以
承三聖孟子所以不得辭也是故禹不抑洪水周公不兼夷狄驅猛
獸使斯人脫于不安其生之患而君臣父子兄弟夫婦相保也則禹
周公之責不塞孔子不明亂臣賊子之罪使斯人脫于不定其分之
患而君臣父子兄弟夫婦相保也則孔子之責不塞孟子不辯邪說
詖行之非使斯人知所學而君臣父子兄弟夫婦相保也則孟子之
責不塞禹周公得君以行其道則見之立功孔孟不得君以行其道

則見之立言凡以盡聖賢之責而已且夫禹周公人臣也孔孟布衣也夫爲人臣爲布衣不敢不以天下爲己任況尊爲天子富有四海之內乎今敵國之爲患大矣播遷我祖宗邱墟我陵廟羶腥我中原左衽我生靈自開闢以來夷狄亂華未有甚于此者也高宗崎嶇百戰撫定江左將以討賊而沮于議和孝宗憂勤十閏經營富彊將以雪恥而屈于孝養二聖人之責至今猶未塞也陛下以仁聖之資嗣有神器豈得一日而忘此邪陛下誠一日不敢忘此則當以天下爲己任而不敢以位爲樂所謂一日不敢忘此則不敢以位爲樂者每行一事每用一人必自警曰得無爲敵國所侮乎吾民困窮如此吾士卒驕惰如此吾內外之臣背公營私如此吾父子之閒歡意未洽如此吾將何以待敵國也常持此心常定此計周公豈欺我哉則大義可明大功可立矣雖然臣特因兼夷狄發明一事爾若夫人心不正豈止于此皆陛下之所當講也

王道至于周備矣周之作誥曰上下勤恤惟曰我受天命丕若有夏歷年式勿替有商歷年處心積慮蓋庶幾兼夏商之祚訖于暴秦略如其言是道也惟孔孟知之孔子曰周監于二代郁郁乎文哉吾從

周孟子亦曰周公思兼三王以施四事是故合族以五世自夏商用之至周則繫之以姓而弗別雖百世而婚姻弗通諸侯以五服自夏商用之至周九州之外猶以爲夷服鎮服蕃服世一見嗚呼備矣後之傷今思古之士往往謂周文弊學者尙論三代要當折衷于孔孟且夫天命之難堪非兢畏不能有也人心之同然非惻怛不能懷也文武成康積行累功之勤誠有見于此者讀書至刑人殺人劓刖人君臣相勑甚敬甚懼服念誥教至于旬時至于再三讀詩南雅羣臣嘉賓兄弟朋友故舊戍役之際徒一觴豆皆深致其好備禮盛樂以后妃之尊猶知以酒醴勞慰行役僕馬辛苦夫苟燕樂之卽詠歌嗟歎之不足夫苟刑戮之卽戰戰焉有憂色此非有利爲之也畏天命焉耳卽人心焉耳嘗緣詩書之義以求文武周公成康之心考其行事尙多見于周禮一書而傳者失之見謂非古彼二鄭諸儒崎嶇章句窺測皆薄物細故而建官分職關于盛衰二三大指悉晦弗著後學承誤轉失其眞漢魏而下號爲興王頗采周禮亦無過輿服官名緣飾淺事而王道缺焉盡廢恭惟本朝純用周政千載一時爰自藝祖不忍役一夫之力而養禁旅不欲使天下一吏得以專政而罷方鎮制度文爲雖非周舊而深仁厚澤意已獨至肆我列聖浸以寬大

任子及于異姓取士及于特奏養兵及于剩員甚者汙吏有敘復重辟有奏裁論議之臣每不快此而國家世守重于更定蓋周衰且千載而詩書之意于是焉在豈不慼哉熙寧用事之臣經術舛駁顧以周禮一書理財居半之說售富強之術凡開基立國之道斲喪殆盡而天下日益多故迄于夷狄亂華中原化爲左衽老生宿儒發憤推咎以是爲用周禮之禍抵排不遺力幸以進士舉猶列于學宮至論王道不行古不可復輒以熙寧嘗試之效藉口則論著誠不得已也故有格君心正朝綱均國勢說各四篇而爲之序如此

進周禮說序

謂周禮爲非聖人之書者則以說之者之過嘗試之者不得其傳也周禮說甚衆獨鄭氏學至今行于世鄭經生志以爲之傳焉耳于其說不合卽出己見附會穿鑿其舉而措之斯世可不可復古鄭慮不及此也故曰說之者過自劉歆以其術售之新室民不聊生東都之輿服西魏之官制亦頗采周禮然往往抵牾至本朝熙寧閒荊公王安石又本之爲青苗助役保甲之法士大夫爭以爲言安石謂俗儒不知古誼竟下其法爭不勝自是百年天下始多故矣故曰嘗試之者不得其傳也以是二者至廢周禮此與因噎廢食者何異讀夏君休所著井田譜亦有志矣鄭氏井邑若畫棋然蓋祖王制王制晚雜

出漢文帝時以海內畫爲九州州必方千里千里必爲國二百一十其後班固食貨志亦謂井方一里八家各私田百畝公田十畝是爲八百八十畝爲廬舍蓋人二畝半云凡若此夏君皆不取漢以來諸儒鮮或知之者其說畿內廣成萬步謂之都不能成都謂之鄙卽成縣者與之爲縣成甸者與之爲甸至一邱一邑盡然以其不能成都成鄙故謂之閑田以其不可爲軍爲師而無所專係故謂之閑民鄉遂市官皆小者兼大者他亦上下相攝備其數不必具其員歲登下民數于策損益之是謂相除之法皆通論也餘至纖至悉雖泥于數度未必皆叶然其意要與時務合不爲空言去聖人遠周禮一經尙多三代經理遺跡世無覃思之學顧以說者繆嘗試者復大繆乃欲一切駮盡爲慊苟得如井田譜與近時所傳林勛本政書者數十家各致其說取其通如此者去其泥不通如彼者則周制可得而考矣周制可得而考則天下亦幾于理矣 夏休井田譜序

盧鎬跋止齋集曰余年二十四五時從謝山全太史處借讀止齋集最愛其歌詩醇古經腴充滿而亡友范子冬齋亦酷嗜之手鈔口誦舉筆輒奉爲圭臬太史沒後此書不得復見碌碌三十年亦未暇尋訪旣官于甌思購之瑞邑而書板適于癸巳初

冬遭燹因不復可得乃以止齋春秋後傳從孝廉余君汞森易得此冊乙未十月望前寓于郡城風雨瀟瀟時一展卷如隔夢寐舊學荒蕪無愧無以慰我故人也

梓材謹案謝山修補止齋門人諸傳皆據止齋本集知其有關學要者必多采錄近歲甲午陳少宗伯碩士師與富海颿中丞重刊止齋詩集五卷文集十九卷附錄一卷梓材及馮君雲濠間預校讎旋檢月船生盧氏跋語知前人多惓惓于是集有如此

附錄

寧皇以舊學思止齋嘗謂韓侂冑曰陳傅良今何在卻是好人對曰臺諫論其心術不正上遂不復召寧宗之立止齋豫有贊策功寧宗每見左右有請輒曰無作聰明亂舊章蓋止齋教也補

呂東萊與朱侍講書曰示諭明白勁正誠中近歲諸人之病蓋所謂委曲將護者其實夾雜患失之病豈能有所孚格君舉近來議論簡徑無向來崎嶇周遮氣象甚可喜也

又答潘叔度書曰陳君舉最長處是一切放下如初學人正未易量也

陳龍川與先生書曰亮與元晦所論本非為三代漢唐設且欲見此

道在天地間如明星皎月閉眼之人開眼即是安得有所謂暗合者天理人欲豈是同出而異用只是情之流乃爲人欲耳人欲如何主持得世界而尊兄乃名以跳踉叫呼擁戈直上元晦之論只是與二程主張門戶而尊兄乃名之以正大且地步平正嗟乎冤哉吾兄一世儒者巨擘其論如此亮便應閉口藏舌不復更下注脚

葉水心題張君所注佛書曰蜀人范東叔在學省每晨必誦楞嚴陳君舉與鄭省問爲誰東叔拱而後對君舉戲曰吾以爲老卒所課耳予問東叔要義何在東叔沈思久之曰如雞候鳴顧瞻東方已有晴色此是逼撲到緊切處予聞而太息夫其所知止于此乎

止齋學侶

知州陳先生武

陳武字蕃叟瑞安人止齋先生族弟也于書無所不讀尤長于春秋芮祭酒雅重之成淳熙進士累官至國子正入慶元黨籍學禁解起爲祕書丞累遷國子司業進祕書監乞外制辭有曰爾早以經學藹然時名退之方誨于諸生下惠遽甘于三黜逮改絃而更張旋拔茅而彙進方諧士論乃控忱辭其後以右文殿修撰知泉州先生與止齋同學而名齊之其論文不喜南豐補

祖望謹案朱子文集語類有講學語

副使陳易庵先生謙

陳謙字益之止齋之從弟也乾道壬辰進士歷官寶謨閣待制江西湖北副宣撫使著毛詩解詁周禮說補○雲濠案謝山劄記先生著有續周禮說續毛詩解續春秋後傳續左氏章指易庵集永寧編雁山詩記

謝山跋宋史陳謙傳曰開禧用兵而慶元之黨禁弛然諸君子雖少挺而又以言恢復事遭物論矣水心稼軒且不免何況其他嗟乎開禧之事時也其人非也然知其不可而爲之則機有可乘雖公山佛肸當爲一出況乎原託王命以行之者乎若水心之固辭草詔其胸中早秩然矣平原既死羣小借此口實以逐去諸君子黑白混淆宋之所以終于不競也陳益之淳熙遺老晚以邊才復用再起再蹶其料皇甫斌安襄城保漢陽水心所謂有三大功不特無銖寸之賞而反以爲罪者宋史詆其呼侂胄爲我王以予考之說部則莆田陳讜之事也讜與謙字相近遂妄加之曾謂以益之風節而出此乎

宣獻黃文叔先生度

黃度字文叔新昌人好學讀書祕書郎張淵見其文謂似曾子固登隆興進士知嘉興縣入監登聞鼓院行國子監簿疏請屯田復府衛以銷募兵具屯田府衛十六篇上之遷監察御史時光宗以疾不過重華宮先生上書切諫又與臺諫官劾內侍陳源楊舜卿林億年上不聽遂出修門上諭使安職先生奏有言責者不得其言則去寧宗立詔復爲御史改右正言韓侂冑驟竊政柄先生具疏論其姦狀侂冑假御筆除先生直顯謨閣知平江府先生言諫臣不得效一言非國之利固辭乃詔以沖佑祿歸養俄知婺州自是紀綱一變大權盡出侂冑而先生爲沖佑觀者六然侂冑素嚴憚先生不敢加害起知泉州辭乃進寶文閣奉祠如故侂冑誅召除太常少卿累遷江淮制置使賜金帶以行至金陵罷科糴輸送之擾活饑民無算還寶謨閣直學士先生以人物爲己任推挽不休每曰無以報國惟有此耳十上引年之請不許爲禮部尚書兼侍讀旋以煥章閣學士知隆興府歸越提舉萬壽宮嘉定六年卒進龍圖閣學士贈通奉大夫謚宣獻先生志在經世而以學爲本作詩書周禮說雲濠案葉水心作先生墓誌稱有詩書五十卷周禮五卷著史通抑僭竊存大分別爲編年不用前史法至于天文地理井田兵法即近驗遠可以據依無迂陋

牽合之病又有藝祖憲監仁皇從諫錄屯田便宜歷代邊防行于世壻周南仲爲池州教授會先生以言忤當路御史劾先生并罷之先生與南仲俱入僞學黨參史傳

梓材謹案先生著有書說七卷直齋書錄解題謂其篤學窮經老而不倦晚年制閫江淮著述不輟時得新意往往晨夜叩書塾爲友朋道之又案梨洲原表列先生于艮齋之門而徧考載籍殊無明文以與止齋一見如故列爲止齋學侶可也其謚宣獻見呂氏光洵所作書說序而宋史遺之

忠文徐宏父先生誼 別爲徐陳諸儒學案

文節薛象先先生叔似 別見艮齋學案

太學鄭先生鑑

鄭鑑字自明長樂人爲太學諸生數與止齋遊試進士不第以釋褐仕于朝以喜事嫉邪取名于世而死止齋哀之曰自明若不愛其死者然其事母孝不敢違晚得師友務爲靖恭閑雅不苟坐立雖一飲食亦必揣度無害乃下口自明可謂重其死矣參止齋文集

附錄

張南軒與朱元晦書曰鄭自明直言亦不易朝廷容受固可喜但未

見用其言而自明兩還矣在言者亦更須審顧也

止齋同調

提刑唐說齋先生仲友別爲說齋學案

少卿錢白石先生文子別見徐陳諸儒學案

文端戴岷隱先生溪

戴溪字肖望雲濠案沈光作先生春秋講義序稱先生字少望永嘉人少有文名淳熙五年爲別頭省試第一監潭州南嶽廟紹熙初主管吏部架閣文字除太學錄兼實錄院檢討官正錄兼史職自先生始升博士奏兩淮當立農官若漢稻田使者主客均利以爲救農之策除慶元府通判未行改宗正簿累官兵部郎張巖督師京口除授參議軍事數月召爲資善堂說書由禮部郎六轉爲太子詹事兼祕書監景獻太子命先生講中庸大學復命類易詩書春秋語孟資治通鑑各爲說以進權工部尚書除華文閣學士嘉定八年以宣奉大夫龍圖閣學士致仕卒贈特進端明殿學士理宗賜謚文端參史傳

○雲濠案謝山劄記先生著有易經總說二卷曲禮口義二卷學記口義二卷詩說續讀詩記各三卷春秋說三卷通鑑筆議三卷石鼓論語孟子答問各三卷岷隱文集復雛對清源志

止齋家學

陳先生說

陳說字習之永嘉人從學于止齋其兄謙以文字知名當世所交多聞人先生因得從之問學

梓材謹案先生爲易菴弟則亦止齋從弟也

止齋門人 袁徐三傳

文懿蔡先生幼學

蔡幼學字行之瑞安人未冠從止齋遊朝夕侍側者十年止齋勉以前輩學業中乾道八年進士第授廣德教授歷敕令所刪定官武學博士太學博士祕書省正字校書郎著作佐郎出提舉福建常平茶事奉祠凡八年知黃州福建提刑未上召爲吏部郎官國子司業兼權中書舍人宗正少卿遷中書舍人兼侍講除刑部吏部侍郎兼直學士院改兼侍讀出知泉州尋提舉興國宮知建寧府復提舉萬壽宮嘉定十年召權兵部尚書兼太子詹事卒陳同甫亮言吾嘗與陳君舉極論往往擊杯案聲撼林木行之在旁邈若無聞客散忽語吾道一爾奚皇帝王霸之云吾方數辯而行之橫啓縱闔援古證今抵夜接日若懸江河吾謝不能乃已嘗續司馬温公公卿百官表年歷

大事記備志辨疑編年政要列傳舉要百餘篇修

梓材謹案先生所著國史編年政要四十卷國朝實錄舉要十二卷宰輔拜罷錄一卷續百官公卿表二十卷質疑十卷育德外制集八卷內制集三卷年歷大事記文懿公集西垣集春秋解訓宋通志五百卷謝山學案劄記誤屬其子範

謝山奉臨川帖子二曰閣下于徐忠文公而下牽連書蔡文懿公幼學呂太府祖儉項龍圖安世戴文端公溪皆爲陸子弟子則愚不能無疑焉浙學于南宋爲極盛然自東萊卒後則大愚守其兄之學爲一家葉蔡宗止齋以紹薛鄭之學爲一家遂與同甫之學鼎立皆左祖非朱右祖非陸而自爲門庭者故大愚與朱子書且有江西學術全無根柢之言而朱子非之蔡行之嘗見陸子有問答見年譜然行之爲鄭監嶽壻少即從監嶽之兄敷文講學而止齋乃敷文高弟故行之復從止齋今觀行之所著書大率在古人經制治術講求終其身固未嘗名他師也肖望亦爲其鄉里之學項平甫來往于朱陸之閒然未嘗偏有所師要未有確然從陸子者儻以陸子集中嘗有切磋鐫厲之語遂謂楊袁之徒侶焉則譜系紊而宗傳混適所以爲陸學之累也

文肅曹先生叔遠

曹叔遠字器遠瑞安人少學于止齋年十九以春秋魁鄉薦登紹熙第久之薦爲國子錄忤韓侂胄罷通判涪州歷四川節麾守遂寧營卒之亂過境不敢肆暴曰此江南好官員也入朝爲工部郎出知袁州以太常少卿召權禮部侍郎終徽猷閣待制謚文肅所著有周官講義 雲濠案謝山劄記先生又著永嘉年譜地譜名譜人譜二十四卷

推官呂先生聲之

簽判呂先生沖之合傳

呂聲之字大亨新昌人以能詩名師陳止齋而友蔡行之同升太學壁記題名先生在止齋之下行之之上是年止齋行之皆登進士而先生不第或戲之曰所謂厄于陳蔡之閒者也嘉定閒累官昭信節度推官有沃洲雜詠從弟沖之亦師止齋簽判南康軍講道白鹿書院有壁經宗旨修

章先生用中

章用中字端叟平陽人先生從止齋最久又因止齋之金華依呂東

萊之晉州依薛艮齋由是顯名

陳先生端己

陳端己字子益平陽人從止齋學

主簿林先生頤叔

林頤叔字正仲瑞安人與弟淵叔俱受業止齋先生寬整有局量登乾道第任羅源簿民俗火葬先生導以冢竁惡俗始革有大辟坐刃殺者辨其屍爲瘡且溺死也釋之遷建康戶部酒庫監丁父憂哀毀成疾臨歿誦夢中語曰世衰道不淪作者興起因振手而逝修

司戶林先生淵叔

林淵叔字懿仲瑞安人登淳熙十一年進士第終于揚州司戶先生從陳止齋學于城南書社其後止齋所至先生亦僦旁舍不去永嘉崇重師友前一輩盡學緒幾墜先生復修故事後一輩趨和之而後知有師弟子之禮

沈先生昌

沈昌字叔阜瑞安人與蔡行之同門年皆少皆有俊聲而先生早夭

洪先生霖

洪霖天台人事止齋甚謹

隱君朱先生黼補

朱黼字文昭平陽人也學于止齋不事舉業嘗著紀年備遺一百卷統論一卷始堯舜迄五代若呂武莽丕等皆削其紀年水心爲之序且曰此書一出義理所會寶藏充斥人始知其能傳陳氏學也躬耕南蕩山以老修

朱文昭語

三代以上不過曰天而止春秋以來一變而爲諸侯之盟詛再變而爲燕秦之仙怪三變而爲文景之黃老四變而爲巫蠱五變而爲災祥六變而爲符讖人心泛然無所底止而後西方異說乘其虛而誘惑之補

教授胡先生時

胡時字伯正樂清人也乾道進士風姿粹美初得第權貴欲妻以女且示以奩具之盛辭曰老姑家貧嘗許以女嫁我不可負約時人義之師事止齋官袁州教授補

教授高先生松

高松字國楹福寧人少遊止齋之門不專事科舉之學黎明而起夜丙而止讀書益多聞見益廣華枝蔓葉自然消落以是不合于俗同

學多先達而先生晚始得成進士又洊丁艱益肆力于學尋授台州教授啓迪有方一時州縉紳皆出其門故例撰講章據案抗聲讀名曰讀書笑曰是何所發明邪令更進迭問疑難交發滿意而退士人歡服學校大舉而病卒矣葉水心銘其墓修

雲濠謹案萬季野輯儒林宗派朱子門人高松字子合龍溪人是同時有兩高松也故謝山于是傳初註又從朱文公學六字而旋抹之

梓材謹案止齋集有送長溪高國楹從學朱元晦詩云洛學今無恙東南屬此翁從遊雖已晚趣向竟誰同一第收貝易遺經語未終歸期定何日我欲叩新功據此則謝山初注又從朱文公學是也

侍講倪先生千里

倪千里字起萬東陽人也學于止齋傳其春秋之學淳熙進士戶外之屨恆滿累官監察御史公饋不入門私書不出閾退食蕭然如山居遷右正言以論事忤大臣除起居舍人至侍講卒贈右文殿修撰補

梓材謹案東陽縣志載先生七歲能熟誦九經諸子又稱其受

學于呂祖謙則先生亦東萊門人也金華府志載其入上庠月書龜列學者宗之

知州徐先生筠

徐筠字孟堅淸江人進士知金州周禮微言十卷記其所聞于止齋者嘗述止齋之言曰周禮綱領有三養君德正紀綱均國勢鄭氏註誤有三以漢儒之書釋周禮以司馬法之兵制釋田制以漢官制之襲秦者比周官補

幹官黃先生章

黃章字觀復新昌人禮部尙書度中子也學于止齋嘗爲幹官檢身以正與人以恕講學以達于道德性命應事以通于變故倉猝其卒也師友皆痛惜之水心爲銘其墓補

袁先生申儒

袁申儒者建陽人也學于止齋爲其詩傳序補

社令林先生子燕

林子燕字申甫樂淸人也止齋之壻慶元進士官太社令有孝行補

兵部吳先生漢英

吳漢英字長卿江陰人也乾道進士累仕至湖南運幕陳文節公止

齋將漕時率諸生與寮屬之好學者講道嶽麓一日叩先生所學以毋自欺對止齋歎曰吾得友矣而先生亦自是從止齋日親光宗郎位有旨減湖南月樁之太重者止齋盡以委先生斟酌行之喜曰君所謂非苟知之亦允蹈之者也遂薦于朝謂奮自儒科期爲有用之學見于吏事本之不欺之心知繁昌縣通判滁州皆有聲詔與六院差遣安豐奏淮北流民四十萬且叩淮政府以問先生疑其爲妄已而果然除監都進奏院給事中鄧友龍以邊議爲南淮宣諭使問曰何以助我先生不答退而以書止之友龍不悅竟潰而歸除大理丞韓侂胄之死也堂吏三人下獄先是朝臣多結此三人者獄起洶洶先生懼爲薦紳禍得其所與往來書盡焚但竄籍三人而已嘉定元年除大宗正丞條上三事曰順祖宗之法曰清中書之務曰減四川之賦除太常丞中貴人營園亭于郊邱前先生欲劾之中貴人遽撤去之遷權兵部郎面陳三事一論沿邊形勢二論銅鏹漏泄三論宗室有罪久閉非宜上皆嘉納施行丞相錢象祖方倚先生爲助史彌遠忌之因其乞外罷官予祠先生平居無媟語無慢容縑素之衣十年不易皆其毋自欺之學所得也而于國朝典故考訂尤詳是則止齋之瓣香歟所著有歸休集十九卷補

節度吳雲壑先生琚

吳琚字居父一字雲壑憲聖太后猶子也止齋在太學執弟子禮惜名畏義不以戚畹自驕范石湖陸放翁輩引為師友項平甫輩則其客也尤工翰墨孝宗萬幾之餘卽命中使召之論詩作字呼之為哥光宗呼之為舅滿朝之爭過宮也先生密奏孝宗謀所以安光宗者因擬進諭旨曰予與皇帝之情初無疑閒比以過宮稍希臣寮勸請反涉形迹殊不知三宮聲問絡繹豈在一月四朝方為盡禮今天氣尚暑過宮常禮宜免如欲相見予當自招皇帝矣會孝宗崩不果趙忠定公之定策也先謀于先生先生密奏憲聖曰某官傳道聖語敢不控竭竊觀今日事體莫如早決大策以安人心垂簾之事止可行之旬浹久則不可願聖意察之憲聖曰是吾心也于是大計遂定忠定欲先生出入通宮禁廟堂之意先生欲重體貌求慈福宮使否則提舉中祕書忠定難之乃以韓侂胄任之侂胄佯為曲謹雖一秩必以請忠定墮其計遂為所陷垂歿謂其從子崇龢曰悔不用居父以至今日先生與侂胄為密姻黨事既起先生畏遠權勢委曲遜之然密為諸君子地言于憲聖以不宜進究往事外人多不知也侂胄忌之謂其弟曰二哥祗喜引許多秀才上門何也然以憲聖故不敢有

加于先生一日招同賞花極歡閒問先生曰肯爲成都之行否先生對曰更萬里亦不辭佺胄笑曰恐太母不肯放兄遠去耳然終不欲其在朝歷帥荆襄鄂三路終于開府儀同三司鎭安軍節度使判建康府江南東路安撫使兼行營留守吳曦之復帥蜀惟先生言其必反後果驗太常議謚謂其功有人所不盡知者朝廷後卹忠定先生子鋼亦以密奏進其始末史彌遠以吳韓本密姻疑之不錄時人以爲屈補

沈先生體仁

沈體仁字仲一瑞安人石經先生彬老之後也雲濠案慈湖集深明閣記以彬老爲先生族曾王父彬老自汴都搨石經春秋以歸戒子孫世守之不得以學官廢春秋輟其業先生築深明閣以奉之志意閎雅鄙遠聲利師事止齋記其言觀其行老而益恭其取友適館授粲死而不貳歲或饑卽發施或有所建置及荒賑而不以爲德役成而不以爲功或偶汗漫敗事亦無恨意不追誚首議者雅愛水心之文手鈔自甲至癸將卒戒其子曰必得其文以銘吾墓補

胡季隨先生大時

直閣沈先生有開並見嶽麓諸儒學案

少保趙先生希館別見徐陳諸儒學案

黃氏家學

幹官黃先生章見上止齋門人

黃氏門人

正字周山房先生南別見水心學案

戴氏門人

胡季隨先生大時

周飲齋先生奭並見嶽麓諸儒學案

郡守宋先生之源別見清江學案

蔡氏家學袁徐四傳

侍郎蔡先生範

蔡範字遵甫文懿第四子編宋通志五百卷守衢化行山峒終吏部

侍郎參溫州舊志

蔡氏門人

忠文周先生端朝別見嶽麓諸儒學案

博士李三江先生元白別見廣平定川學案

倪氏門人

知州虞遠齋先生復

虞復字從道義烏人也學于倪起萬以進士爲楊村酒官上四十八規理宗大喜累官大宗正丞知信州史嵩之開督府以御札盡收列郡利權先生以上表進愛養根本之說忤旨除都官郎御史金淵因承望劾之奉祠已而知興化軍不赴鄭清之再相亦惡之退居東巖十有五年董文清公槐相力薦于朝改尚書郎官輪對舉大學正心誠意爲綱領分好樂忿懥爲節目援漢文帝止造露臺以爲戒上嘉納之知瑞州以疾辭著有成己集告蒙集告忠集遠齋集共八十卷補

止齋續傳

宗正木先生天駿別見南軒學案

宋元學案卷五十三

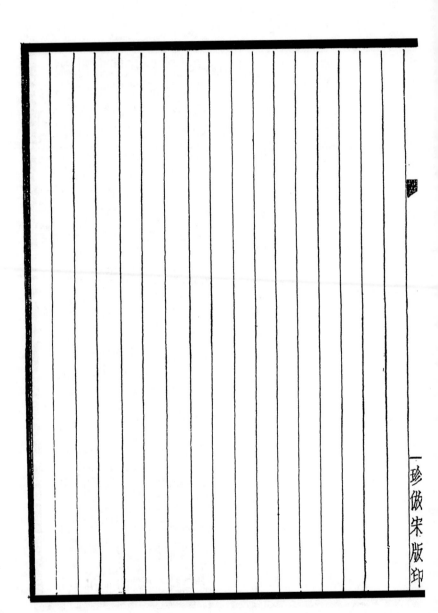

水心學案表

葉適 鄭氏門人 徐氏再傳 安定四傳

陳耆卿

王象祖

王汶

丁希亮

方來

周南

孫之宏 從孫嶸叟

林居安

吳子良

車若水 別見南湖學案

舒嶽祥

劉莊孫

戴表元 別見深寧學案

林處恭

趙汝鐸
王植
滕宬
孟猷
孟導
邵持正
陳昂
祖堯英
趙汝譡
夏庭簡
王大受
鄧傳之
附師曾丰
宋駒

王度

厲仲方

戴栩

孔元忠

父道

袁聘儒

趙汝談別見滄洲諸儒學案

葉紹翁

毛當時

張垓

周端朝別見嶽麓諸儒學案

陳埴別爲木鐘學案

陳韡

戴許

陳亮別爲龍川學案

蔡仍

吳子良見下篔牕門人

劉愚

余嶸

項安世

陳景思並見晦翁學案

王綽並水心學侶

尤焴

薛蒙

戴許見上水心門人

蔡仍見上水心門人

王汶見上水心門人

宋元學案卷五十四

餘姚黄宗羲原本

男百家纂輯

鄞縣全祖望補定

後學慈谿馮雲濠校刊

鄞縣王梓材重校

道州何紹基重刊

水心學案上

祖望謹案水心較止齋又稍晚出其學始同而終異永嘉功利之說至水心始一洗之然水心天資高放言砭古人多過情其自曾子子思而下皆不免不僅如象山之詆伊川也要亦有卓然不經人道者未可以方隅之見棄之乾淳諸老既歿學術之會總爲朱陸二派而水心斷斷其閒遂稱鼎足然水心工文故弟子多流于辭章述水心學案梓材案是卷原本併入永嘉學案自謝山別爲水心學案

鄭氏門人季節再傳

忠定葉水心先生適

葉適字正則永嘉人擢淳熙五年進士第二授平江節度推官召爲太學正由祕書郎出知蘄州入爲尚書左選郎官贊趙忠定定内禪遷國子司業力求補外趙公貶先生亦降兩官奉祠起爲湖南轉運

判官知泉州召入權兵部侍郎丁憂服除權工部侍郎以用兵除知建康府兼沿江制置使兵罷奪職奉祠凡十三年而卒年七十四諡忠定梓材案以上係梨洲原本以下則謝山所補也今合爲一傳

開禧用兵之說起以人望召入朝先生當淳熙時屢以大仇未復爲言至是謂韓侂胄曰是未可易言也請先擇瀕淮沿漢數十州郡牢作家計州以萬家爲率國家大捐緡錢二千萬爲之立廬舍具牛種置器仗耕織之外課習戰射計一州有二萬人勝兵三數年閒家計完實事藝精熟二十萬人聲勢聯合心力齊同敵雖百萬不敢輕撓如其送死則長弓勁矢倚塹以待當是時我不渝約挑彼先動因其際會河南可復既復之後于已得之地更作一重氣壯志彊實力足恃雖無大戰敵自消縮況謀因力運雖大戰亦無難此所謂先爲不可勝以待可勝者也侂胄意方銳不聽先生上劄子曰我朝係積弱之後宣和之際以關陝驍悍之卒疑若可以分女真之功而卒不能自是以來京城陷中原失渡江航海莫有能與抗者其後有大儀順昌柘皐之捷始得定和完顏亮自殞始得以敵國並立則紹興隆興之際疑若可盡用其力以報女真之仇而卒不敢今欲改弱爲彊作東南幸安之氣爲問罪驟興之舉此至大至重事也誠宜深謀熟慮

百前而不慴不宜一欲而不收備成而後動守定而後戰或謂敵已衰弱有天變有外患怵輕勇試進之計用麤武直上之策姑開先釁不懼後艱求宣和之所不能爲紹興隆興之所不敢此至險至危事也願陛下先定其論論定而後修實政行實德變弱爲彊誠無難者所謂備成而後動守定而後戰以修實政者臣伏覩渡江之後非不欲固守兩淮襄漢而敵人衝突無常勢不暇及既議和則收兵撤戍有定約又不敢謀故淮漢千餘里常蕩然不自保今雖分兵就邊稍圖外向然我既能往彼必能來是時淮漢守備不全倉猝不過移治而專倚大軍迎敵勝負不可知要必扼江而後止如此則往者未足以係西北之望而來者已足以搖東南之心萬一搖動將何賴焉故臣欲經營瀕淮沿漢諸郡各做家計牢實自守敵雖擁衆而至阻于堅城彼此策應首尾相接藩牆禦捍堂奧不動然後進取之計可言此所謂實政之一也四處御前大兵國家倚以爲命歲費緡錢數千萬米斛數百萬東南事力盡矣譬如亭子所賴四楹一楹有闕累及三楹無獨全者其間統副將校人馬器甲營伍隊陳進戰退守必未能一一皆是若所委付果得人尤宜曉夕用心事事理會若其人未當則利害甚多伏惟陛下審之重之此兵幾三十萬未望一可當十

十可當百但一人真有一人之用淮漢能守此兵能戰數年之內制敵有餘此實政之二也圖此大事莫先人材陛下比年首以大事倡率而在廷之臣和者極寡此未必皆怯懦首鼠不可任責也積安之久素所不習耳聞目見茫然生疏然天下亦非無知意才力願得自效者若淮漢千里果能固守四處大軍果能精練四方之才使之觀事揆策自能習熟易脆爲堅彊勁敵在前行者思奮此實政之三也至于號令賞罰黜虛崇實條目甚煩然總是三者則其餘可次第舉矣所謂行實德者臣竊觀仁宗英宗號極盛之世而不能得志于西北二敵蓋以增兵既多經費困乏寧自屈己不敢病民也王安石大挈利柄封椿之錢所在充滿紹聖元符開拓地進築而斂不及民熙寧舊人矜伐其美然陳瓘譏切曾布以爲轉天下之積耗之西邊邦本自此撥矣于是蔡京變茶鹽法括商賈所得千百萬內窮奢侈外熾兵革宣和之後方臘甫平理傷殘之地則七邑始立燕雲作復急新邊之用而免夫又興自是以來羽檄交警增取東南之賦遂至八千萬緡多財本以富國財既多而國愈貧加賦本以就事賦既加而事愈散然則英主身濟非常之業豈以財之多少爲拘近者詔書期于名實不欺用度有紀式寬民力永底阜康兩浙鹽丁既盡免

矣而國用置司偶當警飭武備之際外人疑將復取臣以爲必不至是參攷內外財賦所入經費所出一切會計而總覈之理固當然然國家之體當先論其所入所入或悖足以殃民則所出非經蠹國審矣今經總制月輸青苗折估等錢雖稍已減損猶患太重和買折帛之類民間至用一半以上輸納貪吏展轉科折民窮極矣以此自保尙無善後之計況欲規恢宜有大賚之澤伏乞詔國用司詳議何名之賦害民最甚何等橫費裁節宜先減所入定所出和氣融浹小民自活實政與實德交修所以能累戰而不屈必勝而無敗也改弱以就彊孰大于是蓋先生之意在修邊而不急于開邊整兵而不急于用兵而其要尤在節用減賦以寬民力時以爲迂緩不用但欲借先生之名以草詔先生力辭已而皇甫斌李爽郭倬之徒出淮漢閒俱大敗或不戰潰先生歎曰所謂用兵乃如是乎于是乃出先生安集兩淮先生上狀樞府言濠盱楚廬安豐和揚七郡之民凍餓疾疫而死被敵驅掠而去或散爲盜賊者不論其奔迸求活者尙三十萬家皇皇無所歸宿無以處之則地爲棄地而國誰與守設今歲邊報復急此三十萬家者且盡喪其生春秋戰國之時畫國而守大爲城邑小爲壁壘百里之國皆有邊面南北六朝人在戰地者各有堡塢得

自爲家未有如本朝之混然一區無有捍蔽者一旦胡塵猝起星飛雲散莫能自保生聚蕩然故某昨于營度規恢之初謂未須便動且當于邊淮先募弓弩手耕極邊三十里之地西至襄漢東盡楚泗列屋而居使邊面牢實敵人不得踰越今事已無及長淮之險與彼共之唯有因民之欲令其依山阻水自相保聚用其豪傑借其聲勢縻以小職濟其急難春夏散耕秋冬入保大將憑城郭諸使總號令敵雖大入扣城不下攻壁不入然後設伏以誘其進縱兵以擾其歸此謀果定行之有成何畏乎敵于是以先生兼江淮制置措置屯田初先生之至建康也討論防江事宜諸將各呈故事曰葺治戰艦曰布列岸兵曰栽埋鹿角曰釘設暗樁曰開掘溝塹皆數里而屯計步而守先生深憂之曰恐皆不足賴也夫此數者易耳其如人心已搖敵兵一至皆棄之走誰與力拒已而復傳金人南下淮民渡江億萬所在震動一日有兩騎僞效金裝躍馬江岸皆相傳曰敵至矣渡舟所纜離岸櫓楫失措爭濟者攀舟至覆溺吏持文書至官皆手顫不能出語先生歎曰今竟何如吾乃知建炎之徑渡真非難事而逆亮之不得濟而殞者幸也乃用門下士滕宬計捐重賞募勇士別渡江北劫其營于石跋定山上下之間凡十數往返俘馘踵至士氣稍奮人

心稍安金人乃解兵去而舟師之在江中者終無尺寸之功也然渡江之兵終苦無所駐足先生相度形勢謂石跋足以蔽采石定山足以蔽靖安瓜步足以蔽東陽下蜀西護歷陽東連儀真乃修其故塢收聚居民募兵共守敵若窺江則堡塢足制其後舟師之在江中者不至望風而走雖登岸擊逐亦有接應若攻堡塢則舟師之在江中者以彊弩前救之若舍堡塢而攻和滁等城則堡塢分出其前後以襲逐之且曰此近江第一層耳由此而北豪傑團結山水爲寨者四十有七此時官司之力無緣周遍事稍有緒次第入保可矣是役也不用先生之言以取敗事急而出先生以救之然斫營劫寨之策宣司初不敢行先生爲備陳南人唯長于此技且援北魏太武之言以證之彊而後可宣司猶深憂以爲生事先生笑曰敵實不能戰也所以勝我由于此閉之自爲瓦解耳及行之而金人卒以此去時中朝方急于求和先生以爲不必但請力修堡塢以自固乃徐爲進取之漸而韓侂胄死朝事又一變許及之雷孝友本韓黨也至是畏罪乃反劾先生附會侂胄起兵端并以此追削辛棄疾諸人官而先生前此封事具在廟堂竟莫能明其本末蓋大臣亦藉此以去君子先生杜門家居絕不自辯也嘗歎息曰女真崛起暴彊據吾太平之土壤

已五六十年矣使其復為天祚盛極將亡他人必出而有之不可畏哉蓋其先見如此 修○雲濠案謝山學案劄記先生著有習學記言五十卷水心文集二十八卷拾遺一卷別集十六卷制科進卷九卷外稿六卷荀楊問答

祖望謹案許及之雷孝友之劾先生也當時無以為然者自方回始據之以詆先生其意特以先生論學有所異同于朱子遂拾小人之說以毀之宋史亦不復白其誣予續修學案始別為立傳而特詳其事跡以明之

總述講學大旨 因范育序正蒙遂述此篇

道始于堯欽明文思安安允恭克讓

易傳雖有包犧神農黃帝在堯之前而書不載稱若稽古帝堯而已

命羲和曆象日月星辰敬授人時

呂刑乃命重黎絕地天通罔有降格左氏載尤詳堯敬天至矣曆而象之使人事與天行不差若夫以術下神而欲窮天道之所難知則不許也

次舜濬哲文明溫恭允塞在璿璣玉衡以齊七政

舜之知天不過以器求之日月五星齊則天道合矣

其微言曰人心惟危道心惟微惟精惟一允執厥中

人心至可見執中至易知至易行不言性命子思贊舜始有大知

執兩端用中之論孟子尤多皆推稱所及非本文也

次禹后克艱厥后臣克艱厥臣惠迪吉從逆凶惟影響

洪範者武王問以天箕子亦對以天故曰不畀鯀洪範九疇乃錫

禹洪範九疇明水有逆順也孔子因箕子周公之言故曰鳳鳥不

至河不出圖歎治有興廢也前世以爲龍馬負圖自天而降洛書

九疇亦自然之文其說怪誣甚至有先天後天之說今不取

次皐陶訓人德以補天德觀天道以開人治能教天下之多材自皐

陶始

禹以才難得人難知爲憂皐陶言亦行有九德亦言其人有德卿

大夫諸侯皆有可任翕受敷施九德咸事以人代天典禮賞罰本

諸天意禹相與共行之夏商周一遵之

次湯惟皇上帝降衷于下民若有恆性克綏厥猷惟后其言性蓋如

此

次伊尹言德惟一又曰終始惟一又曰善無常主協于克一

湯自言聿求元聖與之戮力以與爾有衆請命伊尹自言惟尹躬暨湯咸有一德克享天心受天明命故以伊尹次之

嗚呼堯舜禹皐陶湯伊尹于道德性命天人之交君臣民庶均有之矣

祖望謹案學統似不應遺傅說

次文王肆戎疾不殄烈假不遐不聞亦式不見亦入雝雝在宮肅肅在廟不顯亦臨無射亦保無然畔援無然歆羨誕先登于岸不大聲以色不長夏以革不識不知順帝之則文王備道盡理如此豈特文王爲然哉固所以成天下之材而使皆有以充乎性全乎命也

案中庸言鳶飛戾天魚躍于淵言其上下察也德輶如毛毛猶有倫上天之載無聲無臭至矣夫鳥至于高魚趨于深言文王作人之功也德輶如毛舉輕以明重也上天之載無聲無臭言天不可即而文王可象也古人患夫道德之難知而難求也故自允恭克讓以至主善協一皆盡己而無所察于物也皆有倫而非無聲臭也今顛倒文義指其至妙以示人後世冥惑于性命之理蓋自是始不可謂文王之道固然也

次周公治教並行禮刑兼舉百官衆有司雖名物卑瑣而道德義理

皆具自堯舜以來聖賢繼作措于事物其該括演暢皆不得如周公不惟周公而召公與焉遂成一代之治道統歷然如貫聯不可違越次孔子周道既壞上世所存皆放失諸子辯士人各爲家孔子蒐補遺文墜典詩書禮樂春秋有述無作惟易著彖象

舊傳刪詩定書作春秋予考詳始明其不然然後唐虞三代之道賴以有傳

案論語子罕言利與命與仁而考孔子言仁多于他語豈有不獲聞者故以爲罕邪

孔子歿或言傳之曾子曾子傳子思子思傳孟子

案孔子自言德行顏淵而下十人無曾子曰參也魯若孔子晚歲獨進曾子或曾子于孔子歿後德加尊行加修獨任孔子之道然無明據又案曾子之學以身爲本容色辭氣之外不暇問于大道多遺略未可謂至又案孔子嘗言中庸之德民鮮能而子思作中庸若以爲遺言則顏閔猶無是告而獨閟其家非是若所自作則高者極高深者極深非上世所傳也然則言孔子傳曾子曾子傳子思必有謬誤

孟子亟稱堯舜禹湯伊尹文王周公所願則孔子聖賢統紀既得之

矣養氣知言外明內實文獻禮樂各審所從矣夫謂之傳者豈必曰授之親而受之的哉世以孟子傳孔子殆或庶幾然開德廣語治驟處己過涉世疏學者趨新逐奇忽亡本統使道不完而有迹

案孟子言性言命言仁言天皆古人所未及故曰開德廣齊滕大小異而言行王道皆若建瓴故曰語治驟自謂庶人不見諸侯然以彭更言考之後車從者之盛故曰處己過孔子亦與梁邱據語孟子不與王驩言故曰涉世疏學者不足以知其統而襲其迹則以道爲新說奇論矣

自是而往爭言千載絕學矣易不知何人所作雖曰伏羲畫卦文王重之案周太卜掌三易經卦皆八別皆六十四則畫非伏羲重非文王也又周有司以先君所爲書爲筮占而文王自言王用享于岐山乎亦非也有易以來筮之辭義不勝多矣周易者知道者所爲而有司所用也孔子爲之著彖象蓋惜其爲他異說所亂故約之中正以明卦爻之指黜異說之妄以示道德之歸其餘文言上下繫說卦諸篇所著之人或在孔子前或在孔子後或與孔子同時習易者彙爲一書後世不深考以爲皆孔子作故彖象揜鬱未振而十翼講誦獨多魏晉而後遂與老莊並行號爲孔老佛學後出其變爲禪喜其說

者以爲與孔子不異亦援十翼以自況故又號爲儒釋本朝承平時禪說尤熾豪傑之士有欲修明吾說以勝之者而周張二程出焉自謂出入于老佛甚久已而曰吾道固有之矣故無極太極動靜男女太和參兩形氣聚散絪縕感通有直內無方外不足以入堯舜之道皆本于十翼以爲此吾所有之道非彼之道也及其啓教後學于子思孟子之新說奇論皆特發明之大抵欲抑浮屠之鋒銳而示吾所有之道若此然不悟十翼非孔子作則道之本統尚晦不知夷狄之學本與中國異

案佛在西南數萬里外未嘗以其學求勝于中國其俗無君臣父子安得以人倫義理責之特中國好異者折而從彼蓋禁令不立而然聖賢在上猶反手惡在校是非角勝負哉

而徒以新說奇論闢之則子思孟子之失遂彰范育序正蒙謂此書以六經所未載聖人所不言者與浮屠老子辯豈非以病爲藥而與寇盜設郛郭助之捍禦乎嗚呼道果止于孟子而遂絕邪其果至是而復傳邪孔子曰學而時習之然則不習而已矣

案浮屠書言識心非曰識此心言見性非曰見此性其滅非斷滅其覺非覺知其所謂道固非吾所有而吾所謂道亦非彼所知也

予每患自昔儒者與浮屠辯不越此四端不合之以自同則離之以自異然不知其所謂而彊言之則其失愈大其害愈深矣予欲析言則其詞類浮屠故略發之而已昔列禦寇自言忘其身而能御風又言至誠者入火不爇入水不溺以是爲道大妄矣若浮屠之妄則又何止此其言天地之表六合之外無際無極皆其身所親歷足所親履目習見而耳習聞也以爲世外瓌特廣博之論置之可矣今儒者乃援引大傳天地絪縕通晝夜之道而知不疾而速不行而至子思誠之不可揜孟子大而化聖而不可知而曰吾所有之道蓋若是也譬之者以自同毀之者以自異嘻末矣以上謝山補

水心習學記言

舜言精一而不詳伊尹言一德詳矣至孔子于道及學始皆言一以貫之夫行之于身必待施之于人措之于治是一將有時而隱孔子不必待其人與治也道者自古以爲微眇難見學者自古以爲纖悉難統今得其所謂一貫通上下萬變逢原故不必其人之可化不必其治之有立雖極亂大壞絶滅蠹朽之餘而道固常存學固常明不以身歿而遂隱也然予嘗疑孔子既以一貫語曾子直唯而止無所

問質若素知之者以其告孟敬子者考之乃有粗細之異貴賤之別未知于一貫之理果合否曾子又自轉爲忠恕忠以盡己恕以盡人雖曰內外合一而自古聖人經緯天地之妙用固不止于是疑此語未經孔子是正恐亦不可便以爲準也子貢雖分截文章性命自絕于其大者而不敢近孔子丁寧告之使決知此道雖未嘗離學而不在于學其所以識之者一以貫之而已是曾子之易聽反不若子貢之難曉至于近世之學但夸大曾子一貫之說而子貢之所聞者殆置而不言此又予之所不能測也

曾子有疾孟敬子問之近世以曾子爲親傳孔子之道死復傳之于人在此一章案曾子末後語不及正于孔子以爲曾子自傳其所得之道則可以爲得孔子之道而傳之則不可自堯舜禹湯文武周公孔子所傳皆一道孔子以教其徒而所受各不同以爲雖不同而皆受之孔子則可以爲堯舜禹湯文武周公孔子之所以一者而曾子獨受而傳之人大不可也孔子嘗告曾子吾道一以貫之曾子既唯之而自以爲忠恕案孔子告顏子一日克己復禮天下歸仁焉蓋己不必是人不必非克己以盡物可也若動容貌而遠暴慢正顏色而近信出辭氣而遠鄙倍則專以己爲是以人爲非而克與未克歸與

不歸皆不可知但以己形物而已且其言謂君子所貴乎道者三而籩豆之事則有司存尊其所貴忽其所賤又與一貫之指不合故曰非得孔子之道而傳之也夫堯舜禹湯文武周公孔子之所以一者非特以身傳也存之于書所以考其德得之于言所以知其心故孔子稱天之未喪斯文爲己之責獨顏淵謂博我以文約我以禮欲罷不能既竭吾才餘無見焉夫託孤寄命雖曰必全其節任重道遠可惜止于其身然則繼周之損益爲難知六藝之統紀爲難識故曰非得堯舜禹湯文武周公孔子之所以一者受而傳之也傳之有無道之大事也世以曾子爲能傳而予以爲不能予豈與曾子辯哉不本諸古人之源流而以淺心狹志自爲窺測者學者之患也

案洪範耳目之官不思而爲聽明自外入以成其內也思曰睿自內出以成其外也故聰入作哲明入作謀睿出作聖貌言亦自內出而成于外古人未有不內外交相成而至于聖賢故堯舜皆備諸德而以聰明爲首孔子告顏淵非禮勿視非禮勿聽學者事也然亦不言思故曰學而不思則罔思而不學則殆又曰吾嘗終日不食終夜不寢以思無益不如學也季文子三思而後行子聞之曰再斯可矣又物之是非邪正終非有定詩云有物有則子思稱不誠無物而孟子

亦自言萬物皆備于我矣夫古人之耳目安得不官而蔽于物而思有是非邪正心有人危道微後人安能常官而得之舍四從一是謂不知天之所與而非天之與此而禁彼也蓋以心爲官出孔子之後以性爲善自孟子始然後學者盡廢古人之條目而專以心爲宗主致虛意多實力少測知廣凝聚狹而堯舜以來內外相成之道廢矣

皇極言淫朋比德則民有罪焉下無好德而上之福則不錫焉王義王路以我爲正而民之情不敢自任焉蓋待于民者已狹而出于君者民已不可忤矣猶曰未至于虐而已然則夏商之季俗壞民薄而堯舜禹湯之道已不可復反乎臯陶曰天聰明自我民聰明天明威自我民明威箕子之言無乃異是與蓋亦有不得已者與然則成康之後遂爲雜霸不復古人之萬一者其兆見矣九疇于古無見也禹稱九功或者幾近之

儒者爭言古稅法必出于十一又有貢助徹之異而其實不過十一夫以司徒教養其民起居飲食待官而具吉凶生死無不與偕則取之雖或不止于十一固非爲過也後世芻狗百姓不教不養貧富憂樂茫然不知直因其自有而遂取之則就能止于十一而已不勝其過矣亦豈得爲中正哉況合天下以奉一君地大稅廣上無前代封

建之煩下無近世養兵之衆則雖二十而一可也三十而一可也豈得以孟子貉道之言爲斷邪

曲禮中三百餘條人情物理的然不違餘篇如此要切言語可併集爲上下篇使初學者由之而入豈惟初入固當終身守而不畔蓋一言行則有一事之益如鑑覩像不得相離也古人治儀因儀以知事曾子所謂籩豆之事今儀禮所遺與周官戴氏雜記者是也然孔子教顏淵非禮勿視非禮勿聽非禮勿言非禮勿動蓋必欲此身常行于度數折旋之中而曾子告孟敬子乃以爲所貴者動容貌正顏色出辭氣三事而已是則度數折旋皆可忽略而不省有司徒具其文而禮因以廢矣故予以爲一貫之語雖唯而不悟也今世度數折旋既已無復可考則曾子之告孟敬子者宜若可以遵用然必有致于中有格于外使人情事理不相踰越而後其道庶幾可存若他無所用力而惟三者之求則厚者以株守爲固而薄者以捷出爲僞矣

案經傳諸書往往因事該理多前後斷絕或彼此不相顧而大學自心意及身發明功用至于國家天下貫穿通徹本末全具故程氏指爲學者趨詣簡捷之地近世講習尤詳其閒極有當論者堯典克明峻德而此篇以爲自明其德其修身齊家治國平天下之條目略皆

依倣而云也然此篇以致知格物爲大學之要在誠意正心之先最合審辨樂記言知誘于外好惡無節于內物至而人化知與物皆天理之害也予固以爲非此篇言誠意必先致知則知者心意之師非害也若是則物宜何從以爲物欲而害道宜格而絕之邪以爲物備而助道宜格而通之邪然則物之是非固未可定而雖爲大學之書者亦不能明也程氏言格物者窮理也案此篇心未正當正意未誠當誠知未至當致而君臣父子之道各有所止是亦入德之門耳未至于能窮理也若窮盡物理矩矱不踰天下國家之道已自無復遺蘊安得意未誠心未正知未至者而先能之詩曰民之靡盈誰夙知而莫成疑程氏亦非也若以爲未能窮理而求窮理則未正之心未誠之意未致之知安能求之又非也然所以若是者正謂爲大學之書者自不能明故疑誤後學爾以此知趨詣簡捷之地未易求而徒易惑也案舜人心惟危道心惟微孔子非禮勿視聽言動皆不論有物無物喜怒哀樂之未發非無物發而皆中節非有物三章眞學者趨詣簡捷之地也其他未有繼者今欲以大學之語繼之當由致知爲始更不論知以上有物無物物爲是物爲非格爲絕格爲通也若是則所知靈悟心意端一雖未至于趨詣簡捷之地而身與家國天

下之理貫穿通徹比于諸書之言先後斷絕彼此不相顧者功用之相去遠矣坐一物字或絕或通自知不審意迷心誤而身與家國天下之理窒滯而不闊方爲學者之患非予所敢從也以上梨洲原本

百家謹案格物不言先而言在則大學頭腦原始致知格物卽知止之義知止卽求至善之地故至能慮而後能得也

乾以自彊不息坤以厚德載物屯以經綸蒙以果行育德需以飲食宴樂訟以作事謀始師以容民畜衆小畜以懿文德履以辨上下定民志否以儉德避難同人以類族辨物大有以遏惡揚善謙以裒多益寡稱物平施隨以嚮晦入宴息蠱以振民育德臨以教思無窮容保民无疆賁以明庶政无敢折獄大畜以多識前言往行以畜其德頤以慎言語節飲食大過以獨立不懼遯世無悶坎以常德行習教事咸以虛受人恆以立不易方遯以遠小人不惡而嚴大壯以非禮勿履晉以自昭明德明夷以涖衆用晦而明家人以言有物而行有恆睽以同而異蹇以反身修德解以赦過宥罪損以懲忿窒慾益以見善則遷有過則改夬以施祿及下萃以除戎器戒不虞升以順德積小以高大困以致命遂志井以勞民勸相革以治歷明時鼎以正位凝命震以恐懼修省艮以思不出其位漸以居賢德善俗歸妹以

永終知繳豐以折獄致刑旅以明慎用刑而不留獄巽以申命行事兌以朋友講習節以制度數議德行中孚以議獄緩死小過以行過乎恭喪過乎哀用過乎儉既濟以思患豫防未濟以慎辨物居方皆因是象用是德修身應事致治消患之正條目也孔子與弟子分別君子小人甚詳而正條目于易乃著明之又當于其閑擇其尤簡直切近者

祖望謹案水心所引五十四條而曰先王曰后曰大人者皆不豫焉

近世有求端用力之說夫力則當用而端無事于他求也求諸此足矣

祖望謹案水心又曰顏曾而下訖于思孟所名義理千端萬緒然皆不若易象之示人簡而切確而易行

班固言孔子爲彖象繫辭文言序卦之屬于論語無所見然彖象辭意勁厲截然著明正與論語相出入其爲孔氏作無疑至所謂上下繫文言序卦文義複重淺深失中與彖象異而亦附之孔氏者妄也大傳依于神以夸其表耀于文以逞其流于易道出入而已

自堯舜至文武君臣相與造治成德雖不爲疏以致敗亦無依密以

成功者君臣不密此論雜霸戰國之事可也去帝王遠矣

祖望謹案此論最是

易以彖釋卦皆即其畫之剛柔逆順往來之情以明其吉凶得失之故無所謂无思无爲寂然不動不疾不行之說予嘗患浮屠氏之學至中國而中國之人皆以其意立言非其學能與中國相亂而中國之人實自亂之今傳之言易如此何以責夫異端

天一地二一節此言陰陽奇耦可也以爲五行生成非也其曰天生而地成是又傳之所無而學者以異說佐之

孔子彖辭無所謂太極者不知傳何以稱之自老聃爲虛無之祖然猶不敢放言曰無名天地之始有名萬物之母而已莊列始妄爲名字不勝其多故有太始太素茫昧廣遠之說傳易者將以本原聖人扶立世教而亦爲太極以駭異後學後學鼓而從之失其會歸而道日以離矣

崇高莫大乎富貴是以富貴爲主至權與道德並稱詩書何嘗有此義從之則不足以成道德而終至于滅道德比曰先王以建萬國親諸侯大有曰君子以遏惡揚善順天休命然則崇高富貴必如是而後可不然其敝至于秦漢矣

祖望謹案東玉峯謂水心此言太過予謂水心以富貴必由道
德而成其崇高亦自有義

旣謂包犧始作八卦神農堯舜續而成之又謂易興于中古當殷之末世其衰世之意是不能必其時皆以意言之

序卦最淺鄙

書自典謨始此古聖賢所擇非孔氏加損其閒書序舊史所述非孔子作

虞夏商書之言德必自厚而民服箕子敘三德乃視世厚薄而稱吾德以乂之非古人意也古者戒人君自作福威玉食必也克己以惠下敬身以敦俗況于人臣尙安有作福威玉食者箕子之言得非商之末世權彊陵上之俗已成紂雖肆其暴而威柄已失故其言如此然而武周亦未嘗用也秦漢乃卒用之

皇極雖多立善意以待其臣然黨偏已扇虛僞已張廉恥已喪欲救于末流甚難非大刑弗治非峻防必踰君德日衰臣節日壞是時帝王之道非降爲刑名法術不止悲夫

武王卽以商封武庚不私其地德過于湯矣武庚弗從而滅周公無所寄之然後以次分封而同姓多焉後世謂犬牙相制爲磐石宗若

自守其天下者非本旨也

商之貴家舊族終頑不率周公方爲之營洛遷以自近而化誨之召公又戒成王疾敬德蓋與禹益同意不隨世變而遷惟聖賢能之

君薨世子不言委政冢宰免喪而後即阼古人之達禮也成王當彌留之際被冕憑几以其子託諸臣召公及羣公渝恤致文而奉之康王又使康王報誥之何忽以位爲重而爲是衰末之舉與嗚呼紂武庚之時變故煩矣管蔡流言成王疑慮道將喪矣周召恐懼師保協心卒能復成王于德于是疾病矣洮頮自力大延羣臣還以周召訓己者而訓之是可爲難矣是故召畢變禮傳命于康儀物粲然四方風動爲斯道之所在也位何足言哉

無依勢作威無倚法以削成王知所以命君陳矣然而人材日陋世變日下皆依勢倚法之類也

成康再世皆以商民爲畏非畏其頑畏吾不能化也越三紀而後化侯之以道不以刑也觀畢命而成康之道備矣

詩三百皆史官先所采定也不因孔子而後刪

詩不當以正變分要以歸于正

七月之詩以家計通國服以民力爲君奉自後世言之不過日用之

麤事非人紀之大倫也而周公直以爲王業此論治道者所當深體也洪範曰惟天陰騭下民相協厥居無逸曰先知稼穡之艱難古人未有不先知稼穡而能君其民以使協其居者此詩乃無逸之義疏協居之條目也後世棄而不講其講之者亦自笑其迂淺而無用乃以勢力威力爲君道以刑政末作爲治體漢之文宣唐之太宗雖號賢君其實去桀紂尙無幾可不懼哉

祖望謹案末句似已甚然要異乎同甫矣

厲王後天下不復有號令宣王詠歌皆封建征伐蒐狩宮室之事其一時作起觀聽赫然固臣子所喜至于恩深澤厚本根有託敬保元子綢繆室居則未可謂知文武成康之意也故不幸一傳而壞讀詩者徒樂其辭而不察其事則治道失之遠矣

既明且哲以保其身言照物之遠不在危地也然而必也死生禍福不入其心自班固以明哲少史遷而後世相傳轉爲自安之術殆于誣德矣

孔子之先非無達人六經大義源深流遠取舍予奪要有所承使皆蕪廢訛雜則仲尼將安取斯今盡捐前聞一歸孔氏後世所以尊孔氏者固已至矣推孔子之所以承先聖者則未爲得也當孔子時魯

衞舊家往往變壞孔子于時力足以正之使復其舊而已非謂盡取而紛更之也後世賴孔子是正之力得以垂于無窮而謂凡孔子以前皆其去取蓋失之故曰詩書不因孔氏而後刪

周官言道則兼藝貴自國子弟賤及民庶皆教之其言儒以道得民至德以爲道本最爲要切而未嘗言其所以爲道者雖書堯舜時亦已言道及孔子言道尤著明然終不的言明道是何物豈古人所謂道者上下皆通知之但患所行不至耶老聃本周史官而其書盡遺萬事而特言道凡其形貌朕兆眇忽微妙無不悉具予疑非聃所著或隱者之辭也而易傳及子思孟子亦爭言道皆定爲某物故後世之于道始有異說而又益以莊列西方之學愈乖離矣今且當以周禮二言爲證庶學者無畔援之患而不失古人之統

祖望謹案此永嘉以經制言學之大旨

司徒以五禮防萬民之僞而教之中以六樂防萬民之情而教之和而宗伯以天產作陰德以中禮防之以地產作陽德以和樂防之是則民僞者天之屬也民情者地之屬也僞者動作文爲辭讓度數之辨也情者耳目口鼻四肢之節也子產言人生始化曰魄陽曰魂而儒者因謂體魄則降知氣在上易傳又謂精氣爲物游魂爲變故後

世皆以魂知爲陽體魄爲陰然以宗伯之言考之則魂知者固陰德也體魄固陽德也僞不可見而能匿情故爲陰情可見而能滅僞故爲陽禮樂兼防而中和兼得則性正而身安此古人之微言篤論也若後世之師者教人抑情以徇僞禮不能中樂不能和則性枉而身病矣

祖望謹案此節說得有病

檀弓膚率于義禮而謇縮于文辭

孔子時聖人之力尚能合一以接唐虞夏商之統故所述皆四代之舊至孟子時所欲行于當世與孔子已稍異不惟孟子雖孔子復出亦不得同矣然則治後世之天下而求無失于古人之意蓋必有說非區區陳迹所能干也

以曾子問禮及雜記諸禮與儀禮考之益知其所謂籩豆之事則有司存者蓋曾子之所厭而不講也雖然籩豆數也數所以出義也古稱孔子與其徒未嘗不習禮雖逆旅茇舍不忘是時禮文猶班班然行于上下智者將棄之矣貫而爲一孔子之所守也執精略麤得末失本皆其所懼也

大小行人司儀所以親待諸侯邦國之禮周衰惟管仲知之故其言

曰招攜以禮懷遠以德德禮不易無人不懷齊侯修禮于諸侯孔子謂管仲身不由禮則禮不能行于天下故謂之小器孟子考之不詳因亦幷廢管仲

諸侯之國前代相因周之特封者齊晉魯衛陳蔡宋鄭皆自五百里以下謂必百里者妄說也

祖望謹案水心欲主張周禮以非孟子

觀經解所言當時讀書之人其陋已如此固難以責後人也然自周召既亡大道釐析六藝之文惟孔子能盡得其意使上世聖賢之統可合自子思孟子猶有所憾則經解所言亦其常情但後學緣此墮處不少

禮非玉帛所云而終不可以離玉帛樂非鐘鼓所云而終不可以舍鐘鼓仲尼燕居乃以几筵升降酌獻酬酢不必謂之禮而以言而履之之爲禮以綴兆羽籥鐘鼓不必謂之樂而以行而樂之爲樂是則離玉帛舍鐘鼓而寄之以禮樂之虛名天下無復禮樂矣

書稱惟皇上帝降衷于下民即天命之謂性也然可以言降衷而不可以言天命蓋物與人生于天地之間同謂之命若降衷則人固獨得之矣降命而人獨受則遺物若與物同受命則物何以不能率而

人能率之哉書又稱若有恆性卽率性之謂道也然可以言若有恆性而不可以言率性蓋已受其衷矣故能得其當然者若人而有恆則可以爲性若止受于命不可知其當然也而以意之所謂當然者率之則道離于性而非率也書又稱克綏厥猷惟后卽修道之謂教也然可以言綏而不可以言修蓋民若其恆性而君能綏之無加損焉爾修則有所損益而道非其眞則教者彊民以從己矣

祖望謹案水心于中庸首章極稱之而不滿于此三句

愼獨爲入德之方

書稱人心惟危道心惟微惟精惟一允執厥中道之統紀體用卓然百聖所同而中庸顯示開明尤爲精的蓋于未發之際能見其未發則道心可以常存而不微于將發之際能使其發而皆中節則人心可以常行而不危不微不危則中和之道致于我而天地萬物之理遂于彼矣自舜禹孔顏相授最切其後惟此言能繼之

師之過商之不及皆知者賢者也其有過不及者質之偏學之不能化也若夫愚不肖則安取道之不明與不行豈愚不肖致之哉今將號于天下曰知者過愚者不及是以道不行賢者過不肖者不及是以道不明然則欲道之行與明必處知愚賢不肖之閒邪任道者賢

知之責也安其質而流于偏故道廢盡其性而歸于中故道興愚不肖何爲哉

祖望謹案此說是

飲食知味自爲一章猶足以教世若繫之此下是以賢知愚不肖同爲不知味者害尤大矣

漢人雖稱中庸子思所著今以其書考之疑不專出子思

素貧賤行乎貧賤可也素富貴行乎富貴不可也在下位不援上可也在上位止于不陵下未盡其義也

知致而意誠者不期誠而誠也意誠而心正者不期正而正也

祖望謹案此說亦未盡蓋開截分段固非而此說則太直

所謂大學者以其學而大成異于小學處可以修身出可以治國平天下也然其書開截箋解彼此不相顧而貫穿通徹之義終不明學者又章分句晰名爲習大學而實未離于小學可惜也

紀侯見滅公羊以爲百世可以復讎妄也就如其言哀公雖紀侯所譖而周所誅是弁讎周也春秋又從而賢之乎

管仲仗信秉禮然以成其利心于是諸生又別爲陰謀之書申商韓非之術並興

琴張宗魯事知孔子所爲明道教人非止性分上工夫惟顏閔二冉爲所同外此雖曾子知道亦未能盡其義子路之流不論也

祖望謹案未必盡然琴張事正從性分來

齊桓管仲但爲情欲不制無正心誠意修身齊家之功喜怒用師無不殄厥愠不隕厥問之德至于貪土地自封殖行詐謀逞威虐如晉文者蓋皆無之宜孔子以爲正而不譎如其仁也

驩兜等雖姦慝害政然其不肖何至如季文子所言乃汙堯躬居大位而不能去蓋傳習之誤

投袂而起屨及于窒皇劍及于寢門之外車及于蒲胥之市遂圍宋古今未有此比是其國無一日不在兵其兵無一日不可出也民之窮于戰鬭可知矣然不亡而卒以霸蓋自是以後世道當別論前志不復可接續也

喜怒以類者鮮庶幾哉不遷怒之學矣

分謗後世所稱以爲美然以僞爲德世道愈失

赤舃几几聖人之道也臨深履薄賢者之事也

穆姜所稱四德古人說易有此論其義狹不足以當乾孔子推明其義乃乾德也

尹公佗事考之左傳知有友而不知有君戰國所爲仁義多如此孟
子不暇辨也
子罕扶築者不受德與郤克分謗意同義異蓋自君言之則當先君
後民自民言之則當先公後私理各有所正也
世祿不在不朽之數然古亦未有無功德而世其祿者學者要當德
義爲無挾而存耳
晏子不亡不死不歸不從崔慶斂從容去就之際然要爲有走作處
而亦不足以阻折亂臣賊子之姦心
蘧伯玉不聞君出敢聞其入二語古人于事變之際少干涉不惟功
名之心薄誠恐雅道自此而壞後世則不然
子產相鄭若止是施政于民亦非難事大要國體不立如既壞之室
扶東補西欲加修治使之完美自立固非舊之可因亦非新之可革
裁量張弛不用一法其曲折甚難故有思始成終如農有畔之論
鄭作邱賦當由人多于地若無故重斂亦子產所不爲也然君子以
變古爲難須更有商量子產未免矜才一向做下
鄭鑄刑書子產于扶補傾壞之中必欲翦裁比次自令新美做到變
古處先王之政遂不可復治道固不能不與時遷移然亦有清靜寧

民可以坐消四國之患使古意自存者而爲是紛紛此老明所以有感于周之末造目欲并廢其初也

以晏子答齊侯問疾及梁邱據和同二義考之古之聽言者要是自己切近處易有所覺故進言者苟有動悟則于政事反之不難後世人主本身去義理甚遠人臣止能就事開說至其身過則不復敢嚮邇就使于事有所正而其效固已薄矣晏子所陳猶是援證始末孔子但言君君臣臣父父子子簡淡無執捉處景公便深省解然則非獨晏子能言之功也蓋春秋以前據君位利勢者與戰國秦漢以後不同君臣之閒差不甚遠無隆尊絕卑之異其身之喜怒哀樂尚可反求故也不然則孟子非不教人以格君心之非後世用之其驗殊少反被迂拙之誚曾不如就事開說者猶能得其一二也嗚呼君德不同若此欲盡爲臣之義豈易言哉

成鱄說文王詩與馬鄭何遠所謂經生陋儒非獨秦火後有之也

吳始用子胥之謀孟子謂服上刑者此之類也

夫差虛內事外輕用民力亡形已成子胥不知救正其本而急于滅越以求霸使越可滅不二十年要亦不免于亡

宣王不藉千畝而料民戰國之風氣已開吉甫方召之徒自相歌誦

得非新進驟起以旦夕成功舊人前輩所不與邪故太子晉以與幽厲同稱學者所當知

齊語載管仲相齊細考多不合

四民未有不以世至于烝進髦士則古人蓋曰無類雖工商不敢絕也

諸侯之爲日在君側以其善行以其惡戒晉人所言春秋也教之春秋而爲之聳善而抑惡焉以戒懼其心楚人所言春秋也

然則晉乘楚檮杌當時戰國妄立名字

古之人君不能從諫其諫者不加怒也

祖望謹案洩冶則以此死亦未必盡然水心特以之勉後之君耳

左史倚相舉衛武公語當是時未有生老病死入士大夫之心不以聰明寄之佛老爲善者有全力故多成材凡人壯不自定老而自逸是末世人材也

孟子曰仁則榮又曰仁者宜在高位高榮仁之報也而不能必高與榮必高是不可下也必榮是不可枯也是以利誘人使爲仁也仁始病矣

祖望謹案孟子特以誘人爲仁然水心論卻極正

國語非左氏所爲

志學至從心所爲限節者非所以爲進德之序疑非孔子之言由後世言之祖習訓故淺陋相承者學而不思之類也穿穴性命空虛自喜者思而不學之類也士不越此二途

體孔子之言仁要須有用力處克己復禮爲仁由己其具體也出門如賓使民如祭其操術也欲立立人欲達達人又術之降殺者常以此用力而一息一食無不在仁庶可矣

見其過而內自訟足以入德矣人能見其善而內自譽耳

不遷怒不貳過以是爲顏子之所獨能而凡孔氏之門皆輕愠頻復之流與是孔子誣天下以無人也蓋置身于喜怒是非之外者始可以言好學而一世之人常區區乎求免于喜怒是非之內而不獲如搰泥而揚其波也嗚呼必若是則惟顏子耳

天下之事變雖無窮天下之義理固有止故後世患不能述而無所爲作也信而好古所以能述也今之學者不述乎孔子而述其所述不信乎孔子而信其所信則道終以不明

徙義猶遷怒也義則必徙以就之怒則不遷以就之其機一也儒者

不考于德而徇于學則以其學爲道之病言勇至不懼而止子路之勇可以言無懼矣然必兼仁與知故臨事而懼好謀而成雖伊呂不能易不然則以獨勇爲子路之不得其死矣

疏水曲肱浮雲富貴之說詩書所未有蓋是時道德在上而不在下也

祖望謹案書則無之詩則已有之矣

百聖之歸非心之同者不能會衆言之長非知之至者不能識故孔子教人以多聞多見而識之又著于大畜之象

禮教至周而大備道感仁熟之士固已揖讓周旋其中初德偏善亦皆有所依據外不失人內不失己故孔子深惜禮之廢而欲其復行也恭愼勇直得于天者非不美然有禮則以其質成無禮則以其質壞人非下愚未有無可成之質使皆一于禮則病盡而材全

克復爲仁舉全體以告顏淵也孔子未嘗以全體示人非吝之也未有能受之者也顏淵曷爲能受之能問其目故也全體因目而後明

世謂孔子語曾子一貫曾子唯之不復重問以爲心悟神領不在口耳豈有是哉一貫之指因子貢而麤明因曾子而大迷

孟子出而說齊梁之君幾得政于齊問答十數章大抵逆來順往無閒其所從必得吾之所以言而後止故孟子自謂人不足與適政不足與閒惟大人爲能格君心之非君仁莫不仁君義莫不義君正莫不正一正君而國定夫指心術之公私于一二語之近而能判王霸之是非于千百世之遠迷復得路渙然昭蘇宜若不待堯舜禹湯而可以致唐虞三代之治矣當是時去孔子雖止百餘年然齊韓趙魏皆已改物魯衞舊俗淪壞不反天下盡變不啻如夷狄孟子亦不暇顧但言以齊王由反手也若宣王果因孟子得警發豈遂破長夜之幽昏哉舜禹克艱伊尹一德周公無逸聖賢常道怵惕兢畏不若是之易言也自孟子一新機括後之儒者無不益加討論而格心之功旣終不驗反手之治亦復難興可爲永歎

堯舜君道也孔子難言之其推以與天下共而以行之疾徐先後喻之明非不可爲者自孟子始也

周衰天下之風俗漸壞齊晉以盟會相統帥及田氏六卿吞滅非復成周之舊遂大壞而不可收戎夷之横猾不是過也當時往往以爲人性自應如此告子謂性猶杞柳義猶桮棬猶是言其可以矯揉而善尚不爲惡性者而孟子并非之直言人性無不善不幸失其所養

使至于此牧民者之罪民非有罪也以此接堯舜禹湯之統雖論者或以爲有善有不善或以爲無善無不善或直以爲惡而人性之至善未嘗不隱然見于搏噬紾奪之中此孟子之功所以能使帝王之道幾絕復續不以毫釐秒忽之未備爲限斷也予嘗疑湯若有恆性伊尹習與性成孔子性近習遠乃言性之正非僅善字所能宏通後世學者既不親履孟子之時莫得其所以言之要小則無見善之效大則無作聖之功所謂性者姑以備論習之一焉而已

許行言賢者與民並耕而食饔飧而治雖非中道比于刻薄之政不有　乎孟子力陳堯舜禹稷所以經營天下至謂其南蠻鴃舌之人非先王之道詞氣峻截不可嬰拂使見老子至治之俗民各甘其食美其服鄰國相望雞狗之音相聞民至老死不相往來之語又當如何

彼以其富我以吾仁彼以其爵我以吾義以德則子事我者也奚可以與我友摽使者出諸大門之外疑皆執德之偏

孔子但言伯夷求仁得仁餓死于首陽之下而孟子乃言其不可與鄉人處則無故而迫切已甚伊尹果自任以天下之重而無亂亡之擇則曷爲不度其君案書伊尹去亳適夏武王觀政之比而傳者以

爲五就孔子言柳下惠止于不枉道不去父母之邦而孟子遂以爲與鄉人處不忍去則誣辱已甚夫孟子之稱伊尹不幾于所謂狂伯夷不幾于所謂狷而柳下惠疑若鄉原然者疑亦未精也

二戴記孔子從老聃事禮家儒者所傳也司馬遷記孔子見老聃歎其猶龍關尹彊之著書與莊子合是爲黃老者借孔子以重其師之詞也使聃果爲周藏史嘗教孔子以故記雖心所不然而欲自明其說則今所著者豈無緒言一二辨晰于其閒而故爲巖居川游素隱特出之語何邪然則教孔子者必非著書之老子而爲此書者必非禮家所謂老聃妄人訛而合之耳自伏羲以來漸有文字三墳五典今不傳大抵多言變化恍惚非世教所用非人心所安故堯舜禹皐以至周孔損削弗稱 雲濠案習學記言此下有管子尙權謀子華子言仁義其人老子並時或相先後亦皆與道德之意相首尾數語應補入

老子之學固昔人之常至其能盡去謬悠不經之談而精于事物之情僞執其機要以御時變則他人之書固莫能及蓋老子雖爲虛無之宗而皆有定理可驗遠不過有無之變近不過好惡之情而其術備矣其徒列禦寇莊周祖述之上推天地之初下極人物之化其言下里夷貊如太始太素青寧程馬于其指歸終不能識上則瀆

天下則欺人
凡人心實而腹虛骨弱而志彊其有欲于物者勢也能使反之則其無欲于物者亦勢也聖人知天下之所欲而順道節文之使至于治而老氏以爲抑遏泯絶之使不至于亂

予固謂老子之言有定理可驗至于私其道以自喜而于言天地則多失之古人言天地之道莫詳于易卽其運行交接之著明者自晝而推逆順取之其察至于能見天地之心而其麤亦能通吉凶之變後世共由不可改也今老子徒以孤意妄爲窺測而其說輒累變不同曰天地不仁以萬物爲芻狗夫天地以大用付陰陽陰陽成四時殺此生彼豈天地有不仁哉曰玄牝之門是爲天地根則是不以乾統天而天之行非健也曰飄風不終朝驟雨不終日天地尚不能久而況人乎夫飄風驟雨非天地之意也陵肆發達起于二氣之爭至于過甚亦有天地所不能止者矣然君子之象爲振民育德赦過宥罪而區區血氣之鬬何敢擬于其間蓋老子以人事言天而其不倫如此夫有天地與人而道行焉未知其孰先後也老子私其道以自喜故曰先天地生又曰天法道又曰天得一以清不稽于古聖賢以道言天而其慢侮如此及其以天道言人事則又忘之曰天道其猶

張弓則是天常以機示物而未嘗法道之虛一無爲也然則從古聖賢者畏天敬天而從老子者疑天慢天其不可也必矣

案易勞謙君子有終而萬民服蓋以功與人而已不居焉老子保此道者不欲盈自爲而已

蓋老子之微言纔十數章其有見于道者以盈爲沖以有爲無以柔爲剛以弱爲彊而已然謂堯舜三代之聖人皆不知出此也遂欲盡廢之而以其說行天下嗚呼使其爲藏史之老聃則執異學以亂王道罪不勝誅矣使其非聃而處士山人乘王道衰闕之際妄作而不可述奇言而無所考學者放而絕之可也柰何俛首以聽或者又助之持矛焉然則學而不盡其統與不學同

子華子太初實生三氣曰始曰元曰玄其言如此異哉蓋古之言道三墳八索舊所聞記往往皆然故問者有風輪誰轉三三六六誰究誰使之語明其爲常所傳習也案浮屠在異域而風水諸輪相與執持上至有頂其說尢怪洪範九疇箕子言天所錫一爲五行卽是書所謂上炎下注者然易言坎離未嘗如是書所謂獨幹中氣生生萬物新新不窮者經籍乖異無所統一轉相誕惑而不能正後世學者幸六經已明五行八卦品列純備道之會宗可以日用而無疑矣奈

何反爲太極無極動靜男女清虛一大轉相夸授自貽蔽蒙皆由于
大傳文言諸雜說之亂易是以學者紛紛至此

祖望謹案陳振孫深以水心之篤信子華子爲誚水心亦自嘗
云子華子書甚古而文與今人近則固疑之矣此乃其第一條
亦言其駁而終不以爲僞則蔽也

家語載季氏用田賦詳于左氏因歎唐人自天寶一時倉猝不知以
田養兵而以稅養兵流害相承至今日

國策忠臣令誹在下譽在上大臣得譽非國家之美君臣相忌之勢
至是始成古今固無人臣自賢以貶其君而可以致治然亦無自毀
以成其君而可以不亂者夏禹有訓君臣克艱而已談客妄論能使
人心術下移

范臺舉觴魯君擇言四事自伯禽以來惟僖公稱賢猶未能及此言
世魯方百里者五其君之賢如此而不能與其國豈流傳之誤邪抑
偪側于暴彊之間而不足自立邪

唐睢言人有德于我不可忘吾有德于人不可不忘此固人之常心
當然進而至于不矜不伐德之成者也

論世有二三代以上道德仁義人心之所止也春秋以來人心漸失

然猶有義理之餘至于戰國人心無復存矣先物而流造勢爲傾縣蕝以出知巧架漏以成事機皆背心離性而行者也故其禍至于使天下盡亡而後已自漢及今學者復求于人心之所止則有道矣然其質者不能論世觀變則常患于不知其滓者不能順德軌行則撓而從之矣故有以戰國策爲奇書者

羲黃爲文字之始而孔子斷自堯舜蓋亦不起自孔子也禹皐共明治道祖述舊聞其時去黃顓不遠所稱道德廣大皆獨曰堯舜未有上及其先者豈夸禰而忘祖哉以爲神靈不常非人道之始厥不敢論非掩之也故稽古而陳之君止堯舜臣止禹皐陶而羲黃后牧之倫不與焉史遷未造聖人之深旨特于百家雜亂之中取其雅馴者而著之然既數千年所言不可信審矣

項籍學書不成學劍又不成學兵法上世教法盡廢而亡命草野之人出爲雄彊

明于道者有是非而無今古至學之則不然不深于古無以見後不監于後無以明前古今並策道可復興聖人之志也卓然謂王政可行者孟子也曉然見後世可爲者荀卿也然言之易者行之難不可不審也

天官書星文占驗家所存方術所眩晏子子產之所不道
書懋遷有無化居周譏而不征春秋通商惠工皆以國家之力扶持商賈流通貨幣故子產拒韓宣子一環不與漢高帝始行困辱商人之策至武帝始有算船告緡之令極于平準取天下百貨自居之夫四民交致其用而後治化興抑末厚本非正論也果出于厚本而抑末雖偏尙有義若奪之以自利何名爲抑
周人崇尙報應史遷所稱唐虞之際有功德臣十一人而陳氏篡盜亦曰舜所致則是不復論天德也孔孟之論曰舜禹之有天下也而不與焉則雖勢位消歇而道德自存遷所未知
王莽時通知鍾律者所言聲數度量權衡無不傳合于易又傳伶倫定律本物皆由律起妄矣自司馬遷言六律爲萬事根本漢人之論因之書言同律度量衡古亦以律度數同爲一物未嘗言皆由律起而孔子贊易無以八卦合度量權衡之文羲和之法不可見司馬遷造律始以律之龠起劉歆又推春秋與易參合爲一書案堯舜時易道未備三代以前未有春秋古歷法蓋不起于律易亦不兼歷數以今逆古皆無用之虛詞
人主以有德王無德亡至騶衍妄造五德勝克孔孟之徒未嘗言也

陰陽之精本在地而上發于天後世天文術家固未有能言此者然聖人敬天而不責畏天而不求天自有天道人自有人道歷象璇璣順天行以授人使不異而已若不盡人道而求備于天以齊之必如影之象形響之應聲求天甚詳責天愈急而人道盡廢矣

經星之傳遠自堯舜其時諸侯尤多而星吉凶所不主占驗家固無其文也左氏載禍福其後始爭以意推之天文地理人道本皆人之所以自命其是非得失吉凶禍福要當反之于身若夫星文之多氣候之雜天不以命于人而人皆以自命者求天曰天有是命則人有是事此古聖賢所不道

劉向爲五行傳歸于劘切當世然洪範之說由此墮裂

箕子陳洪範曰天所以錫禹今尋典謨不載被錫之由若禹不自言所得于先而箕子獨明其所傳于後以是爲三代之祕文此後世學者之虛論也禹以六府三事爲九功戒之董之六府卽五行三事則庶政羣事也戒之董之福極之分也九功九疇名異而實同也禹言略箕言詳天之所錫非有甚異不可知蓋勸武王修禹舊法乃學者以爲祕傳迷妄臆測相與串習以吾一身視聽言貌之正否而驗之于外物則雨暘寒燠皆爲之應任人之責而當天之心出治之效無

大于此今必一一配合牽引已事往證分别附著而使洪範經世之成法降爲災異陰陽之書可爲痛哭

漢武欲聞大道之要至論之極仲舒前以災異禁之後以勉彊開之所禁者爲難信無用之迂說所開者爲可喜旋至之立效則堯舜禹湯之所爲兢惕畏愼者終于不存而唐虞商周之所以歆羡矜後者四面而至矣是于武帝之病方將蒙而深之豈能治哉

以樂論治可也求治而以樂爲先鐘鼓管絃之存何救于德之敗乎而仲舒亦以樂爲先躬行之實廢矣又終于祥瑞尤躬行者之諱也

漢武動民于干戈習俗于姦詐仲舒雖能泛然諷導其外未能戚然救止其內

居君子位爲庶人行誠後世通患然師友議論以此自責則可以此教人主責士大夫則不可蓋人主當化小人以有恥不當疑君子以無恥也疑君子以無恥則人才掃地不可振矣

正誼不謀利明道不計功初看極好細看全疏闊古人以利與人而不自居其功故道義光明既無功利則道義乃無用之虛語耳

凡正言之理無不具而隱顯上下交相明者古人所以爲經也旁言之必酌于理使是非得失有所考者後人所以爲文也若夫窮慮殫

詞以無爲有自處于妄而後反之正此違于經而謬于文上林大人諸賦是也

漢世以術數操縱爲吏趙廣漢尤爲民所稱彊家巨姓盜奪縱橫自古皆有必待有以勝之而後能使小民得職則周公教康叔成王命君陳皆無用矣若後世吏術不明妄以廉明自許但欲其下重足斂跡而善惡顛倒者又廣漢之徒所不爲

王嘉有云慎己之所獨向察衆人之所共疑可謂名言

光武明帝以儒學飾吏事心誠好之而本質克治不盡其臣佐才有所止未能迪德過不專在人主也

鄭玄雖曰括囊大典網羅衆家刪裁繁蕪刊改漏失然不過能折衷衆俗儒之是非耳何曾望見聖賢藩牆

鍾離意疏百姓可以德勝難以力服鹿鳴之詩必言燕樂者以人神之心洽然後天氣和有味哉其言之也推其所行措之三代不難

古之人才必在分限之內上自禹稷下至方召能成天地不及之功然未有踰分越限者雖春秋時尚然及蘇張資揣摩之學韓彭起飄揚之思張騫陳湯鑿空外國乃有分外人材而班超以三十六人開西域其後愈降分內者枯竭不繼如濟水之絕分外者誕漫不酧如

幻人之奏俱無用矣

樂恢誚杜安干人主以窺踰孟子所謂龍斷穿窬者也孟子以後至西漢未有達此理者西漢末節士始漸知之王良之友所謂屑屑不憚煩所以成東漢之俗

仲長統二詩放棄規檢以適己情自是風雅壞而建安黄初之體出

崔實政論絶無義其大意不過病季世寬弛欲以威刑肅之不知亂亡之證不在此

黄叔度爲後世顔子觀孔子所以許顔子者皆言其學不專以質漢人不知學而叔度以質爲道遂使老莊之説與孔顔並行

以善形惡自是義理中偏側之累故孟子謂以善養人然後能服天下東漢儒者欲以不平之意加于儆法之上以勝天下之不肖宜其累發而累挫也

吳祐延篤進不求名自行其志凡人所願于世者能淡薄而以厚自處則寡怨而遠罪矣如祐與篤未嘗不正其言行而卒免于亂世率是道也

黨錮之禍實由太學蓋是時諸生三萬餘矣唐虞三代之爲學其君皆聖賢以身所行與士相長取材任官又與相治後世不然如賈董

之流尙不知人主當自化而徒欲立學以化人如明帝始終以學爲重然褊察無宏裕之益其意謂不遷怒不貳過惟用之諸生而已此知勸學而不知明義之過也況翟酺左雄止要蓋千百閒好屋使四方遊士自來自去于人主好尙國家教養了無干涉師門徒者踵陋習希辟召者養虛聲賢否相蒙名實相冒激成大難皆太學爲之至鴻都以詞賦小技掩蓋經術不逞趨利者爭從之士心益蠹而漢亡矣羣聚天下學者使之極盛而人主庸騃視爲贅疣身外之物其勢固必至此故予以爲羣萃州處非管仲語若人主不自爲學徒設學以教之欣厭不同忿心歘起小則爲然明之毀大則爲東漢之禁

彭城王據璽書惟聖罔念作狂惟狂克念作聖古人垂誥乃至于此常慮所以累德者而去之則德明矣開心所以爲塞者而通之則心夷矣愼行所以爲尤者而修之則行全矣此作諂者非能解釋義理而言與之合

和洽言古之大教在通人情所謂不以格物者也又言勉而行之必有疲瘁疲瘁二字深得其要故古人以利和義不以義抑利

末世所謂度內者皆愚儒所謂度外者皆羣不逞安得度內而非愚度外而非不逞者

魏明帝不能從楊阜高堂隆之諫節減宮室而欲傳蘇林秦靜之業課試學者緩其實而急其華漢武帝誤之也

享國久近在其人之心量廣狹孫權殘民以逞故身死而不振司馬德操謂儒生俗士豈識時務識時務者在乎俊傑自末世揣時變者負算略語世事者極縱橫而儒生稽古以俗士廢焉德操所謂俊傑幸有亮在然猶未免于縱橫法正之流勿數可也

諸葛亮龐統以詐取劉璋所謂識時務者歟如此俊傑比之古人更當吉蠲以薦明德

諸葛亮曰臣死之日不使內有餘帛外有贏財以負陛下及卒如其所言此所以能服一世也然以上當更有事

司馬徽采桑樹上坐龐統樹下共語自晝至夜徽行懿筐之閒乃有王霸之略足以樂而忘憂貧賤誠不能爲士累也

晉永寧元年自正月至閏月五星互經天當是時天下之亂固大然左傳叔興既占齊魯宋事無不驗又言君失問吉凶由人蓋先王舊學天不勝人叔興尚有聞也然自此占驗終勝而人道不立故予以爲五星互經天雖變異最大苟人道有以消復猶不當豫占也

上古君臣之職君之所得爲必以命于相相之所得爲必以歸于君

此古今通義也舜以股肱耳目命禹禹復戒舜而終以明良之歌考其大意似舜盡欲以其職委禹禹戒以亦自聽覽無專畀臣下安于縱逸也然皐陶以爲元首叢脞股肱惰萬事墮則是君終不當自爲也靖郭君勸齊宣王五官之政日聽數覽旣而厭之靖郭君由是得專齊權夫六卿各自以職倡九牧相猶無所司而况于君收五官而自任己不能久又以與人君相之職兼失矣始皇程書決事蓋不足論漢高惠事盡出蕭曹文景雖稍自親然陳平猶謂有主者則是時公卿各自分職丞相至欲斬鄧通鼂錯尚循古義也孝武初年更用一項文士中外相應以分外朝之勢及趙禹張湯更進宰相束手自是君相之職渙然離異君所欲爲不復以命相相一切聽其君所爲矣其後尚書權益重領錄出宰相上魏初別置祕書仍典尚書所奏尋改中書劉放孫資傾動中外侍中給事黄門通掌門下最爲禁密則尚書更是外朝而中書門下乃天子之私人其後又有內尚書由外達尚轉尚入中所行可否皆自內決人主之職十倍宰相已增者不可損已成者不可改也

六卿天官事最繁而公孤職任甚簡故學者多云冢宰即宰相或云公孤兼行非也冢宰乃有司之長職治其事以佐上者有司明其道

以弼上者宰相
皇甫謐能道自分界中言語非耀文華者所能至
銷兵本欲休息百姓而學者尤其弛備然左射貍首右射騶虞裨冕搢笏明堂耕藉此成周銷兵節次也則銷兵未必非視其君思治進德何如耳不然後世志戰者豈少邪
李膺言經史道德如采菽中原勤之者則功多此語當記然所謂勤者非漁獵搜取課勞計獲而後能也
晉有正始微言勝會韻士至于江左雖安民之道不足而扶世之志未衰學者未宜略也
伊尹謂肇修人紀後世雖不足議此然周之諸侯大者秦楚小者魯衛傳世數十蓋其爲國尙皆有本末更僕迭起而維持制服之具與之並行所以久而猶存不止富貴自身也李斯首破壞此事君臣俱得富貴然亦相隨而亡西漢雖皆李斯餘本但時作一二有所憑藉故享國麤久此後無有知者諸葛亮以管樂自比恐未必能及其餘君臣上下自富貴娛樂一身之外更無他說以致國祚短促皆其自取
沈約敘祓除事約固非知經然近世學者以浴沂舞雩爲知道一大

節目意料浮想遂爲師傳執虛承誤無與進德則其陋有甚于昔之傳註者

欲者性之煩濁氣之薰蒸雖生必有之而生之德猶火含煙桂懷蠹故性明者欲簡嗜繁者氣昏文士中顏延之頗存義理

西南夷訶羅陁阿羅單婆達師子天竺迦毗黎所通表文皆與佛書之行于中國者不異然則今釋氏諸書是其國俗之常文中國人不曉相崇尚以爲經耳微言妙義與夫鬼神之貫通誠無閒于夷夏然彼可以施之于我而我不得以華之于彼其淺深之不同雅俗之不合孟子所謂未聞變于夷者也

玄之陋非有益于道也然當時貴之預在此學者不爲凡流則是猶能以人守學後世以性命之學爲至貴而其人不足以守學百餘年閒視玄愈下矣

張融自序言丈夫當删詩書制禮樂何至因循寄人籬下言誠太狂然人具一性性具一源求盡人職必以聖人爲師師聖人必知其所自得以見己之所當得者若隨世見聞轉相師習枝纏葉繞不能自脫錮人之才窒人之德者也

王褒戒諸子以儒家道家釋氏雖爲教等差而義歸汲引自南北分

裂學者以周孔與佛並行其言乖異不自知其可笑六家要指司馬父子之故意也使佛學已出于漢則太史公亦㪅增入一家譬若區種草木不知天地正性竟復何在然則如韓愈知識乃是數百年而一有豪傑之士何其難也

中國之學自不當變于夷既變而從之而又以其道貶之顛倒流轉不復自知

祖望謹案此蓋指當時之染于禪而又排之者

徐遵明指其心謂眞師正在于此古者師無誤師卽心也心卽師也非師無心非心無師以左氏考之周衰設學而教者師已有誤故其義理漸差及至後世積衆師之誤以成一家之學學者惟師之信而心不復求遵明此語殆千載所未發雖然師誤猶可改心誤不可爲此既遵明所不及而以心爲陷穽者方滔滔矣

高洋敬禮陸法和蓋畏冥禍予嘗論世人舍仁義忠信常道而趨于神怪必謂亡可爲存敗可爲成然神怪終坐視成敗存亡而不能加一毫知巧于其閒而亡果能存敗果能成必仁義忠信常道而後可蓋人力之所能爲決非神怪之所能知而天數所不可免又非神怪所能豫也

士不先定其所存正使探極原本追配雅頌只是馳騁于末流無益

三代既衰佐命之才不世出惟管仲樂毅蕭何諸葛亮王猛蘇綽亮地勢不足自立猛無堅凝之功而綽由晉以後南北判離棄華從戎至是自北而南變夷爲夏使孔子復出微管之歎不付餘人矣六條平實無華自董仲舒蕭望之劉向崔寔王符仲長統之流皆論治道而無一言之幾然則如綽者亦未易也

樂遜陳時宜五條其言有非俗儒所能道者宇文父子雖大要不過彊兵亦其國是所定立論常向上一著故遜輩能言之

候氣之術氣應有早晚灰飛有多少或初入月氣即應或中下旬氣始應或灰飛出三五夜而盡或終一月纔飛少許夫氣之必應灰之必飛陰陽之情天地之理當然也早晚多少差忒而不能盡齊者人道之厚薄時政之寬猛使之也古人所以貴于和陰陽合天地也隋文徒出旁議而不知身爲人道之主牛宏志在規諷而未極理事之精彼技術者焉能測之叩之愈急其說愈謬

天地陰陽之密理最患于以空言窺測

昔之言月者謂其形圓其質清日光照之則見其明日光所不照則謂之魄後人相承遂謂月無光因日有光月果無光安能與日並明

萬物無不因日而成色惟月星不然近日則光奪爲日所臨則奄而不明數術之士昧理而迷源遂至乖異

自戰國秦漢已言天子氣唐虞三代言其德不言其氣有氣而無德將爲不祥以禍天下而何述焉

隋天文五行志五代事皆具寶誌陶宏景號達者陸法和已下矣然皆驗予謂人主自修不至遂以形跡象數之末竟墮術士之口若聖人御世彼惡得而讖之

由唐及今皆本隋律隋本于齊子產鑄刑書叔向非之曰吾以救世信矣然自秦漢以後稍號平時者法無不寬其君之薄德者無不苛則叔向所云不爲刑辟固非高遠不切之論也世道之衰雖緣人材日下然其病根正以倣下樣子不敢回轉如子產者是也

河出圖洛出書孔子之前已有此論而其後遂有讖緯之說起于畏天而成于誣天學者之陋一至于此故隋文雖焚讖而妄稱祥瑞又甚于讖

立言非專爲文言之支流派別散而爲文則言已亡言亡而大義息矣歐陽公乃通以後世文字爲言而以立言爲不如有德之默不知文之不可以爲言也

祖望謹案此說與溫公語異而同

爲國不患無材若人主失道自致亡滅材雖多不能救

儒林稱南北所治章句或得英華或窮枝葉此甚不然英華即枝葉

也使其是則游枝葉即可以得本根矣

知道然後知言知言則無章句近世雖無章句之陋其所以爲患者

不知道又不知言與昔日章句無異也

唐高祖隋甥也位遇不卑隋之罪雖足以亡而自高祖父子分義言

之只謂之反今乃美其名曰義兵唐人義之可也後世亦從而義之

可乎范氏謂太宗有濟世之志撥亂之才獨創業不正無以示後夫

濟世撥亂必不志于利今朝爲匹夫暮爲帝王利之而已

高祖受禪不受九錫范氏謂其雖不能如三代而優于魏晉此亦後

世大議論也夫天命不可知必視其德天下雖共起而亡隋高祖敢

自謂其德可代隋乎隋得罪于天下不得罪于李氏羣盜可以取隋

高祖父子不可以取隋尊煬立代君臣再定矣高祖明奪而不慚是

又在魏晉下

堯舜三代之統既絕不得不推漢唐然其德固難論而功亦未易言

也湯武不忍桀紂之亂起而滅之猶以不免用兵有慚德謂之功則

可矣光武宗室子志復舊物猶是一理漢高祖唐太宗與羣盜爭攘競殺勝者得之皆爲己富貴何嘗有志于民以人命相乘除而我收其利猶可以爲功乎今但當論其得志後不至于淫荒暴虐可與爲百姓之主刑賞足矣若便說向湯武大義一差無所準程萬世之大患也

長孫無忌褚遂良轉導無法方武氏從感業寺再入不能引禮廷諍以絕其萌至于奪嫡然後言其託體先帝將何及也

李德裕論韋宏景事尤不近理重令自非管子本說其言虧令者死益令者死不行令不從令者死令之嚴如此然下令如流水之源令順民心又卻不以爲證據若不順民心遽從而殺之可乎制置職業雖曰人主之柄非人所得干議然須制置得是若悖于道乖于事而禁人不議豈不危亡德裕以宰相之才自許後人亦以其自許者許之夫宰相者秉德以服人明義以率下若恣其偏私自作胸臆又可許乎

忠知者必世而不足姦昏者一日而有餘世之賢者不自量而欲以歲月售功其君與一時之人亦皆以歲月責之所以有謗而無名事不集而弊常在也士誠知此惟不求用爲庶幾耳

宰相世系言唐臣以門族相高案孟子稱故國世臣人材之用必常與其國其民之命相關治亂興亡所從出故叔向以欒郤降在皁隸憂公室之卑若夫志不必慮國行不必及民但自修飾進取爲門戶計如漢韋平之流此叔孫豹所謂世祿非不朽也俛而就下遂爲李德裕秖校臺閣儀範班行準則而已

孔子繫易辭不及數惟大傳稱大衍之數其下文有五行生成之數五行之物偏滿天下觸之卽應求之卽得而謂其生成之數必有次第蓋歷家立其所起以象天地之行不得不然大傳以易之分揲象之蓋易亦有起法也大傳本以易象歷而一行反以爲歷本于易夫論易及數非孔氏本旨而謂歷由易起揠道以從數執數以害道最當先論

道家澹泊主于治人其說以要省勝支離漢初嘗用之雖化中國爲夷未至于亡也浮屠本以壞滅爲旨行其道必亡雖亡不悔蓋本說然也梁武不曉用之當身而失唐憲懿又出其下直謂崇事可增福利悲哉

訶陵國治太子與商鞅事同古人勤心苦力爲民除患致利遷之善而遠其辠所以成民也堯舜文武所爲治也苟操一致而已又何難

焉故申商之術命堯禹曰桎梏至秦既已大敗而後世更爲霸王雜用之說哀哉

議論定而利害明要自士大夫之心術始

孔子講道無內外學則內外交相明荀子言學數有終義則須臾不可離全是于陋儒專門上立見識又隆禮而貶詩書此最爲入道之害楊雄言學行之上言之次教人又其次亦是與專門者校淺深耳古人固無以教人爲下者雄習見後世陋儒專門莫知所以學而徒守其師傳之妄以教人以爲能勝此而兼行者則上矣近世又偏墮太甚謂獨自內出不由外入往往以爲一念之功聖賢可招而致不知此心之根荄未可遽以嘉禾自名也

荀卿所言諸子苟操無類之說其是非不足計乃列攻羣辯至于子思孟軻幷遭詆斥謬戾甚矣又好言子弓與仲尼並稱安有與仲尼齊聖獨爲荀卿所私而他書無見者非妄則姑假立名字以自況耳

謂無便嬖左右足信者之謂闒茸穆王命太僕左右侍御僕從無以便嬖側媚其惟吉士是則嬖者不吉吉者不嬖也

彊本而節用天不能貧養備而動時天不能病修道而不貳天不能禍夫古人備是三者矣其不貧不病不禍則曰是天也非我也今偃

然曰是我也非天也奉天者聖人之事今曰我自致之是以人滅天也

全其天功則天地官而萬物役又曰大天而思之孰與物畜而制之古聖人曰則天曰順帝之則未嘗敢曰吾能官使天地物畜而制之也

孟子言民爲貴社稷次之君爲輕而荀卿謂天子如天帝如大神蓋與秦皇自稱曰朕意同

禮者養也芻豢五味以養口等語則禮者欲而已矣

古之聖賢無獨指心者舜言人心道心不止于治心孟子始有盡心知性心官賤耳目之說蓋辯士索隱之流多論心而孟荀爲甚

孔子未嘗以辭明道內之所安則爲仁外之所明則爲學學卽六經也至于內外不得異稱者于道其庶幾矣子思之流始以辭明道辭之所之道亦之焉非其辭也則道不可以明中庸未必專子思作其徒所共言也孟子不止于辭而辯勝矣荀卿本起稷下所言皆欲挫辯士之鋒怒目裂眥極口切齒先王大道至此散薄無復淳完或者反謂其才高力彊易于有行學者苟知辭辯之未足以盡道而能推見孔氏之學以上接賢聖之統散可復完薄可復淳矣不然斷港絕

潢爭于波靡于道何有哉
兵農已分法久而壞齊民雲布孰可徵發以畏動之意求願從之名雖至百萬無不用募且井田邱乘所以人人爲兵者天子不過千里諸侯不過百里其勢無獨免也若以天下奉一君而人人不免爲兵不復任養兵之責則聖人固所不爲若以天下奉一君而養兵至于百萬獨任其責而不能供則庸人知其不可今自守其州縣者兵須地著給田力耕是一說千里之內番上宿衞已有諸御前兵不可輕改因其地分募樂耕者以漸歸本是一說邊關捍禦盡須耕作人自爲戰是一說三說參用由募還農大費既省守可以固戰可以克不必慨慕府兵屯田徇空談而忘實用矣
竭天下以養兵此受病本根所以末世之橫斂有加不已
立節而不辨義下者爲利高者爲名而世道愈降矣
崔蠡疏論國忌日設僧齋百官行香事無經據詔以近代皈依釋老有異皇王之術習俗因循並宜停罷此開成四年也唐世禮文不爲知禮者所許然如此等事猶能釐正不若後世定著不刊以爲臣子恭順報效之節無踰于此也
授田之制蕩盡柰何猶用授田時法稅之後世謂楊炎兩稅變古全

不究始末
桑宏羊與劉晏無異所可恕者晏以用兵故興利不得已耳史家無識妄立論
孔父仇牧死晏嬰不死以恕楊雄則非矣
以位當卦以卦當日出于漢人若夫節候晷刻推其五行所寄而吉凶禍福死生至玄而益詳蓋農工小人所教以避就趨舍者楊雄爲孔氏之學將經緯大道柰何俛首效之
十翼非孔子一人之書司馬遷不能辨而劉向父子與雄尤篤信之漢人皆由賦入楊雄方知以上更有事故謂孔氏之門用賦則賈誼升堂司馬相如入室如其不用何乃雄回轉關捩處所以于道有功
祖望謹案董仲舒劉向亦不由賦入
雄所謂遐言爲太玄發也以言爲學孔子沒後事
君子避礙則通諸理不知何所指人有礙而我通之未嘗自礙而又自通也
管子非一人之筆亦非一時之書以其言毛嬙西施吳王推之當是春秋末年山林處士妄意窺測借以自名而後世信之爲申韓之先驅鞅斯之初覺

秦漢時孔孟之論未行學士以管子之書爲教視六經無有也賈誼
短世鼂錯殺死是書不極其用
留令罪死之論處士無故創奇語後人遂倚爲口實
古人之于命令也先甲三日後甲三日先庚三日後庚三日夫上之
所欲未必是逆而行之不可也民之所欲未必是順而行之不可也
理必有行而行之先之以開其所知後之以孰其所信申重諄悉終
于無不知斯行矣命令之設所以爲民非爲君也焉有未能生之而
已殺之者乎數術家闇于先王之大義私其國以自與以爲命令特
爲我發而操制之術先焉始于欲尊君而甚至無所不用孔子贊易
巽曰君子申命行事姤曰后施命誥四方皆非巽莫行又曰其身正
不令而行其身不正雖令不從又曰如其善而莫之違也不亦善乎
如不善而莫之違也不幾乎一言而喪邦乎是數術家以令爲令而
孔子以不令爲令也數術家以言而不違爲興國而孔子以言而不
違爲亡國也不以易論語之言出令而皆欲以管子之言出令是刑
名常爲主而申商之禍無時可息也
赦者奔馬之委轡毋赦者痤雎之藥石又曰惠者多赦民之仇讎法
者毋赦民之父母當時論不可赦如此豈如司馬遷所記陶朱公子

之類或者君臣之閒售私以長惡邪雷雨作解君子以赦過宥罪而魯肆大眚無貶詞此有國舊典也處士發語偏陂遂與帝王之道離絕劉備謂周旋陳元方鄭康成閒言治道未嘗及赦漢以後爲此等見識不爲無助

堂上遠于百里堂下遠于千里君門遠于萬里然矣古之聖賢所以昭明大德盪滌疑阻周官一書通達壅塞之理居半凡欲去此患也如數術家猜慮積心忿忮形色左右前後無非蔽欺鉤鉅設而告密用羣情惴惴所以來讒賊而長作僞

所以爲管子者在三匡二卷雜亂重複敘事頗與左氏不異而國語又削除其雜複以就簡知此書之出在左氏後國語成在此書後

耳目者視聽之官也心而無與乎視聽之事則官得守其分夫心有欲者物過而目不見聲至而耳不聞也故曰上離其道下失其事心術者無爲而制竅者也案孟子稱耳目之官心之官予論之已詳然則執心既甚形質塊然視聽廢而不行蓋辯士之言心也其爲心之害大矣洪範思曰睿睿作聖各守身之一職與視聽同謂之聖者以其經緯乎道德仁義之理流通于事物變化之用蝡暢淪浹卷舒不窮而已惡有守獨失類超忽恂恍狂通妄解自矜鬼神也哉

桓公封杞邢事管子之語不如左氏所言予嘗謂左氏中管仲語已降古人數十等蓋不復見葛伯仇餉朕哉自亳有罪無罪惟我在之風矣然侯伯救災討罪所引文王之詩正合禮體亦未可遽引湯武責之今辯士之詞又降左氏數十等使人君任法爲道要始于管子其說以爲佚樂馳騁宮中之歡無所禁圉利身便形口養壽命垂拱而天下治而堯及黃帝皆然淺鄙無稽遂成戰國亡秦之禍

爲管氏書者變詐百出不窮其慼在于鹽鐵其用著于寶龜蓄泄廢居豪奪商賈至于決瀆洛之水沐路旁之樹傾魯梁之綈搜荊楚之鹿戲詞誤論今不舉者衆矣獨鹽鐵爲後人所遵言其利者無不祖管仲使之蒙垢萬世案其書計食鹽之人月爲錢三十中歲之穀糴不十錢而月食穀四石是糴穀市鹽其費略不甚遠雖今之貴鹽不至若是左氏晏子言魚鹽蜃蛤弗加于海海之鹽蜃祈望守之是時衰微苛斂始有禁榷晏子憂之而齊卒以此亡然則豈管仲所行而齊所以霸乎孔子以小器卑管仲責其大者可也使其果猥瑣爲市人不爲之術孔子亦不暇責矣故管子之尤謬者無甚于輕重諸篇

左氏無孫武同時伍員宰嚭一一詮次乃獨不及武邪詳味孫子與管子六韜越語相出入春秋末戰國初山林處士所爲其言得用于

吳者其徒夸大之說也

穰苴孫武皆辯士妄相標指無事實穰苴斬寵臣孫武戮愛姬所謂知兵者何用此天下天下有道征伐自上出而行陳部伍皆有定法以教天下天下無道匹夫賤人以意言兵行陳部伍無復常經其流及上而爲國者顧聽命焉豈小故邪

兵詭道也案子罕言天生五材民並用之誰能去兵兵者所以威不軌而昭文德也今詭道二字于兵外立義遂爲千古不刊之說古人之言兵者盡廢矣禹湯文武之兵正道也非詭道也孫子不學所知者詭而已

孫子盡用兵之害而于守與不戰持之最堅學者未之詳

祖望謹案此可以見水心非浪用兵者也

楊雄不喜孫吳而曰不有司馬法乎不知所指何司馬也

吳起較孫子卻近

祖望謹案水心又曰未知李靖何以謂吳不如孫

司馬法多不成語夏賞而不罰殷罰而不賞尤不成語

司馬遷謂司馬兵法閎廓深遠雖三代征伐未能竟即此法邪抑別有指也穰苴事予固言其非夫非知德者不足以知兵遷之所云閎

廓深遠纔如此悲夫

六韜陰譎狹陋

龍韜以後四十三篇似為孫子義疏其書言避殿乃戰國後事固當後于孫子其勵軍所言又本于吳起然莊周亦稱九徵則真以為太公所言豈足據哉

周官宗伯以軍禮同邦國大師之禮用衆也大均之禮恤衆也大田之禮簡衆也大役之禮任衆也大封之禮合衆也所貴于禮者謂能有所别異而軍禮獨言同三略所云將禮不可謂不得古人之意晉侯登有莘之墟以觀師曰少長有禮其可用也不知當時所言禮指何事後世不言禮而言威故子玉治兵終朝而畢鞭七人貫三人耳蔿賈以為剛而無禮不可以治民其有能弔死哀喪同士卒甘苦則又以為恩而不復言禮矣夫禮者將之本威者將之末恩者威之餘也

祖望謹案以恩為威之餘尚未圓然大意甚佳

尉繚子不攻無過之城不殺無罪之人而孫子得車十乘以上賞其先得者視尉繚此論何其狹也

李靖謂陳法必黄帝所制太公繕之管仲復修之諸葛亮八陳卽握

奇法此皆山林隱約夸望相承周官司馬蒐苗獮狩其陳卽戰陳當時上自王公下至卒伍皆知之楚之乘廣晉之毀車雖臨時或亂常制終不能變大法乃後世以爲奇術握奇遂爲祕文前人未嘗學周官自不足怪今之學者已學周官乃相與別畫陳法無休時可歎矣自戰國以來能教其人而用之惟諸葛亮非驅市人之比所以其國不勞其兵不困雖敗而可戰夫教者豈八陳六花之謂特其色別耳撫循安集上下相應使皆曉然旅泊不悲死亡不痛猶在其家室也然則孫子之術李靖與太宗所講正亮所棄也

莊列諸書向前多少聰明豪傑之士向渠齏甕裏淹殺可憐可憐

文中子說經史前代儒者所未有理雖不背馳而模搨形似無卓特見識此爲大病至于房魏禮樂或信或疑要是淺者未足論也

古詩作者無不以一物立義物之所在道則在焉非知道者不能該物非知物者不能至道道雖廣大理備事足而終歸之于物不使散流此聖賢經世之業非習文辭者所能知也詩旣亡後世存其體可也韓愈便謂古人未肯多讓或者不知量乎

梓材謹案謝山所補以下有四條移入廬陵學案一條移入百源學案三條

克己治己也成己也立己也己克而仁至言己之重也己不能克非禮害之也

梓材謹案以下有五條移入泰山學案一條移入伊川學案一條移入范呂諸儒一條移入華陽學案一條移入呂范諸儒一條

古者賦祿制田其權在上貧賤富貴無大踰越而爲之宗以維之故長者不傲幼者不侮而和親雍睦之教可行後世崛起自致貧賤富貴各極其欲榮悴異門交相爲病于是賢者謝宗以自遠不肖者挾長以行私蓋鬭鬩之不暇而安能善其俗哉夫宗者貴而賢者也富而義者也非是二者而擁虛器以臨之教令之所不行也故貴而賢富而義則上禮異之命爲其宗爵不必親而疏者可畀也田不必子而貧者可共也施舍賙惠族人依倚特爲宗主無犯義無干刑相趨于實而不惟其名之徇此今日立宗之要也

梓材謹案以下一條移入蜀學略

使知義理者常爲主司學者不得以悖理之文希合于一時雖因今之時文不改亦自足以得士不然雖累變其法而學者之趨向亦終不能一

王曾中第以爲平生之志不在溫飽歐陽修執政以爲惟不求而得與既得而不患失然予病其侵尋于官職矣而東萊呂氏嫌予此論太高自天下治體大變雖君子無策以振起之賢愚同軌邪正並轍苟免其身而復以其弊遺後人則雖不思得不患失而卒與庸衆同歸于溫飽者無異嗚呼此有志者之所當深思也以上謝山補

祖望謹案論果太高然有益于學者

梓材謹案以下七條移入盧陵學案四條移入百源學案一條移入明道學案一條移入東萊學案一條

宗羲案黃溍言葉正則推鄭景望周恭叔以達于程氏若與呂氏同所自出至其根柢六經折衷諸子凡所論述無一合于呂氏其傳之久且不廢者直文而已學固勿與焉蓋直目水心爲文士以余論之水心異識超曠不假梯級謂洙泗所講前世帝王之典籍賴以存開物成務之倫紀賴以著易彖象夫子親筆也十翼則訛矣詩書義理所聚也中庸大學則後矣曾子不在四科之目曰參也魯以孟子能嗣孔子未爲過也舍孔子而宗孟子則于本統離矣其意欲廢後儒之浮論所言不無過高以言乎疵則有之若云其概無所聞則亦墮于浮論矣

百家謹案習學記言存于今者序目而已內說經共十四卷易四卷書一卷詩一卷周禮儀禮合一卷禮記一卷春秋一卷左氏傳二卷國語一卷孟子一卷若記言原本不知若干卷惜乎不得見矣是書前有山陰孫之宏序葉氏門人梓材案此條錄自朱氏經義考蓋係學案原本而竹垞錄之者竹垞嘗寓吾郡二老閣與鄭南溪稱後二老故得見學案原稿又案是書凡經十四卷諸子七卷史二十五卷文鑑四卷合爲五十卷名習學記言序目非別有全書也

雲濠謹案陳直齋書錄解題謂習學記言五十卷大抵務爲新奇無所蹈襲其文刻削精工而義理未得爲純明正大然如梨洲及謝山所錄又何嘗不純明正大邪

宋元學案卷五十四

餘姚黄宗羲原本　　後學慈谿馮雲濠校刊
男百家纂輯　　鄞縣王梓材重校
鄞縣全祖望補定　　道州何紹基重刊

水心學案下

水心文集補

所謂覺者道德仁義天命人事之理是已夫是理豈不素具而常存然而無形無色人必穎然獨悟眇然獨見耳目之聰明心志之思慮有出于見聞之外者不如是不足以得之養是覺也何道將一趨于問學而不變責難于師友而不息先義而後利篤于自爲而不苟于爲人于是死生禍福齊焉是非邪正定焉人之大倫天下國家之經紀咸取極焉三代之後世遠俗壞士以利害得喪爲準的雜糅其思慮紛汨其聰明喜相玩怒相寇障固其公共者使之狹小闡闢其專私者而更自以爲廣大于是獨悟特見之士覺于道而違于世昏然爲天下大迷夫以一人而覺一世之所迷合一世以咻一人之所覺方交鬬而未已而異端之說至于中國上不盡乎性命下不達乎世俗遂以聰明爲障思慮爲賊顛倒漫汗而謂之破巢窟頹弛放散而

謂之得本心以愚求真以麤合妙而卒歸之于無有是大異矣然其覺是也亦必穎然獨悟眇然特見聰明思慮有出于見聞而後可士徒厭夫雜糅紛汩之爲累遂舍而求之者十九嗚呼道德仁義天命人事之理不可以有易也夷夏之學不可以有亂也以世俗之覺蔽其中而又以異端之覺奪其外則理之素具者闕而常存者隱矣 范東叔覺齋記

祖望謹案東叔學佛者也

佛之學入中原其始固爲異教而已久而遂與聖人之道相亂有志者常欲致精索微以勝之卒不能有所別異而又自同于佛者知不足以兩明而又失之略也 李之翰中洲記

程氏誨學者必以敬爲始予謂學必始于復禮禮復而後能敬 敬亭後記

祖望謹案此是水心宗旨然非敬何以復禮敬乃所以復禮也水心言之倒矣宜乎東發非之

箋傳衰歇而士之聰明益以放恣夷夏同指科舉冒没淺識而深守正說而僞受交背于一室之內以是心爲殘賊夷佛疾疢也科舉痒疴也 朱先生祠堂記

世之論嘗曰吏必設學而教且養人最急不知吏當先自教且自養急有甚于人者燭物之知淺察己之功不深意則以教且養者厚民實則以教且養者病民且自一令長以上所關于民殺活成敗不可豫測若但豎數十屋而官羣數十士而飯而曰教養盡是矣何其易也故明恕而多通吏之所以自教節廉而少欲吏之所以自養少欲則民有餘力多通則民有餘情然後推其所以自養者亦養人廉推其所以自教者亦教人恕此忠信禮義之俗所由起學之道所由明也瑞安縣學記

浴沂風雩近時語道之大端也學者懸料浮相其樂鮮矣風雩堂記

學不自身始而曰推之天下可乎推之天下而不足以反其身可乎妄想融會者零落而不存外爲馳騖者麤鄙而不近未至于聖人未有不滯于所先得而偏受者孔子進參與賜皆示之一貫今觀曾子最後之傳終以籩豆有司之事爲可略是則唯而不悟者自若也子貢平日之媿終以性道爲不可得聞是則疑而未達者猶在也且道無貴而苟欲忽其所賤學無淺而方自病其不能深乎溫州學記

周衰不復取士凍餓甚者幾不活矣孔孟不以其不取而不教也孔孟之徒不以其不取而不學也道在焉故也後世取士矣師視其取

而後教之士視其取而後學之夫道不以取而後存也信州學記

梓材謹案謝山所節王氏困學紀聞有一條引水心葉氏云周衰不復取士孔孟至道在焉故也與此複出刪之

三代遠矣今有政而不知學孔孟遠矣師有道而不知統長溪學記

翹材穎質將進于道必約以性通以心肝脾胃腎無恣其情念慮思索無撓其靈則偏氣不勝而中和全其學必測之古證之今上該千世旁括百家異流殊方如出一貫則枝葉輕而根本重宜興縣學記

學之高深無窮子貢爲衞將軍語弟子行而孔子笑曰汝爲知人矣爲言夷齊趙武士會老萊子羊舌大夫等皆洙泗以前人也士不景行古人積習彌長而夸近以足己難哉劉東溪集序

梓材謹案下有陰陽精義序一條移入晦翁學案

力學莫如求師無師莫如師心易蒙之義曰山下出泉泉之在山雖險難蔽塞然而或激或止不已其行終爲江海者蓋物莫能禦而非俟夫有以導之也故君子以果行育德人必知其所當行不知而師告之師不吾告則反求于心心不能告非其心也得其所當行決而不疑故謂之果行人必知其所自有不知而師告之師不吾告則反求于心心不能告非其心也信其所自有養而不喪故謂之育德然

則求其心而已無師非所患也送戴許蔡仍王汶序
不徒善其身者以人治身不以身治人送林子柄序
文者言之衍也古人約義理以言言所未究稍曲而伸之爾其後俗
益下用益淺小爲科舉大爲典冊雖刻穠損華往往在義理之外力
且盡而言不立周南仲集序
浮屠以身爲旅泊而嚴其宮室不已以言爲贅疣而傅于文字愈多
予所不解法明寺教藏序
佛學入中國其書具在學之者固病其難而弗省也有胡僧教以盡
棄舊書卽己爲佛而已嗚呼佛之果非己之果爲佛予不得而知
也予所知者中國之人畔佛之學而自爲學倒佛之言而自爲言皆
自以爲己卽佛而甚者至以爲過于佛也是中國人之罪非佛過也
今夫儒者不然于佛之學不敢言曰異國之學也于佛之書不敢觀
曰異國之書也夷術狄技絶之易耳不幸吾中國之人以中國文字
爲其學爲其書草野倨侮廣博茫昧蕩逸縱恣終于不返宗紀序
梓材謹案此下有一條移入廬陵學案
仁必有方道必有等未有一造而盡獲者此莊佛氏之妄也魏益之
獨守其悟百聖之戶庭虛矣陳叔向志

龐蘊夫婦破家從禪至賣漉籬自給男女不婚嫁爭相爲死浮屠世世記之以爲超異奇特使皆若蘊則人空而道廢釋氏之徒亦不立矣鮑清卿夫人志

梓材謹案此下二條一移入兼山學案一移入象山學案

諸儒以觀心空寂名學默視危拱不能有論詰猥曰道已存矣宋廡父志

梓材謹案此下一條移入象山學案

聞足下欲行天下求世外之道舊讀柳子厚文愛其送婁圖南序使世之君子畔其道以從異學勞而無成者可以自鏡正使不勞而成固與龜蛇木石無異願足下深惟之與戴少望

梓材謹案此下一條移附丁少詹傳後

垂論道學名實眞僞之說古人以學致道不以道致學道學之名起于近世儒者其意曰舉天下之學不足以致道獨我能致之云爾其本少差其末大弊與吳明輔

老子之徒矜大者老氏可耳將以示爲士者可乎天地定位也人物定形也壽夭貴賤可約而推也愛惡苦樂可狎而齊也人之爲天地天地之爲人統氣御形而謂之道者非也老子說

四十二章質略淺俗是時天竺未測漢事採摘大意頗用華言以復命非浮屠氏本書也夫西戎僻阻無有禮義忠信之教彼浮屠者直以人身喜怒哀樂之間披析解剝別其眞妄究其終始爲聖狂賢不肖之分蓋世外之論也與中國之學豈可同哉世之儒者不知其淺深猥欲強爲攘斥然反以中國之學左右異端而曰吾能自信不惑者其于道鮮矣 題張君所注佛書

梓材謹案此條鮮矣下有蜀人范東叔至其所知止于此乎八十九字移入止齋學案

六經語孟舉世共習其魁偉俊特者乃或去而從老佛之說怪神虛霍相與眩亂甚至山棲絕俗木食澗飲以守其言異哉 老子支離說序

古人多識前言往行以畜其德近世以心通性達爲學而見聞幾廢狹而不充爲德之病 題周子實所錄

讀書不知接統緒雖多無益也爲文不能關教事雖工無益也篤行而不合于大義雖高無益也立志而不存于憂世雖仁無益也 贈薛子長

欲折衷天下之義理必盡攷詳天下之事物而後不謬 題西溪集

今天下之士惟嗜材桀行者乃或叩闔言邊而明見利害之人則皆深念根本 治勢篇

慈溪黃氏曰此陰不滿于同甫諸人

理財與聚斂異今言理財者聚斂而已故君子避其名而小人執理財之權自古聖賢無不理財必也如父共子之財而權天下之有餘不足奈何君子不理而諉之小人 財計

古者養士而後取今不養而取之當因今之學以取士而務養其心 士學

用兵必用詐自孫武始武入楚暴師不返既越伐吳敗于檇李無救于國今其氣燄興起若將與聖賢並稱而右科學生誦其書是以不仁之心相授況今淮以北皆吾民方當流涕以對之尚安用武之術數十年來天下士好奇而言兵者尤奇皆中一時之欲而不顧天下之利害必也實言乎不多殺人邦本不搖無暴征橫斂而將得人則兵可用 兵權

王政之壞始于管仲而成于商鞅李斯若桑宏羊又管商所不屑至唐之衰取民無所不盡又宏羊所不屑爲壞之也非一人之力則復

之也非一人之功聖人不千歲而一起不繼世而皆遇故與陋俗言
王政終不合管子
莊周知聖人最深而玩聖人最甚不得志于當世而放意狂言其怨
憤最切然而人道之倫顛錯而不敘事物之情遺落而不理以養生
送死飢食渴飲之大節而付之儻蕩不羈之人小足以亡身大足以
亡天下流患蓋未已也莊子
唐虞三代上之治爲皇極下之教爲大學行之天下爲中庸漢以來
無能明之者今世之學始于心而三者始明然唐虞三代內外無不
合故心不勞而道自存今之爲道者務出內以治外故常不合皇極
大學中庸三論總述
王安石理財法桑宏羊劉晏所不道蔡京之法又王安石所不道及
經總制錢等法蔡京亦羞爲之經總制錢論
慈溪黃氏曰水心論恢復在先寬民力寬民力在省養兵之費其
言哀痛激切然後總一篇卒歸宿于買官田則恐非必效之方也
世降俗漓法密文弊民之不可一日與官接猶羊之不可與虎羣
也豈獨官民爲然衣食稍裕之家以其田使人佃之所經由不過
一二顏情稔熟之奴隸而已不勝其田主之苛取奴隸之姦欺矣

至于富貴之家以其田使人佃其苛取其奸欺甚至虐不可支有舉室而逃捐命以相讐者矣顧欲官買田而民佃之邪水心先以温州爲準欲繞城三十里内買其田一半計穀九萬八千一百二十五扛以養兵二千七百二十二人監官吏卒掌之者七十六人鄉官保甲催之者七十人作米者百二十人出納期會下至畚箕苕帚之費無不會計曲盡謂可永免擾民然必監官鄉官吏卒甲頭人人水心世世水心其人則量租可無斛面納租可無費錢催租可無攉剝不然則今世官取斛面往往倍正斛將盡三十里所出不足以供租之半納官租之費一石不下數貫既盡三十里所出又須別營錢以納之吏卒催租雞犬爲盡徒虧官額以飽私囊倍納之外又將不勝其横擾而且立法之細亦多難久如監官廳子月支錢二貫果足以贍其養乎催租甲頭歲支穀一扛果足以償其勞乎腳子三十名無給則家食而官作乎大抵人情之于剝民如蚊吮血有隙胥會監官一員必增監門必增斗面必置機察江湖乞丐之靡必干勢要挾書求爲司門爲敖口爲催租官況于吏卒何可豫防官租之嬴既倍吏卒之擾又煩佃戶逃而追業主業主逃而追親鄰地荒民散能保四境之不蕭然乎

水心語

三江謂吳淞江青龍江揚子江吳人習于水事者云 補

附錄

先生嘗言于孝宗曰今天下非不知請和之非義然而不敢自言于上者畏用兵之害也以爲一絕使罷賂則必至于戰而吾未有以待之也其敢自言于上者非可用以當敵也直媒以自進也以臣計之和親之決不可爲審也而戰亦未易言然雖絕使罷賂而猶未至于遽戰者蓋戰在敵使之不得戰在我所當施行者有次第焉 補

陳同甫與吳益恭書曰四海相知惟伯恭一人其次莫如君舉自餘惟天民道甫正則耳伯恭規模宏闊非復往時之比欽夫元晦已朗在下風矣未可以尋常論也君舉亦甚別皆應刮目相待正則俊明穎悟視天下事有迎刃而解之意但力量不及耳此君更過六七年誠難爲敵獨未知于伯恭如何徐居厚卓然自要立腳亦與其他士人不同 補

水心學侶

文毅陳龍川先生亮 別爲龍川學案

靖君劉先生愚

劉愚字必明龍游人太學釋褐第一教授江陵府外遷安鄉令乞致仕先生行己恭與人敬節堅而志厲學必是古尤邃講說能自淺入深荊人聞者欣朗開達年八十三卒觀文殿學士何公率嘗同舍故學徒共謚曰靖君 參水心文集

雲濠謹案萬姓統譜載先生與葉水心項平甫講論不倦以隱居學道爲樂云

龍圖項平庵先生安世

侍郎陳先生景思 並見晦翁學案

徵君王誠叟先生綽

王綽字誠叟永嘉人也有氣節于書無所不讀其年輩與水心相等折節從之而水心以爲畏友趙汝談嘗薦之不就其門人有戴許蔡仍王汝亦皆嘗學于水心而端明尤焴祕書薛蒙尤著所著有春秋傳記及王徵君集 雲濠案謝山劄記作王誠叟集 先生卒于水心之後永嘉諸老至是盡矣 補

梓材謹案先生折節從水心而水心以爲畏友是未以及門著之也故列徵君于葉氏門人之前

司業陳篔牕先生耆卿

陳耆卿字壽老號篔牕臨海人嘉定七年進士官至國子監司業吳子良稱其文遠參洙泗近探伊洛周旋賈馬韓柳歐蘇閎疆場甚寬而步武甚的葉水心見之驚詫起立爲序其所作以爲學游楊而文張晁也水心既歿先生之文遂巋然爲世所宗著有論孟紀蒙篔牕集又修赤城志雲濠案讀書附志載篔牕初集三十卷續集三十八卷亦無傳本今所存者十之一二四庫釐爲十卷與赤城志收入集部今祀鄉賢祠

王大田先生象祖

王象祖字德甫臨海人學于水心水心所謂塵垢拭杯案者也其文簡古老健雖陳篔牕亦畏之非有所見不下筆吳荊溪而下蔑如也和厚嚴重學邃行高守令欲見不可得真文忠公德秀極重之有故人作相先生已寢疾猶稿數千言規正之其憫時憂世之心如此時論比之蘇明允龐德公魯仲連云先生頗不喜同時論學者嘗有詩云皐夔周召佐中古蕭曹房杜興漢唐因事因時修治效不談道學又何妨是則頗近同甫一派議論不盡本于水心也修

王東谷先生汶

王汶字希道黃巖人警敏刻厲常師事水心又師王誠叟取周易蒙卦之義以名其齋因購古今載籍枕藉讀之已而豁然有悟援筆爲文日數千百言伯仲陳耆卿吳子良之閒所著有東谷集

丁少詹先生希亮

丁希亮字少詹黃巖人也負奇氣拊躬誓志自以爲不至于所至不止三十一歲從葉水心學于樂清同門之士以其議論夸大相與背笑之而水心亦以其讀書有數年已長微砭厲之然先生雖俯視一切而頗自悔少學不力竭晝夜讀書爲文不啻如嚴父師在旁程督之又明年變名字從陳同甫于永康同甫驚曰是人目犖犖神諤諤非妥帖爲學徒者且吾鄉里不素識得非巖穴挺出之士邪又未幾從東萊于明招則一時碩師良友名言奧義貫穿殆盡嘗服補褐而食蔬薄手鈔成屋于是縱筆所就詞雅意確論事深眇皆有方幅水心亦歎曰不圖少詹學倏博文倏工淹識練智纚細並入非人力所及也卒以歲日二三留治其家餘輒屩山航海一夕竟去僧坊民舍隨所棲止雖在千里外家事伸縮不失尺寸不幸四十七歲遽卒有

丁少詹集 修

水心與書曰少詹自負太過慕爲豪傑非常之行輕鄙中正平易之論而多爲驚世駭俗絕高之語未嘗不太息也世閒秖常理君臣父子夫婦朋友賓主之大倫也慈孝恭敬友悌廉遜忠信之大節也所謂豪傑卓然興起者不待教詔而自能不待勉強而自盡耳至于以機變爲經常以不遜爲坦蕩以窺測隱度爲義理以見人隱伏爲新奇以跌蕩不可羈束爲通透以多所疑忌爲先覺此道德之棄材也讀書之博秖以長傲見理之明秖以遂非故不願少詹如此補

侍郎方先生來

方來字齊英永嘉人從水心學登開禧第教授安豐軍時黃榦爲通守又師事焉知吳江縣以薦除監察御史遷左司諫面對乞早建儲及他事皆剴切除起居郎擢權兵部侍郎知漳州朱晦庵昔守是郡北溪陳淳從之學前守建龍江書院乃于側建道源堂祀晦庵以淳配奉祠歸里景定中推恩特除寶章閣待制

梓材謹案先生本永嘉吳子量高第詳見周許諸儒學案

正字周山房先生南

周南字南仲吳縣人十五六時視吳下問學止科舉心陋之一往旬日輒棄去凡五易師而後登水心之門初若無所論質已而耳改目

化氣竦神涌古今事物錯落高下不以涯量頓悟捷得常以世道興廢爲己重憂時傷國老校小史引坐深語其治身端行拱立尺寸程準廉節整飭水心于吳下弟子以先生爲第一成紹熙元年進士對策自宮掖以至廛肆無不及也而最切于時論者曰陛下聰明爲小人蔽蒙有三一曰道學二曰朋黨三曰皇極夫仁義禮樂是爲道問辯講習是爲學人不知學學不聞道皆棄材也古人同天下而爲善故以道學爲名之至美者小夫譖人不能爲善而惡其異己于是反而攻之曰此天下之惡名也陛下入其說而抱學負才之士棄矣小夫譖人猶不已又取其不應和少罵譏者亦倒嫌之曰我則彼毀爾奚默焉是與道學爲黨耳陛下又入其說而中立不倚之士以朋黨不用矣舉國中之士不陷于道學則困于朋黨唯其不能可否而自爲智無所執守而自爲賢然後竊箕子平康正直之說爲庸人自便之地而建皇極之論起夫箕子所謂有爲有猷有守是有材有道有操執之人也汝則念之斯須不可忘也不協于極而亦受之謂其雖有偏而終有用亦當收拾而成就之也今所謂道學朋黨正皇極所用之人也奈何棄之而取其庸人外若無過中實奸罔者而用之而謂之建皇極哉其故無他闒冗適尊異凡庸當奮興天下之大禍始

于道學而終于皇極矣考官擬第一不用釋褐池州教授時天下益攻道學新昌黃文叔者其魁也而先生其壻罷教授爲常州推官已而主管吏部架閣文字開禧二年北伐以先生掌樞密院機速房大恐辭曰吾方以先事造兵爲發狂必死之藥敢嚮邇乎得免因求補外水心惜之薦以館職時王師已敗先生言善爲國者不執理以強勢之所難常順勢以申理之所易今日之急復和而已寧使力尚有餘而惜和之早無使力已不足而恨和之遲天下繁委當付俊傑今廟堂無能盡出胥吏使頭顱兒于政接踵漿酒藿肉濫翻其家根本大壞矣政府怒悔召之然尚除正字將逐之會以憂去服除還朝御史誣其盡以田賂蘇師旦罷嘉定中議起之力辭不赴尋卒所著有山房集水心嘗以文字之任當寄之先生其卒也哭之慟予從永樂大典中見先生集果絕工云修

祖望謹案南仲少任俠既從水心始折節讀書時吳中道人何蓑衣者頗能道人禍福光宗賜以宸翰先生非之廷對有云雲漢昭回至施之閭閻乞丐之夫已擬第一光宗見而不懌時鄭文肅公湜言事未報先生策中又微及之光宗乃曰鄭湜纔入六月周南何以知之湜固無愛君削稿之心南亦顯非恬退之

士遂被降又嘗爭過宮事
謝山跋南仲開禧勑後曰右周正字山房稿中擬開禧奪秦檜官諡勑也案建炎雜記曰秦檜之死其館客曹宗臣爲博士定諡曰忠獻議狀有道德高天地勛業冠古今之語開禧初李季章爲禮官請易以惡諡奉常定曰繆很議上侂胄謂同列曰且休且休遂止然忠獻之告已拘取矣侂胄死乃復還之今宋史寧宗本紀大書奪秦檜爵諡以繆醜以李氏之言核之非其實矣予最愛勑中序鄂王寃狀淋漓悲壯事雖不果行要足以吐重泉之氣所當勒之鄂王墓道使百世共讀之者也

進士孫先生之宏
林先生居安合傳
趙先生汝鐸合傳

孫之宏字偉夫餘姚人也水心習學記言之作傳之者三人其一曰林居安瑞安人也其一曰趙汝鐸樂清人也而先生序其指曰學失其統久矣本朝關洛驟興近世張呂朱氏二三鉅公益加探討名人秀士鮮不從風先生後出異識超曠不假梯級謂洙泗所講前世帝王之典籍賴以存開物成務之倫紀賴以著易象象仲尼親筆也十

翼則訛矣詩書義理所聚也中庸大學則後矣曾子不在四科之目曰參也魯孟子能嗣孔子然舍孔宗孟則本統離故根柢六經折衷諸子剖析秦漢訖于五季以文鑑終焉其致道成德之要如渴飲飢食之切于日用也指治摘亂之幾如刺瘉中肓之速于起疾也推迹世道之升降品目人才之短長皆若繩準而銖稱之前聖之緒業可續後儒之浮論盡廢稽合于孔子之本統者也先生之論如此其于記言大旨蓋發明殆盡又稱水心以舊敵垂亡邊方數警別有後總祕而未傳則先生乃葉氏晚年入室弟子也鶴山先生嘗銘其母墓居安字德叟汝鐸字振文先生成進士不詳其官禮部侍郎謚忠敏嶸叟其從孫也修

王先生植

王植字立之金華人文定公淮之從子也慶元中學禁正嚴先生以宰相家子匿姓名舍輜重從水心于窮絕處水村夜寂蟹舍一漁火隱約先生執書循厓且誦且思聲甚悲苦其中表有仕永嘉者月朔設集先生獨後至中表戲曰上學來邪自是每歲必一至水心講席叩以所得蓋力學之士也修

廉靖滕先生宬

滕宬雲濠案一作宬通字季度吳縣人知樞密院康之孫學于水心水心異其沈敏無不洞達舉直言極諫孝宗問知世家甚悅已而召試考官謂其輕己罷之其後累薦韓侂胄又忌之先生知其意曰吾焉用溟涬風波閒哉遂不出水心奏賜廉靖處士之號晚居吳之齊門窮僻處官于吳者知其賢多就見之清語終日不及私修

侍郎孟先生猷

孟猷字良甫隆祐太后曾姪孫而信安郡王孫也居吳水心入吳先生兄弟最先至恭謹退遜不異寒士其學以觀省密察為主外所涉歷皆切于心身所覺知皆反于性凡情偽錯陳橫逆忽來幾若無所嬰拂而筋骸之束肌膚之會常得由于順正其專悟獨了動用不窮有非簡策所載者其立朝無黨與中立不倚士大夫敬愛之累官至籍田令時學禁正興建安長沙金華永嘉象山諸弟子多入錮籍且盡獨先生超然不豫然以是不欲官中朝請外補累遷至知信州及學禁漸弛諸君子稍賜環先生亦入為都官郎累遷至尚右郎兵議起永嘉弟子與之者多先生亦被使出淮東及事罷貶斥者多獨先生無及之者蓋其平心無競不立岸限故能立于禍患之表其後入為軍器監累遷至刑部侍郎然亦終不為當國者所容出知婺州已

而以直龍圖閣將漕江東尋奉祠卒先生喜爲詩有孟侍郎集尤愛汲引後進戶外之屨恆滿水心于先生之學惜其尚未能盡究古今之變博達倫類然以先生所得觀之蓋有用功于內者雖源流出于水心而其實自得爲多水心之言不足爲先生惜也修

知軍孟先生導

孟導字達甫侍郎良甫之弟也水心嘗曰予講學葑門紅藥被野如菜俊流數十論難捷至良甫最簡時然後言而達甫尤簡或終席不一語衆莫測其所至閱與言時事無一不精切累官大理正知嚴州先生所至皆有聲性介甚一絲之餽一縷之謁無逮門者而敏甚弊山訟海皆得其情以聚財爲諱以察冤爲急出之以和平中正故自淳熙以後議擇理繁劇之臣先生未嘗不在選中然執政者曰此大儒先生所爲才非吾所爲才也卒不果用再知臨江軍復爲忌者所論罷而先生亦無意于當世矣閒居靜坐隱几噓嗒驗學講德戒其子曰先后遺家多難再興家室俯仰百年而隆祐之澤遠矣若等衣食其力毋得與戚畹齒仕必由平進學必依癯儒麤糲適口則膏粱疏毳褐附身則綺羅贅矣時以爲名言修

監當邵先生持正

邵持正字子文平陽人以父致仕恩爲監當水心初講學先生卽在學舍中其後所至皆從之神暇語簡不輕變聲色工于歌詩駢體沈淪下吏不永其年水心深痛惜之修

陳先生昂（祖堯英）

陳昂平陽人其大父堯英嘗三上書闕下論恢復事斥和議高宗令宰相召問長揖直指宰相奏罷之又三上書政府詆其誤國者也先生從水心三十年修

知州趙嬾菴先生汝讜

趙汝讜（雲濠案讜一作讜）字蹈中大梁人爲水心文集序少倜儻有智略水心嘗過其家勸之曰名門子安可不學先生自是折節讀書與兄汝談齊名以恩補承務郎歷監行右藏西庫疏訟趙忠定寃忤胄使胡紘攻之坐廢十年登嘉定進士後知温州居官有政績嘗言宗子不忘君孝子不辱身臨難則功業當如朱虛立身當如子政云修

監倉夏先生庭簡

夏庭簡字廸卿黃巖人也以進士授長溪簿少喜讀書林叔和趙幾道皆愛之往來長溪遂受業水心之門語不妄發問則博辯在官有

能聲調監臨安鹽倉卒　補

鹽官王拙齋先生大受

王大受字宗可一字拙齋饒州人也居吳水心弟子工詩水心稱之爲人豪邁頗以經濟自負吳開府琚客之以異姓恩澤奏爲紹興鹽官初過宮之諫浮言盈市先生因開府密奏孝宗陛下惟一子不審處利害恣國人騰口取名于家計大不便且羣臣以父子禮故諍不敢止陛下何不出手詔曰皇帝體不安朕所深知也卿且弗言須秋涼朕自擇日與皇帝相見也孝宗喜其策卽令琚擬進手詔會宴駕不果黨錮之禍作胡紘等欲一網盡之先生令開府密言于憲聖調劑其中事祕無人知者徐忠文公徙南安蔡璉言其謀爲不軌先生力調護之一日侂冑女歸寧忽致忠文書侂冑發函黯然卽移袁州尋歸故郡皆先生所爲也開禧議和侂冑欲用先生先生謂金以首謀爲言通軍前書宜勿用平章銜姑以陳自強主之金問則答以今已避位侂冑疑其建明漸廣不從史彌遠之誅韓也水心門下士豫之者三人其二爲趙蹈中兄弟其一卽先生也于是吳鋼白上其父開府調劑二宮之功且言先生實與密謀先生故負氣嘗得罪于樓宣獻公之兄又誚宣獻之文宣獻頗短之于彌遠而嗣秀王師揆言

于朝曰王大受一布衣凡國之大謀皆欲討分彌遠亦畏先生之才氣命去袍笏編置邵武吳鋼不敢復言先生遂放浪于詩以終其身水心爲之序 補

祖望謹案水心之門有爲性命之學者有爲經制之學者有爲文字之學者先生欲以事功見其門庭蓋又別爲一家惜乎未竟其用也又案先生亦預誅韓之謀

鄧求齋先生傳之 附師曾丰

鄧傳之字師孟永豐人也年十三能作賦十七從前輩曾丰幼度遊所稱撙齋先生者也以族父約禮官永嘉因登水心之門歸作求齋記欲自求于內收放心于外又曰博約卽顏子之所樂也二十一歲而卒周益公痛惜之所著有求齋稿易繫辭說一卷 補

縣令宋先生駒

宋駒字廐父宣獻公之後也南渡後居紹興乾淳之閒諸儒有以觀心空寂之學起默視危拱無所論詰忽見道體者先生未信學于水心乃從事于古今倫貫物變終始所當究極用功甚銳家居或踰月不出野宿或兼旬不返以讀書爲樂由進士知壽春縣卒 補

學博王先生度

王度字君玉會稽人也學于水心以太學上舍入對問同舍時事所宜言則皆搖首曰草茅諸生何預時事乎曰不然罷賢良策進士當世要務無不畢陳自熙寧行之矣且更待何日于是暢所欲言而竟以此失上第教授舒州戶外之屨恆滿侍從薦之用爲太社令遷太學博士將召對益欲發舒以疾卒補

領衞厲先生仲方

厲仲方字約甫原名仲詳東陽人也從水心學不遠千里同行獨閉一室未嘗窺戶以武學諸生舉第一任領衞官召試閤門舍人而先生非所好也尋出知安豐軍時韓侂胄謀開邊諜妄言金衰亂而先生適奏淮北飢民多叩關求接應者然非如諜者之導以用兵也侂胄遽從夜半下其議據以起事于是論者以咎先生召還閤門出知和州權知廬州時方北伐先生以能被選俄召授左領衞中郎將金人內犯朝議憂在江北以先生防守建康先生有將才其在安豐種桑數十萬株墾田數千頃置歷陽軍實甚衆後人卒用其所造九牛弩射殺金驍將于城下又用其所製戰車敗之清水水心帥建康訪士于先生曰田琳可乃以之戍合肥而金不敢犯然先生未嘗識琳也金人屯定山十餘萬先生募石斌賢夏侯成再破走之金人留六

合水心令先生往解圍則曰鹵且退矣不數日而果然已而復還領衞臺臣劾其附會開邊罷官奉祠尋徙邵州先生慷慨自喜少爲陳同甫壻又從水心素留意于事功之學故所至有稱自侂胄死凡豫于開邊之役者不原其人之本末皆擊去之雖水心有所不免而先生竟以此死于邵州君子惜之修

常博戴先生栩

戴栩字文子永嘉人岷隱先生族子也學于水心得其旨要故明經之外亦高于文嘗云詩壞于衞宏之序春秋誤于公羊之傳易淆于三聖繫爻彖象之互入書失于孔壁序傳簡編之相亂周禮特周公大約之書當時有未必盡行者所著有五經說諸子辯論東都要略戴博士集成嘉定進士累官祕書郎湖南安撫司參議官太常博士補

知州孔靜樂先生元忠父道

孔元忠字復君商河人也父道遷居長洲靖康末以知兵于何灌不見用南渡復從張俊有功煬王南下能以孤軍守鹽城嘗歎士大夫鮮盡忠者故名子皆以忠先生少讀論語謂其父曰率而行之可不媿教忠之訓矣水心先生官吳門見先生所著論語說而奇之遂從

受業其見賞亞于周南仲以世勛入仕累調含山尉水心將漕欲挽以自助先生謂巡尉法不出差監司宜守法不宜任意水心是之不強也已而鎖廳登進士第先生初不欲以右班官自見將應詞科至是乃止知金壇縣有善政不久爲忌者所中罷改授淮西總領所藥局通判常州已而通判臨安府皆有聲遷太常寺主簿大饗閱樂疏言本寺鐘磬于十二律之外有黃鍾大呂太蔟夾鍾四清聲而他律無之清聲者子聲也商角之不可勝宮猶臣民之不可勝君當黃鍾之林鍾八律爲宮之時宮律俱長商角促短于理爲順惟夷則南呂爲宮則黃鍾大呂爲角角長于宮而民勝君無射應鍾爲宮則黃鍾大呂爲商太蔟夾鍾爲角商角並長于宮而臣民俱勝君故作樂當此四律爲宮則殺其黃鍾大呂太蔟夾鍾四正聲而用其四子聲仁宗皇帝嘗行之詔旨近世頗失此意非所以尊君乞行整正從之除太府寺丞歷知徽州處州皆以寬厚勤慎得民以疾奉祠先生和平無所矯亢而臨事以果嘗曰譽極而毀生利形而害起又曰溺名則違道爲利則忘義既致其事題其燕居之室曰靜樂其所著書曰豫齋集二十卷論語鈔十卷祭編五卷編年通攷七十三卷書纂二卷攷古類編四卷緯書類聚二卷補

進士袁先生聘儒

袁聘儒建安人紹熙進士水心之徒嘗述水心易說補

梓材謹案先生字席之紹熙癸丑進士陳直齋書錄解題述釋葉氏易說一卷謂正則爲習學記言易乃席之述釋

文懿趙南塘先生汝談別見滄洲諸儒學案

葉靖逸先生紹翁

葉紹翁號靖逸龍泉人雲濠案厲鶚宋詩紀事稱先生字嗣宋建安人攷甲錄所載高宗航海一條自稱本生祖曰李頴士建之浦城人則建安其祖籍旣嗣于葉始居龍泉其學出于水心而西山眞氏與之最厚嘗著四朝聞見錄補

縣令毛先生當時

毛當時知同安縣祠朱子嘗學于水心補

張先生垓

張垓字伯廣金華人也師事水心所以資給之者甚至水心帥建康辟爲司屬先是大愚得罪先生棄官追至信安爲之謀其行李同甫之被誣罪且不測先生奔走經營卒脫之補

忠文周先生端朝別見嶽麓諸儒學案

通直陳潛室先生埴別爲木鐘學案

忠肅陳先生韡

陳韡字子華侯官人朱呂門人孔碩之子也嘗從水心學登開禧進士賈涉開淮閫辟爲司幹官淮西告捷先生策金人必專向安豐而分兵綴諸郡使卞整張惠李汝舟范成進各以其兵屯廬州以待諭曰金將盧鼓搥新勝于潼關乘銳急戰當持久困之不過十日必遁設伏邀擊之必可勝又使時青夏全侯金人深入以輕兵擣其巢穴第一策也其後金人果犯安豐先生再如盱眙見劉琸調諸軍擣虛應援皆行先生之策遂有堂門之捷差知眞州提點淮東刑獄遷至倉部郎中入對言臣所陳夏周漢唐數君之事如布德兆謀任賢使能信賞必罰區處藩鎮不事姑息規摹莫大于此盜起閩中帥王居安屬其提舉四隅保甲先生有親喪辭之轉運使陳汶提舉常平史彌忠告急于朝謂非先生莫可平起知南劍提舉汀州邵武兵甲公事詔兼福建路招捕使賊急攻汀州淮西帥曾式中調兵由泉漳閒道入汀擊賊于順昌勝之兵大合先生親提兵至沙縣順昌將樂清流宣化督捕所至克捷分兵進攻五賊營砦平之破潭瓦磜賊起之地夷其巢穴誅汀州叛卒諭降連城七十二砦汀境皆平兼知建寧

衢州寇汪徐來二破常山開化勢張甚先生命淮將李大聲提兵七百出賊不意夜薄其砦賊出迎戰見算子旗驚曰此陳招捕軍也皆大哭急擊之衢寇悉平知隆興贛寇陳三槍據松梓山砦出沒江廣所至屠殘詔節制江西廣東福建三路捕寇軍馬先生奏遣將劉師直扼梅州齊敏扼循州自提淮西兵及親兵擣賊巢穴兼知贛州斬將士之張皇賊勢及掠子女貨財者齊敏李大聲所至克捷分兵守大石堡斷賊糧道遂破松梓山三槍遁至興寧就禽斬隆興市初賊跨三路數州六十砦至是悉平詔獎以忠勤體國計慮精審進權工部侍郎仍知隆興未幾改知建康還權工部刑部尚書沿江制置大使知潭州召為兵部禮部尚書兼侍讀累拜參知政事知樞密院事湖南安撫大使兼知潭州以觀文殿學士知福州召赴闕落致仕充體泉觀使授福建安撫大使兼知福州久之提舉沖佑觀力請致仕景定二年卒年八十三贈少師謚忠肅 參史傳

戴先生許

蔡先生仍 合傳

戴許蔡仍與王汶皆水心之徒也水心嘗送之序云戴許蔡仍王汶來自黃巖從王誠叟學 參水心文集

少卿吳荊溪先生子良見下篔窗門人

劉氏門人

學士余先生嶸

余嶸字景瞻龍游人左相忠肅公端禮之幼子也幼學于劉靖君淳熙十四年擢第官至寶謨閣學士卒贈龍圖閣學士光祿大夫忠肅在慶元保全定策國老平停僞學禁錮號南渡名宰先生接緒言而傳心印克爲名卿真西山陳復齋尤敬重焉參劉後村集

附錄

劉漫堂通侍郎書曰與人之誦在閩惟希元在浙惟侍郎然謂希元與人太寬而決擇或有未精侍郎持己太嚴而聽受或有未廣未精則施行或誤未廣則聽受或偏某莫知其言之中否若必待知其中而後言則已晚矣故姑言之惟姑聽而姑容之補

梓材謹案謝山錄漫堂集此條作通徐侍郎嶸以時地考之蓋即先生而誤余爲徐也

王氏門人

尚書尤木石先生焴

尤焴字伯晦無錫人文簡公袤之孫也先生端平初徵爲將作監主

簿後爲淮西帥以儒者守邊威惠兼濟累進工部尚書入爲翰林學
士卒年八十三自號木石參姓譜

祕書薛先生蒙

薛蒙官祕書與尤焴並王誠叟門人誠叟春秋傳紀二子守建與括
皆爲刊于學參溫州府志

戴先生許

蔡先生仍

王東谷先生汶並見水心門人

篔牕門人季節四傳

少卿吳荊溪先生子良

吳子良字明輔號荊溪臨海人寶慶進士官至湖南運使太府少卿
忤史嵩之幼從篔牕學亦嘗登水心之門篔牕之統傳于先生所著
有荊溪集其作隆興府學三賢堂記有曰道公溥不可以專門私學
深遠不可以方冊既貫羣聖賢之旨可以會一身心之妙充一身心
之妙可以補羣聖賢之遺孰爲異孰爲同哉合朱張呂陸之說溯而
約之于周張二程合周張二程之說溯而約之于顏曾思孟合顏曾
思孟之說于孔子則孔子之道卽堯舜禹湯文武之道孔子之學卽

皐益伊仲傅箕周召之學百聖而一人萬世而一時尚何彼此戶庭之別哉修

謝山跋木筆雜鈔後曰木筆雜鈔二卷諸書目皆云不知作者愚讀其書乃水心先生弟子故于永嘉諸公行事爲詳而所嚴事者則陳簣牕書中有云予少時好爲譏切之文簣牕袖以示水心水心曰雋甚吾鄉薛象先端明當吳之時未有吳之筆也吳似王逢原惜其好罵亦如之愚攷之水心集中有答吳明輔書乃簣牕表弟當卽斯人也案明輔名子良後村集中有其挽詩曰水心文印雖傳嫡青出于藍自一家尚意祥麟來泰時安知怪鵩賦長沙忤因宮妾頭無髮去爲將軍手汗韡他日史官如立傳先書氣節後辭華其爲當時直節侍臣如此而宋史不作傳可怪也

聘君車玉峯先生若水別見南湖學案

孫氏家學

忠敏孫先生嶸叟

孫嶸叟字仁則餘姚人第進士復中博學宏辭科官至禮部侍郎兼太子賓客卒謚忠敏著有讀易管見參紹興府志

吳氏門人 季節五傳

承直舒閬風先生嶽祥

舒嶽祥字舜侯一字景薛寧海人也寶祐進士仕終承直郎受文法于吳荊溪荊溪序其集以異稟靈識稱之宋亡避地四明之奉化與戴表元相友善所著有史述漢砭補史家錄蓀墅稿避地稿篆畦稿蝶軒稿梧竹里稿三史纂言談叢又有叢續叢殘叢隸 雲濠案叢隸當是叢肆之誤 昔游錄深衣圖說共二百二十卷通曰閬風集 雲濠案永樂大典本閬風集十二卷收入四庫今多不傳然自水心傳于篔牕以至荊溪文勝于學閬風則但以文著矣 修

祖望謹案荊溪序閬風集以所傳屬之築閬風臺讀書其上人稱閬風先生亦有宋之遺民也

隱君劉樗園先生莊孫

劉莊孫字正仲寧海人也其文學與舒閬風齊名亦荊溪弟子所著有劉黃陂集 雲濠案清容居士稱先生有易志十卷詩傳音旨補二十卷書傳上下篇二十卷周官集傳二十卷春秋本義二十卷復著論語章指老子發微楚辭補注音釋深衣考所爲詩文曰芳潤稿凡五十卷又和陶詩一卷 與閬風同避地于奉化今但存姓氏于剡源

集而已補

梓材謹案戴剡源集清容齋記云清容從遊之賢者天台劉君正仲父以夷惠清和之說爲齋銘又有和劉正仲詩自註云劉號㮀園則先生又與戴戶部相友善者也又案謝山修補學案以先生爲名惔字正仲攷任松鄉集謹齋記云上虞劉惔養明故侍御史忠公之猶子也蓋名惔者別一人今據清容等集以正之

舒氏門人 季節六傳

戶部戴剡源先生表元 別見深寧學案

林先生處恭

林處恭臨海人也性行醇篤受業于舒閬風所著有四書指掌圖弟子極盛水心之學至閬風師弟後無復存矣補

宋元學案卷五十五

龍川學案表

陳亮
鄭氏芮氏門人
徐氏再傳
安定四傳

喻民獻

喻偘

喻南強

吳深

子 遂

孫 思齊
附從父天澤

黃景昌

子 樗

方鳳

黃溍
別見滄洲諸儒學案

吳萊

宋濂

胡翰
並見北山四先生學案

柳貫
別見北山四先生學案

林慥

陳頤

錢廓

郎景明 父鵬舉

方坦

陳檜

陳猛

金潚

淩堅

謝翺 父鑰 並全歸講友

黃景昌 見上 全歸門人

吳貴

黃景昌 見上 全歸門人

何大猷

劉範

徐碩

孫貫

章湜

章濤

章渭

章海

樓應元
父氏範

胡括

章椿

章與

章允

周擴
呂約
盧任
周作
何凝

厲仲方 別見水心學案
丁希亮 別見水心學案
陳剛 別見槐堂諸儒學案

呂祖謙 別爲東萊學案
薛季宣 別爲艮齋學案
葉適 別爲水心學案
並龍川講友
倪樸
龍川學侶

王自中——彭仲剛別見麗澤諸儒學案

龍川同調

宋元學案卷五十六

餘姚黄宗羲原本　　後學慈谿馮雲濠校刊

男百家纂輯　　鄞縣王梓材重校

鄞縣全祖望修定　　道州何紹基重刊

龍川學案

祖望謹案永嘉以經制言事功皆推原以爲得統于程氏永康則專言事功而無所承其學更粗莽掄魁晚節尤有慚德述龍川學案梓材案是卷本稱永康學案謝山定序錄改稱龍川又案龍川在太學嘗與陳止齋等爲芮祭酒門人又先生祭鄭景望龍圖文稱之曰吾鄭先生則先生亦在鄭氏之門矣

鄭芮門人季節再傳

文毅陳龍川先生亮

陳亮字同甫永康人學者稱爲龍川先生生而目光有芒爲人才氣超邁喜談兵議論風生下筆數千言立就隆興初與金人約和天下欣然幸得蘇息獨先生以爲不可婺州方以解頭薦因上中興五論奏入不報已而退修于家學者多歸之益力學著書者十年先是先生嘗圜視錢塘喟然歎曰城可灌爾蓋以地下于西湖也至是孝宗

即位蓋十七年矣亮更名同詣闕上書其略云請爲陛下陳國家立政之本末而開今日大有爲之略論天下形勢之消長而決今日大有爲之機書奏孝宗赫然震動用种放故事召令上殿將擢用大臣交沮之乃有都堂審察之命待命十日復上書言三事欲官之先生曰吾欲爲社稷開數百年之基寧用以博一官乎亟渡江而歸日落魄醉酒醉時戲爲大言一士欲中之以其事首刑部侍郎何澹澹即繳狀事下大理笞掠誣服爲不軌事聞孝宗知之陰遣左右廉知其事遂得免居無何家僮殺人于境適被殺者嘗辱先生父其家疑之聞于官復下大理時辛幼安棄疾羅春伯點素高先生才援之尤力復得免又與鄉人宴會同坐者暴死復下大理又得出先生自以豪俠屢遭大獄歸家益勵志讀書所學益博其學自孟子後惟推王通嘗曰研窮義理之精微辨析古今之同異原心于秒忽較理于分寸以積累爲工以涵養爲主睟面盎背則于諸儒誠有愧焉至于堂堂之陳正正之旗風雨雲雷交發而並至龍蛇虎豹變見而出沒推倒一世之智勇開拓萬古之心胸自謂差有一日之長與朱文公熹論皇帝王霸之學文公雖不與而亦不能奪也先生感孝宗之知復上疏時將內禪不報由是在廷交怒以爲狂怪光宗策進士先生以君

道師道對且曰臣竊歎陛下之于壽皇莅政二十有八年之閒寧有一政一事之不在聖懷而問安視寢之餘所以察詞而觀色因此而得彼者其端甚衆亦既得其機要而見諸施行矣豈徒一月四朝而以爲京邑之美觀也哉時上不朝重華宮羣臣迭諫皆不聽喜先生策謂善處父子之閒擢第一既知爲亮又喜曰朕擢果不謬孝宗在南內寧宗在東宮聞之皆喜授簽書建康府判官廳公事未上一夕卒吏部侍郎葉水心請于朝官其子非故典也端平初謚文毅修

百家謹案永嘉之學薛鄭俱出自程子是時陳同甫亮又崛興于永康無所承接然其爲學俱以讀書經濟爲事嗤黜空疏隨人牙後談性命者以爲灰埃亦遂爲世所忌以爲此近于功利俱目之爲浙學

陳同甫集

自孟荀論義利王霸漢唐諸儒未能深明其說本朝伊洛諸公辨析天理人欲而王霸義利之說于是大明然謂三代以道治天下漢唐以智力把持天下其說固已使人不能心服而近世諸儒遂謂三代專以天理行漢唐專以人欲行其閒有與天理暗合者是以亦能久長信斯言也千五百年之閒天地亦是架漏過時而人心亦是牽補

度日萬物何以阜蕃而道何以常存乎故亮以爲漢唐之君本領非不洪大開廓故能以其國與天地並立而人物賴以生息惟其時有轉移故其閒不無滲漏曹孟德本領一有蹺欹便把天地不定成敗相尋更無著手處此卻是專以人欲行而其閒或能有成者有分毫天理行乎其閒也諸儒之論爲曹孟德以下諸人設可也以斷漢唐豈不冤哉高祖太宗豈能心服于冥冥乎天地鬼神亦不肯受此架漏謂之雜霸者其道固本于王也諸儒自處者曰義曰王漢唐做得成者曰利曰霸一頭自如此說一頭自如彼做說得雖甚好做得亦不惡如此卻是義利雙行王霸並用如亮之說卻是直上直下只有一箇頭顱做得成耳卽如太宗亦只是發他英雄之心誤處本秒忽而後斷之以大義豈右其爲霸哉發出三綱五常之大本截斷英雄差誤之幾微而來諭乃謂非三綱五常之正是殆以人觀之而不察其言也孟子終日言仁義而與公孫丑論勇如此之詳蓋擔當開廓不去則亦何有于仁義氣不足以充其所知才不足以發其所能守規矩準繩而不敢有一毫走作傳先民之說而後學有所持循此子夏所以分出一門而謂之儒也成人之道宜未盡于此故後世所謂有才而無德有知勇而無仁義者皆出于儒者之口亮以爲學者學

爲成人而儒者亦一門戶中之大者耳祕書不教以成人之道而教以醇儒自律豈揣其分量止于此乎不然亮猶有遺恨也鄖如以下

全氏補

張釆謹案龍川于王霸二字未究端委故于諸儒之論不肯降服且如三代而下漢文宋仁最近仁義然謂其能治人欲否龍川必欲以曹操一輩爲人欲則其說人欲淺矣

昔者三皇五帝與一世共安于無事至堯而法度始定爲萬世法程禹啓始以天下爲家而自爲之有扈氏不以爲是也啓大戰而後勝之湯放桀于南巢而爲商武王伐紂取之而爲周武庚挾管蔡之隙求復故業諸嘗與武王共事者欲修德以待其自定而周公違衆議舉兵而後勝之夏商周之制度定爲三家雖相因而不盡同也五霸之紛紛豈無所因而然哉老莊氏思天下之亂無有已時而歸其罪于三王而堯舜僅免耳使若三皇五帝相與共安于無事則安得有是紛紛乎其思非不審而孔子獨以爲不然三皇之化不可復行而祖述止于堯舜而三王之禮古今之所不可易萬古之所當憲章也芟夷史籍之煩辭刊削流傳之訛謬參酌事體之輕重明白是非之疑似而後三代之文燦然大明三王之心迹皎然不可誣矣後世徒

知尊慕之而學者徒知誦習之而不知孔氏之勞蓋如此也當其是非未大明之時老莊氏之至心豈能遽廢而不用哉亮深恐儒者之視漢唐不免如老莊當時之視三代也儒者之說未可廢者漢唐之心迹未明也故亮常有區區之意焉而非其任耳夫心之用有不盡而無常泯法之文有不備而無常廢人之所以與天地並立而爲三者非天地常獨運而人爲有息也人不立則天地不能以獨運舍天地則無以爲道矣夫不爲堯存不爲桀亡者非謂其舍人而爲道也若謂道之存亡非人之所能與則舍人可以爲道而釋氏之言不誣矣使人人可以爲堯萬世皆堯則道豈不光明盛大于天下使人人無異于桀則人紀不可修天地不可立而道之廢亦已久矣天地而可架漏過時則塊然一物也人心而可牽補度日則半死半活之蟲也道于何處而常不息哉惟聖人爲能盡倫自餘于倫有不盡而非盡欺人以爲倫也惟王爲能盡制自餘于制有不盡而非盡罔世以爲制也欺人者人常欺之罔人者人常罔之烏有欺罔而可以得人長世者乎不失其馳舍矢如破君子不必于得禽也而非惡于得禽也範我馳驅而能發必命中者君子之射也豈有持弓矢審固而甘心于空返者乎御者以正而射者以手親眼便爲能則兩不相值而

終日不獲一矣射者以手親眼便爲能而御者委曲馳驟以從之則一朝而獲十矣非正御之不獲一而射者之不正也以正御逢正射則不失其馳而舍矢如破何往而不中哉孟子之論不明久矣往往反用爲迂闊不切事情者之地亮非喜漢唐獲禽之多也正欲論當時御者之有罪耳高祖太宗本君子之射也惟御之者不純乎正故其射一出一入而終歸于禁暴戢亂愛人利物而不可掩者其本領宏大開廓故也故亮嘗有言三章之約非蕭曹之所能教而定天下之亂又豈劉文靖之所能發哉此儒者之所謂見赤子入井之心也其本領開廓故其發處便可以震動一世不止如見赤子入井時微眇不易擴耳至于以位爲樂其情猶可以察者不得其位則此心何所從發于仁政哉以天下爲己任其情猶可察者不總之于一家則人心何所底止自三代聖人固已不諱其爲家天下矣天下大物也不是本領宏大如何擔當開廓得去惟是事變萬狀而真心易以汩沒到得失枝落節處其皎然者終不可誣耳高祖太宗及皇家太祖蓋天地賴以常運而不息人紀賴以接續而不墜而謂道之存亡非人之所能預則過矣漢唐之賢君果無一毫氣力則所謂卓然不泯滅者果何物邪道非賴人以存則釋氏所謂千劫萬劫者是真有之

矣此論正在于毫釐分寸處較得失而心之本體實非飣餖湊合以成此大聖人所以獨運天下者非小夫學者之所能知使兩程而在猶當正色明辯比見祕書與叔昌子約書乃言諸賢死後議論蜂起有獨力不能支之意伯恭曉人也自其在時固已知之矣天地人爲三才人生只是要做箇人聖人人之極則也如聖人方是成人故告子路者則曰亦可以爲成人來諭謂非成人之至誠是也謂之聖人者于人中爲聖謂之大人者于人中爲大纔立箇儒者名字固有該不盡之處矣學者所以學爲人也而豈必其儒哉子夏子張子游皆所謂儒者也學之不至則荀卿有某氏賤儒之說而不及其他論語一書只告子夏以汝爲君子儒其他亦未之聞也則亮之說亦不爲無據矣管仲儘合有商量處其見笑于儒家亦多畢竟總其大體卻是箇人當得世界輕重有無故孔子曰人也亮之不肖于今世儒者無能爲役其不足論甚矣然亦自要做箇人非專徇管蕭以下規摹也正欲攬金銀銅鐵鎔作一器要以適用爲主耳亦非專爲漢唐分疏也正欲明天地常運而人爲常不息要不可以架漏牽補度時日耳夫說話之重輕亦係其人以祕書重德爲一世所尊仰一言之出人誰敢非以亮之不肖雖孔子親授以其說纔過亮口則弱者疑之

強者斥之已願祕書平心以聽惟理之從盡洗天下之橫豎高下清濁白黑一歸之正道無使天地有棄物四時有剩運人心或可欺而千四五百年之君子皆可蓋也故亮嘗以爲得不傳之絕學者皆耳目不洪見聞不慣之辭也人只是這箇人氣只是這箇氣才只是這箇才譬之金銀銅鐵鍊有多少則器有精粗豈其于本質之外換出一般以爲絕世之美器哉故浩然之氣百鍊之血氣也使世人爭騖高遠以求之東扶西倒而卒不著實而適用則諸儒之所以引之者亦過矣

某大槪以爲三代做得盡者也漢唐做不到盡者也故曰心之用有不盡而無常泯法之文有不備而無常廢惟其做得盡故當其盛時三光全而寒暑平無一物之不得其生無一人之不遂其性惟其做不到盡故雖其盛時三光明矣而不保其常全寒暑運矣而不保其常平物得其生而亦有時而夭閼者人遂其性而亦有時而乖戾者本末感應只是一理使其田地根本無有是處安得有來諭之所謂小康者乎只曰獲禽之多而不曰隨種而收恐未免于偏矣孔子之稱管仲曰桓公九合諸侯不以兵車管仲之力也如其仁如其仁又曰一匡天下民到于今受其賜微管仲吾其被髮左衽矣說者以爲

孔氏之門五尺童子皆羞稱五霸孟子歷論霸者以力假仁而夫子稱之如此所謂如其仁者蓋曰似之而非也觀其語脉決不如說者所云故伊川所謂如其仁者稱其有仁之功用也仁人明其道不計其功夫子亦計人之功乎若如伊川所云則亦近于來諭所謂喜獲禽之多矣功用與心不相應則伊川所謂心迹元不曾判者今亦有時而判乎聖人之于天下大其眼以觀之平其心以參酌之不使當道有棄物而道旁有不厭于心者九轉丹砂點鐵成金不應學力到後反以銀爲鐵也前書所謂攪金銀銅鐵鎔作一器者蓋措辭之失耳王通有言皇墳帝典吾不得而識矣不以三代之法統天下終危邦也如不得已其兩漢之制乎不以兩漢之制輔天下者誠亂也已仲淹取其以仁義公恕統天下而祕書必謂其假仁借義以行之心有時而泯可也而謂千五百年常泯可乎法有時而廢可也而謂千五百年常廢可乎至于全體只在利欲上之語竊恐待漢唐之君太淺狹而世之君子有不厭于心者矣匡章通國皆稱不孝而孟子獨禮貌之者眼目既高于駁雜中有以得其真心故也波流奔迸利欲萬端宛轉于其中而能察其真心之所在者此君子之道所以爲可貴耳若于萬慮不作全體潔白而曰真心在焉者此始學之事耳一

生辛勤于堯舜相傳之心法不能點鐵成金而不免以銀爲鐵使千五百年之閒成一大空闕人道泯息而不害天地之常運而我獨卓然而有見無乃甚高而孤乎宜亮之不能心服也來書所謂天地無心而人有欲是以天地之運行無窮而在人者有時而不相似又謂心則欲其常不泯而不恃其不常泯法則欲其常不廢而不恃其不常廢此名言也而謂指其須臾之閒偶未泯滅底道理以爲只此便可與堯舜三代並隆而不察其所以爲之田地根本無有是處者不知高祖太宗何以自別于魏宋二武哉來書又謂立心之本當以盡者爲法不當以不盡者爲法此亦名言也而謂漢唐不無愧于三代之盛時便以爲欺罔不知千五百年之閒以何爲真心乎

亮大意以爲本領閎闊工夫至到便做得三代有本領無工夫只做得漢唐而祕書必謂漢唐並無些子本領只是頭出頭沒偶有暗合處便得功業成就其實則是利欲場中走使二千年之英雄豪傑不得近聖人之光猶是小事而向來儒者所謂只這些子殄滅不得祕書便以爲好說話無病痛乎來書所謂自家光明寶藏者語雖出于釋氏然亦異于這些子之論矣天地之閒何物非道赫日當空處處光明閉眼之人開眼卽是豈舉世皆盲便不可與共此光明乎眼盲

者摸索得著故謂之暗合不應二千年之間有眼皆盲也亮以爲後世英雄豪傑之尤者眼光如黑漆有時閉眼胡做遂爲聖門之罪人及其開眼運用無往而非赫日之光明天地賴以撐拄人物賴以生育今指其閉眼胡做時便以爲盲無一分眼光指其開眼運用時只以爲偶合其實不離于盲嗟乎冤哉彼直閉眼耳眼光未嘗不如黑漆也一念足以周天下者豈非其眼光固如黑漆乎天下之盲者能幾赫日光明未嘗不與有眼者共之利欲汩之則閉心平氣定雖平平眼光亦會開得況夫光如黑漆者開則其正也閉則霎時浮翳耳仰首信眉何處不是光明使孔子在時必持出其光明以附于長長開眼者之後則其利欲一時涴世界者如浮翳盡洗而去之天地清明赫日長在不亦恢廓灑落閎大而端正乎今不欲天地清明赫日長在只是這些子殄滅不得者便以爲古今祕寶因吾眼之偶開便以爲得不傳之絕學三三兩兩附耳而語有同告密畫界而立一似結壇盡絕一世之人于門外而謂二千年之君子皆盲眼不可點洗二千年之天地日月若有若無世界皆是利欲斯道之不絕者僅如縷耳此英雄豪傑所以自絕于門外以爲立功建業別是法門這些好說話且與留著妝景足矣若知開眼只是箇中人安得撰到此地

珍倣宋版印

位乎秘書以爲三代以前都無利欲都無要富貴底人今詩書載得如此潔淨只此是正大本子亮以爲纔有人心便有許多不潔淨革道止于革面亦有不盡概聖人之心者聖賢建立于前後嗣承庇于後又經孔子一洗故得如此潔淨秘書亦何忍見二千年閒世界塗涴而光明寶藏獨數儒者自得之更待其有時而若合符節乎還善改過聖人必欲其到底而後止若隨分點化是不以人待之也點鐵成金正欲秘書諸人相與洗淨二千年世界使光明寶藏長長發見不是只靠這些子以幸其不絕又誣其如縷也最可惜許多眼光抹漆者盡指之爲盲人而一世之自號開眼者正使眼無翳眼光亦三平二滿元靠不得亦何力使天地清明赫日長在乎 以上復朱元晦書

宗羲案止齋謂功到成處便是有德事到濟處便是有理此同甫之說也如此則三代聖賢枉作工夫功有適成何必有德事有偶濟何必有理此晦庵之說也如此則漢祖唐宗賢于僕區不遠蓋謂二家之說皆未得當然止齋之意畢竟主張龍川一邊過多夫朱子以事功卑龍川龍川正不諱言事功所以終不能服龍川之心不知三代以上之事功與漢唐之事功迥乎不同當漢唐極盛

之時海內兵刑之氣必不能免卽免兵刑而禮樂之風不能渾同勝殘去殺三代之事功也漢唐而有此乎其所謂功有適成事有偶濟者亦只漢祖唐宗一身一家之事功耳統天下而言之固未見其成且濟也以是而論則言漢祖唐宗不遠于僕區亦未始不可

二十年之閒道德性命之說一興迭相唱和不知其所從來後生小子讀書未成句讀者已能拾其遺說高自譽道非議前輩以爲不足學世之爲高者得其機而乘之以聖人之道爲盡在我以天下之事爲無所不能麾其後生惟己之向欲盡天下之說取而敎之頑然以人師自命吾深惑夫治世之安有此事而懼其流之未易禁也送王仲德序○以下全氏補

梓材謹案謝山又補錄同甫文集十二條今移入晦翁學案三條移入南軒學案一條移入止齋學案一條移入水心學案一條

爲士以文章行義自名居官以政事書判自顯各務其實而極其所至各有能有不能卒亦不敢强也道德性命之說一興而尋常爛熟無所能解之人自託于其閒以端愨靜深爲體以徐行緩語爲用務

爲不可窮測以蓋其所無一藝一能皆以爲不足自通于聖人之道于是天下之士始喪其所有而不知適從爲士者恥言文章行義而曰盡心知性居官者恥言政事書判而曰學道愛人相蒙相欺以盡廢天下之實終于百事不理而已及其徒旣衰熟視不平者合力共攻之無鬚之禍濫及平人出反之慘乃至此而予于其中受無鬚之禍尤慘送吳允成序

亮以狂豪馳騁諸公閒諸公旣教以道德性命非不屈折求合然終不近與韓无咎

世之學者玩心于無形之表以爲卓然而有見此其得之淺者不過如枯木死灰得之深者亦安知所謂文理密察之道泛乎中流無所底止猶自謂其有得豈不可哀故格物致知之學聖人所以惓惓于天下後世也夫天下何物非道千途萬轍因事作則苟能潛心玩省于所已發處體認則知夫子之道忠恕而已非設辭也

儒釋之道判然兩塗此是而彼非而溺于佛者直曰其道有吾儒所未及者否亦曰其精微處脗合無閒高明之士猶曰儒釋深處所差秒忽耳此如猩猩知酒之將殺己且罵而且飲之也夫使賊假募士之名得入帳下一旦起而縛之此李元平所以孺弄于李希烈也以

陳平王陵之事使王陵發心不欲王諸呂皎然若日月之在上不幸而以此國破身亡其心皎然如日月之不可誣也若祇欲得直聲以爲在朝諸臣皆無我若此則濟不濟皆有遺恨耳使陳平心欲劉氏之安且委曲彌縫以爲後日計卽不幸或事未濟而死此心皎然不可誣也若半私半公則進退皆罪耳夫子所謂仁者獨論其心之所主若泛然外馳雖爲善猶君子之所棄也 復呂子陽

附錄

公天資異常俯視一世常以經綸天下自任壯歲應鄉舉推爲褒然之選繼而補太學博士弟子員其生平議論以敵仇未雪爲國大恥六詣天闕上書皆主于恢復故及第後謝恩詩有云復讐自是平生志勿謂儒臣鬢髮蒼

公少以文名于天下至老方第常抱不平之恨故及第後謝宰執其啓云數十年窮居畎畝未諧豹變之懷五千言上徹冕旒誤中龍頭之選又云如某材不逮于中人學未臻于上達十年璧水一几明牕六達帝廷上恢復中原之策兩譏宰相無輔佐上聖之能荷壽皇之兼容恢漢光之大度留張齊賢以貽主上俾宋廣平而冠羣儒靜言

叨冒之多知自吹噓之力

王淮曰朱爲程學陳爲蘇學補

朱晦翁曰同甫才高氣粗故文字不明瑩要之自是心地不清和也

又曰同甫在利欲膠漆盆中

呂東萊與朱侍講書曰陳同甫近一二年來卻翻然盡知向來之非有意爲學其心甚虛補

危驪塘曰陳同甫上書氣振對策氣索蓋要做狀元也補

謝山陳同甫論曰自陳同甫有義利雙行王霸雜用之論世之爲建安之徒者無不大聲排之吾以爲是尚未足以貶同甫蓋如同甫所云是其學有未醇而尚不失爲漢以後人物孔明有王佐之才而學墮于刑名家要之固漢時一人豪也若同甫則當其壯時原不過爲大言以動衆苟用之亦未必有成迨一擲不中而嗒焉以喪遂有不克自持之勢嗟夫同甫當上書時儆屣一官且有踰垣以拒曾覿之勇而其暮年對策遂阿光宗嫌忌重華之旨謂不徒以一月四朝爲京邑之美觀何其謬也蓋當其累困之餘急求一售遂不惜詭遇而得之吾友長興王敬所嘗語予以同甫之才氣何至以一大魁爲驚喜至于對弟感

泣相約以命服共見先人于地下是蓋其暮氣已見之證豈有淺衷如此而力能成事者乎應之曰同甫之將死自其對策已徵之矣不特此數語也故卽令同甫不死天子赫然用之必不能揜其言同甫論李贊皇之才以爲倘是積穀做米把纜放船之人蓋倘有所未滿同甫之失正坐亟于求舂而不需穀亟于求涉而不需纜卒之米固不得幷其船而失之水心于同甫惜其初之疾呼納說以爲其自處者有憾而又謂使其終不一遇不免有狼疾之歎可謂微而婉者也永嘉經制之學其出入于唐漢之閒大略與同甫等然止齋進退出處之節則渺渺不可及矣卽以爭過宮言之同甫不能無愧心可謂一龍而一蛇者矣吾故曰論學之疏不足以貶同甫也至若反面事二姓之方回亦深文以詆同甫謂其登第後以漁色死非命是則不可信者同甫雖可貶然未許出方回之口況摭流俗人之傳聞以周內之哉

龍川講友

成公呂東萊先生祖謙 別爲東萊學案

文憲薛艮齋先生季宣 別爲艮齋學案

龍川學侶

倪石陵先生樸

倪樸字文卿浦江人也學者稱爲石陵先生其學大略近陳同甫談兵說劍恥爲無用之學紹興末金人有南牧之信喜曰依日月乘風雲以佐天誅此其時矣草書萬言欲以征討自效謂金可以必滅者有五不可以不滅者亦有五而滅之之策有三其事勢相關不可緩者有七所謂三策者謂兵法先發制人今金雖有意犯我而事未舉則謀未定屯戍未備宜令諸將出其不意水陸並進襲其屯戍奪其要害使中原之民知所向慕然後車駕進駐江表以壯聲援以慰中原歸附之心則黃河以南可傳檄而定所謂疾雷不及揜耳者也若大軍已舉警備已嚴當令江淮之師堂堂之衆出壽春盱眙漣水以迎其前然後一軍出荆襄一軍出陳蔡以潰河洛一軍出隴蜀入散關以據陝關洛震動賊勢分而我專何有不濟若其鋒未可當宜斂江淮之兵列江而守虛西淮之地以待之金所恃者騎耳舟楫非其所長深入吾境臨江不敢輒渡吾據江不與之戰曠日持久糧運不繼則士心危不自亂且自潰不戰而屈人之策也鄭先生伯熊見之

歎曰男子男子當是時道德性命之學盛行先生獨與同甫講明其學凡所著述但以示同甫其知先生者亦惟同甫然皆不能諧于鄉同甫既累陷罪戾先生亦廢徙筠陽久乃得赦歸同甫晚得一第終不得有發舒而先生亦以寒窶老死其所著有輿地會元四十卷備列天下山川險夷戶口虛實以證其兵戰之所出又繪之爲圖張之屋壁時時豫籌其策手指而心計冀萬一得當以用之晚雖坐廢猶著鑒轍錄五卷以痛國家禦侮用策之失聞者悲之先生卒後其所著輿地會元不傳謝皐羽嘗論定其文之可存者而吳淵穎及見其圖以爲先生足蹤所未至蓋亦未免有參差矛盾未爲盡善者但其博而有用以視黃茅白葦之徒直如曹蜍輩矣向使先生之學本之以伊洛之義理所就且將不止于此然要非今之學者所可及固未易以王霸並行而遽少之也可謂平允之論然予又嘗考東萊之卒先生貽書同甫謂宜力學以紹其後而同甫怫然不說是則同甫之護前莫能洗其膏肓之痼而先生晚年所見平實有不謬于伊洛者矣是不可不表而出之也卒之同甫附會光宗之不孝以取一第盡喪其生平而先生固窮不失其所守即此一書可以見之水心爲同甫道甫作合志以爲道甫之才等于同甫而身後之名有殊故欲同

甫以身後之力引而齊之先生直過于同甫而未有文如水心者淵穎又言之而不詳是以六百年來幾泯泯焉予爲摭拾于聲塵消歇之餘登之學錄先生或可以少紓其沈屈也夫補

雲濠謹案圭一宋元儒傳私記云先生以用兵制勝必須先審知地勢乃遍考羣書以當時州縣爲準由漢以來其間郡縣離合廢置變名易實不可按辨者皆會而歸之于一凡古今帝王之所都禹貢山川之所經春秋列國之所在與夫古今關防津要戰守會盟之地故基遺迹搜括無遺其有乖謬爲之援據引證以相參考名曰輿地會元志又推古今華夷內外境土徼塞之遠近繪爲一圖縱横各丈餘張之屋壁手指心計何地可戰何城可守常思一效其能而時無知者獨陳同甫心敬之又云謝皐羽嘗取其所著書選爲一編號曰石陵倪氏雜著蓋服其學博而有用也

龍川同調

知州王厚軒先生自中

王自中字道甫平陽人也學者稱厚軒先生其所學大略類陳同甫傲岸自喜目無世人嘗赴丞相坐有餽鹿至請賦之分韻得方字先

生搖膝朗唱曰世間此物多爲馬寶匣還宜出上方丞相慍座客多恐先生飲啖自若乾道四年議遣歸正人先生伏闕三上書言今內空無賢外虛無兵當網羅英俊廣募忠力爲中原率今之所遣是絕中原之望也時相以內空語怒因奏靖康士子伏闕幾召亂嘗著令伏闕者斬陛下即欲恕自中宜當遠竄上曰不可曰亦須編管曰不可曰送之遠郡聽讀上曰送近處乃斥之徽州上殊念先生忠諭臨安尹遣曉事人護之行是冬時相去位先生以書自通于尙書周操操奇之白其事以郊恩得自便成淳熙五年進士孝宗猶記其姓名累官分水令十年以中書舍人王藺薦召赴都堂未至上數以問近臣及見上曰望卿甚久對曰昨宰執已傳聖旨草茅微賤何自得此因反覆陳數百言徐出二疏其一曰臣嘗讀唐兵志有言蓄兵所以止亂也及其弊也反以爲亂又其甚也至困天下以養亂未嘗不爲寒心今去古既遠井田之賦不可得而論矣所可論者惟唐初國無供軍之費而軍足以待事故自貞觀至開元百三十年之間戰勝攻取伸縮如意自其法之廢天下大亂太祖皇帝有意于更革而當時議者未能遠謀故爲今日之計莫若取唐之意推而行之唐初民田皆從官給今兩淮荊襄西蜀三邊之地田之在官者往往散而爲民

田民田正數之外包占尚多朝廷務寬邊民終不敢致詰臣請言之曰營田曰力田曰屯田曰官莊曰荒田曰逃絕戶田此邊田之在官者也曰元請佃田曰承佃田曰買佃田曰自陳贖佃田此邊田之在民者也曰義勇曰神勁軍曰弓弩手曰山水砦此邊軍之在民者也州曰廂禁軍縣曰弓手鎮砦曰土軍其重地皆有戍軍此邊軍之在官者也有官軍有民軍有戍軍之地又皆有城池若可以爲固矣然有城而不能守不如無城今戍軍往來僅同逆旅人之多寡不與城稱號爲義勇者又爲生生之具一旦有警則民必先逃而軍亦不能守矣守且不能奚暇議攻臣愚謂宜盡以並邊州縣鎮砦分緩急爲三等以精卒配之多者至三五千人少者不下數百人然後以田之在民者家出一夫爲卒得免其田稅六七十畝家無常人人無常數取其強力武藝之堪充軍者而精其選使勇者知貴怯者知恥其民之田多者聽以田募客爲卒卒五人以其主戶爲伍長而免田稅二百畝十人則爲什長田愈多者軍愈衆稅愈輕而階級又愈進入則有主客之恩出則有部曲之分租課悉循其初官無所與而新募流民官吏量給之如此則主戶樂出其田募民而爲卒矣于是因民田之近于州者三十里內皆使家于州近于縣者二十里內皆使家于

縣及新種之時乃以古制卽田爲廬田事畢而後反使與所配之卒
犬牙而居不爲營而爲坊爲民者因農隙以事武爲卒者皆分爲三
番每季一上以給官司之役蓋一年之閒番上者僅四月而餘月得
自治生如是則軍民合一通饋問結婚姻皆有安居樂業之念而吾
事集矣下至鎭砦亦莫不然去州縣鎭砦遠則聚而居之爲之府如
唐法上府千二百人中府千人下府八百人立都尉將校之官爲保
障戰守之具依險負阻相度經營務合事宜名其軍曰衞府此民田
也官田則官募軍或民分屯之悉從府衞之法每屯上至千二百人
下至八百人名其軍曰屯府此官田也如是則並邊之地無一夫非
卒皆思所以保家并全骨肉卒然有戎莫不協心畢力以死敵其與
旅寓之軍聞風先潰者功相萬矣積以數年屯衞軍益強官軍缺者
勿補費益省恢復之後卽推其法于西北而屯衞之軍滿天下矣然
又當選天下忠良勤幹之賢不問文武爲之守令將帥授以方略責
以事功賢焉則久其任且使其子若孫之賢者得世其爵盡罷諸司
而專以總領者統治之通融有無品節勞逸增鼓鑄以給其資置平
糴以收其利遷移招集適于便宜者輒行于是練沿江之屯以壯邊
軍之心練二衞之軍以爲順動之備又練內地州縣軍以待不時之

需令天下皆設武學立子弟所招效士以收翹楚之才文武並用軍民雜居化民爲卒化卒爲民使其聲勢足以相接密疏足以相維四頭八尾觸處俱應敵若猖狂來寇則清野入守敵攻一處必虞諸處之師不免立營置柵分兵抄掠則所在府兵依其鄉井設伏出奇以破之若長驅深入則我表裏之軍夾而蹙之欲全師而出則我之諸軍隨而躡之持重徐行見可則止于是六飛親督侍衛之兵出臨江上氣勢既合斟酌號令明信賞罰務盡衆善無一毫舛差則北方豪傑舍二百年父母之國將安之乎孝宗領之其一則言守令也次曰除籍田令上語大臣曰朕急欲用自中可與超遷又謂大臣曰自中必有所知可令薦舉于是監察御史適闕上欲即用先生而宰相甚不喜右正言蔣繼周誣劾先生罷之然孝宗念之不衰知邵州蔡必勝陛辭上以其爲先生鄉人也謂曰人才難得王自中本無事等閑去之明年通判郢州道改知光化軍上所親擢也任滿入見光宗謂曰壽皇言卿可用以屬朕可留爲郎先生對曰朝列多不喜臣臣已累壽皇不敢復累陛下上終欲留之辭以母老乃知信州復召以御史王恬疏罷知邠州以中書謝原明之言罷知興化軍以高文虎封駁罷而先生亦遂病矣壽卒所著有王政紀原三卷列代年紀十二

卷孫子新略注二卷厚軒集五卷雲濠案謝山劄記作厚軒文集孫子新略前後序歷代紀年水心葉忠定公與同甫合志之鶴山魏文靖公又別志之止齋之言曰道甫晚年抑才爲學去智爲恬假之以年何造不深則又非同甫所可並語矣補

龍川門人季節三傳

太學喻先生民獻

喻民獻原名汝方義烏人與從子偘入太學爲諸生同甫爲其母夫人王氏志云夫人最愛幼子汝方勉使爲學又謂汝方能以學問自見于鄉里云參龍川文集

簽判喻蘆隱先生偘

喻偘字伯經原名宏義烏人其從父民獻首從同甫羣從數十人偕焉登慶元己未進士第累遷隆興觀察推官簽書鎮南節度判官請祠而歸築室夫人峯下曰蘆隱著有蘆隱類稿五十卷隨見類錄二百卷當乾道淳熙閒朱張呂陸四君子皆談性命而闢功利學者各守其師說截然不可犯陳同甫崛起其旁獨以爲不然且謂性命之微子貢不得而聞吾夫子所罕言後生小子與之談之不置殆多乎哉禹無功何以成六府乾無利何以具四德如之何其可廢也于是

推尋孔孟之志六經之旨諸子百家分析聚散之故然後知聖賢經理世故與三才並立而不廢者皆皇帝王霸之大略明白簡大坦然易行人多疑其說而未信先生獨出爲諸生倡布礫綱紀發爲詞章扶持而左右之使同甫之門惡聲不入于耳皆其功也同甫再下詔獄先生與同志極力營解卒得出之修

縣丞喻梅隱先生南強

喻南強字伯強偘之從弟也其父直方以先生與陳同甫類俾從之遊時著錄牒者歲數千百人先生周旋其閒獨能探深索隱語移日精銳鋒起同甫曰伯強凜然可畏也慶元中入太學爲富陽尉轉縉雲丞卒年七十一同甫之得罪也先生義形于色罵其同門言先生無辜受禍吾曹爲弟子當怒髮衝冠乃影響昧昧是得爲士類邪走東甌見葉水心訴寃水心曰子真義士也即秉筆爲作書數通先生又持走越袖見諸臺官誦言無忌卒直同甫之寃其爲文善馳騁下筆數千言不煩繩削而自合大篇短章恣人取去不甚愛惜惟存梅隱筆談十四卷修

梓材謹案萬氏儒林宗派陳氏學派有喻偘喻南强今據學案原表偘與南强之外又有喻宏喻寬案偘傳原名宏是一人也

中庸寬柔以教不報無道南方之強也則寬卽南強無疑同甫
誌喻夏卿墓云孫男九人有偘有寬而無南強可證也

吳先生深

吳深全歸子思齊祖其先居處之麗水先生有奇才同甫以子妻之
遂家永康

林先生慥

林慥永康人 補

陳先生頣

陳頣永康人嘗從同甫遊

錢先生廓

錢廓字叔因浦江人沈靜和雅語如不能出諸口同甫甚嘉之初先
生之兄抑任家事督先生以學而一錢不以假之或言汝兄私自爲
計則怒曰汝離閒我友昆邪兄愛我者也其于貨幣不以嬰心科舉
之事亦不甚習也獨求有得于學其卒也葉水心甚惜之 修

郎先生景明 父鵬舉

郎景明永康人其父鵬舉與鄭文肅公善 修
梓材謹案先生之父名壽鵬舉其字也遣先生從同甫遊卒年

四十七同甫爲志其墓

方先生坦

方坦浦江人同甫嘗云坦從予遊一日其父來視坦每進見予亦若諸生然其恭而篤于教子如此修

陳先生檜

陳先生猛合傳

陳檜縉雲人章侍郎服之甥與其弟猛同學于龍川者也修

金先生潚

金潚字伯清金華人從同甫遊卷五十七

淩先生堅

淩堅浦江人孤童力學其母何氏督之曰吾之不死以待汝者欲持以見汝父于地下也先生感奮卒能以學行自見同甫患難先生每關切相奔走云修

何先生大猷

何大猷字少嘉義烏人同甫之婦弟也同甫在獄營救不愛其力浙江風濤之險一日往返兩涉之幾至覆溺嘗曰吾未知前輩所謂不傳之學安在而敢自棄乎同甫又稱其事母孝事兄敬而行甚醇謹

云修

太學劉先生範

劉範金華人太學諸生原名淵雲濠案龍川誌先生父和卿墓云金華劉範十年前名淵嘗與二三子從予學有聲三舍閒同甫稱其項刻不輟于學修

徐先生碩

徐碩永康人務學不輟其文日進修

孫先生貫

孫貫字沖季永康人從事于王霸之學甚銳年二十三而卒同甫率門人盧任徐碩周擴呂約周作喻宏喻寬何凝胡括錢廓方坦臨其葬而銘之修

章先生湜

章先生濤合傳

章先生渭合傳

章先生海合傳

章湜永康人侍郎服之子也與其兄濤渭海俱從學于龍川初同甫微時聲名未立侍郎首識之即令諸子從學而先生爲叔父後補

樓先生應元父民範

樓應元東陽人也父民範工詩文與同甫善先生亦工詩文補

胡先生括

胡括永康人同甫謂其可與共學修

章先生椿

章先生與合傳

章先生允合傳

章椿永康人龍川誌其母田氏墓云始余于送往事居之禮缺然未知所圖託于講授以自衣食而章氏之子椿實左右之明年其弟與允相繼至參龍川文集

周先生擴

周擴永康人龍川嘗銘其母黃氏墓同上

呂先生約

呂約永康人龍川誌其母夫人夏氏墓云又贊呂君教其前母之子約必使自見于士林同上

盧先生任

周先生作合傳

何先生凝合傳

梓材謹案三先生並龍川門人見上孫先生貫傳

領衞厲先生仲方

丁少詹先生希亮並見水心學案

教授陳先生剛別見槐堂諸儒學案

王氏門人

提舉彭先生仲剛別見麗澤諸儒學案

吳氏家學季節四傳

知軍吳松淵先生邃

吳邃永康人全歸子思齊父累官知廣德軍學者稱爲松淵先生

松淵家學季節五傳

縣丞吳全歸先生思齊附從父天澤

吳思齊字子善永康人松淵先生子先生少穎悟倣父爲古文即可誦季父國子監丞天澤器之悉授以所學由任子入官監臨安府新城稅後調爲嘉興丞數以書與用事者言賈似道母喪不宜用鹵簿又言御史俞浙以論謝堂去職宰相附貴戚塞言路如朝廷何凡所爲要以直遂其志第知有是非不知有毀譽禍福也宋亡隱浦陽家

無儋石之儲有勸之仕者輒謝曰譬猶處子業已嫁矣雖凍餓不能更二夫也所善惟方鳳謝翺相與放遊山水閒登嚴陵山慟哭西臺自號全歸子學者尊其行爭師之年六十四手編聖賢順正考終之事曰俟命錄錄成賦詩別諸友遂卒

全歸講友

文學方存雅先生鳳 附子樗

方鳳一名景山字韶父浦陽人生有異材常出遊杭都盡交海內知名士將作監丞方洪奇其文以族子任試國子監舉上禮部不中第主閤門舍人王斌家教其二子大小登後以特恩授容州文學未幾宋亡先生自是無仕志益肆爲汗漫遊一日復遊杭大登爲暹國臣奉使上國相持泣下先生欲與俱行人勸止之先生善詩通毛鄭二家言晚遂一發于詠歌音調淒涼深于古今之感臨歿屬其子樗題其旌曰容州示不忘也嘗謂學者曰文章必眞實中正方可傳他則腐爛漫漶當與東華塵土俱盡性不喜佛老讀唐傅奕傳壯其爲人摭奕後闢異教者數十事題之曰正人心書尚未完他所著詩三千餘篇曰存雅堂稿黃晉卿吳立夫柳道傳諸文章家皆出其門樗字壽父亦精于詩參浦陽人物記

參軍謝晞髮先生翱 父鑰附門人吳貴

謝翱字臯羽長溪人父鑰通春秋先生世其學試進士不中倜儻有大節會文丞相天祥開府延平長揖軍門署諮事參軍已復別去及丞相被執以死先生悲不能禁隻影行浙水東嚴有子陵釣臺先生設丞相主再拜伏酹號慟者三乃以竹如意擊石作楚歌招之歌闋竹石俱碎性嗜佳山水雁山鼎湖蛟門候濤沃洲天姥四明金華洞天搜奇抉祕即著遊錄遊倦輒憩浦陽江源及睦之白雲村尋隱者方韶父鳳吳子善思齊晝夜吟詩不自休婺睦人士翕然從其學至元甲午去家武林西湖上明年肺疾作瀕死屬其妻曰吾去鄉千里交遊惟方韶父吳子善最親慎收吾文及吾骨授之已而韶父等至瘞之子陵臺南以文稿殉伐石表之曰粵謝翱墓無子其徒吳貴祠之月泉書院先生每慕屈平托興遠遊自號晞髮子所著手鈔詩八卷雜文二十卷唐補傳一卷南史補帝紀贊一卷楚辭芳草圖補一卷宋鐃歌鼓吹曲各一卷睦州山水人物古蹟記一卷浦陽先民傳一卷天地閒集五卷東坡夜雨句圖一卷浙東西遊記九卷參宋文憲集

全歸門人 季節六傳

黃田居先生景昌

黃景昌字清遠浦江人從方鳳吳思齊謝翱游通五經自號田居子

從黃氏補本錄入

方氏門人

文獻黃文貞先生溍 別見滄洲諸儒學案

貞文吳淵穎先生萊

吳萊字立夫浦江人集賢大學士直方子也生有奇質四歲母盛口授孝經論語輒成誦七歲能屬文族父幼敏家多書公往私挾一編歸盡夜讀竟又復往易幼敏知而視之乃漢書也幼敏指谷永杜鄴傳曰汝能記是當不汝責先生琅琅誦之不遺一字幼敏以爲偶熟此卷三易他編盡然因悉出藏書使讀之方韶父見而歎曰明敏如此子雖汝南應世叔不是過也悉以所學授焉自是益博極羣書至于制度沿革陰陽律歷兵謀術數山經地志字學族譜之屬無所不通延祐七年以春秋舉上禮部不合退居深褭山中益窮諸經之說所造愈精著述甚多 雲濠案元史本傳先生著有尚書標說六卷春秋世變圖二卷春秋傳授譜一卷古職方錄八卷孟子弟子列傳二卷楚漢正聲二卷樂府類編一百卷唐律刪要三十卷文集六十卷

他如詩傳科條春秋經說胡氏傳證皆未脫稿宋景濂胡仲子皆尊師之至元六年卒年四十四門人私謚曰淵穎先生再謚貞文百家記

文肅柳靜儉先生貫別見北山四先生學案

黃田居先生景昌見上全歸門人

謝氏門人

黃田居先生景昌見上全歸門人

吳氏門人存雅再傳

文憲宋潛溪先生濂

教授胡長山先生翰並見北山四先生學案

宋元學案卷五十六

梭山復齋學案表

陸九韶 道鄉子 庸齋弟

嚴松

徐仲誠 別見槐堂諸儒學案

陸九齡 庸齋弟 襄陵門人

沈煥 別爲廣平定川學案

袁燮 別爲絜齋學案

曾滂

子 極

李纓

鄒斌 別見槐堂諸儒學案

曹建

萬人傑 並見滄洲諸儒學案

李修己 別見二江諸儒學案

饒延年

劉堯夫 並見槐堂諸儒學案

陸九淵 別爲象山學案

梭山復齋學侶

餘姚黃宗羲原本　　後學慈谿馮雲濠校刊
男百家纂輯　　鄞縣王梓材重校
鄞縣全祖望修定　　道州何紹基重刊

梭山復齋學案

祖望謹案二陸子之學梭山啓之復齋昌之象山成之梭山是一樸實頭地人其言皆切近有補于日用復齋卻嘗從襄陵許氏入手喜爲討論之學宋史但言復齋與象山和而不同攷之包恢之言則梭山亦然今不盡傳其可惜也述梭山復齋學案

梓材案黃氏本以梭山爲金溪學案之一復齋爲金溪學案之二謝山則并稱之曰梭山復齋學案

道鄉家學

隱君陸梭山先生九韶

陸九韶字子美撫州金溪人復齋象山之兄也雲濠案象山年譜兄弟六人長九思次九敘次九皐號庸齋次卽先生而復齋象山又次之宋史以先生爲復齋弟誤學問淵粹隱居不仕與學者講學梭山因號梭山居士嘗謂晦翁太極圖說與通書不類疑非周子所爲不

然則或是其學未成時所作不然則或是傳他人之文後人不辨也蓋通書理性命章言中焉止矣二氣五行化生萬物五殊二實二本則一曰一曰中卽太極也未嘗于其上加無極二字動靜章言五行太極陰陽亦無無極之文假令太極圖說是其所傳或其少時所作則作通書時不言無極蓋已知其說之非矣晦翁不以爲然先生以其求勝不求益不復致辯詔舉遺逸諸司以先生應不赴臨終自撰喪禮戒不得銘墓有文集曰梭山日記

梓材謹案梭山之學以切于日用者爲要象山年譜述梭山日記云中有居家正本及制用各二篇可以得其要矣

梭山日記 補

古者民生八歲入小學至十五歲各因其材而歸之四民秀異者入學學而爲士教之德行愚謂人之愛子但當教之以孝弟忠信所讀須六經論孟明父子君臣夫婦昆弟朋友之節知正心修身齊家治國平天下之道以事父母以和兄弟以睦族黨以交朋友次讀史知歷代興衰治平措置之方

科舉之業志在薦舉登科難莫難于此所謂求在外者得之有命是也至通經知古今修身爲孝弟之人此有何難況既通經知古今而

應今之科舉亦無難者又道德仁義在我以之事君臨民皆合于義理

爲人孰不愛家愛子孫愛身然不克明愛之之道故終焉適以損之蓋一家之事貴于安寧和睦悠久其道在于孝悌謙遜若仁義之道口未嘗言之朝夕之所從事者名利寢食之所思者名利相聚而講究者取名利之方言及于名利則洋洋然有喜色言及于孝悌仁義則淡然無味惟思臥幸其時數之遇則躍躍以喜小有阻意則躁悶若無容如其時數不偶則朝夕憂煎怨天尤人至于父子相夷兄弟叛散良可憫也豈非愛之適以損之乎

夫謀利而遂者不百一謀名而遂者不千一今處世不能百年而乃徼幸于不百一不千一之事豈不癡甚矣哉就使遂心臨政不明仁義之道亦何足爲門戶之光邪

夫事有本末知愚賢不肖者本貧富貴賤者末得其本則末隨趨其末則本末俱廢今行孝悌本仁義則爲賢爲知賢知之人衆所尊仰簞瓢爲奉陋巷爲居己固有以自樂人不敢以貧賤而輕之豈非得其本而末自隨夫慕爵位貪財利則非賢非知非賢非知之人人所鄙賤雖紆青紫懷金玉其胸襟未必通曉義理己無以自樂人亦莫

不鄙賤之豈非趨其末而本末俱廢乎

況富貴貧賤自有定分富貴未必得則將隕穫而無以自處矣斯言或有信之者其爲益不細相信者稍衆則賢才自此而盛又非小補矣　以上居家正本

古之爲國者冢宰制國用必于歲之杪五穀皆入然後制國用量地大小視年之豐耗三年耕必有一年之食九年耕必有三年之食以三十年之通制國用雖有凶旱水溢民無菜色國既若是家亦宜然故凡家有田疇足以贍給者亦當量入以爲出然後用度有準豐儉得中怨讟不生子孫可守

今以田疇所收除租稅及種蓋糞治之外所有若干以十分均之留三分爲水旱不測之備一分爲祭祀之用六分分十二月之用取一月合用之數約爲三十分日用其一可餘而不可盡用至七分爲得中不及五分爲嗇其所餘者別置簿收管以爲伏臘裘葛修葺牆屋醫藥賓客弔喪問疾時節饋送又有餘則以周給鄰族之貧弱者賢士之困窮者佃人之饑寒者過往之無聊者毋以妄施僧道

其田疇不多日用不能有餘則一味節嗇裘葛取諸蠶績牆屋取諸蓄養雜種蔬果皆以助用不可侵過次日之物一日侵過無時可補

則便有破家之漸當謹戒之
其有田少而用廣者但當清心儉素經營足食之路于接待賓客弔喪問疾時節饋送聚會飲食之事一切不講免至干求親舊以滋過失責望故素以生怨尤負諱通借以招恥辱
居家之病有七曰笑（如笑罵戲嘘之類一本作呼如呼盧喧嚷之類）曰遊曰飲食曰土木曰爭訟曰玩好曰惰慢有一于此皆能破家其次貧薄而務周旋豐餘而尚鄙嗇事雖不同其終之害或無以異但在遲速閒夫豐餘而不用者疑若無害也然己既豐餘則人望以周濟今乃恝然必失人之情既失人情則人不佑人惟恐其無隙苟有隙可乘則爭媒蘖之雖其子孫亦懷不滿之意一旦入手若決隄破防矣
前所言存留十之三者爲豐餘之多者制也苟所餘不能三分則有二分亦可又不能二分則存一分亦可又不能一分則宜撙節用度以存贏餘然後家可長久不然一旦有意外之事必遂破家矣
前所謂一切不講者非絶其事也謂不能以貨財爲禮耳如弔喪則以先往後罷爲助賓客則樵蘇供爨清談而已至如奉親最急也啜菽飲水盡其歡斯之謂孝祭祀最嚴也疏食菜羹足以致其敬凡事

皆然則人固不我責而我亦何歉哉如此則禮不廢而財不匱矣
前所言以其六分爲十二月之用以一月合用之數約爲三十分者
非謂必于其日用盡但約見每月每日之大槪其閒用度自爲贏縮
惟是不可先次侵過恐難追補宜先餘而後用以無貽鄙嗇之譏
世所用度有何窮盡蓋是未嘗立法所以豐儉皆無準則好豐者妄
用以破家好儉者多藏以斂怨無法可依必至如此愚今考古經國
之制爲居家之法隨貲產之多寡制用度之豐儉是取中可久之制
也以上居家制用

附錄

先生隱居山中晝之言行夜必書之其家累世義居一人最長者爲
家長一家之事聽命焉歲遷子弟分任家事凡田疇租稅出內庖爨
賓客之事各有主者先生以訓戒之辭爲韻語晨興家長率衆子弟
謁先祠畢擊鼓誦其辭使列聽之子弟有過家長會衆子弟責而訓
之不改則撻之終不改度不可容則言之官府屏之遠方焉

朱子與棱山書曰伏承示諭太極之失及省從前所論卻恐長者從
初便忽其言不會致思只以自家所見道理爲是不知卻元來未到
他地位而便以己見輕肆抵排也今亦不暇細論卽如太極篇首一

句最是長者所深排然殊不知不言無極則太極同于一物而不足
爲萬化根本不言太極則無極淪于空寂而不能爲萬化根本只此
一句便見其下語精密微妙無窮而向下所說許多道理條貫脈絡
井井不亂只今便在目前而亙古亙今顚撲不破只恐自家見得未
曾如此分明直截則其所可疑者乃在此而不在彼也大抵古之聖
賢千言萬語只是要人明得此理此理既明則不務立論而所言無
非義理之言不務立行而所行無非義理之實無有初無此理而姑
爲此言以救時俗之弊者不知子靜相會曾以此話子細商量否近
見其所論王通續經之說似亦未免此病也此間近日絕難得江西
便草草布此𨚫託子靜轉致但以來書半年方達推之未知何時可
到耳如有未當切幸痛與指摘剖析見教理到之言不得不服也
顧諟謹案先生嘗有書與紫陽言太極圖說非正曲加扶振終
爲病根意謂不當于太極上加無極二字紫陽答是書而先生
之原書不可得見故載紫陽書入附錄中
朱子又與梭山書曰前書示諭太極之說反復詳盡然此恐未必生
于氣習之偏但是急迫看人文字未及盡彼之情而欲遽申己意是
以輕于立論徒爲多說而未必果當于理爾且如太極之說熹謂周

先生之意恐學者錯認太極別爲一物故著無極二字以明之此是推原前賢立言之本意所以不厭重複蓋有深指而來諭便謂熹以太極下同一物是則非惟不盡周先生之妙旨而于熹之淺陋妄說亦未察其情矣又謂著無極字便有虛無好高之弊則未知尊兄所謂太極是有形器之物邪無形器之物邪若果無形而但有理則無極只是無形太極只是有理明矣又安得爲虛無而好高乎熹之愚陋竊願尊兄少賜反復寬心游意必使于其所說如出于吾之所爲者而無纖芥之疑然後可以發言立論而斷其可否則其爲辯也不煩而理之所在無不得矣若一以急迫之意求之則于察理已不能精而于彼之情又不詳盡則徒爲紛紛而雖欲不差不可得矣然只在迫急即是來諭所謂氣質之弊蓋所論之差處雖不在此然其所以差者則原于此而不可誣矣不審尊意以爲何如子靜歸來必朝夕得款聚前書所謂異論卒不能合者當已有定說矣恨不得側聽其旁時效管窺以求切磋之益也

顧諟謹案此紫陽答先生之第二書也知先生又有書答紫陽前書今亦不可得見

梓材謹案梨洲原本此下又有朱子與象山往復五書今以其

黃東發曰梭山堅苦立學言治家不問貧富皆當取九年熟必有三年蓄之法常以其所入留十之二三備水旱喪葬不測雖忍飢而毋變宗族鄉黨有吉凶事苟財不足以助之惟助以力如先衆人而往後衆人而歸有勞爲之服之毋毀所蓄以變定規如此力行家不至廢而身不至有非理之求其說具有條理殆可推之治國者也江西并子美又號三陸補

文達陸復齋先生九齡

陸九齡字子壽金溪人學者稱爲復齋先生梭山象山其兄弟也十歲喪母哀毀若成人秦氏當國場屋無道程氏學者先生從故編得其說獨委心焉久之新博士至闡其雅以放逸自許慨然嘆曰此非吾所願學也賦詩徑歸時先生年尚未冠吏部郎襄陵許忻直道清節屏居臨川閉門少所賓接一見先生折輩行與語凡治體之升降舊章之損益前輩聞人之律度軌轍皆亹亹言之已而許公起守邵陽招先生往所以屬先生者甚厚既歸益肆力于學廣覽博咨深觀默養兄弟自爲師友和而不同休暇則與子弟適場圃習射曰是固男子之事也自是里中士始不敢鄙弓矢爲武夫末藝廬陵有寇警

旁郡皆入保請先生主之門人多不悅先生曰古者比閭之長卽五兩之卒士而恥此則豪猾武斷者專之今文移動以軍興從事郡縣欲事之集必假手主者彼乘是取必于里閈亦何所不至凡先生之所以講明屯禦者皆可爲後法而里中盜賊羣相戒曰是家射命中無取死初先生之父采温公冠昏喪祭儀行之家先生又繹先志而修明之晨昏伏臘奉盥請衽觴豆饎爨閨門千指男女以班各共其職友弟之風被于鄉社而聞于天下東書入太學太學知名之士聞聲爭願交屏所挾北面稱弟子者甚衆司業汪文定公舉爲學錄登乾道五年進士釋褐桂陽軍學教授以母老改調興國軍教授地瀕大江民寒嗇罕志學先生不以職閑自逸端槃鑊肅衣冠如臨大衆勸綏引翼士興于學學廩名存實亡簿書漫漶不可考先生爲覈實催理受輸之法白郡授有司行之士得其養甫九月以母服去服除調全州教授未上疾卒先生和順不違物而非意自不能干簡直不徇人而與居久益有味有請益者從容啓告莫不渙然閒有扞格不入者則引而不發嘗曰人之惑有難以口舌爭者言之激適固其意少需未必不自悟也屬纊之日晨興坐牀上與兄弟語猶以天下學術人才爲念少焉正襟端臥而逝東萊志其墓謂先生勇于求道之

時憤悱直前蓋有不由階序者然其所志者大所據者實公平並觀卻立四顧弗造于平平至粹之地弗措也寶慶二年特贈朝奉郎直祕閣謚文達先生之高弟曰沈煥

復齋文集補

聲氣容色應對進退乃致知力行之原不若是而從事于箋注訓詁之閒言語議論之末無乃與古之講學者異與與張敬夫

近來學者多自私欲速之說又惑于釋氏一超直入之談往往棄日用而論心遺倫理而語道適見聖謨與舍弟書又有卽身是道不假擬度之說此又將墮于無底之壑矣答傅子淵

有終日談虛空語性命而不知踐履之實欣然自以為有得而卒歸于無所用此惑于異端者也與沈叔晦

古之君子往往多出于羈艱困厄愁憂之中而其學日進某獨日以汩沒觸事接物習情客氣時起于其閒與李德遠

梓材謹案此下有與趙景明一條及謝山案語移入晦翁學案

身體心驗使吾身心與聖賢之言相應擇其最切己者勤而行之答王漢臣

治人必先治己自治莫大于治氣氣之不平其病不一而忿懥之害

爲尤大

釋氏之門亦有教律禪之異禪門亦有五家宗派何況儒釋二教安得強而同之

釋氏大抵以理爲障與吾儒之學天地懸絶 以上與王順伯

人生之迷千種萬類不可名狀而大要皆是利欲李赤入廁天下之樂于是乎在而不知其死于糞穢也 與王申伯

須磊磊落落作大丈夫淨埽平生紕繆意見 與陳德甫

貧者士之常吾友能安之則尊幼無不安者吾心微有不可安則過自此起矣天命固不可損益但自失其本心耳 與柴必勝

不知命無以爲君子此意不可不先講習習到臨利害得失無憂懼心平時胸中泰然無計較心則真知命矣 與劉淳叟

租賦利害如買絹一項吏廉則民之輸帛易而帛亦不至甚惡吏貪而受賞例則雖甚疏惡者亦不得不受于是有浮巧之民能爲甚薄之帛而加之藥如甚厚者攬子厚取其直于民而薄其價買之以輸于公揀子不敢言受領官不敢退若必使民自輸而書人戶與揀子之名于帛端而毋得使攬子者輸焉則公私兩利而其弊革矣 與汪灃

團結禦寇須聚何人可用何兵可戰如何分布營寨如何置備糧食聽誰統轄如何防堵把截若泛牒前往界前爲害未易悉數與金溪宰

射所以觀德也然后羿善射爲亂臣逢蒙善射亦殺師養由基善射而奪國李廣善射而數奇崔浩不能彎弓杜預射不穿札而皆有成功何邪

銅壺爲漏浮箭爲刻天池以注之平水以平之受水以納之而壺之制盡矣匏以載之蓮以出之華表以正之而箭之體定矣日有十二辰而八十四維閒焉歲有十二月而二十四氣分焉以土圭測日景以磁鍼辨方位而二十四位于是乎正矣日行有南北晝夜有長短而二十一箭于是乎立矣宜無地之殊也而嶽臺以南凡三徙之而箭之不用者六嶽臺以北凡三徙之而箭之增者亦六何也于維之閒于辰或以屬爲前或以屬爲後或分之而兩屬焉磁鍼之辨方位或以爲指午或以爲午之三分丙之七分或以爲丙午之閒

立政致意于常伯常任準人求于周官漫不知何職瑣瑣如攜僕綴衣牧尹亦缺焉以上策問

道者古今之正權者道之用也權之所在卽道之所在又焉有不正

者論

祖望謹案復齋先生之集明萬歷中文淵閣尙有之今則亡矣慈溪黃氏日鈔摘其語之精足警後學者及其近乎象山而可議者凡若干條予從而錄之此其語之精者也其可議者亦列于左

某日與兄弟講習往往及于不傳之旨天下所未嘗講者與汪德占

荀卿楊雄韓愈皆不世出至言性則戾近世巨儒性理之論猶或有安某乃稽百氏異同之論出入于釋老反覆乎孔子子思孟子之言潛思而獨究之煥然有明焉窮天地亙萬世無易乎此也然世無是學難以諭人

離形色而言性離視聽言動而言仁非知性者以上與章彥節

竊不自揆使天欲平治天下當今之世舍我其誰茍不用于今則成就人才傳之學者與王順伯

鵝湖示同志詩

孩提知愛長知欽古聖相傳只此心大抵有基方築室未聞無址忽成岑留情傳注翻榛塞著意精微轉陸沈珍重友朋勤切琢須知至樂在于今

象山和韻詩墟墓興哀宗廟欽斯人千古不磨心涓流積至滄溟水拳石崇成太華岑易簡工夫終久大支離事業竟浮沈欲知自下升高處眞僞先須辨只今

紫陽和韻詩德義風流夙所欽別離三載更關心偶扶藜杖出寒谷又枉籃輿度遠岑舊學商量加邃密新知培養轉深沈卻愁說到無言處不信人閒有古今

百家謹案鵝湖之會此三詩乃三先生所論學旨者其不合與論無極同蓋二陸詩有支離之詞疑紫陽爲訓詁紫陽詩有無言之說譏二陸爲空門兩家門人遂以成隙至造作言語以相訾毀然紫陽晚年乃有見于學者支離之弊屢見于所與朋友之書札考全集內不啻七八九通而陸子亦有追維曩昔麤心浮氣徒致參辰之語見于奠東萊之文以是知盈科而後進其始之流不礙殊途其究朝宗于海同歸一致矣乃謂朱陸終身不能相一豈惟不知象山有克己之勇亦不知紫陽有服善之誠篤志于爲己者不可不深考也

顧諟謹案淳熙二年呂東萊約先生及象山紫陽會于廣信之鵝湖寺先生謂象山曰伯恭約元晦爲此集正爲學術異同某

兄弟先自不同何以望鵝湖之同遂與象山議論致辯又令象山自說至晚罷先生曰子靜之說是次早象山請先生說先生曰某無說夜來思之子靜之說極是方得一詩云孩提知愛長知欽云云象山曰詩甚嘉但第二句微有未安先生曰說得恁地又道未安更要如何象山曰不妨一同起行及至鵝湖會東萊首問先生別後新功先生舉詩纔四句紫陽顧東萊曰子壽早已上子靜船了也舉詩罷遂致辯于先生象山曰某途中和得家兄此詩云墟墓興哀宗廟欽云云紫陽雖和韻大不懌朱書云鵝湖講道誠當今盛事然紫陽之門人謂以支離見斥恚不能平詬詈蠭起此朱陸之異于此益甚矣

附錄

象山語錄曰復齋家兄一日見問云吾弟今在何處做工夫某答云在人情事勢物理上做些工夫復齋應而已若知物價之低昂與夫辨物之美惡真僞則吾不可不謂之能然吾之所謂做工夫非此之謂也

朱子答張南軒曰子壽兄弟氣象甚好其病卻在盡廢講學而專務踐履于踐履中要人提撕省察悟得本心此爲病之大旨要其操持

謹質表裏不二實有以過人者惜乎自信太過規模窄狹不得取人之善將流于異學而不自知耳

百家謹案從踐履操持立腳恐不得指爲大病但盡廢講學自信太過正是踐履操持一累耳若使純事講學而于踐履操持不甚得力同一偏勝較之其病孰大孰小乎

顧諟謹案朱子此書非指踐履操持之即將流于異學也特嫌陸氏之信心太過耳若論朱子平日嘗謂司馬温公之學只恁將去無致知一段似于温公亦有不足矣然考滄洲精舍祝文則云周程授受萬里一源曰邵曰張爰及司馬學雖殊轍道則同歸遂以温公上班周程張邵以侑宣聖紫陽豈專重致知而不重力行者但先生兄弟之尊德性亦非不致知之人

楊開沅謹案鵝湖之會論及教人朱子之意欲令人泛觀博覽而後歸之約二陸之意欲先發明人之本心而後使之博覽朱以陸之教人爲太簡陸以朱之教人爲支離此兩不相合之由也然亦不過各欲明其道耳考朱子集中有祭陸子壽教授文云學非私說惟道是求苟誠心而擇善雖異序而同流如我與兄少不並游蓋一生而再見遂傾倒以綢繆念昔鵝湖之下實

云識面之初兄命駕而鼎來載季氏而與俱出新篇以示我意懇懇而無餘厭世學之支離新易簡之規模顧予聞之淺陋中獨疑而未安始聽熒于胸次卒紛繳于談端徐度兄之不可遽以辯屈又知兄必將返而深觀遂逡巡而旋返悵猶豫而盤旋別來幾時兄以書來審前說之未定曰予言之可懷逮予辭官而未獲停驂道左之僧齋兄乃枉車而來教相與極論而無猜自是以還道合志同何風流而雲散乃一西而一東蓋曠歲以索居僅尺書之兩通期杖屨之肯顧或慰滿乎予衷屬者乃聞兄病在牀亟函書而問訊并裹藥而攜將曾往使之未返何來音之不祥驚失聲而隕涕沾予袂以淋浪嗚呼哀哉今茲之歲非龍非蛇何獨賢人之不淑屢興吾黨之深嗟惟兄德之尤粹儼中正而無邪嗚呼哀哉兄則已矣此心實存炯然參倚可覺惰昏孰泄予哀一慟寢門緘辭千里侑此一尊觀此可知朱陸晚年合一卽是文不足爲定據乎

東萊柬晦庵曰子壽前日經過留此二十餘日幡然以鵝湖前見爲非梓材案謝山所錄東萊集作所見爲非甚欲著實看書講論〻心平氣下相識中甚難得也

祖望謹案東萊與同甫書亦云子壽極務實有工夫晦庵答曰子靜似猶有舊來意思子壽言其雖已轉步而未曾移身回思鵝湖講論氣勢今何止十去七八邪

先生歿東萊又與晦翁帖曰陸子壽不起可痛篤學力行深知舊學之偏梓材案謝山所錄東萊集作舊習之非求益不已乃止于此于後學極有所係也

劉靜春曰陸子壽兄弟之學頗宗無垢補

黄東發曰復齋之學大抵與象山相上下象山以自己之精神爲主宰復齋就天賦之形色爲躬行皆以講不傳之學爲己任皆謂當今之世舍我其誰掀動一時聽者多靡所不同者象山多怒駡復齋覺和平耳復齋之文猶多精語足警後學而自譽其所得則在性學至謂窮天地亙萬古無以易而世無其學難以語人視孔子之言性澹然一語而止者幾張皇矣夫既不語世莫得聞他日又謂外形色言天性外視聽言動言仁皆非知性者復齋所明性學儻在于是乎然形色固天性也而睟面盎背亦必有其所以然者視聽言動之以禮固所以爲仁也而勿視勿聽勿言勿動亦必有主宰乎其中者矣復齋之言視孔孟似頗直截也東萊誌其墓謂勇于求道有不由階序

者殆確論云復齋分教興國纔九月弟子員纔十五人才志不獲少見于世寶慶二年賜謚文達遂與象山號二陸補

祖望謹案東萊謂復齋家庭講學和而不同則固有不盡諧于象山者象山縱極口稱復齋然語錄中謂董元息被教授教解論語又壞了則固有不盡諧于復齋者而大略以不傳之學爲己任以舍我其誰自居則相同若東發謂形色必有其所以然者視聽言動必有其主宰于中者則復齋亦原未嘗抹殺此一層未可以詆之也特其詞氣有未圓者要之陸氏兄弟賢知之過辭氣多有過高遂成語病而其倚天壁立足以振起人之志氣其功亦不可沒

文安陸象山先生九淵 別爲象山學案

梭山門人 道鄉再傳

嚴先生松

嚴松字松年臨川人初師梭山先生其後遂爲存齋弟子先生所錄陸子論學語其載鵞湖之會甚詳嘗對陸子始終智聖優劣之說以爲但有先後無有優劣孟子所以云其至爾力其中非爾力乃是行文如此不成道其至爾力也其中爾巧也然畢竟致知在先力行在

後故曰始終陸子然其言先生于陸子門下視傅夢泉輩聲譽稍次然其造詣較平正云

附錄

松年嘗問梭山孟子說諸侯以王道行王道以崇周室乎行王道以得天位乎梭山曰得天位松年曰豈教之篡奪乎梭山曰民爲貴社稷次之君爲輕象山歎曰家兄平日無此議論曠古以來無此議論松年曰伯夷不見此理武周見得此理一日象山歌道之將廢自孔孟之生不能回天而易命又歌柏舟松年爲涕泗沾襟少閒又歌東皇太一雲中君松年悲泣不堪而罷

徐先生仲誠 別見槐堂諸儒學案

復齋門人 襄陵再傳

端獻沈定川先生煥 別爲廣平定川學案

正獻袁絜齋先生燮 別爲絜齋學案

曾先生滂 附子極

李先生纓 合傳

曾滂字孟博臨川人也爲人質直剛烈長于象山五六歲而與文達年相若是時陸子兄弟初談性命之學四方人士宗之者尚少先生

首師文達與李纓德章爲弟子冠象山甚愛重之子極字景建紹其家學其後以詩案謫道州語在宋史羅必元傳卒于謫所李微之爲上言得歸葬所著有金陵百詠舂陵小雅修

曹无妄先生建

萬先生人傑並見滄洲諸儒學案

知州李先生修己別見二江諸儒學案

隱君饒止翁先生延年

通判劉淳叟堯夫並見槐堂諸儒學案

李氏門人襄陵三傳

司戶鄒南堂先生斌別見槐堂諸儒學案

宋元學案卷五十七

象山學案表

陸九淵——子持之——葉元老別見鶴山學案

庸齋、庸齋弟、梭山、復齋講友、艾軒、上蔡、浦横、傳林竹軒續

楊簡別爲慈湖學案

袁燮別爲絜齋學案

舒璘別爲廣平定川學案

舒琥

舒琪並見廣平定川學案

傅夢泉

傅子雲

鄧約禮

黄叔豐並爲槐堂諸儒學案

嚴松別見梭山復齋學案

胡大時

蔣元夫並見嶽麓諸儒學案

李耆壽
曹建
萬人傑
劉孟容
劉定夫
曾祖道
符敘 並見滄洲諸儒學案
沈炳 別見廣平定川學案
又六十一人並見槐堂諸儒學案
私淑
趙彥肅——喻仲可 別見槐堂諸儒學案
姚宏中
湯巾 別爲存齋晦靜息庵學案
周可象
程紹開 別見存齋晦靜息庵學案

胡長孺別見木鐘學案

汪深

吳澄別爲草廬學案

陳苑別爲靜明寶峯學案

並陸學續傳

劉清之別爲清江學案

李浩—子肅

鄧約禮並見槐堂諸儒學案

王厚之

楊庭顯—子簡別爲慈湖學案

舒璘別爲廣平定川學案

豐誼—子有俊別見槐堂諸儒學案

羅點

黃文晟附見槐堂諸儒學案

劉恭別見廬陵學案

並象山學侶

徐誼

陳葵並爲徐陳諸儒學案

並象山同調

宋元學案卷五十八

餘姚黃宗羲原本　後學慈谿馮雲濠校刊
男百家纂輯　鄞縣王梓材重校
鄞縣全祖望修定　道州何紹基重刊

象山學案

祖望謹案象山之學先立乎其大者本乎孟子足以砭末俗口耳支離之學但象山天分高出語驚人或失于偏而不自知是則其病也程門自謝上蔡以後王信伯林竹軒張無垢至于林艾軒皆其前茅及象山而大成而其宗傳亦最廣或因其偏而更甚之若世之耳食雷同固自以爲能羽翼紫陽者竟詆象山爲異學則吾未之敢信述象山學案梓材案黃氏本以是卷爲金溪學案之三謝山則稱爲象山學案

艾軒講友

文安陸象山先生九淵

陸九淵字子靜自號存齋金溪人梭山復齋之弟也三四歲時問其父賀天地何所窮際父奇之聞人誦伊川語自覺若傷我者嘗曰伊川之言奚爲與孔子孟子之言不類讀論語卽疑有子之言支離他

日讀古書至宇宙二字解者曰四方上下曰宇往古來今曰宙忽大省曰宇宙內事乃己分內事己分內事乃宇宙內事又嘗曰東海有聖人出焉此心同也此理同也西海有聖人出焉此心同也此理同也南海北海有聖人出焉此心同也此理同也千百世之上有聖人出焉此心同也此理同也千百世之下有聖人出焉此心同也此理同也乾道八年登進士第爲呂東萊所識始至行都從遊者甚衆先生能知其心術之微言中其情多至汗下亦有相去千里素無雅故聞其概而盡得其爲人語學者曰念慮之不正者頃刻而知之卽可以正念慮之正者頃刻而失之卽爲不正有可以形迹觀者有不可以形迹觀者必以形迹觀人則不足以知人必以形迹繩人則不足以教人又曰今天下學者惟有兩途一途樸實一途議論足以明人心之邪正破學者窟宅矣一生飯次交足飯既先生謂之曰汝適有過知之乎生曰已省其規矩之嚴又如此淳熙元年授靖安主簿丁憂服闋調崇安九年以侍從薦除國子正遷敕命所刪定官輪對除將作監丞給事王信疏駁主管台州崇道觀既歸學者愈盛每詣城邑環坐二三百人至不能容結茅象山學徒復大集居山五年來見者案籍踰數千人紹熙二年除知荊門軍故事太守下車必先揭約束

延賓受牒皆有日期吏以白先生曰安用是賓至即見持牒即入無早暮于是下情盡達兩造有不持狀對辯求決者郡已大治荆門素無城壁先生以爲四戰之地遂議築之二旬而畢郡于上元設醮爲民祈福先生乃會吏民講洪範斂福錫民一章以代之發明人心之善所以自求多福者聽者莫不曉然至有泣下者二年卒官年五十四嘉定十年賜謚文安雲濠案先生著有象山集三十二卷附語錄四卷

宗羲案先生之學以尊德性爲宗謂先立乎其大而後天之所以與我者不爲小者所奪夫苟本體不明而徒致功于外索是無源之水也同時紫陽之學則以道問學爲主謂格物窮理乃吾人入聖之階梯夫苟信心自是而惟從事于覃思是師心之用也兩家之意見既不同逮後論太極圖說先生之兄梭山謂不當加無極二字于太極之前此明背孔子且并非周子之言紫陽謂孔子不言無極而周子言之蓋實有見太極之真體不言者不爲少言之者不爲多先生爲梭山反復致辯而朱陸之異遂顯繼先生與兄復齋會紫陽于鵝湖復齋倡詩有留情傳注翻榛塞著意精微轉陸沈之句先生和詩亦云易簡工夫終久大支離事業竟浮沈紫

陽以爲譏己不懌而朱陸之異益甚梓材案鵝湖之會在淳熙二年鹿洞之講在八年已在其後太極之辯在十五年又在其後梨洲說未免倒置于是宗朱者詆陸爲狂禪宗陸者以朱爲俗學兩家之學各成門戶幾如冰炭矣嗟乎聖道之難明濂洛之後正賴兩先生繼起共扶持其廢墮胡乃自相齟齬以致蔓延今日猶然借此辨同辨異以爲口實寧非吾道之不幸哉雖然二先生之不苟同正將以求夫至當之歸以明其道于天下後世非有嫌隙于其閒也道本大公各求其是不敢輕易唯諾以隨人此尹氏所謂有疑于心辨之弗明弗措豈若後世口耳之學不復求之心得而苟焉以自欺泛然以應人者乎況攷二先生之生平自治先生之尊德性何嘗不加功于學古篤行紫陽之道問學何嘗不致力于反身修德特以示學者之入門各有先後曰此其所以異耳然至晚年二先生亦俱自悔其偏重稽先生之祭東萊文有曰此年以來觀省加細追維曩昔麤心浮氣徒致參辰豈足酬義蓋自述其過于鵝湖之會也與諸弟子書嘗云道外無事事外無道而紫陽之親與先生書則自云邇來日用工夫頗覺有力無復向來支離之病其別與呂子約書云孟子言學問之道惟在求其放心而程

子亦言心要在腔子裏今一向耽著文字令此心全體都奔在册子上更不知有己便是箇無知覺不識痛癢之人雖讀得書亦何益于我事邪與何叔京書云但因其良心發見之微猛省提撕使此心不昧則是做工夫底本領本領既立自然下學而上達矣若不見于良心發見處渺渺茫茫恐無下手處也又謂多識前言往行固君子所急近因反求未得箇安穩處卻始知此未免支離與吳伯豐書自謂欠卻涵養本原工夫與周叔謹書某近日亦覺向來說話有太支離處反身以求正坐自己用功亦未切耳因此減去文字工夫覺得閑中氣象甚適每勸學者亦且看孟子道性善求放心兩章著實體察收拾此心爲要又答呂子約云覺得此心存亡只在反掌之閒向來誠是太涉支離若無本以自立則事事皆病耳豈可一向汩溺于故紙堆中使精神昏蔽而可謂之學又書年來覺得日前爲學不得要領自身做主不起反爲文字奪卻精神不爲小病每一念之惕然自懼且爲朋友憂之若只如此支離漫無統紀展轉迷惑無出頭處觀此可見二先生之虛懷從善始雖有意見之參差終歸于一致而無閒更何煩有餘論之紛紛乎且夫講學者所以明道也道在撙節退讓大公無我用不得好

勇鬬很于其閒以先自居于悖戾二先生同植綱常同扶名教同宗孔孟即使意見終于不合亦不過仁者見仁知者見知所謂學焉而得其性之所近原無有背于聖人矧夫晚年又志同道合乎柰何獨不睹二先生之全書從未究二先生之本末糠粃眯目強附高門淺不自量妄相詆毀彼則曰我以助陸子也此則曰我以助朱子也在二先生豈屑有此等庸妄無謂之助己乎昔先子嘗與一友人書子自負能助朱子排陸子與亦曾知朱子之學何如陸子之學何如也假令當日鵝湖之會朱陸辯難之時忽有蒼頭僕子歷階升堂捽陸子而毆之曰我以助朱子也將謂朱子喜乎不喜乎定知朱子必且撻而逐之矣子之助朱子也得無類是

百家謹案子輿氏後千有餘載纘斯道之墜緒者忽破暗而有周程周程之後曾未幾旋有朱陸誠異數也然而陸主乎尊德性謂先立乎其大則反身自得百川會歸矣朱主乎道問學謂物理既窮則吾知自致滃霧消融矣二先生之立教不同然如詔入室者雖東西異戶及至室中則一也何兩家弟子不深體究出奴入主論辯紛紛而至今借媒此徑者動以朱陸之辨同辨異高自位置為岑樓之寸木觀答諸葛誠之書云示諭競辯

之論三復悵然愚深欲勸同志者兼取兩家之長不輕相詆毀就有未合亦且置勿論而力勉于吾之所急又復包顯道書南渡以來八字著腳理會實工夫者惟某與陸子靜二人而已某實敬其爲人老兄未可以輕議之也世儒之紛紛競辯朱陸者曷勿卽觀朱子之言

謝山淳熙四先生祠堂碑文曰予嘗觀朱子之學出于龜山其教人以窮理爲始事積集義理久當自然有得至其所聞所知必能見諸施行乃不爲玩物喪志是卽陸子踐履之說也陸子之學近于上蔡其教人以發明本心爲始事此心有主然後可以應天地萬物之變至其戒束書不觀游談無根是卽朱子講明之說也斯蓋其從入之途各有所重至于聖學之全則未嘗得其一而遺其一也是故中原文獻之傳聚于金華而博雜之病朱子嘗以之戒大愚則詆窮理爲支離之末學者陋矣以讀書爲充塞仁義之階陸子輒咎顯道之失言則詆發明本心爲頓悟之禪宗者過矣夫讀書窮理必其中有主宰而後不惑固非可徒以泛濫爲事故陸子教人以明其本心在經則本于孟子擴充四端之教同時則正與南軒察端倪之說相合心明則

本立而涵養省察之功于是有施行之地原非若言頓悟者所
云百斤擔子一齊放者也

語錄

夫子曰吾十有五而志于學今千百年無一人有志也是怪他不得
志箇甚底須是有智識然後有志願

人要有大志常人汩沒于聲色富貴間良心善性都蒙蔽了今人如
何便解有志須先有智識始得

學者大約有四樣一雖知學路而恣情縱慾不肯爲一畏其事大且
難而不爲者一求而不得其路一未知路而自謂能知

凡欲爲學當先識義利公私之辨今所學果爲何事人生天地間爲
人自當盡人道學者所以爲學學爲人而已非有爲也

今人略有些氣燄者多只是附物原非自立也若某則不識一箇字
亦須還我堂堂地做箇人

志于聲色利達者固是小勦摸人言語底與他一般是小

大凡爲學須要有所立論語云己欲立而立人卓然有不爲流俗所
移乃爲有立須思量天之所以與我者是甚底爲還是要做人否理
會得這箇明白然後方可謂之學問

人生天地閒如何植立

循頂至踵皆父母之遺體俯仰乎天地之閒惕然朝夕求寡乎愧怍而懼弗能儻可庶幾于孟子之塞乎天地而與聞夫子人爲貴之說耳

上是天下是地人居其閒須是做得人方不枉

要當軒昂奮發莫恁地沈埋在卑陋凡下處

此理在宇宙閒何嘗有所礙是你自沈埋自蒙蔽陰陰地在箇陷穽中更不知所謂高遠底要決裂破陷穽窺測破羅網

激厲奮迅決破羅網焚燒荊棘蕩夷汙澤

彘雞終日營營無超然之意須是一刀兩斷何故縈縈如此縈縈底討箇甚麽

仰首攀南斗翻身依北辰舉頭天外望無我這般人

學者須是打疊田地淨潔然後令他奮發植立若田地不淨潔則奮發植立不得古人爲學卽讀書然後爲學可見然田地不淨潔亦讀書不得若讀書則是假寇兵資盜糧

大世界不享卻要占箇小蹊小徑子大人不做卻要爲小兒態可惜

與小後生說話雖極高極微無不聽得與一輩老成說便不然以此

見過無巧只是那心不平底人揣度便失了
顧諟謹案爲學之要首在立志志不立是猶欲築室無其基也
縱與之言學無處可說所謂朽木糞土不可雕杇第懼人患此
病證故須先激發其志氣使之知自奮厲而後有門路進步可
入故類集先生聳動開導人語載之于首蓋令人知憤而後可
啓也
論語中多有無頭柄底說話如知及之仁不能守之之類不知所及
守者何事如學而時習之不知時習者何事非學有本領未易讀也
苟學有本領則知之所及者及此也仁之所守者守此也時習者習
此也說者說此樂者樂此如高屋之上建瓴水矣學苟知本六經皆
我註脚
道徧滿天下無些小空闕四端萬善皆天之所予不勞人妝點但是
人自有病與他人隔了
人爲學甚難天覆地載春生夏長秋斂冬肅俱此理人居其閒無靈
識此理如何解得
此理塞宇宙所謂道外無事事外無道舍此而別有商量別有趨向
別有規模別有形迹別有行業別有事功則與道不相干則是異端

則是利欲謂之陷溺謂之舊窠說只是邪說見只是邪見
宇宙不曾限隔人人自限隔宇宙
萬物森然于方寸之閒滿心而發充塞宇宙無非此理
小心翼翼昭事上帝上帝臨女無貳爾心此理誠塞宇宙如何由人
杜撰得文王敬忌若不如此敬忌箇甚麽
夫子曰由知德者鮮矣要知德臯陶言亦行有九德然後乃言曰載
采采事固不可不觀然畢竟是末自養者亦須養德養人亦然自知
者亦須知德知人亦然不于其德而徒繩檢于其外行與事之閒將
使人作僞
學者要知所好此道甚大人多不知好之只愛事骨董君子之道淡
而不厭朋友之相資須助其知所好者若引其逐外即非也
君子之道淡而不厭淡味長有滋味便是欲
人不肯只如此須要有箇說話今時朋友盡須要箇說話去講
其他體盡有形惟心無形然何故能攝制人如此之甚
人心只愛去泊著事教他棄事時如猢猻失了樹便無住處
人不肯心閑無事居天下之廣居須要去逐外著一事印一說方有
精神

心不可汨一事只自立心人心本來無事胡亂被事物牽將去若是有精神卽時便出便好若一向去便壞了

格物者格此者也伏羲仰象俯法亦先于此盡力焉耳不然所謂格物末而已矣

顧諟謹案世間非無有志爲學之士顧往往有拘牽于文義依傍格式自謂能謹守操持無背正道而于自心自性昧卻靈根此如水浸石子終身無長進之日吾人爲學究致無成者大率患此故次之以指點人語使人求其本心反躬自悟不向沿門乞火此志學已後之進境也

此道非爭競務進者能知惟靜退者可入

人之精爽負于血氣其發露于五官者安得皆正不得明師良友剖剝如何得去其浮僞而歸于眞實又如何能得自省自覺

大丈夫事豈當兒戲

大人凝然不動不如此小家相

某之取人喜其忠信誠慤言似不能出口者談論風生他人所取者某甚惡之

涓涓之流積成江河泉源方動雖只有涓涓之微去江河尙遠卻有

成江河之理若能混混不舍晝夜如今雖未盈科將來自盈科如今雖未放乎四海將來自放乎四海如今雖未會其有極歸其有極將來自會其有極歸其有極然學者不能自信見夫標末之盛者便自荒忙舍其涓涓而趨之卻自壞了曾不知我之涓涓雖微卻是真彼之標末雖多卻是僞恰似檐水來相似其涸可立而待也故吾嘗舉俗諺教學者云一錢做單客兩錢做雙客

學問不得其綱則是二君一民等是恭敬若不得其綱則恭敬是君此心是民若得其綱則恭敬者乃保養此心也

人精神在外至死也勞攘須收拾作主宰收得精神在內當惻隱即惻隱當羞惡即羞惡誰欺得你誰瞞得你見得端的後常涵養是甚次第

有一段血氣便有一段精神有此精神卻不能用反以害之非是精神能害之但以此精神居廣居立正位行大道

道可謂尊可謂重可謂明可謂高可謂大人卻不自重纔有毫髮恣縱便是私欲與此全不相似

自立自重不可隨人腳跟學人言語

君子役物小人役于物夫權皆在我若在物即爲物役矣

志小不可以語大人事
今一切去了許多繆妄勞攘磨礱去圭角浸潤著光精與天地合其
德云云豈不樂哉
人共生乎天地之間無非同氣扶其善而沮其惡義所當然安得有
彼我之意又安得有自爲之意
有志于道者當造次必于是顛沛必于是凡動容周旋應事接物讀
書考古或動或靜莫不在是
有懶病也是其道有以致之我治其大而不治其小一正則百正恰
如坐得不是我不責他坐得不是便是心不在道若心在道時顛沛
必于是造次必于是豈解坐得不是只在勤與惰爲與不爲之間
小心翼翼昭事上帝上帝臨女無貳爾心戰戰兢兢那有閑管時候
精神不運則愚血脈不運則病
志固爲氣之帥然至于氣之專一則亦能動志故不但言持其志又
戒之以無暴其氣也居處飲食適節宣之宜視聽言動嚴邪正之辨
皆無暴其氣之功也
凡事莫如此滯滯泥泥某平生于此有長都不去著他事凡事累自
家一毫不得每理會一事時血脈骨髓都在自家手中然我此中卻

似箇閑閑散散全不理會事底人不陷事中
內無所累外無所累自然自在纔有一些子意便沈重了徹骨徹髓
見得超然于一身自然輕清自然靈大
優裕寬平卽所存多思慮亦正求索太過卽所存少思慮亦不正
學者不可用心太緊深山有寶無心于寶者得之
窮究磨煉一朝自省
利害毀譽稱譏苦樂能動搖人釋氏謂之八風
處家遇事須著去做若是褪頭便不是子弟之職已缺何以謂學
莫厭辛苦此學脈也
某今亦教人做時文亦教人去試亦愛好人發解之類要曉此意是
爲公不爲私
棋所以長吾之精神瑟所以養我之德性藝卽是道
人之所以病道者一資稟二漸習
惟精惟一須要如此涵養
若是聖人亦逞一些子精彩不得
大綱提掇來細細理會去如魚龍游于江海之中沛然無礙
顧諟謹案世閒學人非無見頭明亮得窺悟本體者然無仁守

之功徒憑藉虛見後然自足將所謂知及之者雖得亦失矣此種之患更易染人苟不知利滌瀉刷其始也望空捉影畫餅不可以充飢其究也鹵莽猖狂認野葛爲滋味流毒可勝道哉故終摘類鍛人語俾人知卽知卽行而後其知不爲虛見也

梓材謹案梨洲所錄象山語錄九十五條今移爲附錄者十四條移入復齋學案一條移入滄洲諸儒三條移入槐堂諸儒十一條又案象山與當時諸子論學書具載集中謝山必多采錄特其稿未全

白鹿洞講義 補

子曰君子喻于義小人喻于利

此章以義利判君子小人辭旨曉白然讀之者苟不切己觀省亦恐未能有益也某平日讀此不無所感竊謂學者于此當辨其志人之所喻由其所習所習由其所志志乎義則所習者必在于義所習在義斯喻于義矣志乎利則所習者必在于利所習在利斯喻于利矣故學者之志不可不辨也科舉取士久矣名儒鉅公皆由此出今爲士者固不能免此然場屋之得失顧其技與有司好惡如何耳非所以爲君子小人之辨也而今世以此相尚使汩沒于此而不能自拔

則終日從事者雖曰聖賢之書而要其志之所鄉則有與聖賢背而馳者矣推而上之則又惟官資崇卑祿廩厚薄是計豈能悉心力于國事民隱以無負于任使之者哉從事其閒更歷之多講習之熟安得不有所喻顧恐不在于義耳誠能深思是身不可使之爲小人之歸其于利欲之習怛焉爲之痛心疾首專志乎義而日勉焉博學審問愼思明辨而篤行之由是而進于場屋其文必皆道其平日之學胸中之蘊而不詭于聖人由是而仕必皆供其職勤其事心乎國心乎民而不爲身計其得不謂之君子乎

朱子跋曰熹率僚友與其至于白鹿書堂請得一言以警學者子靜既不鄙而惠許之至其所以發明敷暢則又懇到明白而皆有以切中其隱微深痼之病聽者莫不悚然動心焉于此反身而深察之則庶乎其可以不迷入德之方矣

辯太極圖說書

象山與朱子曰往歲覽尊兄與梭山家兄書嘗因南豐便人僭易致區區蒙復書許以卒請不勝幸甚古之聖賢惟理是視堯舜之聖而詢于芻蕘曾子之易簀蓋得于執燭之童子蒙九二曰納婦吉苟當于理雖婦人孺子之言所不棄也孟子曰盡信書不如無書吾于武

成取二三策而已矣或乖理致雖出古書不敢盡信也智者千慮或有一失愚者千慮或有一得人言豈可忽哉梭山兄謂太極圖說與通書不類疑非周子所爲不然則或是其學未成時所作不然則或是傳他人之文後人不辨也蓋通書理性命章言中焉止矣二氣五行化生萬物五殊二實二本則一曰一曰中卽太極也未嘗于其上加無極字動靜章言五行陰陽太極亦無無極之文假令太極圖說是其所傳或其少時所作則作通書時不言無極蓋已知其說之非矣此言殆未可忽也兄謂梭山急迫看人文字未能盡彼之情而欲遽申己意是以輕于立論徒爲多說而未必果當于理大學曰無諸己而後非諸人人無古今智愚賢不肖皆言也皆文字也觀兄與梭山之書已言能酬斯言矣尙何以責梭山哉尊兄向與梭山書云不言無極則太極同于一物而不足爲萬化根本不言太極則無極淪于空寂而不能爲萬化根本夫太極者實有是理聖人從而發明之耳非以空言立論使後人簸弄于頰舌紙筆之閒也其爲萬物根本固自素定其足不足能不能豈以人言不言之故邪易大傳曰易有太極聖人言有今乃言無何也作大傳時不言無極太極何嘗同于一物而不足爲萬化根本邪洪範五皇極列在九疇之中不言無極

太極亦何嘗同于一物而不足爲萬化根本邪太極固自若也尊兄只管言來言去轉加糊塗此眞所謂輕于立論徒爲多說而未必果當于理也兄號句句而論字字而議有年矣宜益工益密立言精確足以悟疑辨惑乃反疏脫如此宜有以自反矣後書又謂無極卽是無形太極卽是有理周先生恐學者錯認太極別爲一物故著無極二字以明之大傳曰形而上者謂之道又曰一陰一陽之謂道一陰一陽已是形而上者況太極乎曉文義者舉知之矣自有大傳至今幾年未聞有錯認太極別爲一物者設有愚謬至此奚啻不能以三隅反何足上煩老先生特地于太極上加無極二字以曉之乎且極字亦不可以形字釋之蓋極者中也言無極則是猶言無中也是奚可哉若懼學者泥于形氣而申釋之則宜如詩言上天之載而于下贊之曰無聲無臭可也豈宜以無極字加于太極之上朱子發謂濂溪得太極圖于穆伯長伯長之傳出于陳希夷其必有攷希夷之學老氏之學也無極二字出于老子知其雄章吾聖人之書所未有也老子首章言無名天地之始有名萬物之母而卒同之此老氏宗旨也無極而太極卽是此旨老氏學之不正見理不明所蔽在此兄于此學用力之深爲日之久曾此之不能辨何也通書中焉止矣之言

與此昭然不類而兄曾不之察何也太極圖說以無極二字冠首而通書終篇未嘗一及無極字二程言論文字至多亦未嘗一及無極字假令其初實有是圖觀其後來未嘗一及無極字可見其道之進而不自以爲是也兄今攷訂註釋表顯尊信如此其至恐未得爲善祖述者也潘清逸詩文可見矣彼豈能知濂溪者明道伊川親師承濂溪當時名賢居潘右者亦復不少濂溪之誌卒屬于潘可見其子孫之不能世其學也兄何據之篤乎梭山兄之言恐未宜忽也孟子與墨者夷之辯則據其愛無差等之言與許行辯則據其與民並耕之言與告子辯則據其義外與人性無分于善不善之言未嘗泛爲料度之說兄之論辯則異于是如某今者所論則皆據尊兄書中要語不敢增損或稍用尊兄泛辭以相繩糾者亦差有證據抑所謂夫民今而後得反之也兄書令梭山寬心游意反復二家之言必使于其所說如出于吾之所爲者而無纖芥之疑然後可以發言立論而斷其可否則其爲辯也不煩而理之所在無不得矣彼方深疑其說之非則又安能使之如出于其所爲者而無纖芥之疑哉若其如出于吾之所爲者而無纖芥之疑則無不可矣尚何論之可立否之可斷哉兄之此言無乃亦少傷于急迫而未精邪兄又謂一以急迫之

意求之則于察理已不能精而于彼之情又不詳盡則徒爲紛紛雖欲不差不可得矣殆夫子自道也向在南康論兄所解告子不得于言勿求于心一言非是兄令某平心觀之某嘗答曰甲與乙辯方各是其說甲則曰願某乙平心也乙亦曰願某甲平心也平心之說恐難明白不若據事論理可也今此急迫之說寬心游意之說正相類耳論事理不必以此等壓之然後可明也梭山氣稟寬緩觀書未嘗草草必優游諷詠耐久紬繹今以急迫指之雖他人亦未喻也夫辨是非別邪正決疑似固貴于峻潔明白若乃料度羅織文致之辭願兄無易之也梭山兄所以不復致辯者蓋以兄執己之意甚固而視人之言甚忽求勝不求益也某則以爲不然尊兄平日惓惓于朋友求箴規切磨之益蓋亦甚至獨羣雌孤雄人非惟不敢以忠言進于左右亦未有能爲忠言者言論之橫出其勢然耳向來相聚每以不能副兄所期爲媿比者自謂少進方將圖合并而承教今兄爲時所用進退殊路合并未可期也又蒙許其吐露輒寓此少見區區尊意不以爲然幸不憚下教正遠惟爲國保愛倚需柄用以澤天下

顧諟謹案梭山與紫陽論太極往還各兩書之後梭山以爲求勝不求益遂不復致辯而象山則以爲道一而已不可不明于

天下後世故代爲梭山辯之
朱子答曰前書誨諭之悉敢不承教所謂古之聖賢惟理是視言當于理雖婦人孺子有所不棄或乖理致雖出古書不敢盡信此論甚當非世儒淺見所及也但熹竊謂言不難擇而理未易明若于理實有所見則于人言之是非不翅白黑之易辨固不待訊其人之賢否而爲去取不幸而吾之所謂理者或但出于一己之私見則恐其所取舍未足以爲羣言之折衷也况理既未明則于人之言恐亦未免有未盡其意者又安可以遽絀古書爲不足信而直任胸臆之所裁乎來書反復其于無極太極之辯詳矣然以熹觀之伏羲作易自一畫以下文王演易自乾元以下皆未嘗言太極也而孔子言之孔子贊易自太極以下未嘗言無極也而周子言之夫先聖後聖豈不同條而共貫哉若于此有以灼然實見太極之真體則知不言者不爲少而言之者不爲多矣何至若此之紛紛哉今既不然則吾之所謂理者恐其未足以爲羣言之折衷又况于人之言有所不盡者又非一二而已乎既蒙不鄙而教之熹亦不敢不盡其愚也且夫大傳之太極者何也卽兩儀四象八卦之理具于三者之先而蘊于三者之内者也聖人之意正以其

究竟至極無名可名故特謂之太極猶曰舉天下之至極無以加此云爾初不以其中而命之也至如北極之極屋極之極皇極之極民極之極諸儒雖有解爲中者蓋以此物之極當在此物之中非指極字而訓之以中也極者至極而已以有形者言之則其四方八面合輳將來到此築底更無去處從此推出四方八面都無向背一切停勻故謂之極耳後人以其居中而能應四外故指其處而以中言之非以其義爲可訓中也至于太極則又初無形象方所之可言但以此理至極而謂之極耳今乃以中名之則是所謂理有未明而不能盡乎人言之意者一也通書理性命章其首二句言理次三句言性次八句言命故其章內無此三字而特以三字名其章以表之則章內之言固已各有所屬矣蓋其所謂靈所謂一者乃爲太極而所謂中者乃氣稟之得中與剛善剛惡柔善柔惡者爲五性而屬乎五行初未嘗以是爲太極也且曰中焉止矣而又下屬于二氣五行化生萬物之云是亦復成何等文字義理乎今來諭乃指其中者爲太極而屬之下文則又理有未明而不能盡乎人言之意者二也若論無極二字乃是周子灼見道體迥出常情不顧旁人是非不計自己得失勇往直前說出人不

敢說底道理令後之學者曉然見得太極之妙不屬有無不落方體若于此看得破方見得此老真得千聖以來不傳之祕非但架屋下之屋疊牀上之牀而已也今必以爲未然是又理有未明而不能盡人言之意者二也至于大傳既曰形而上者謂之道矣而又曰一陰一陽之謂道此豈真以陰陽爲形而上者哉正所以見一陰一陽雖屬形器然其所以一陰而一陽者是乃道體之所爲也故語道體之至極則謂之太極語太極之流行則謂之道雖有二名初無兩體周子所以謂之無極正以其無方所無形狀以爲在無物之前而未嘗不立于有物之後以爲在陰陽之外而未嘗不行乎陰陽之中以爲通貫全體無乎不在則又初無聲臭影響之可言也今乃深詆無極之不然則是直以太極爲有形狀有方所矣直以陰陽爲形而上者則又昧于道器之分矣又于形而上者之下復有况太極乎之語則是又以道上別有一物爲太極矣此又理有未明而不能盡乎人言之意者四也至熹前書所謂不言無極則太極同于一物而不足爲萬化根本不言太極則無極淪于空寂而不能爲萬化根本乃是推本周子之意以爲當時若不如此兩下說破則讀者錯認語意必有偏見之病聞人說有即

謂之實有見人說無卽謂之眞無耳自謂如此說得周子之意已是大煞分明只恐知道者厭其漏泄之過甚不謂如老兄者乃猶以爲未穩而難曉也請以熹書上下文意詳之豈謂太極可以人言而爲加損者哉是又理有未明而不能盡乎人言之意者五也來書又謂大傳明言易有太極今乃言無何邪此尤非所望于高明者今夏因與人言易其人之論正如此當時對之不覺失笑遂至被劾彼俗儒膠固隨語生解不足深怪老兄平日自視爲如何而亦爲此言邪老兄且謂大傳之所謂有果如兩儀四象八卦之有定位天地五行萬物之有常形邪周子之所謂無是果虛空斷滅都無生物之理邪此又理有未明而不能盡乎人言之意者六也老子復歸于無極無極乃無窮之義如莊生入無窮之門以遊無極之野云爾非若周子所言之意也今乃引之而謂周子之言實出乎彼此又理有未明而不能盡乎人言之意者七也高明之學超出方外固未易以世閒言語論量意見測度今且以愚見執方論之則其未合有如前所陳者亦欲奉報又恐徒爲紛紛重使世俗觀笑既而思之若遂不言則恐學者終無所取正較是二者寧可見笑于今人不可得罪于後世是以終不獲已而竟陳之不

識老兄以爲何如
象山答朱子曰前書條析所見正以疇昔負兄所期比日少進方圖自贖耳來書誨之諄複不勝幸甚愚心有所未安義當展盡不容但已亦尊兄教之之本意也近浙閒一後生貽書見規以爲吾二人者所習各已成熟終不能以相爲莫若置之勿論以俟天下後世之自擇鄙哉言乎此輩凡陋沉溺俗學悖戾如此亦可憐也人能宏道非道宏人此理在宇宙閒固不以人之明不明行不行而加損然人之爲人則抑有其職矣垂象而覆物者天之職也成形而載物者地之職也裁成天地之道輔相天地之宜以左右民者人君之職也孟子曰幼而學之壯而欲行之所謂行之者行其所學以格君心之非引其君于當道與其君論道經邦燮理陰陽使斯道達乎天下也所謂學之者從師親友讀書攷古學問思辯以明此道也故少而學道壯而行道者士君子之職也吾人皆無常師周旋于羣言淆亂之中俯仰參求雖自謂其理已明安知非私見蔽說若雷同相從一唱百和莫知其非此所甚可懼也何幸而有相疑不合在同志之閒宜正各盡所懷力相切磋期歸于一是之地大舜之所以爲大者善與人同樂取諸人以爲善聞一善言見一善行若決江河沛然莫之能禦吾

人之志當何求哉惟其是已矣疇昔明言善議拳拳服膺而勿失樂與天下共之者以爲是也今一旦以切磋而知其非則棄前日之所習勢當如出陷穽如避荆棘惟新之念若決江河是得所欲而遂其志也此豈小智之私鄙陋之習榮勝恥負者所能知哉弗明弗措古有明訓敢悉布之尊兄平日論文甚取曾南豐之嚴健南康爲別前一夕讀尊兄之文見其得意者必簡健有力每切敬服嘗謂尊兄才力如此故所取亦如此今閱來書但見文辭繳繞氣象褊迫其致辯處類皆遷就牽合甚費分疏終不明白無乃爲無極所累反困其才邪不然以尊兄之高明自視其說亦當如白黑之易辨矣尊兄嘗曉陳同甫云欲賢者百尺竿頭進取一步將來不作三代以下人物省得氣力爲漢唐分疏即便脫灑磊落今亦欲得尊兄進取一步莫作孟子以下學術省得氣力爲無極二字分疏亦更脫灑磊落古人質實不尚智巧言論未詳事實先著知之爲知之不知爲不知所謂先知覺後知先覺覺後覺者以其事實覺其事實故言即其事事即其言所謂言顧行行顧言周道之衰文貌日勝事實湮于意見典訓蕪于辯說揣量模寫之工依放假借之似其條畫足以自信其習熟足以自安以子貢之達又得夫子而師承之尚不免此多學而識之之

見非夫子叩之彼固晏然而無疑先行之訓予欲無言之訓所以覺之者屢矣而終不悟顏子既沒其傳固在曾子蓋可觀已尊兄之才未知其與子貢如何今日之病則有深于子貢者尊兄誠能深知此病則來書七條之說當不待條析而自解矣然相去數百里脫或未能自克淹回舊習則不能無遺恨請卒條之來書本是主張無極二字而以明理爲說其要則曰于此有以灼然實見太極之真體某竊謂尊兄未曾實見太極若實見太極上面必不更加無極字下面必不更著真體字上面加無極字正是疊牀上之牀下面著真體字正是架屋下之屋虛見之與實見其言固自不同也又謂極者正以其究竟至極無名可名故特謂之太極猶曰舉天下之至極無以加此云爾就令如此又何必更于上面加無極字也若謂欲言其無方所無形狀則前書固言宜如詩言上天之載而于其下贊之曰無聲無臭可也豈宜以無極字加之太極之上繫辭言神無方矣豈可言無神言易無體矣豈可言無易老氏以無爲天地之始以有爲萬物之母以常無觀妙以常有觀竅直將無字搭在上面正是老氏之學豈可諱也惟其所蔽在此故其流爲任術數爲無忌憚此理乃宇宙之所固有豈可言無若以爲無則君不君臣不臣父不父子不子矣楊

朱未遽無君而孟子以為無君墨翟未遽無父而孟子以為無父此其所以為知言也極亦此理也中亦此理也五居九疇之中而曰皇極豈非以其中而命之乎民受天地之中以生而詩言立我烝民莫非爾極豈非以其中而命之乎中庸言中也者天下之大本也和也者天下之達道也致中和天地位焉萬物育焉此理至矣外此豈更復有太極哉以極為中則為不明理以極為形乃為明理乎字義固有一字而數義者用字則有專一義者有兼數義者而字之指歸又有虛實虛字則但當論字義實字則當論所指之實論其所指之實則有非字義所能拘者如元字有始義有長義有大義坤五之元吉屯之元亨則是虛字專為大義不可復以他義參之如乾元之元則是實字論其所指之實則文言所謂善所謂仁皆元也亦豈可以字義拘之哉極字亦如此太極皇極乃是實字所指之實豈容有二充塞宇宙無非此理豈容以字義拘之乎中卽至理何嘗不兼至義大學文言皆言知至所謂至者卽此理也語讀易者曰能知太極卽是知至語讀洪範者曰能知皇極卽是知至夫豈不可蓋同指此理則曰極曰中曰至其實一也一極備凶一極無凶此兩極字乃是虛字專為至義卻使得極者至極而已于此用而已字方用得當尊兄最

號爲精通詁訓文義者何爲尙惑于此無乃理有未明正以太泥而反失之乎至如直以陰陽爲形器而不得爲道此尤不敢聞命易之爲道一陰一陽而已先後始終動靜晦明上下進退往來闔闢盈虛消長尊卑貴賤表裏隱顯向背順逆存亡得喪出入行藏何適而非一陰一陽哉奇耦相尋變化無窮故曰其爲道也屢遷變動不居周流六虛上下無常剛柔相易不可爲典要唯變所適說卦曰觀變于陰陽而立卦發揮于剛柔而生爻和順于道德而理于義窮理盡性以至于命又曰昔者聖人之作易也將以順性命之理是以立天之道曰陰與陽立地之道曰柔與剛立人之道曰仁與義下繫亦曰易之爲書也廣大悉備有天道焉有人道焉有地道焉兼三才而兩之故六六者非他也三才之道也今顧以陰陽爲非道而直謂之形器其孰爲昧于道器之分哉辯難有要領言辭有旨歸爲辯而失要領觀言而迷旨歸皆不明也前書之辯其要領在無極二字尊兄確意主張曲爲飾說既以無形釋之又謂周子恐學者錯認太極別爲一物故著無極二字以明之某于此見得尊兄只是強說來由恐無是事故前書舉大傳一陰一陽之謂道形而上者謂之道兩句以是粗識文義者亦知一陰一陽卽是形而上者必不至錯認太極別爲一

物故曰況太極乎此其指歸本是明白而兄曾不之察乃必見誣以道上別有一物爲太極通書曰中者和也中節也天下之達道也聖人之事也故聖人立教俾人自易其惡自致其中而止矣周子之言中如此亦不輕矣外此豈更別有道理乃不得比虛字乎所舉理性命章五句但欲見通書言中言一而不言無極耳中焉止矣一句不妨自是斷章兄必見誣以屬之下文兄之爲辯失其指歸大率類此盡信書不如無書某實深信孟子之言前書釋此段亦多援據古書獨頗不信無極之說耳兄遽坐以直絀古書爲不足信兄其深文矣哉大傳洪範毛詩周禮與太極圖說孰古以極爲形而謂不得爲中以一陰一陽爲器而謂不得爲道此無乃少絀古書爲不足信而微任胸臆之所裁乎來書謂若論無極二字乃是周子灼見道體迥出常情不顧傍人是非不計自己得失勇往直前說出人不敢說底道理又謂周子所以謂之無極正以其無方所無形狀誠令如此不知人有甚不敢道處但以加之太極之上則吾聖門正不肯如此道耳夫乾確然示人易矣夫坤隤然示人簡矣太極亦曷嘗隱于人哉尊兄兩下說無說有不知漏洩得多少如所謂太極真體不傳之祕無物之說陰陽之外不屬有無不落方體迥出常情超出方外等語莫

是曾學禪宗所得如此平時既私其說以自妙及教學者則又往往
祕此而多說文義此漏洩之說所從出也以實論之兩頭都無著實
彼此只是葛藤未說氣質不美者樂寄此以神其姦不知繫絆多少
好氣質底學者既以病己又以病人殆非一言一行之過兄其毋以
久習于此而重自反也區區之忠竭盡如此流俗無知必謂不遜書
曰有言逆于汝心必求諸道諒在高明正所樂聞若猶有疑願不憚
下教正遠惟爲國自愛

朱子答曰來書云浙閒後生貽書見規以爲吾二人者所習各已
成熟終不能以相爲莫若置之勿論以俟天下後世之自擇鄙哉
言乎此輩凡陋沈溺俗學悖戾如此亦可憐也熹謂天下之理有
是有非正學者所當明辯或者之說誠爲未當然凡辯論者亦須
平心和氣子細消詳反復商量務求實是乃有歸著如不能然而
但于悤遽急迫之中肆支蔓躁率之詞以逞其忿懟不平之氣則
恐反不若或者之言安靜和平寬洪悠久猶君子長者之遺意也
又曰來書云人能宏道至敢悉布之熹案此段所說規模宏大而
指意精切如曰雖自謂其理已明安知非私見蔽說及引大舜善
與人同等語尤爲的當熹雖至愚敢不承教但所謂莫知其非歸

于一是者未知果安所決區區于此亦願明者有以深察而實踐其言也

又曰來書云古人質實至請卒條之熹詳此說蓋欲專務事實不尙空言其意甚美但今所論無極二字熹固已謂不言不爲少言之不爲多矣若以爲非則且置之其于事實亦未有害而賢昆仲不見古人指意乃獨無故于此創爲浮辯累數百言三四往返而不能已其爲湮蕪亦已甚矣而細攷其閑緊要節目並無酬酢只是一味慢罵虛喝必欲取勝未論顏曾氣象只子貢恐亦不肯如此恐未可遽以此而輕彼也

又曰來書云尊兄未曾至固自不同也熹亦謂老兄正爲未識太極之本無極而有眞體故必以中訓極而又以陰陽爲形而上者之道虛見之與實見其言果不同也

又曰來書云老氏以無至諱也熹詳老氏之言有無以有無爲二周子之言有無以有無爲一正如南北水火之相反更請子細著眼未可容易譏評也

又曰來書云此理乃至子矣更請詳看熹前書曾有無理二字否

又曰來書云極亦此至極哉極是名此理之至極中是狀此理之

不偏雖然同是此理然其名義各有攸當雖聖賢言之亦未嘗敢有所差互也若皇極之極民極之極乃爲標準之意猶曰立于此而示于彼使其有所向望而取正焉耳非以以其中而命之也立我烝民立與粒通卽書所謂烝民乃粒莫匪爾極則爾指后稷而言蓋曰使我衆人皆得粒食莫非爾后稷之所立者是望耳爾字不指天地極字亦非指所受之中此義尤明白似是急于求勝更不暇考上下文推此一條其餘可見中者天下之大本乃以喜怒哀樂之未發此理渾然無所偏倚而言太極固無偏倚而爲萬化之本然其得名自爲至極之極而兼有標準之義初不以中而得名也

又曰來書云以極爲中至理乎老兄自以中訓極熹未嘗以形訓極也今若此言則是己不曉文義而謂他人亦不曉也請更詳之

又曰來書云大學文言皆言知至熹詳知至二字雖同而在大學則知爲實字至爲虛字兩字上重而下輕蓋曰心之所知無不到耳在文言則知爲虛字至爲實字兩字上輕而下重蓋曰有以知其所當至之地耳兩義既自不同而與太極之爲至極者又皆不相似請更詳之此義在諸說中亦最分明試就此推之當知來書

未能無失往往類此

又曰來書云直以陰陽爲形器至道器之分哉若以陰陽爲形而上者則形而下者復是何物更請見教若熹愚見與其所聞則曰凡有形有象者皆器也其所以爲是器之理者則道也如是則來書所謂始終晦明奇耦之屬皆陰陽所爲之器獨其所以爲是器之理如目之明耳之聽父之慈子之孝乃爲道耳如此分別似差明白不知尊意以爲如何此一條亦極分明切望略加思索便見愚言不爲無理而其餘亦可以類推矣

又曰來書云通書曰至類此夫周子言中而以和字釋之又曰中節又曰達道彼非不識字者而其言顯與中庸相戾則亦必有說矣蓋此中字是就氣稟發用而言其無過不及處耳非直指本體未發無所偏倚者而言也豈可以此而訓極爲中也哉來書引經必盡全章雖煩不厭而所引通書乃獨截自中焉止矣而下此安得爲不誤老兄本自不信周子正使誤引通書亦未爲害何必諱此小失而反爲不改之過乎

又曰來書云大傳至孰古夫大傳洪範詩禮皆言極而已未嘗謂極爲中也先儒以此極處常在物之中央而爲四方之所面向而

取正故因以中釋之蓋亦未爲甚失而後人遂直以極爲中則又不識先儒之本意矣爾雅乃是纂集古今諸儒訓詁以成書其閒蓋亦不能無誤不足據以爲古又況其閒但有以極訓至以殷齊訓中初未嘗以極爲中乎

又曰來書云又謂周子至道耳前又云若謂欲言至之上止夫無極而太極猶曰莫之爲而爲莫之致而至又如曰無爲之爲皆語勢之當然非謂別有一物也向見欽夫有此說嘗疑其贅今乃正使得著方知欽夫之慮遠也其意則固若曰非如皇極民極屋極之有方所形象而但有有理之至極耳若曉此意則于聖門有何違叛而不肯道乎上天之載是就有中說無無極而太極是就無中說有若實見得卽說有說無或先或後都無妨礙今必如此拘泥強生分別曾爲不尚空言專務事實而反如此乎

又曰來書云夫乾至自反也夫太極固未嘗隱于人然人之識太極者則少矣往往只是于禪學中認得箇昭昭靈靈能作用底便謂此是太極而不知所謂太極乃天地萬物本然之理亘古亘今顚撲不破者也迥出常情等語只是俗談卽非禪家所能專有不應儒者反當回避況今雖偶然道著而其所見所說卽非禪家道

理非如他人陰實祖用其說而改頭換面陽諱其所自來也如曰私其說以自妙而又祕之又曰寄此以神其姦曰繫絆多少好氣質底學者則恐世閒自有此人可當此語熹雖無狀自省得與此語不相似也

又曰來書引書云有言逆于汝心必求諸道此聖言也敢不承教但以來書求之于道而未之見但見其詞意差舛氣象麤率似與聖賢不甚相近是以竊自安其淺陋之習聞而未敢輕舍故步以追高明之獨見耳又記頃年嘗有平心之說而前書見諭曰甲與乙辯方各自是其說甲則曰願乙平心也乙亦曰願甲平心也平心之說恐難明白不若據事論理可也此言美矣然熹所謂平心者非直使甲操乙之見乙守甲之說也亦非謂都不論事之是非也但欲兩家姑暫置其是己非彼之意然後可以據事論理而終得其是非之實如謂治疑獄者當公其心非謂便可改曲者爲直改直者爲曲也亦非謂都不問其曲直也但不可先以己意之向背爲主然後可以審聽兩造之辭旁求參伍之驗而終得其曲直之當耳今以麤淺之心挾忿懟之氣不肯暫置其是己非彼之私而欲評義理之得失則雖有判然如黑白之易見者猶恐未免于

誤況其差有在于毫釐之閒者又將誰使折其衷而能不謬也哉
又曰熹已具此而細看其閒亦尚有說未盡處大抵老兄昆仲同
立此論而其所以立論之意不同子美尊兄自是天資質實重厚
當時看得此理有未盡處不能子細推究便立議論因而自信太
過遂不可回見雖有病意實無他老兄卻是先立一說務要突過
有若子貢以上更不數近世周程諸公故于其言不問是非一例
吹毛求疵須要討不是處正使說得十分無病此意卻先不好了
況其言之麤率又不能無病乎夫子之聖固非以多學而得之然
觀其好古敏求實亦未嘗不多學但其中自有一以貫之處耳若
只如此空疏杜撰則雖有一而無可貫矣又何足以爲孔子乎顏
曾所以獨得聖學之傳正爲其博文約禮節目俱到亦不是只如
此空疏杜撰也子貢雖未得承道統然其所知似亦不在今人之
後但未有禪學可改換耳周程之生時世雖在孟子之下然其道
則有不約而合者反復來書竊恐老兄于其所言多有未解者恐
皆未可遽以顏曾自處而輕之也顏子以能問于不能以多問于
寡有若無實若虛犯而不校曾子三省其身唯恐謀之不忠交之
不信傳之不習其智之崇如彼而禮之卑如此豈有一毫自滿自

足強辯取勝之心乎來書之意所以見教者甚至而其末乃有若猶有疑不憚下教之言熹固不敢當此然區區鄙見亦不敢不爲老兄傾倒也不審尊意以爲如何如曰未然則我日斯邁而月斯征各尊所聞各行所知亦可矣無復可望于必同也言及于此悚息之深千萬幸察

又曰近見國史濂溪傳載此圖說乃云自無極而爲太極若使濂溪本書實有自爲兩字則信如老兄所言不敢辯矣然因渠添此二字卻見得本無此字之意愈益分明請試思之

象山又答朱子曰往歲經筵之除士類胥慶延跂以俟吾道之行乃復不究起賢之禮使人重爲慨歎新天子即位海內屬目然罷行陞黜率多人情之所未喻者羣小駢肩而騁氣息怫然諒不能不重勤長者憂國之懷某五月晦日拜荊門之命命下之日實三月二十八日替黃元章闕尚三年半願有以教之首春借兵之還伏領賜教備承改歲動息慰沃之劇惟其不度稍獻愚忠未蒙省察反成唐突謙抑非情督過深矣不勝皇恐向蒙尊兄促其條析且有無若令兄遽斷來章之戒深以爲幸別紙所謂我日斯邁而月斯征各尊所聞各行所知亦可矣無復望其必同也不謂尊兄遽作此語甚非所望君

子之過也如日月之食焉過也人皆見之及其更也人皆仰之通人之過雖微箴藥久當自悟諒尊兄今必渙然于此矣願依末光以卒餘教

顧諟謹案以上共七書梓材案七書幷朱子所答梭山二書而言見梭山卷所以辯無極者可謂纖悉詳盡矣然究其大旨象山第一書云周子若懼學者泥于形器而申釋之則宜如詩言上天之載于下贊之曰無聲無臭可也紫陽答象山第一書云孔子贊易自太極以下未嘗言無極也周子言之若于此實見太極之眞體則知不言者不爲少而言之者不爲多矣二先生之反復辨析不已者不出此兩端然此皆二先生蚤歲之事梓材案太極之辯在淳熙十五年時朱年五十九陸年五十不可云蚤歲之事考紫陽他日註太極圖說首曰上天之載無聲無臭而實造化之樞紐品彙之根柢曰無極而太極實卽象山之語意其書現在可考也可見二先生雖有異而晚則何嘗不相合與

顧諟又案朱陸辯太極之說百家已采其略入濂溪學案中然思朱陸之異同爲吾儒從來之大案不可不備詳其本末故玆

又特載其全文其所以入于梭山之附錄者以無極辯端之開實肇自梭山故類聚之便後學之觀覽且以昭朱陸相異之始也梓材案姚江原本以朱子象山之書並附梭山故云爾其實朱子與象山辯者多于梭山當入象山學案

楊開沅謹案象山與陶贊仲書云梭山兄謂晦翁好勝不肯與辯某以爲人之所見偶有未通處其說固以己爲是以他人爲非且當與之辨白未可便以好勝絕之以晦翁之高明猶不能無蔽道聽塗說之人亦何足與言此哉仁義忠信樂善不倦此夫婦之愚不肖可以與知能行聖賢之所以爲聖賢亦不過充此而已其書上云太極圖說乃梭山兄辯其非是大抵言無極而太極與周子通書不類通書言太極不言無極易大傳亦只言太極不言無極若于太極上加無極二字乃是蔽于老氏之學又其圖說本見于朱子發附錄朱子發明言陳希夷太極圖傳在周茂叔遂以傳二程則其來歷爲老氏之學明矣周子通書與二程言論絕不見無極二字此知三公蓋已知無極之說爲非矣梓材案原本此下複以晦翁之高明二十四字刪之此象山所以反復不已也

附錄

徐子宜與先生同赴南宮試論出天地之性人爲貴試後先生曰某欲說底卻被子宜道盡但某所以自得受用底子宜卻無曰雖欲自異于天地不可也此乃某平日得力處

四明楊敬仲時主富陽簿攝事臨安府中始承教于先生及反富陽先生過之問如何是本心先生曰惻隱仁之端也羞惡義之端也辭讓禮之端也是非智之端也此卽是本心對曰簡兒時已曉得畢竟如何是本心凡數問先生終不易其說敬仲亦未省偶有鬻扇者訟至于庭敬仲斷其曲直訖又問如初先生曰聞適來斷扇訟是者知其爲是非者知其爲非此卽敬仲本心敬仲大覺忽省此心之無始末忽省此心之無所不通先生嘗語人曰敬仲可謂一日千里

居象山多告學者云女耳自聰目自明事父自能孝事兄自能弟本無欠闕不必他求在自立而已

一夕步月喟然而歎包敏道侍問曰先生何歎曰朱元晦泰山喬嶽可惜學不見道枉費精神遂自擔閣柰何包曰勢既如此莫若各自著書以待天下後世之自擇忽正色厲聲曰敏道敏道恁地沒長進乃作這般見解且道天地閒有箇朱元晦陸子靜便添得些子無了

後便減得些子

詹子南方侍坐先生遽起子南亦起先生曰還用安排否

先生舉公都子問鈞是人也一章云人有五官官有其職子南因思是便收此心然惟有照物而已他日侍坐先生無所問先生謂曰學者能常閉目亦佳某因此無事則安坐瞑目用力操存夜以繼日如此者半月一日下樓忽覺此心已復澄瑩中立竊異之遂見先生先生目逆而視之曰此理已顯也某問先生何以知之曰占之眸子而已因謂某道果在邇乎某曰然昔者嘗以南軒張先生所類洙泗言仁書考察之終不知仁今始解矣先生曰是卽知也勇也某因言而通對曰不惟知勇萬善皆是物也先生曰然更當爲說存養一節

朱濟道說前尙勇決無遲疑做得事後因見先生了臨事卽疑恐不是做事不得今日中只管悔過懲艾皆無好處先生曰請尊兄卽今自立正坐拱手收拾精神自作主宰萬物皆備于我有何欠闕當惻隱時自然惻隱當羞惡時自然羞惡當寬裕溫柔時自然寬裕溫柔當發強剛毅時自然發強剛毅

有學者終日聽話忽請問曰如何是窮理盡性以至于命答曰吾友是泛然問老夫卻不是泛然答老夫凡今所與吾友說皆是理也窮

理是窮這箇理盡性是盡這箇性至命是至這箇命

臨川一學者初見問曰每日如何觀書學者曰守規矩歡然問曰如何守規矩學者曰伊川易傳胡氏春秋上蔡論語范氏唐鑑忽呵之曰陋說良久復問曰何者爲規又頃問曰何者爲矩學者但唯唯次日復來方對學者誦乾知大始坤作成物乾以易知坤以簡能一章畢乃言曰乾文言云大哉乾元坤文言云至哉坤元聖人贊易卻只是箇簡易字道了偏目學者曰又卻不是道難知也又曰道在邇而求諸遠事在易而求諸難顧學者曰這方喚作規矩公昨日道甚規矩

語仲顯云風恬浪靜中滋味深長

或有譏先生之教人專欲管歸一路者先生曰吾亦只有此一路

朱呂二公話及九卦之序先生因亹亹言之大略謂復是本心復處如何列在第三卦而先之以履謙蓋履之爲卦上天下澤人生斯世須先辨得俯仰乎天地而有此一身以達其所履其所履有得有失又繫于謙與不謙之分謙則精神渾收聚于內不謙則精神渾流散于外惟能辯得吾一身所以在天地閒舉措動作之由而斂藏其精神使之在內而不在外則此心斯可得而復矣次之以常固又次之

以損益又次之以困蓋本心既復謹始克終曾不少廢以得其常而至于堅固私欲日以消磨天理日以澄瑩而爲益雖涉危蹈險所遭多至困而此心卓然不動然後于道有得左右逢其原如鑿井取泉處處皆足蓋至于此則順理而行無纖毫透漏如巽風之散無往不入雖密房奧室有一縫一罅卽能入之矣二公大服

或問先生之學當來自何處入曰不過切己自反改過遷善

一學者自晦翁處來其拜跪語言頗怪每日出齋此學者必有陳論應之亦無他語至四日此學者所言已罄力請誨語答曰吾亦未暇詳論然此間大綱有一箇規模說與人今世人淺之爲聲色臭味進之爲富貴利達又進之爲文章技藝又有一般人都不理會卻談學問吾總以一言斷之曰勝心此學者默然後數日其舉動言語頗復常以上語錄

呂東萊與朱侍講書曰陸子靜近日聞其稍回大抵人若不自欺入細著實點檢窒礙做不行處自應見得渠兄弟在今士子中不易得若整頓得周正非細事也補

又曰陸子靜留得幾日鵝湖意思已全轉否若只就一節一目上受人琢磨其益終不大也大抵子靜病在看人而不看理只如吾丈所

學十分是當無可議者只是工夫未到耳豈可見人工夫未到并其理而疑之 補

葉水心志胡崇禮曰朱元晦呂伯恭以道學教士陸子靜晚出號稱徑要簡捷或立語已感動悟入為其學者澄坐內觀 補

又與林元秀書曰向亦曾說及子靜事世之所謂無志者混然隨流俗頹墮于聲利而已及其有志則又以考之不詳資之不深隨其所論牽陷于寡淺缺廢之地自古所患與無志者同為流俗 補

陳北溪曰象山教人終日靜坐以存本心無用許多辯說勞攘此說近本又簡易直捷後進易為竦動若果是能存本心亦未為失但其所以為本心者只是認形氣之虛靈知覺者以此一物甚光輝燦爛為天理之妙不知形氣之虛靈知覺凡有血氣之屬皆能趨利避害不足為貴此乃舜之所為人心者而非道心之謂也今指人心為道心便是告子生之謂性之說蠢動含靈皆有佛性之說運水搬柴無非妙用之說故慈湖專認心之精神為性指氣為理以陰陽為形而上之道論天論易論道論德論仁論義論禮論智論誠敬論忠信萬善只是此一箇渾淪底物只此號不同耳夫諸等名義各有所主混作一物含糊鶻突豈得不錯遂掃去格物一段工夫如無星之稱無

寸之尺默坐存想稍得髣髴便云悟道將聖賢言語來手頭作弄其實于聖賢言語不甚通解輔漢卿所錄譬如販私鹽人擔頭將蓋魚妝面發得情狀甚端的也以晦翁手段與象山說不下況今日其如此等人何 補

詹流塘曰陸子是天資極高底人朱子卻是曾子 補

車玉峯腳氣集曰象山謂仲弓勝顏回蓋見聖人所語顏子大段用力而語仲弓似不甚費力不知顏子有力得用他人無顏子之力且當旋做去工夫 補

黃東發日鈔曰象山之學雖謂此心自靈此理自明不必他求空為言議然亦未嘗不讀書未嘗不講授未嘗不援經析理凡其所業未嘗不與諸儒同至其于諸儒之讀書之講授之援經析理則指為戕賊為陷溺為繆妄為欺誑為異端邪說甚至襲取閭閻賤婦人穢罵語斥之為蛆蟲得非恃才之高信己之篤疾人之已甚必欲以明道自任為然邪吾夫子生于春秋大亂之世斯道之不明亦甚矣而循循然善誘人未嘗有忿嫉之心甚至宰我欲行期月之喪不過曰女安則為之闕黨童子將命亦必明言其與先生並行與先生並坐為欲速成未聞不言其所以然徒望而斥之也孟子生于戰國斯道之

不明尤甚孟子之與楊墨辯與告子許行墨者夷之辯皆一一引之而盡其情然後徐而折其非至今去之千載之下人人昭然如見此斯道之所以復明亦未嘗望而斥之不究其所言之爲是爲非也我朝聖世世亦異于春秋戰國之世矣諸儒之所講者理學也亦異于春秋戰國處士横議之紛紛矣所讀皆孔子之書所講皆孔孟之學前後諸儒彬彬輩出豈無一言之幾乎道者至其趣向雖正而講明有差則宜明言其所差者果何說講明雖是而躬行或背則宜明指其所背者果何事庶乎孔子之所以教人孟子之所以明道者矣今略不一言其故而槪以讀書講學者自孟子既沒千五百年間凡名世之士皆爲戕賊爲陷溺爲繆妄爲欺誑爲異端邪說則後學其將安考此象山之言雖甚憤激今未百年其說已泯然無聞而諸儒之說家藏而人誦者皆自若終無以易之也此亦無以議爲矣獨惜其身自講學而乃以當世之凡講學者爲僞習未幾韓侂胄何澹諸人竟就爲僞學之目以禍諸儒一時之善類幾殲焉嗚呼家必自毁而後人毁之悲夫 補

吳草廬曰陸子有得于道壁立萬仞

趙寶峯示子弟曰陸子靜亦未知子思孟子之是非 補

象山學侶

知州劉靜春先生清之 別爲清江學案

侍郎李橘園先生浩

李浩字德遠一字直夫建昌人早有文稱紹興中進士調曹州司戶累官直寶文閣知靜江府兼廣西安撫先生質直渾厚立朝忠憤激烈言切時弊人不敢干以私後徙居臨川子孫皆從學于象山 參姓譜

梓材謹案先生號橘園官至侍郎其事互見于槐堂諸儒學案

寶文王復齋先生厚之

王厚之字順伯其先本臨川人魏公安禮之後也 梓材案象山先生爲復齋行狀云娶王魏公曾孫通州使君珹之長女先生蓋通州子行。爲魏公元孫兩浙名賢錄云諸暨人乾道二年進士官至江東提刑直寶文閣所著有金石錄三十卷考異四卷考古印章四卷 補

謝山答臨川雜問問臨川王順伯厚之往來朱陸之閒有威名于乾淳閒未知是荊公之裔否曰順伯乃魏公和甫之裔見陳直齋書錄尤長碑碣之學今傳于世者有復齋碑目宋人言金石之學者歐劉趙洪四家而外首數順伯歷官侍從出爲監司

以剛正稱于時

通奉老楊先生庭顯

楊庭顯字時發慈溪人慈湖先生之父也少時嘗自視無過視人有過一日忽念曰豈其人則有過而我獨無過于是省得一過旋又得二三已而紛如蝟之集乃大恐懼痛懲力改刻意爲學程督之嚴及于夢寐嘗曰如有樵童牧子有以誨我亦當敬聽之久之舊習日遠新功日著自其子識事未嘗見其有過一夕被盜翼日諭子孫曰婢初告有盜吾心止如此張燈視笥告所亡甚多吾心止如此今吾心亦止如此卽其所得可知象山志其墓稱四明士族躬行有聞者先生爲首舒廣平亦嘗云吾學南軒發端象山洗滌老楊先生琢磨老楊者以別慈湖也 參象山集

謝山四先生祠堂碑陰文曰慈湖之父通奉公以處士爲後進師廣平嘗自敘其學曰南軒開端象山洗滌老楊先生琢磨老楊先生卽通奉也廣平嘗切磋于晦翁講貫文獻于東萊而自敘不及焉直以通奉鼎足張陸則其學可知矣陸子銘通奉墓亦云年在耄耋而學日進當今所識楊公一人而已融堂謂通奉與物最恕一言之善樵牧吾師省過最嚴毫髮不宥至于泣

下是慈湖過庭之教所自出也

慈湖先訓

吾家子弟當于朋友之間常詢自己過失此說可爲家傳

吾少時初不知己有過但見他人有過一日自念曰豈他人俱有過而我獨無邪殆不然乃反觀內索久之乃得一既而又內觀索又得二三已而又索吾過惡乃如此其多乃大懼乃力改

心吉則百事皆吉

人處不善之久則安于不善而不以爲異

人戒節要先于味蓋味乃朝晚之事漸漬奪人之甚于此淡薄則餘過亦輕

損人卽自損也愛人卽自愛也樂人之凶彼未必凶而己已凶矣不善之心則一身不及安一家不及安

過則人皆有未足爲患患在文飾儻不文飾非過也志士之過亦露不隱

凡可怒者以其小人也然怒或動心則與小人相去一間耳

三代之治天下欲使民無失其善性而已更無二說

時人心中自謂今且如此度日俟他時如意當取快樂不知今日無

事卽是至樂此樂達之者鮮
人闕防人心賢者闕防自心天下之心一也戒謹則善放則惡
學者或未見道且從實改過
人爲舍宇等物遮了眼朝晚區區而不自知
近來學者多僞至于臨死亦安排
爲學及五分自休不得
世閑忙學者欲到不忙處
學者有志氣無問拙愚衝擊而開矣無問氣習衝擊而散矣
外事不可深必凡得失奉天命可也動心則逆天命禍將至矣
近世學道者衆然胸中嘗帶一世閑行所以不了達
學道者多求之于言語所謂知道者只是存想
一墮人欲念慮顚倒舉止輕浮此語可謂甚善
正欲說教住卽住得正欲怒教住卽住得如此卽善
君子恭敬之心在內人皆知之禽獸亦知之
人貧賤則忽之事微細則不謹若此者人以爲常君子于此戰戰兢
兢敬心無二
學者成則無我欲如何不欲如何但由理而行感暑有待秋涼之意

隆寒有待春和之意好學者不如此

心無所求則樂生此非親到者有所不知

吾自幼年以生計不足爲憂復思古者樂貧之士處貧必得其理因讀論語有若言盍徹乎每每在懷一日忽有所得夫盍徹正而已矣宿昔之憂日見消釋而靜止輕清蓋得理則無所施而不利復何憂哉

爲學之門固不一苟逐迹則泥矣惟敬一門無迹可逐不容有所泥學者往往多忽之誠能養之以敬則日仁矣

人之趨向爲熟所奪苟或有學則熟者不熟生者不生是以自己于庶物之中作得主宰無貪戀則自然見道雖夫子不易吾言

此身乃天地閒一物不必兜攬爲己

處高堂則氣寬居茅屋則氣隘對風月則氣清當晦昧則不爽類皆如此以其有我也

人有過尚有改一路有過得改猶晦昧之得風大旱之得霖雨當天地陰陽不和之時而爲之一新亦若此或者不達過作則惟恐人知安有不知之理設或不知潛伏于中此過必毒害己益甚過既不去使己終身爲小人學者試思卽以此斷其是非去留庶使改過之心

有勇既改之則便可無愧
人生一世只忙迫一場便休
祖望謹案此語近禪
不能舍己從人則知識日昧處世常見其難故人常在難中
好學之心一興則凡在吾身之不善自消至于面目塵埃亦去矣
胸中無貪染目則明耳則聰
吾見人好問則喜
吾飲饌不敢嘗時新衣服喜補綻于器用亦然無求新棄舊之意吾
得此意敢保老景不爲人所厭
卽事卽學也卽此下筆處卽學也
吾之本心澄然不動密無罅隙處人自己尚不識更向何處施爲
大中至正之道近在日用見于動靜語默不必他求
人以目逐物爲見以耳逐物爲聞謂之分明不知乃大不分明
學者以所得塡塞胸中中毒之深復不自覺顏子屢空還有此否
畏天命則無所求而享安逸矣苟未及安逸則知貪求心未盡貪求
心未盡則知未識天命也君子胸襟常無事常悅樂
事卽學也事學有二則學亦勞矣

學有進時如龍換骨如鳥脫毛身與心皆輕安享福無已

學者言多則散學力

人知學進其處世如享醇酒怡怡融融

食不語爲學到日自然如此

動靜語默皆天性也人謂我爲之是將黃金作頑鐵用耳

學者涵養有道則氣味和雅言語閑靜臨事而無事

不逐物而得理此時如丸珠在盤無所凝滯

大舜之心卽瞽瞍底豫之心瞽瞍底豫之心卽大舜之心

欲言之時與無言之時同則學精矣

事無大小有志者皆得之竊盜取地窟一鑿復一鑿不敢作聲不敢思量他事但一心求徹學者似之不患所學不成也

惡心未萌時與學成就時一般

惟無憎惡人之心者乃能勸戒人有憎惡人之心者其勸戒人必不服

儻有志于學見賢者亦學也見不賢者亦學也喜樂亦學也憂苦亦學也學至此學乃吾之全體

使有牧童呼我來前曰我教汝我亦敬聽其教

梓材謹案慈湖先訓本在慈湖學案特老楊先生爲象山老友自宜立傳故以是訓列于傳後

附錄

慈湖曰先公一日閑步到蔬園顧謂園僕吾蔬閑爲盜者竊取汝有何計防閑園僕姓余者曰須拌少分與盜者乃可先公因欣然顧簡曰余即吾師也吾意釋然

吏部豐宜之先生誼

豐誼字叔賈一字宜之鄞縣人清敏公稷之曾孫也以父死難梓材案先生父名治揚州監倉殉建炎之難被任知建康軍歷知常台饒蘄衢州皆有惠政隆興元年遷戶部郎外除湖南運判臺臣議引年之格先生首請歸孝宗召爲吏部郎未赴而卒子有俊從象山遊補

文恭羅此庵先生點

羅點字春伯崇仁人登淳熙二年進士第累官至端明殿學士簽書樞密院事光宗不過重華宮先生同宰執引上裾而哭與同列奏諫之章凡三十五又自諫者十六疏寧宗嗣位而卒贈太保諡文恭嘗從學于象山相聚甚久晦翁與林黃中栗以爭西銘易象不相得黃中劾晦翁偃蹇不就職朝議不直黃中于是兩罷先生致書象山謂

朱林皆自家屋裏人不宜自相矛盾象山答之曰天地開闢本只一家來書之云不亦陋乎古人但問是非邪正不問自家他家舜于四凶孔子于少正卯亦只治其家人耳妄分儔黨此乃學不知至自用其私者之通病也

梓材謹案此傳係棃洲原文攷袁絜齋爲陸氏大弟子其作先生行狀云擺脱凡陋刻意講學每以追躡前修自勵又云平居講貫博取諸人至于進退出處之大義則心自決之不言爲象山門人傳嘗云嘗從講學于象山故謝山奉臨川帖子謂以集中偶有過從而遽爲著錄幷列其子爲再傳之徒者爲未然也

附錄

羅此庵自西府歸有里人叩之曰吾有蓄疑而不敢白于公者有年今容白之可乎公曰言之何傷曰公生平未嘗妄行一步公爲推官時大雪吾醉歸見公以杖撥雪戴温公帽著屐後有蒼奴負篋公之奴也吾以醉不敢前與公揖然心疑之以爲公暮夜且安往公笑曰子之所見詳審如此是未嘗醉也陳同甫獄急吾未嘗識之憐其才爲援之吏篋內皆白金也同甫至死未嘗知之今因子問而及補

黄壺隱先生晟附見槐堂諸儒學案

縣令劉先生恭別見廬陵學案

象山同調

忠文徐宏父先生誼

縣令陳叔向先生葵並爲徐陳諸儒學案

象山家學

通直陸先生持之

陸持之字伯微文安公九淵之子也七歲能爲文文安授徒象山之上學者數百人有未達先生爲敷繹之文安知荊門郡治火先生倉卒指授中程文安器之韓侂胄將用兵先生憂時不懌乃歷聘時賢將有以告見徐子宜于九江時議防江先生請擇僚吏察地形孰險而守孰易而戰孰險而伏毋專爲江守具言自古興事造業非有學以輔之往往皆以血氣盛衰爲銳惰故三國兩晉諸賢多以盛年成功名公更天下事變多矣未舉一事而朝思夕維利害先入于中愚恐其爲之難也子宜憮然又之鄂謁薛象先項平甫之荊謁吳畏齋爭欲留之尋皆謝歸著書十篇名贅說嘉定三年試江西轉運司預選常平使袁正獻燮薦于朝謂先生議論不爲空言緩急有可倚仗不報豫章建東湖書院連帥以書幣彊起先生長之嘉定十六年寧

宗特詔先生祕書省讀書固辭不獲旣至又詔以迪功郎入省乞歸
不許理宗卽位轉修職郎差幹辦浙西安撫司以疾請致仕特命改
通直郎所著有易提綱諸經雜說參史傳

象山門人

文元楊慈湖先生簡別爲慈湖學案

正獻袁絜齋先生燮別爲絜齋學案

文靖舒廣平先生璘別爲廣平定川學案

鄉貢舒先生琥

舒先生琪並見廣平定川學案

通判傅曾潭先生夢泉

主簿傅琴山先生子雲

推官鄧直齋先生約禮

黃先生叔豐並爲槐堂諸儒學案

嚴先生松別見梭山復齋學案

胡先生大時

蔣先生元夫並見嶽麓諸儒學案

知州李先生耆壽

曹無妄先生建

萬先生人傑

劉先生孟容

劉先生定夫

曾先生祖道

符先生敘 並見滄洲諸儒學案

徵君沈先生炳 別見廣平定川學案

梓材謹案象山弟子亦綦繁自別見諸學案外並入槐堂諸儒學案

象山私淑

節推趙復齋先生彥肅

趙彥肅字子欽嚴之建德人也少志聖賢之學窮理盡性深造自得弗措也乾道進士以光堯喪三年弗仕周益公力薦之先生益引嫌僅官寧海軍節推而止所著書有易說廣學雜辯士冠士昏饋食圖行于世朱子嘗稱之曰近世未有如此看文字者學者稱為復齋先生宗師象山嚴陵之為陸學者自先生始嘉定中太守鄭之悌建堂祠之 補

附錄

楊慈湖狀行實曰先生書無不習習無不究自始仕習明經科業成去習宏博科業成又去習先儒諸書自謂無不解者逮從晦巖沈先生遊因論太極不契憤悶忘寢食遂焚平昔所業數篋動靜體察工夫無食息閒一日舟行松江聞晨雞鳴已而犬吠通身汗浹前日胸中窒礙一時豁去其後以語學者且曰不知此一身汗自何而至省覺之初有詩曰循緣多熟境溺法無要津虛心屏百慮猶是隔幾塵雲邊察飛翼水底觀躍鱗悶殺魯中叟笑倒濠上人閒居善誘學隨叩輒鳴自卦畫象數儀象律歷封建方田儀禮司馬法及釋書道藏下至醫卜道引之類各因所質而誨之學者欣躍自喜則又曰此如坐賈居肆聊備雜蓄以應人需爾非吾本務也姑遲十年吾將收繩捲索以俟能者

教授姚先生宏中

姚宏中字安道海陽人登嘉定進士調靖江教授自師友講學外絕無他交歸端居一室惟日溫舊學性狷介不苟隨從鄉前輩游得濂洛諸大儒書讀之曰道在是矣玩索精微意度超然若不屑于世者

參姓譜

附錄

陳北溪答陳伯澡書曰姚省元過温陵得欵曲講論有疑于格物工夫之爲外而且煩又有眷于陸氏學問之爲得而非偏雖云篤志恐散漫而無倫

又曰姚省元寄一書看來乃江西流派確然欲自植立一門戶無可挽回者輕剝儒宗妄自尊大亦緣未曾深用工夫得滋味

又答郭子從書曰仙鄉姚安道亦象山之學此後生妙齡美質頗勁挺自立但不知從何傳授得此一門宗旨

又曰姚安道美質不遂誠爲可惜其人已往無足論大抵自專自是而不虛心乃世儒通患

梓材謹案北溪文集又有與姚安道書節錄于北溪學案

李氏家學

教授李先生肅別見槐堂諸儒學案

李氏門人

推官鄧直齋先生約禮別見槐堂諸儒學案

楊氏家學

文元楊慈湖先生簡別爲慈湖學案

楊氏門人

文靖舒廣平先生璘別為廣平定川學案

豐氏家學

軍帥豐先生有俊別見槐堂諸儒學案

伯微門人象山再傳

葉先生元老別見鶴山學案

趙氏門人

喻先生仲可別見槐堂諸儒學案

金溪續傳

侍郎湯晦靜先生巾別為存齋晦靜息庵學案

周先生可象

周可象

梓材謹案靜明學案靜明本傳稱其盡求象山之書及其門人

如楊敬仲傅子淵袁廣微錢子是陳和仲周可象所著經學等

書次先生于袁錢陳之後蓋亦為象山之學者也

程月巖先生紹開別見存齋晦靜息庵學案

純節胡石塘先生長孺別見木鐘學案

教諭汪主靜先生深

汪深字萬頃休寧人也學者稱爲主靜先生少有志于聖學其時新安儒宿率皆讀朱子之書先生年未二十遊眞揚二州閒與諸有志之士講學平山堂上謂今學者之病在于未有灑然融釋處不過知所自守苟免顯然尤悔而已于是盡棄平日所學更鞭飭于不及處脫然有自得氣象累試禮部不第以景定三年授安吉教諭嘗謂古道修明人心純一後世文藝之工輾轉沈痼幾于蠹蝕不存然而理之在人心者不容泯也安定先生在湖學成就人才甚廣遺規猶在諸生天資雖通塞不齊必求體用一原顯微無閒之妙使高遠者不墜于荒忽循守者不流于滯錮辯傳註之得失達羣經之會同極聖賢之閫奧推致禮樂制作刑政因革之文務使有所依據以爲日用常行之地每月朔升堂講學諸生環立聽之時人爲之語曰前有安定後主靜于是朝臣以先生薦于太學或曰先生之學陸學也非朱學也遂寢賈似道日益擅政先生辭歸以大德甲辰卒先生嘗謂子曰葬者藏也欲人之不得見也古之善葬法者莫如郭景純曷不逆善祖父之葬地以免子孫斫頭之禍觀胡澹庵楊誠齋諸公之言其不足信也明矣吾身後但求水深土厚足以爲朽骨之永宅無他求

也陳定宇曰世以先生之學出于陸子嗚呼陸子豈易言哉彼亦安知朱陸異同之所以然哉補

文正吳草廬先生澄別爲草廬學案

隱君陳靜明先生苑別爲靜明寶峯學案

宋元學案卷五十八

清江學案表

劉靖之

劉清之 晦翁南軒東萊同調

族子孟容 別見滄洲諸儒學案

趙蕃

子遂

周端朝 別見嶽麓諸儒學案

鄭夢協

施霆亨

韓冠卿

子燮

從子境

韓宜卿

子度 見上靜春門人

韓度

從孫忼

從曾孫耘之

從孫性 別見潛庵學案

從元孫謣

韓淲

宋之源

李塈 別見嶽麓諸儒學案

黃榦 別爲勉齋學案

曾祖道 別見滄洲諸儒學案

劉黼

許子春

陸九淵 別爲象山學案

彭龜年 別見嶽麓諸儒學案

向浯 別見五峯學案

並靜春學侶

宋元學案卷五十九

鄞縣全祖望補本

後學慈谿馮雲濠校刊

鄞縣王梓材重校

道州何紹基重刊

清江學案

祖望謹案朱張呂三先生講學時最同調者清江劉氏兄弟也敦篤和平其生徒亦徧東南近有妄以子澄爲朱門弟子者謬矣述清江學案梓材案清江學案謝山所特立序錄原底作靜春學案後定刊本易之

朱張同調

教授劉孝敬先生靖之父涣

劉靖之字子和廬陵人學者稱爲孝敬先生先生爲人廉靜寡欲敦重少言而和易端粹不爲崖異之行其家居孝友尤篤也自少即以經學文行知名登進士第再調贛州教授還家待次益以諸經自課日求其所未至者蓋自音讀訓詁以及近世諸儒論說無不該貫及至官視其學故有趙清獻祠後廢而生祠郡守部刺史至五六人先生曰趙公與濂溪先生法皆當得祠者今或廢于已舉或初未嘗立

也彼紛紛者何爲哉命悉撤去而更爲二公之祠諸生請曰趙公則聞耳矣敢問濂溪何人也先生具告之故且出其書使之讀諸生固已風動于是先生又益推本其説以發明六經論孟之遺意諄諄辯告如教子弟晨入寓直至暮乃罷日以爲常其教大抵以讀書窮理爲先持敬修身爲主至于學官程課有不可廢者其命題發端必依于是而出焉于是學者益知所向其言行小不中禮服飾小不中度必規正之課試之文以老佛論道以管商議政忘讎恥徇時俗者皆棄不録于是學者又知所懲其于有司之事亦皆精審嚴密閑斥其贏以市圖史至若干卷待諸生以恩至于進退取舍之間則必考行能視次第稽諸公論而未嘗有所私也以故諸生之事先生如事父兄服習其教而守行之俗爲一變其浮惰不事學者往往引去或亦悔前所爲而革心自新焉郡縣吏皆怪以謂學官弟子比無入官府辯訟請謁者父老皆喜以謂吾家子弟比無荒嬉惰游還家叫呼犯上者士大夫家亦爭遣子弟來入學贑之人至咨嗟相與言曰吾邦自李先之爲教官迨今七八十年乃復得劉君耳翰林承旨周必大聞之爲記其説于聽事之壁先生既去改宣教郎遭繼母喪以卒諸生哭之皆失聲相與守其法不變去而從其弟靜春以卒業者數人

先生平日閉戶讀書不甚與人接雖名士亦不強附而時之縉紳多慕與交國子祭酒蕭之敏嘗以經行氣節薦于朝宋室鉅人門戶一再世凋落者不可悉數惟劉氏自太宗時名式者爲刑部郎胡安定所爲記墨莊者至先生父滁亦好學修飭及乎先生兄弟世數益遠而家法益峻忠厚雍穆之風不墜求之故家能如是者少矣及卒丹稜李壽書其墓曰孝敬劉君而廣漢張敬夫栻爲刻銘納壙中新安朱子又爲之傳是數君子者蓋或未嘗識先生也參朱子文集

孝敬家學

知州劉靜春先生清之

劉清之字子澄子和之弟也學者稱靜春先生初受業于子和登紹興進士因往見朱文公慨然有志于義理之學以力行切己者省察性情爲務有志者必如曾子用力于容貌辭氣顏子用力于視聽言動方爲善學父憂服除調建德縣簿萬安縣丞檄視旱災徒步阡陌規畫防閑民甚有賴龔侍郎茂良爲帥具實跡聞于朝命都堂審察不赴時競羨餘發運使史正志俾拘集州縣畸零之賦將以薦之先生貽以書曰此皆州縣侵刻于民法所當禁某誠不敢玷侍郎知人之鑒竟詣吏部銓除知宜黃縣龔侍郎又與周益公必大交薦孝宗

召對首論民困兵驕大臣退托小臣苟媮又言用人四事一辨賢否二正名實三使材能四聽換授改太常寺簿服除通判鄂州知衡州初至兵無見糧官無實俸上供送使無備已而郡計漸裕嘗作諭民書一編非理之訟日爲衰止又以士風未振增築臨蒸精舍如治心治身治家治人確然皆可舉而指之爲閱武場作朱陵道院祀張九齡韓愈寇準周敦頤胡安國于左死節晉太守劉翼宋內史王應之于右以不能媚部使者論罷主管雲臺觀歸築槐陰精舍以處來學胡晉臣鄭僑羅點皆力薦之光宗起知袁州疾作猶不廢講論病革取高氏送終禮授二子曰自斂至葬視此卒年五十七所著有曾子內外雜著篇訓蒙新書外書戒子通錄墨莊總錄等書從黃氏補本

祖望謹案靜春本臨江人原父貢父之宗也後徙吉之廬陵四五歲讀蒙求至龔遂勸農文翁興學諷誦久之其父因語之曰此二君子教人之要務也人亦不過耕與學耳先生聞之欣然自是讀書勤甚比長受業于兄孝敬先生早夜力學自修專以儀刑先世希慕往哲爲事博極書傳而不專科舉之習燕居端坐終日翼翼尤愛惜士類有一善則亟稱樂爲成就聞人之過

慘然如痛在己汪文定公應辰周文忠公必大楊文節公萬里
李文簡公燾皆重之其同輩所最相得者彭止堂向伯源

靜春先生語

苟志于學而乃唯性理文書是傳是玩善士大夫是攀是慕與向來
眩于文章溺于訓詁流于異教者同一轍也且如一言之差在于常
情爲未害試思是時此心存乎不存一步之違在于常情爲未傷試
思是時此心定乎不定有志者于容貌顏色辭氣用力如曾子于視
聽言動用力如顏子則先儒之訓簡易明白皆可舉而行誰能禦之

王承告其子毗曰閑習禮學不如式瞻儀刑諷誦文辭不如親承音
旨

世道之衰屈身于勢利者不怪一從學士真儒考德問業則曰是好
名者經師易遇人師難遭

獨立無朋雖夙夜兢兢學不加進

學者多貪看見成道理

異端侵畔良可憂

此學二字向來愚見只說學之爲學無與爲對言此學則是吾亦自
招彼學而與之抗故不必言此學二字

今日之俗惟知得而忘義詔令一下仕者曰增秩乎士曰免舉乎兵曰受賞乎民曰蠲租乎有是則欣然奉承否則雖有良法美意利國便民謂之空文視之蔑如也夫爲政之道有政有教理也義也人心所同謂今世明于義理竟難其人不亦誣乎但當精擇百官求其明于理義者以爲監司爲學官爲守令爲將帥則風俗知變上下一心吾君吾相端本清源所以儀刑萬邦者不出于他而舉出于理義將以紹復大業無難矣

梓材謹案謝山所錄靜春先生語十一條今移入廬陵學案一條移入復齋學案一條移入荊公新學略一條

附錄

先生孝友誠篤質直好義意廣而心和強敏而有立初以進士得官已欲應博學宏辭科及見朱晦翁即盡取所習辭業焚之慨然志于義理之學罷官嚴陵亟至東萊呂公書院講論經義留數月乃去廣漢張公守嚴陵時尚未識先生已深知先生爲人其後書問往復神交心契先生天資既高復從二三君子講學故所造日益超而當世鉅儒如玉山汪公巽巖李公皆敬慕之

書贊朱晦翁曰始某讀論語得元祐以來諸老先生說以爲世徒有

此書耳他日有告以今時二三君子之所在者于時坐不安席遂欲起而從之已而不能則有三焉云云二三君子不幸已死則無可言者幸而執事者在此有可見之便其又奚說願見蓋十五六年矣語曰經師易遇人師難遭願以素絲之質附近朱藍伏惟誨之

又曰某少壯不務學力長大嬾拙于義理少所開明又獨立無朋夙夜兢兢而學未加進臨事接物亦多齟齬非時異事殊某末之學耳晦翁復書曰執事以盛年壯氣清節直道發軔進途既有聞于當世矣而說學好問之意勤勤有加又將有意于古人爲己之學者而然邪

又曰來書深以異學侵畔爲憂自是而憂之則有不勝其憂者惟能于講學體驗加功使吾胸中洞然無疑則彼自不能爲吾疾矣願以聖賢之言反求諸身一一體察須使一一曉然無疑積日既久自當有見但恐用意不精或貪多務廣或得少爲足則無由明爾若夫涵養之功則非他人所得與在賢者加之意而已若致知之事則正須友朋講學之助庶有發明不知今者見讀何書作如何玩索與何人辯論惟毋欲速毋蓄疑先後疾徐適當其可則功日進而不窮矣並從黃氏補本錄入

呂東萊與書曰參預處閒每效忠告甚善或云其閒多雜以嘲姍雖意在諷切然便無誠篤氣象未必能動人也

祖望謹案參預謂平園東萊與平園札則曰子澄嘲姍乃天資未重之病然他山之石可以攻玉在此不妨有益也

靜春學侶

文安陸象山先生九淵別爲象山學案

忠肅彭止堂先生龜年別見嶽麓諸儒學案

通判向先生浯別見五峯學案

靜春家學孝敬再傳

劉先生孟容別見滄洲諸儒學案

靜春門人

文節趙章泉先生蕃附子遂

趙蕃字昌父本鄭州人也南渡後居玉山學者稱爲章泉先生以大父龍圖致仕恩入仕嘗再得官皆未赴已而主太和簿先生雅有山林之思居官清苦題其齋曰思隱楊公誠齋贈之詩云勸渠未要思舊隱且與西昌作好春又酷愛其詩以爲湌秋菊嚼春冰也及爲辰州司理參軍辨寃獄不爲二千石屈以是罷然卒見直于當路先生

少從靜春先生劉氏學至靜春守衡欲從之卒業乃求爲衡之安仁酒庫監甫至靜春以非罪去官先生即丐祠從之歸論者歎曰師友之際如此肯負國乎先生性寬平與人樂易而大節所在莫能奪也周公平園少與先生厚平園仕漸通顯先生寄之詩曰公如在廊廟我亦遂簞瓢及平園入相累薦竟不起論者以爲不食其言喜作詩書箋往復多以詩代援筆立成不甚經意而閒遠自得讀者以爲有陶靖節之風中興而後學道諸公多率于詩呂居仁曾吉甫劉彥沖其卓然者乾淳閒薛季宣陳君舉尤工至四靈雖嘗遊水心之門而無得于其學故是時學道而工詩者惟先生大江以南推二泉其一謂韓氏澗泉也每當得意浩歌長吟有風浴詠歸之風然先生時以學道未成爲懼年且五十更從朱子請益及其老也猶以末路自警題所居曰難齋先生最謙退不敢以師道自居晚而諸儒彫謝惟先生巋然無恙門人負笈從之者益多則勉以師友之源流理宗即位于時先生書祠官之考三十有一朝臣爭薦以太社令召三辭不拜以直祕閣召三辭不拜詔予祠先生連章請致仕不許自是累年請益力乃詔以原官老踰月而卒得年八十有七其長子遂亦七十矣所著有章泉集雲濠案先生所著有乾道稿二卷淳熙稿二十卷章

泉稿五卷劉漫塘表其墓信州守吳旂請錄其後詔以遂補上州文學亦固辭詔以承務郎致仕仍推恩于其子景定三年門人祕閣修撰鄭夢協爲請謚乃謚文節遂字景初有家學

雲濠謹案學案底本先生別傳有曰趙昌父本管城人南渡與周益公同里益公當軸所仕但一酒官五十年不調八十餘朝以祕閣正郎聘之不至云云可與是傳參攷

知州韓貫道先生冠卿 附子變從子境

韓先生宜卿 合傳

韓冠卿字貫道忠獻公之後也知饒州建炎南渡忠獻之裔散之四方而東來者則文定公忠彥子治之後治知和州其子爲兩浙提刑膚冑次直祕閣膺冑始居越先生爲提刑之孫受業清江劉子澄之門清江之學于晦翁南軒東萊如水乳其教先生也以一實字蓋卽司馬温公教元城以誠字之說子曰變字仲和知滁州能傳其學祕閣之孫曰埜卿其子曰境字仲容史館祕閣亦能傳清江之學與滁州稱二仲而饒州弟宜卿有子曰度

梓材謹案謝山于莊節傳云戴山父子皆師劉子澄而友楊敬仲知饒州之弟亦靜春弟子

隱君韓蠡山先生度

韓度字百洪隱居講學旁參慈湖之說風節尤高世以蠡山先生稱之

庶官韓澗泉先生淲

韓淲字仲止上饒人南澗先生元吉之子有高節從仕不久即歸信上嘉定中卒有澗泉集

郡守宋先生之源

宋之源字積之朱子更曰深之雙流人也祕書丞若水子兄弟皆師朱子祕書使湖南先生從行朱子謂曰衡湘胡氏父子兄弟及南軒講學地也今其流風遺韻多在者吾友劉子澄方爲守可就訪之先生奉教既至遂學于劉氏會丞嘉戴少望亦在焉先生又師之其不名一師好學如此官龍游令逆曦之變解印去賊平當路者以聞詔進秩知什邡縣累官知雅州夷人盜邊撫而又至先生曰不大治不創乃絕其餉道示必盡之夷誓死無犯璽書褒嘉進知嘉定府卒

文肅李悅齋先生埴 別見嶽麓諸儒學案

文肅黃勉齋先生榦 別爲勉齋學案

曾先生祖道 別見滄洲諸儒學案

特奏劉先生黼

劉黼字季章與景陽許子春皆廬陵醇儒從朱文公學後爲特奏第一人 參鶴林玉露

梓材謹案朱子文集答季章書二十三在劉公度許景陽之閒其書有云劉袁州不謂遂止于此令人心折細讀來書知所以經紀其家者不以生死從違二其心不勝歎服袁州謂靜春則先生固從學靜春者蓋卽劉黻字季文之昆季也又案謝山學案劄記有景陽季章四字卽先生與許先生子春爾

許先生子春

許子春字景陽同安人黃勉齋答余瞻之書云廬陵書信遞去良久旦夕雖有回訊當得尋便納往景陽書向說比亦收書看周禮甚有味亦作書挽其歸恐遂爲廬陵人未可知也 參勉齋集

梓材謹案謝山學案稿底列先生于靜春門人而未詳事實儒林宗派朱子門人有許景陽字子春同安人名字互易今從勉齋集改正先生殆以靜春弟子而受學朱門者

章泉門人 孝敬三傳

忠文周先生端朝 別見嶽麓諸儒學案

修撰鄭先生夢協

鄭夢協字新恩玉山人也章泉先生高弟梓材案章泉行狀先生所作與魏鶴山眞西山厚講道最篤而漫塘最稱其文嘗官祕閣修撰

施尊道先生霆亨

施霆亨字榮南邵武人也趙章泉弟子以學授徒鄉人稱爲尊道先生

韓氏家學

隱君韓蕺山先生度見上靜春門人

韓義行先生忼附子耘之孫譓

韓忼字義行梓材案謝山原底作義行先生韓亢又云學者私謚爲義行先生今檢史刻鮚埼亭集蕺山相韓舊塾記云莊節與其兄忼字義行並有名莊節名性其兄必名忼不名亢義行其字也並非私謚故節而易之又案是傳先生從弟莊節而舊塾記云莊節兄忼亦異會稽人也忠獻之後左司員外郎膺胄之元孫宋宰相家之講學者范文正公後相繼三世六人呂正獻公後相繼七世十有八人張魏公後相繼三世五人趙忠定公後相繼四世六人稱最盛執政家則范蜀公後相繼六世八人而忠獻公之裔五世後自貫道先生始

學于清江劉子澄諸子若孫繼之亦五世先生其孫行也博極羣書研精性理之學貫道之得于劉氏者以實字爲宗蓋亦涑水不妄語之緒先生克昌其學宋亡韓氏失祿仕先生與其從弟莊節先生性自相師友先後師表當世五百年來文獻失落貫道先生志銘出于慈湖今亦不存其僅得見于世者莊節一人而已予故略存其學統以附之范呂之次先生子耘之孫謂亦皆以學行稱

莊節韓先生性 別見潛庵學案

宋元學案卷五十九

說齋學案表

唐仲友 父堯封 永嘉同調

傅寅

子大東

子大原

從子定

傅芷

吳葵

葉秀發 別見麗澤諸儒學案

朱質 別見麗澤諸儒學案

張端義 別見慈湖學案

金式

唐仲溫

唐仲義 並說齋學侶

宋元學案卷六十

鄞縣全祖望補本

後學慈谿馮雲濠校刊

鄞縣王梓材重校

道州何紹基重刊

說齋學案

祖望謹案永嘉諸先生講學時最同調者說齋唐氏也而不甚與永嘉相往復不可解也或謂永嘉之學說齋實倡之則恐未然述說齋學案梓材案說齋學案謝山所特立

永嘉同調

提刑唐說齋先生仲友父堯封

唐仲友字與政金華人也侍御史堯封之子侍御以清德有直聲先生兄弟皆自教之成紹興二十一年進士兼中宏辭通判建康府上萬言書論時政孝宗納之召試除著作郎疏陳正心誠意之學出知信州以善政聞移知台州嘗條具荒政之策請以司馬光舊說令富室有蓄積者官給印歷聽其舉貸量出利息俟年豐官爲收索示以必信不可誑誘從之鋤治奸惡甚嚴晦翁爲浙東提刑劾之時先生已擢江西提刑晦翁劾之愈力遂奉祠先生素伉直既處摧挫遂不

出益肆力于學上自象緯方輿禮樂刑政軍賦職官以至一切掌故本之經史參之傳記旁通午貫極之繭絲牛毛之細以求見先王制作之意推之後世可見之施行其言曰不專主一說苟同一人隱之于心稽之于聖經合者取之疑者闕之又曰三代治法悉載于經灼可見諸行事後世以空言視之所以治不如古痛闢佛老斥當時之言心學者從遊嘗數百人初晦翁之與先生交奏也或曰東萊向嘗不喜先生晦翁因申其意陳直卿曰說齋恃才頗輕晦翁而同甫尤與說齋不相下同甫遊台狎一妓欲得之屬說齋以脫籍不遂恨之乃告晦翁曰渠謂公尚不識字如何爲監司晦翁銜之遂以部內有冤獄乞再按台既至說齋出迎稍遲晦翁益以同甫之言爲信立索印摭其罪具奏說齋亦馳疏自辯王魯公淮在中書說齋婣家也晦翁疑其右之連疏持之孝宗以問魯公對曰秀才爭閑氣耳于是說齋之事遂解而晦翁門下士由此幷詆魯公非公論也或曰是時台州倅高文虎譖之晦翁案東萊最和平無忮忌且是時下世已一年矣同甫與晦翁書曰近日台州之事是非毁譽參半且言有拖泥帶水之意則似亦未盡以晦翁之所行爲至當者同甫又曰平生不曾說人是非與政乃見疑相譖真足當田光之死則當時蓋有此疑而

同甫亟自白也是皆失其實矣文虎小人之尤殆曾出于其手然予觀晦翁所以糾先生者怱急峻厲如極惡大憝而反覆于官妓嚴蕊一事謂其父子踰濫則不免近于誣抑且傷□□□且蕊自台移獄于越備受箠楚一語不承其答獄吏云身爲賤妓縱與太守有濫罪不至死但不欲爲妄言以汚君子有死不能也于是岳商卿持憲節卒釋之然則先生之誣可白矣又以在官嘗刊荀楊諸子爲之罪則亦何足見之彈事晦翁雖大賢于此終疑其有未盡當者且魯公賢者前此固力薦晦翁之人也至是或以姻家之故稍費調停然謂其從此因嗾鄭丙陳賈以毀道學豈其然乎丙賈或以此爲逢迎魯公豈聽之哉考其生平足以白其不然也蓋先生爲人大抵特立自信故雖以東萊同甫絕不過從其簡傲或有之晦翁亦素多卞急兩賢相厄以致參辰不足爲先生槩其一生近世好立異同者則欲左袒先生而過推之皆非也先生之書雖不盡傳就其所傳者窺之當在艮齋止齋之下較之水心則稍淳其淺深蓋如此所著曰六經解一百五十卷孝經解一卷九經發題一卷諸史精義百卷陸宣公奏議解十卷經史難答一卷乾道祕府羣書新錄八十三卷天文詳辯三卷地理詳辯三卷愚書一卷說齋文集四十卷尚有故事備要辭料

雜錄諸種而其尤著者曰帝王經世圖譜十卷周益公曰此備六經之指趣爲百世之軌範者也又嘗取韓子之文合于道者二十六篇定爲韓子二卷

祖望謹案乾淳之際婺學最盛東萊兄弟以性命之學起同甫以事功之學起而說齋則爲經制之學考當時之爲經制者無若永嘉諸子其于東萊同甫皆互相討論臭味契合東萊尤能并包一切而說齋獨不與諸子接孤行其教試以艮齋止齋水心諸集考之皆無往復文字水心僅一及其姓名耳至于東萊既同里又皆講學于東陽絕口不及之可怪也將無說齋素孤僻不肯寄人籬落邪梨洲先生謂永嘉諸子實與先生和齊斟酌其說似未然也

愚書

制命在君然不可居物之先代終在臣然不可享功之成故用九以无首爲吉六三以含章爲正詩曰君能下下以成其政臣能歸善以報其上

命討天也行之君也威福辟也佐之相也惡者必懲則奸民無盜跖之壽善者必申則賢士無原憲之貧故君相不可以言命

人君有三畏畏天命畏民心畏輔相之臣

大臣正君其次謀國其下謹身

正君之難在制其欲不窒其源如決流何不翦其根如滋蔓何防微

消萌力少而功多

位尊難安德威難全

勝人人必恥下人人必喜恥生競喜生敬以上君臣

避世非君子之心

中狹常易盈內荏常易屈

君子之進退風俗之樞機也必退絕物其俗激必進失己其俗競不激不競以善天下之俗

莫神于天以民從違莫尊于君以民安危天且靈之孰能違之君且高之孰能下之

道有興廢民無淳漓堯舜至仁不能絕天下之欲幽厲極暴不能滅天下之性以民爲非古是謂誣民以道爲不可行是爲賊道

遷都以復先業何畏而猶有書東征以卒圖事何恤而猶有誥未恤而強之從必有逆命而陷于罪者聖人蓋不忍焉耳以上士民

爲治者不可變常道言治者不可厭常談

勤固勝怠勤而非禮則勞儉固勝奢儉而非禮則偪存小節而喪大體君子不取也

善爲教者反諸身以上治教

怯不勝勇勇不勝敬

古之爲兵者教之以孝弟忠信惟恐其不君子也後之爲兵者教之以權謀變詐惟恐其不小人也

取民之財以養兵不如使民自養之易供也用兵之力以衛民不若使兵自衛之甘心也以上兵財

順命如順親保性如保子養心若養苗馭氣如馭馬防欲如防川待物如待寇一言蔽之曰誠

鏡固瑩塵則昧之水固清風則濁之塵去鏡明風息水止外物不干天性乃見

親疏固有情遠近固有勢貴賤固有分因其情順其勢明其分微而草木各得其所是吾道之所以爲異也咈其情逆其勢忘其分閨門之內有所不行是墨氏之所以爲同也吾道之異適以爲同墨氏之同秖以爲異

德莫先于孝孝莫難于保親之所與庶人有身推之天子有天下有

而保之孝莫大焉

陰陽之說勝則禮經廢形相之說勝則心術喪祿命之說勝則人事怠失之己求之天君子不由也

由惡近善蓬生于麻由善近惡絲涅于墨

謂道爲難若塗若川謂道爲易若天若淵謂之易輕而失謂之難畏而止勿畏勿輕學而已矣

文以明道或以蔽道傳以通經或以亂經學以知性或以汩性說曰益新理日益昧

兼愛似仁爲我似義清靜寂滅似無思無爲

莫易欺于形莫難欺于神形視吾外神視吾內以上道學

未有欲有既有欲其若無未實欲實既實欲其若虛

君子不絕人之情亦不徇人之情

衆人徇利以犯難賢者潔身以避害載道以濟世而不罹其患者惟聖人乎以上聖賢

說齋文集

自古直道之行本于正心誠意之閑顯于舉賢放佞之際故伯益告舜先以儆戒無虞罔失法度繼以任賢勿貳去邪勿疑仲虺告湯先

以不邇聲色不殖貨利繼以德懋懋官功懋懋賞惟陛下防私如禦寇存公道如護元氣內察諸存心之初勿使一毫或出于嗜好之私而非先王之法度外察諸用人之際勿使一職或出于左右之譽而咈天下之公議儻有則斷而去之既去則敬而守之 館職備對劉子

荀卿有性惡之說楊雄有善惡混之說韓愈有上中下之說性惡之說爲害尤大世之言性惡者皆以象藉口吾觀象之行事適足以見性之善不知其惡也象之往入舜宮鬱陶之思以僞爲也忸怩之顏以誠發也欺形于言愧形于色象之本心固知僞之不可爲也其性豈不善哉使象而性惡則欺舜之言居之必安何愧之有易言天地之情則于咸言天地之道則于恆至言天地之心則必于復蓋方羣陰剝陽而至于六陰之用事則天地之心或幾乎隱及一陽動于下有來復之象則天地之心始可見人之誘于物也陰之剝也俄然而復陽之復也象之忸怩蓋其復性之際復則不妄至誠之道也善言性者當于復觀之 性論

孟子書七篇荀卿書二十二篇觀其立言指事根極理要專以明王道黜霸功闢異端息邪說二書蓋相表裏以吾觀之孟子而用必爲王者之佐荀卿而用不過霸者之佐不可同日語也王霸之異自其

外而觀之王者爲仁義霸者亦有仁義王者有禮信霸者亦有禮信自其內而觀之王者之心一出于誠故正其誼不謀其利明其道不計其功霸者之心雜出于詐故假仁以爲利利勝而仁衰仗義以率人人從而義廢湯武桓文由此分也荀卿之書若尊王而賤霸矣乃言性則曰本惡其善者僞也夫善可僞則仁義禮信何適而非僞也四者既僞何適而非霸者之心吾以是知卿而用必爲霸者之佐也李斯之學實出于卿蓋卿有以啓之或曰卿之言曰君子養心莫善于誠又曰誠者君子之所守而政事之本也卿豈不知王道之出于誠哉曰子以爲誠者自外至邪將在內邪性者與生俱生誠者天之道非二物也以性爲惡則誠當自外入外入則僞惡覩所謂誠乎吾觀告子先孟子不動心又其言辯幾與孟子埒至于以義爲外以性爲猶杞柳故孟子力詆之荀卿化性起僞之說告子之儔也荀卿論

卿謂聖人惡亂故制禮然則禮強人者也惡亂故制樂然則正聲乃矯揉而淫聲乃順其情者也見禮樂之末而未揣其本即性惡之說吾故謂告子之流讀荀子禮樂二論

天下有君子有中人有小人而釋老之說皆有以中其欲報應禍福足以惑小人超升解化足以移中人清淨寂滅足以疑君子小人曰

吾罪惡貫盈飯僧可以免吾釁戾山積梵章可以禳不惟此也且可以致福以增算吾何爲而不從釋老也中人曰吾學釋而成可以出入死生吾學道而成可以長生久視與其溷濁世處俗塵孰若自在而遊樂國蟬蛻而登蓬瀛乎吾何爲而不從釋老也君子則曰吾不取其教而取其道吾不觀其外而觀其內蓋其說深入乎死生性命之際周盡乎天地鬼神之理頗與吾周易合至于披析示人則又優于儒書可以直造其本源而不勞于積習此說一立而釋老之害牢不可破嗚呼小人中人旣不可以道理深責而報應禍福超升解化之說皆誕幻詭譎不待攻而自破至于君子則吾道之所賴以傳乃惑于疑似之際蕩然莫返吁可悲矣生死鬼神之理惟聖人知之道家欲不死佛家欲無生皆未之知也聖人明幽明之故原始反終知死生之說精氣遊魂知鬼神之情狀然不諄諄以告人慮學者之不能無惑也故子路問鬼神曰未能事人焉能事鬼問死曰未知生焉知死蓋以事人所以事神知生所以知死不欲子路舍其常行而他求也學者不求之易論語之閒而輕受愚夫之誑乎時高談則曰吾學有所悟及遇利害事不能毫釐往往易其所守幾不能自立乃曰吾學出世法求其死而不亡者噫亦惑矣昔孟子比楊墨以禽獸爲

其似是而非今釋老者爲己則一毛不拔責人則摩頂放踵是兼楊墨而爲之其爲禽獸也大矣釋老論

聖人之傳道必以心其端則始于至誠力學後世求其說而不得流入釋老以爲道者當超詣頓解徑進于聖人之域相與用心不可測度之地而學問修爲之功幾于盡廢捕風捉影卒無分毫之得曰吾之學心學也內以欺己外以欺人顏曾論

謝山唐說齋文鈔序曰唐台州說齋以經術史學負重名于乾淳間自爲朱子所糾互相奏論其力卒不勝朱子而遂爲世所訾方乾淳之學初起說齋典禮經制本與東萊止齋齊名其後浙東儒者絕口不及蓋以其公事得罪憲府而要人爲之左袒者遂以僞學詆朱子并其師友淵源而毀之固宜諸公之割席而要人之所以爲說齋者適以累之可以爲天下後世之任愛憎者戒也詳考台州之案其爲朱子所糾未必盡枉說齋之不能檢束子弟固無以自解于君子然彈文事狀多端而以牧守刻荀楊王韓四書未爲傷廉其中或尙有可原者況是時之官非一跌不可復振者也說齋既被放杜門著書以老則其人非求富貴者不可以一偏遽廢之是吾長于善善之心也予少時

未見說齋之文但從深寧困學紀聞得其所引之言皆有關于經世之學深寧私淑于朱子者也而津津如此則已見昔人之有同心說齋著書自六經解而下共三百六十卷文集又四十卷今皆求之不可得近于永樂大典中得其文若干首詩若干首鈔而編之以備南宋一家之言因爲論其人之本末或謂說齋自矜其博嘗詆朱子不識一字故朱子劾之或又言說齋不肯與同甫相下同甫搆之于朱子此皆小人之言最爲可惡要之說齋之被糾所當存而不論而其言有可采者卽令朱子復起或亦以予言爲然也

說齋學侶

教授唐先生仲温

主簿唐先生仲義 合傳

唐仲温仲義金華人皆說齋之兄也自其父侍御堯封以及說齋皆紹興名進士家庭之閒自相師授仲温饒州教授仲義樂平主簿 參

平蘇仲說

說齋門人

傳杏溪先生寅 附子大東大原

傅寅字同叔義烏人也學者稱爲杏溪先生自少神骨清聳于經史百家悉能成誦比長益求異書讀之說齋唐先生講學于東陽吳葵之家先生之中表也因從之質疑問難皆有援據可反復說齋喜曰吾益友也及聞其升降分陝之說語門人曰職方輿地盡在同叔腹中矣先生于天文地理封建井田學校郊廟律歷軍制之類世儒置而不講者靡不研究根穴訂其譌謬資取甚博參驗甚精每事各爲一圖號曰羣書百考大愚呂先生見其禹貢圖曰是書可爲集先儒之大成矣嘗延之麗澤書院中列坐諸生揭其圖使申言之且曰以所能者教人所不能者理之所在初無彼此諸生弗以門戶之見恥受教也先生亦樂爲之盡時人服大愚之善下而益嘆先生之學之邃也嘗舉文中子之說人不里居地不井授終爲苟道反覆太息謂周禮太平之書于時九等授田家給人足泉府之設特以備凶荒原非常用況是書體有本末用有先後若大綱不舉而獨行所謂國服爲息者是猶取名方中百品之一而服之及其害人則曰爲是方者固名醫也熙寧諸賢但知力攻青苗而未知以此折之是以不足以詘其說故先生之書于成周制產分郊作貢授賦之說尤詳嘗徧遊江淮縱觀六朝故迹南北形勝證諸史牒而得其成敗興衰之故歷

歷如指諸掌然自經制事功之學起說者病其疏于踐履而先生之
教人則謂下學上達各有次第舉而措之尤非可以一蹴語者故其
教人必先以小學授以曲禮內則少儀鄉黨諸篇使其日用之閒與
義理相發明而知道之與器未嘗相離也先生精于古今軍制而從
未嘗教人讀兵書曰胸中無論語孟子爲之權衡遽聞譎詐之言則
先入者爲主害心術矣蓋其所以學與所以教者如此家居非公事
不至官府長吏之賢者或造而問政則盡言無隱人有隱被其賜者
而未嘗洩也所與交遊其官至執政或臺諫則不復與之通問州里
有事以身任之而不辭里中與馬師文孫居敬最相契永嘉戴少望
聞其名執贄願交大愚之登朝也累以先生之學行爲言黄文叔與
彭止堂輩爭欲薦之或言先生必不可屈乃止其後館于黄商伯之
家最久賓主之閒日以義利相箴切不爲無益之語先生既不仕無
祿又不屑治生產商伯持浙西庾節遺以錢五十萬先生悉散于宗
族鄰里無所留晚益貧太守孟猷聞而嘆曰不可使賢者饑餓于我
土地乃捐俸以倡諸好義者爲買田築室于東陽之泉村黨禍既作
先生杜門不出其詩閑遠古淡有淵明康節風初說齋以其學孤行
于東萊亦絕不通問葉秀發朱質雖以呂氏弟子來學于唐而其統

未合朱子則互相糾奏至先生始和齊斟酌無復乖剌先生諸子大東承其家學敦慤有父風而大原從慈湖楊先生遊從子定學于朱門一家之中旁搜博採不名一師

主簿吳先生葵

吳葵字景陽其家以貲雄于東陽與郭氏埒郭氏有西園南湖石洞三書院招延呂成公薛象先之徒教授子弟而吳氏亦有安田書院初則徐天民主之已而唐說齋主之皆攜弟子百餘人以至遠近驚愕先生既從名師傳經彙史尤好遊短棹獨往一覽數州葉水心仕江淮閒先生遊輒過之水心爲之飯問其所爲笑而不荅杏溪先生傳寅者說齋上座弟子而先生之外弟也忘年事之如師杏溪家貧先生爲之紀理其家相與終身不失尺寸淳熙大荒亟其居數十里皆其所養生而送死也累官通山縣簿有聲民皆化之攝大冶縣以德導民大冶監利濟局嘆曰吾本無仕進意今老矣遂奉祠卒水心爲志其墓

知軍葉先生秀發

侍郎朱先生質並見麗澤諸儒學案

直言張荃翁先生端義別見慈湖學案

正言金先生式

金式字元度金華人從說齋遊淳熙十一年進士以右正言終在官三十年清貧如一日鞏豐狀其行謂金華之人傑參嘉靖金華志

杏溪家學說齋再傳

傳先生定

傳定字敬子杏溪先生兄子杏溪自程其子姪于學嚴而有節晚乃遣先生遠之建安受業文公之門文公集中有與傳敬子書卽其人也參柳待制集

雲濠謹案黃晉卿記杏溪祠堂言先生受業朱門得其微言奧旨歸與諸弟共講云

杏溪門人

進士傅先生芷

傅芷字升可義烏人也淳熙五年進士精于經史之學爲杏溪上弟子從遊之士極盛未仕而卒所著有南園詩文集二十卷南園講錄

徐陳諸儒學案表

徐誼 永嘉金溪同調
- 趙希錧
- 丁黼 父泰亨
- 黃中
- 彭仲剛 別見麗澤諸儒學案

錢文子 永嘉同調
- 喬行簡 別見麗澤諸儒學案
- 丁黼 見上宏父門人
- 曹豳
- 湯程

陳葵 附師魏益之 金溪同調

宋元學案卷六十一

鄞縣全祖望補本

後學慈谿馮雲濠校刊
鄞縣王梓材重校
道州何紹基重刊

徐陳諸儒學案

祖望謹案三陸先生講學時最同調者平陽徐先生子宜青田陳先生叔向也陸氏之譜竟引平陽爲弟子則又謬矣述徐陳諸儒學案梓材案是卷爲謝山所特立序錄原底作徐陳二先生學案定刊本則稱徐陳諸儒蓋忠文後益以錢白石故易其稱又案一本作平陽學案

陳陸同調

忠文徐宏父先生誼

徐誼字子宜一字宏父温州平陽人乾道八年進士由池州教授歙歷清要事孝光寧三宗入爲刑部侍郎出爲寶謨閣待制江淮制置使移鎮隆興府而卒謚忠文中忤韓侂胄貶南安軍婺州流離十年而後得釋葉水心誌其墓曰諸儒雖爭爲性命之學然而固滯于語言播流于偏末多茫昧影響而已及公以悟爲宗懸解昭徹近取日

用之內爲學者開示修證所緣至于形廢心死神視氣聽如靜中震霆冥外朗日無不洗然自以爲有得也參玩茲語似亦近禪而當時諸儒學術亦因可見矣封信安郡公趙希館其門人也

梓材謹案先生傳黃氏原本列金溪學案其傳云先生稟學象山有省同赴南宮試論出天地之性人爲貴象山視其文曰某欲說底卻被子宜道盡但某所以自得受用底子宜卻無先生謂象山曰與晦翁月餘說話都不討落著與先生說話一句即討落著是說猶沿象山年譜故以先生爲陸氏門人而謝山不以爲然

附錄

舒廣平答先生書曰吾人平生所志期不負所學中都臭味頗薰炙人造道如子宜知不可汩要須惟日孳孳簡易明白以滌盡利祿境庶此志獲申

謝山奉臨川帖子二曰陸子之教大行于浙河以東顧一時稱祭酒者必首四明四先生慈湖之祭徐忠文也自言其見陸子實因忠文之力水心作忠文墓志言公以悟爲宗云云此忠文有合于陸學之實錄而宋史略而不書得閣下表而出之善已

然忠文之爲陸學固也其竟爲陸氏弟子則書傳未有明文黃氏日鈔謂忠文見陸子天地之性人爲貴論因令慈湖師陸子與慈湖祭文合然則忠文未嘗師陸子矣而年譜有忠文侍學之語恐未可據

永嘉同調

少卿錢白石先生文子

錢文子字文季樂淸人也乾淳之際永嘉諸儒林立先生徧從之遊而于徐忠文公宏父尤契入太學有盛名嘉定後諸儒無一存者先生巋然爲正學宗師以太學兩優釋褐仕至宗正少卿學者稱爲白石先生所著有白石詩傳雲濠案謝山劄記白石詩傳二十卷其門人曰喬行簡丁黼曹豳湯程

金溪同調

縣令陳叔向先生葵附師魏益之

陳葵字叔向處州靑田人自少篤學至老不倦舉隆興進士知平陽縣居官廉介師事魏益之水心志其墓曰君旣與魏益之遊每恨志慮昏而無所明記憶煩而不足賴益之因敎以盡棄所懷獨立于物之初未久忽大悟洪纖大小高下曲直皆髣髴若有見焉自是以師

道歸益之且疑呂伯恭誦書徒多朱元晦修方不療時呂公已下世矣朱公雖論未合然重其辭直無隱士有比君所者必使往從之曰可以寡過也昔孔子稱憤啓悱發舉一而反三而孟子亦言充其四端至于能保四海往往近于今之所謂悟者然仁必有方道必有等未有一造而盡獲也一造而盡獲莊佛氏之妄也叔向掊包蒙之論遊于廣大而常自言用功益難進道愈遠古人今人皆未可輕議其厲志勇猛蓋不以悟自足也然則先生之學亦或有異于其師者與

從黃氏補本錄入

梓材謹案此傳黃氏補本亦附金溪卷末以謝山稾底佚此據以補之

宏父門人

少保趙時隱先生希錧

趙希錧字君錫太祖九世孫也南渡後居常山少從父官衡陽嘗有聞于陳文節公止齋而卒受業于徐忠文公宏父雅以寒素自居力貧苦學借書鈔誦成慶元二年進士釋褐汀州司戶時峒寇李元礪出沒汀贛閩軍且至寮佐集議守城先生下坐無一語守異之曰不言得無有見乎先生曰守城非策也距城三十里有關曰古城若扼

其衝賊不足慮矣守曰卽以付君時先生以宗子初入官皆爲危之至關審形勢明斥堠賊遣諜至先生得諜縱其舉火相示而羸師以誤之夜半賊數百銜枚至先生嚴兵以待賊至矢石雨下無一免者餘黨聞風而遁軍還老幼羅拜相屬先生由他道避之論功卽拜本州推官調夔州運司屬官掌大寧鹽井事清積負卻羨餘知玉山縣召對首言民力困于貪吏軍力困于債帥國家之力則外困于歸附之卒內困于浮沈之費次論四蜀銓注科舉之敝次論大寧鹽井本末寧宗嘉納除大理丞遷大宗正丞權工部郎宗姓多貧而始生有訓名爲人後有過禮吏受賕無藝莫敢自陳先生白其長推行之已而以宗室換班授吉州刺史提舉宮觀輪對首論今日多事之際而未有辦事之人朝紳清選也以緘默爲鄭重以刻薄爲舉職以無所可否爲得體閫寄重任也以大言爲有志以使過爲知恩以不待指授于朝廷爲有才臣非敢厚誣天下所憂在選擇未得其道器使未當其才次論宗學之建朝廷美意也校定法不視太學而視武學外舍優校必待公試中選而後升一請一免而不得援承免例已陞內舍胄監前名而不得注諸州教授名爲重之實則薄之恐非風厲之本旨也累遷安德軍承宣使引對言初政在明君道總治統收人心

理宗動容曰卿所陳于初政所繫尤切次年論祠祭不蠲禁衛不肅晉節度使封信安郡公以足疾臥家累歲而卒贈少保信安郡王先生風姿凝重胸抱魁壘揚人之善不記人之過急人之難不忘人之恩其仕夔也安沂公丙一見異之解佩玉以贈且欲舉之先生辭以及格沂公曰然則使我有失士之恨盍貺諸所親曰有母黨可然不敢專沂公曰君謂之可則可矣竟舉而貺之時人兩賢之既換班自號時隱居士祁寒盛暑未嘗謁告或以爲太自苦曰吾乃媿報稱之難也如弁廢之若此心何衣食僅足不置妾侍故訓詞有云爵祿褒嘉不改儒生之習威儀謹飭蔚爲朝著之華蓋實錄也從蔣氏所藏稾底錄入

恭愍丁延溪先生黼父泰亨

丁黼字文伯故徐州人也漢說易大師將軍寬之後世居沛碭閒南渡後徐爲戰地先生曾大父執中卜居青陽尋遷石埭家世忠孝雖南遷三世時望歸故土不治產業其大父嘗夢神告之曰若死葬于延溪寺右三紀之後必昌又三十年而生先生年十四已知爲學之要父泰亨宿儒也自教之已而平陽徐忠文公誼教授池州父挈先生共往從焉忠文以老友待之留與共訓後進而授先生以語孟學

庸大旨聖賢修己治人之學永嘉錢宗正文子亦碩儒先生由忠文以見之得其經學先生氣竦神悟誦言觀行遂爲忠文門下第一成淳熙進士枋臣當國賢士多沈下僚時天下所稱爲正學直道者鶴山平齋西山皆重先生而鶴山尤契嘗曰忠肝義膽霜明玉潔足以廉頑立懦也曰吾交文伯二十年眞端人也嘗聞張行父之賢亟求見之叩以南軒之學以爭濟邸事干宰相怒被逐宰相死召還累官軍器監數上封事言大臣不法事累進累蹶以直祕閣知信州吉州皆有聲西山爲江西安撫薦之詔遷提刑尋充四川夔州路安撫使兼知夔州時崔菊坡方帥四川聞先生至喜贈詩所云同志晨星少孤愁暮雨多者也先生治夔疏上十事夔大治乃以右文殿修撰充廣西副制置使守靜江尋以四川副制置使守成都自嘉定端平以來諸碩儒講學者亦閒或得大用于朝然率不久輒去至是零落且盡而先生獨存又棄之巖疆以陷之死時蜀事已極壞先生延李微之于幕力行寬大之政蜀人戴之如父母而知事之必不可支也乃遺其家屬南歸曰無以老子爲念嘉熙二年北兵自新井大入先生乃守大小城飛山移屯盡撥隸文龍帳犀牌丁不滿七百北兵詐用宋將旗幟城中以爲潰兵也以榜招之已而知其非或勸先生以自

全計先生笑不答曰吾爲副元帥死其分也不可使丁氏無後且留館甥以收吾骨整兵夜出城南遂戰于石筍街衆散且盡先生入城率其親信侍從數十人巷戰寮屬惟參議官楊大異一人力竭皆死之大異復蘇得免事聞賜祠贈恤如制謚恭愍所著有延溪集六經辯正疑問諸史考

祖望謹案先生以平陽高第偏候諸儒伯仲真魏之閒晚年埋血沙場大節凜然而宋史附之忠義傳末不詳其籍里不志其生平讀者茫然荒略未有如此之甚者予少有志于改正宋史曾從永樂大典鈔得先生別傳一篇十年以來忽忽失去昏忘不能追憶僅約略其大槩列之學案而其言行之詳不復能舉矣又嘗見先生作范文正公祠記其中謂池州實有長山文正之母晚適朱氏實爲池人未可竟指爲淄州之長山其文亦朗朗有法

附錄

吳鶴林曰恭愍生平忠雅端靖持論侃然寧避烏臺之官而不肯有一毫詐欺之事寧嬰黃閣之怒而未嘗少怠其呵護善類之心于義利界限辨之尤明死國未幾制府參謀□翊雍容就義文南守相□

銳口汝鄰慘恍血戰而死皆其英風義魄所風厲也

修撰黃先生中

黃中字仲庸平陽人也成紹熙進士爲館職肆力于學時徐忠文公方起平陽于永嘉諸儒中又別爲一家先生從之遊嘗與朱子往復論學欲實地用功不徒託之空言而已學禁方嚴先生校藝漕闈發策云平居不以利祿入其心培植涵養如木有根水有源用之則回既倒之狂瀾不用則唱和寂寞之濱亦足名世任此責者誰與朱子見之嘆曰近年此等議論令人嘆服累遷起居舍人兼侍講敷陳剴切寧宗曰朕正倚毗卿前後三十餘疏當路不喜出知袁州徙泉州進右文殿修撰卒平陽弟子以先生爲第一

提舉彭先生仲剛別見麗澤諸儒學案

白石門人

文惠喬孔山先生行簡別見麗澤諸儒學案

恭愍丁延溪先生黼見上宏父門人

文恭曹東畝先生豳

曹豳字西士瑞安人文肅公叔遠族子也少從錢白石學登嘉泰二年進士第授安吉州教授調重慶府司法參軍郡守度正欲薦之辭

曰章司錄母老請先之正敬嘆改知建昌縣復故尙書李公擇山房建齋舍以處諸生擢祕書丞兼倉部郞官出爲浙西提舉常平面陳和糴折納之敝建虎邱書院以祀尹和靖移浙東提點刑獄寒食放囚歸祀其先囚感泣如期至召爲左司諫與王萬郭磊卿徐清叟俱負直聲當時號嘉熙四諫上疏言立太子厚倫紀以弭火災又論余天錫李明復之過迕旨遷起居郞進禮部侍郞不拜疏七上進古詩以寓規正久之起知福州再以侍郞召爲臺臣所沮而止遂守寶章閣待制致仕卒謚文恭 參史傳

雲濠謹案先生號東畝見程撫州士龍所作劉寶山先生行狀

縣尹湯先生程

湯程與喬行簡同門爲縣尹嘗爲喬述白石病革時言曰吾于詩傳尙多欲有所更定云 參喬孔山文集

梓材謹案喬文惠序白石詩傳前云同門湯尹程後云訪求于湯尹之姪時大俾借詁釋刻諸郡齋謂之湯尹故知其爲縣尹也

西山蔡氏學案表

蔡元定
父發
晦翁門人
延平白水籍
溪屏山再傳
元城龜山譙
氏武夷豫章
三傳
涑水二程四
傳

子 **淵**

孫 **格**

陳光祖——子 **沂** 別見北溪學案

翁泳

熊剛大

葉采 別見木鐘學案

熊慶胄

徐幾 並見西山真氏學案

熊酉

何雲源 別見九峯學案

子 **沆**

子 **沈** 別為九峯學案

朱塾

朱埜 並見晦翁學案

楊至別見滄洲諸儒學案

樓鑰別見邱劉諸儒學案

劉爚

劉炳

劉砥

劉礪並見滄洲諸儒學案

並西山學侶

宋元學案卷六十二

餘姚黃宗羲原本　後學慈谿馮雲濠校刊
男百家纂輯　鄞縣王梓材重校
鄞縣全祖望補定　道州何紹基重刊

西山蔡氏學案

祖望謹案西山蔡文節公領袖朱門然其律呂象數之學蓋得之其家庭之傳惜夫翁季錄之不存也述西山蔡氏學案（梓材案文節傳原附晦翁學案謝山始別爲西山蔡氏學案）

晦翁門人（劉李再傳）

文節蔡西山先生元定（父發）

蔡元定字季通建之建陽人父發博覽羣書號牧堂老人以程氏語錄邵氏經世張氏正蒙授先生曰此孔孟正脈也先生深涵其義既長辨晰益精聞朱文公名往師之文公叩其學大驚曰此吾老友也不當在弟子列四方來學者必俾先從先生質正焉從臣尤公袤楊公萬里薦堅以疾辭慶元初年韓侂胄禁僞學御史沈繼祖奏朱熹剽竊張載程頤之餘論寓以喫菜事魔之妖術以簧鼓後進張浮駕誕私立品題收召四方無行誼之徒以益其黨伍相與餐粗食淡衣

褒帶博潛形匿跡如鬼如蜮其徒蔡元定佐之爲妖乞送別州編管先生曰化性起僞惡得無罪遂謫道州郡縣捕甚急先生毅然上道文公與諸所從遊百餘人送別蕭寺坐客感歎有泣下者文公視先生不異平時因曰友朋相愛之情季通不挫之志可謂兩得之矣杖屨同其子沈行三千里腳爲流血至舂陵遠近從者日衆或謂宜謝生徒先生曰彼以學來何忍拒之若有禍患亦非閉門塞竇所能避也貽書訓諸子曰獨行不愧影獨寢不愧衾勿以吾得罪故遂懈一日謂沈曰可謝客吾欲安靜以還造化舊物閱三日卒于貶所嘉定三年贈迪功郎諡文節先生從文公遊最久精識博聞同輩皆不能及尤長于天文地理樂律歷數兵陳之說凡古書盤錯肯綮學者讀之不能以句先生爬梳剖析細入秋毫莫不暢達文公嘗曰人讀易書難季通讀難書易又曰造化微妙惟深于理者能識之吾與季通言而不厭也先生處家以孝弟忠信儀刑子孫而其教人也以性與天道爲先自本而支自原而流聞者莫不興起所著有大衍詳說律呂新書燕樂原辯皇極經世太玄潛虛指要洪範解八陳圖說子淵沆沈並躬耕不仕

西山律呂新書

律呂本原

黃鍾第一以漢志斛銘文定

長九寸空圍九分積八百一十分

黃鍾者陽聲之始陽氣之動也故其數九分寸之數具于聲氣之元不可得而見及斷竹爲管吹之而聲和候之而氣應而後數始形焉均其長得九寸審其圍得九分此章凡言分者皆十分寸之一積其實得八百一十分是爲律本度量衡權于是而受法十一律由是而損益焉

黃鍾之實第二以淮南子漢前志定其寸分釐毫絲之法以律書生鍾分定

子一　黃鍾之律

丑三　爲絲法

寅九　爲寸數

卯二十七　爲毫法

辰八十一　爲分數

巳二百四十三　爲釐法

午七百二十九　爲釐數

未二千一百八十七　爲分法
申六千五百六十一　爲毫數
酉一萬九千六百八十三　爲寸法
戌五萬九千四十九　爲絲數
亥一十七萬七千一百四十七　黃鍾之實

案黃鍾九寸以三分爲損益故以三歷十二辰得一十七萬七千一百四十七爲黃鍾之實其十二辰所得之數在子寅辰午申戌六陽辰爲黃鍾寸分釐毫絲之數在亥酉未巳卯丑六陰辰爲黃鍾寸分釐毫絲之法其寸分釐毫絲之法皆用九數故九絲爲毫九毫爲釐九釐爲分九分爲寸由是三分損益以生十一律焉或曰徑圍之分以十爲法而相生之分釐毫絲以九爲法何也曰以十爲法者天地之全數也以九爲法者因三分損益而立也

黃鍾生十一律第三

子一分
一爲九寸
丑三分二
一爲三寸

寅九分八

一爲一寸

卯二十七分十六

三爲一寸　一爲三分

辰八十一分六十四

九爲一寸　一爲一分

巳二百四十三分一百二十八

二十七爲一寸　三爲一分　一爲三釐

午七百二十九分五百一十二

八十一爲一寸　九爲一分　一爲一釐

未二千一百八十七分一千二十四

二百四十三爲一寸　二十七爲一分　三爲一釐　一爲三毫

申六千五百六十一分四千九十六

七百二十九爲一寸　八十一爲一分　九爲一釐　一爲一毫

酉一萬九千六百八十三分八千一百九十二

二千一百八十七爲一寸　二百四十三爲一分　二十七爲一釐　三爲一毫　一爲三絲

戌五萬九千四十九分三萬二千七百六十八
六千五百六十一爲一寸　七百二十九爲一分　八十一爲一
釐　九爲一毫　一爲一絲
亥一十七萬七千一百四十七分六萬五千五百三十六
一萬九千六百八十三爲一寸　二千一百八十七爲一分　二
百四十三爲一釐　二十七爲一毫　三爲一絲　一爲三忽

案黃鍾生十一律子寅辰午申戌六陽辰皆下生丑卯巳未酉亥六陰辰皆上生其上以三歷十二辰者皆黃鍾之全數其下陰數以倍者即算法倍其實三分本律而損其一也陽數以四者即算法四其實三分本律而增其一也六陽辰當位自得六陰辰則居其衝其林鍾南呂應鍾三呂在陰無所增損其大呂夾鍾仲呂三呂在陽則用倍數方與十二月之氣相應蓋陰之從陽自然之理也

十二律之實第四

子黃鍾十七萬七千一百四十七
全九寸　半無
丑林鍾十一萬八千九十八

全六寸　半三寸不用
寅太蔟十五萬七千四百六十四
全八寸　半四寸
卯南呂十萬四千九百七十六
全五寸三分　半二寸六分不用
辰姑洗十三萬九千九百六十八
全七寸一分　半三寸五分
巳應鍾九萬三千三百一十二
全四寸六分六釐　半二寸三分三釐不用
午蕤賓十二萬四千四百一十六
全六寸二分八釐　半三寸一分四釐
未大呂十六萬五千八百八十八
全八寸三分七釐六毫　半四寸一分八釐二毫
申夷則十一萬五百九十二
全五寸五分五釐一毫　半二寸七分二釐五毫
酉夾鍾十四萬七千四百五十六
全七寸四分三釐七毫三絲　半三寸六分六釐三毫六絲

戌無射九萬八千三百四
全四寸八分八釐四毫八絲　半二寸四分四釐二毫四絲
亥仲呂十三萬一千七十二
全六寸五分八釐三毫四絲六忽餘二算　半三寸二分八釐六
毫二絲三忽
案十二律之實約以寸法則黃鍾林鍾太蔟得全寸約以分法則
南呂姑洗得全分約以釐法則應鍾蕤賓得全釐約以毫法則大
呂夷則得全毫約以絲法則夾鍾無射得全絲至仲呂之實十三
萬一千七十二以三分之不盡二算其數不行此律之所以止于
十二也
變律第五
黃鍾十七萬四千七百六十二小分四百八十六
全八寸七分八釐一毫六絲二忽不用　半四寸三分八釐五毫
三絲一忽
林鍾十一萬六千五百八小分三百二十四
全五寸八分二釐四毫一絲一忽三初　半二寸八分五釐六毫
五絲六初

太蔟十五萬五千三百四十四小分四百三十二
全七寸八分二毫四絲四忽七初不用　半三寸八分四釐五毫六絲六忽八初
南呂十萬三千五百六十三小分四十五
全五寸二分三釐一毫六絲一初六秒　半二寸五分六釐七絲四忽五初三秒
姑洗十三萬八千八十四小分六十
全七寸一釐二毫二絲二初二秒不用　半三寸四分五釐一毫一絲一初一秒
應鍾九萬二千五十六小分四十
全四寸六分七毫四絲三忽一初四秒餘一算　半二寸三分三毫六絲六忽六秒強不用
案十二律各自爲宮以生五聲二變其黃鍾林鍾太蔟南呂姑洗應鍾六律則能具足至蕤賓大呂夷則夾鍾無射仲呂六律則取黃鍾林鍾太蔟南呂姑洗應鍾六律之聲少下不和故有變律變律者其聲近正而稍高于正律也然仲呂之實十三萬一千七十二以三分之不盡二算既不可行當有以通之律當變者有六故

置一而六三之得七百二十九以七百二十九因仲呂之實十三萬一千七十二爲九千五百五十五萬一千四百八十八三分損益再生黃鍾林鍾太蔟南呂姑洗應鍾六律又以七百二十九歸之以從十二律之數紀其餘分以爲忽秒然後洪纖高下不相奪倫至應鍾之實六千七百一十萬八千八百六十四以三分之又不盡一算數又不可行此變律之所以止于六也變律非正律故不爲宮也

律生五聲圖第六

宮聲八十一　商聲七十二　角聲六十四　徵聲五十四

羽聲四十八

案黃鍾之數九九八十一是爲五聲之本三分損一以下生徵徵三分益一以上生商商三分損一以下生羽羽三分益一以上生角至角生之數六十四以三分之不盡一算數不可行此聲之數所以止于五也或曰此黃鍾一均五聲之數他律不然曰置本律之實以九九因之三分損益以爲五聲再以本律之實約之則宮固八十一商亦七十二角亦六十四徵亦五十四羽亦四十八矣

變聲第七

變宮聲四十二小分六　變徵聲五十六小分八

案五聲宮與商商與角徵與羽相去各一律至角與徵羽與宮相去乃二律相去一律則音節和相去二律則音節遠故角徵之間近徵收一聲比徵少下故謂之變徵羽宮之間近宮收一聲少高于宮故謂之變宮也角聲之實六十有四以三分之不盡一算既不可行當有以通之聲之變者二故置一而兩三之得九以九因角聲之實六十有四得五百七十六三分損益再生變徵變宮二聲以九歸之以從五聲之數存其餘數以為強弱至變徵之數五百一十二以三分之又不盡二算其數又不行此變聲之所以止于二也變宮變徵宮不成宮徵不成徵古人謂之和繆又曰所以濟五聲之不及也變聲非正故不為調也

八十四聲圖第八　正律墨書　變律朱書　半聲朱書　半聲墨書

十一月	黃鍾宮				
六月	林鍾宮	黃鍾徵			
正月	太蔟宮	林鍾徵	黃鍾商		
八月	南呂宮	太蔟徵	林鍾商	黃鍾羽	

月	宮	徵	商	羽	角	變宮	變徵
三月	姑洗宮	南宮徵	太蔟商	林鍾羽	黃鍾角		
十月	應鍾宮	姑洗徵	南宮商	太蔟羽	林鍾角	黃鍾變宮	
五月	蕤賓宮	應鍾徵	姑洗商	南呂羽	太蔟角	林鍾變宮	黃鍾變徵
十二月	大呂宮	蕤賓徵	應鍾商	姑洗羽	南呂角	太蔟變宮	林鍾變徵
七月	夷則宮	大呂徵	蕤賓商	應鍾羽	姑洗角	南呂變宮	太蔟變徵
二月	夾鍾宮	夷則徵	大呂商	蕤賓羽	應鍾角	姑洗變宮	南呂變徵
九月	無射宮	夾鍾徵	夷則商	大呂羽	蕤賓角	應鍾變宮	姑洗變徵
四月	仲呂宮	無射徵	夾鍾商	夷則羽	大呂角	蕤賓變宮	應鍾變徵
	黃鍾變	仲呂徵	無射商	夾鍾羽	夷則角	大呂變宮	蕤賓變徵
	林鍾變		仲呂商	無射羽	夾鍾角	夷則變宮	大呂變徵
	太蔟變			仲呂羽	無射角	夾鍾變宮	夷則變徵
	南呂變				仲呂角	無射變宮	夾鍾變徵
	姑洗變					仲呂變宮	無射變徵

應鍾變

仲呂 變徵

案律呂之數往而不返故黃鍾不復爲他律役所用七聲皆正律無空積忽微自林鍾而下則有半聲大呂太族一半聲夾鍾姑洗二半聲蕤賓林鍾四半聲夷則南呂五半聲無射應鍾六半聲仲呂爲十二律之窮三半聲自蕤賓而下則有變律蕤賓一變律大呂二變律夷則三變律夾鍾四變律無射五變律仲呂六變律皆有空積忽微不得其正故黃鍾獨爲聲氣之元雖十二律八十四聲皆黃鍾所生然黃鍾一均所謂純粹中之純粹者也八十四聲正律六十三變律二十一六十三者九七之數也二十一者三七之數也

六十調圖第九以周禮淮南子禮記鄭氏註孔氏正義定

	宮	商	角	變徵	徵	羽	變宮
黃鍾宮	黃正	太正	姑正	蕤正	林正	南正	應正
無射商	無正	黃變半	太變半	姑變半	仲半	林變半	南變半
夷則角	夷正	無正	黃變半	太變半	夾半	仲半	林變半

仲呂徵	仲正	林變	南變	應變	黃半變	太半變	姑半變
夾鍾羽	夾正	仲正	林變	南變	無正	黃半變	太半變
大呂宮	大正	夾正	仲正	林半	夷正	無正	黃半變
應鍾商	應正	大半	夾半	仲半	蕤半	夷半	無半
南呂角	南正	應正	大半	夾半	姑半	蕤半	夷半
蕤賓徵	蕤正	夷半	無正	黃半變	大半	夾半	仲半
姑洗羽	姑正	蕤正	夷正	無正	應正	大半	夾半
太蔟宮	太正	姑正	蕤正	夷正	南正	應正	大半
黃鍾商	黃正	太正	姑正	蕤正	林正	南正	應正
無射角	無正	黃半變	太半變	姑半變	仲半	林半變	南半變
林鍾徵	林正	南正	應正	大半	太半	姑半	蕤半
仲呂羽	仲正	林變	南變	應變	黃半變	太半變	姑半變
夾鍾宮	夾正	仲正	林變	南變	無正	黃半變	太半變

大呂商	大正	夾正	仲正	林變	夷正	無正	黃半變
應鍾角	應正	大半	夾半	仲半	蕤半	夷半	無半
夷則徵	夷正	無正	黃半變	太半變	夾半	仲半	林半變
蕤賓羽	蕤正	夷半	無正	黃半變	大半	夾半	仲半
姑洗宮	姑正	蕤正	夷正	無正	應正	大半	夾半
太蔟商	太正	姑正	蕤正	夷正	南正	應正	大半
黃鍾角	黃正	太正	姑正	蕤正	林正	南正	應正
南呂徵	南正	應正	大半	夾半	姑半	蕤半	夷半
林鍾羽	林正	南正	應正	大半	太半	姑半	蕤半
仲呂宮	仲正	林變	南變	應變	黃半變	太半變	姑半變
夾鍾商	夾正	仲正	林變	南變	無正	黃半變	太半變
大呂角	大正	夾正	仲正	林變	夷正	無正	黃半變
無射徵	無正	黃半變	太半變	姑半變	仲半	林半變	南半變

夷則羽	夷 正	無 正	黄 半變	太 半變	夾 半	仲 半	林 半變
蕤賓宮	蕤 正	夷 半	無 正	黄 半變	大 半	夾 半	仲 半
姑洗商	姑 正	蕤 正	夷 正	無 正	應 正	大 半	夾 半
太蔟角	太 正	姑 正	蕤 正	夷 正	南 正	應 正	大 半
應鍾徵	應 正	大 半	夾 半	仲 半	蕤 半	夷 半	無 半
南呂羽	南 正	應 正	大 半	夾 半	姑 半	蕤 半	夷 半
林鍾宮	林 正	南 正	應 正	大 半	太 半	姑 半	蕤 半
仲呂商	仲 正	林 變	南 變	應 變	黄 半變	太 半變	姑 半變
夾鍾角	夾 正	仲 正	林 變	南 變	無 正	黄 半變	太 半變
黄鍾徵	黄 正	太 正	姑 正	蕤 正	林 正	南 正	應 正
無射羽	無 正	黄 半變	太 半變	姑 半變	仲 半	林 半變	南 半變
夷則宮	夷 正	無 正	黄 半變	太 半變	夾 半	仲 半	林 半變
蕤賓商	蕤 正	夷 半	無 正	黄 半變	大 半	夾 半	仲 半

姑洗角	姑正	蕤正	夷正	無正	應正	大半	夾半
大呂徵	大正	夾正	仲正	林變	夷正	無正	黃半變
應鍾羽	應正	大半	夾半	仲半	蕤半	夷半	無半
南呂宮	南正	應正	大半	夾半	姑半	蕤半	夷半
林鍾商	林正	南正	應正	大半	太半	姑半	蕤半
仲呂角	仲正	林變	南變	應變	黃半變	太半變	姑半變
太蔟徵	太正	姑正	蕤正	夷正	南正	應正	大半
黃鍾羽	黃正	太正	姑正	蕤正	林正	南正	應正
無射宮	無正	黃半變	太半變	姑半變	仲半	林半變	南半變
夷則商	夷正	無正	黃半變	太半變	夾半	仲半	林半變
蕤賓角	蕤正	夷半	無正	黃半變	大半	夾半	仲半
夾鍾徵	夾正	仲正	林變	南變	無正	黃半變	太半變
大呂羽	大正	夾正	仲正	林變	夷正	無正	黃半變

應鍾 宮	應 正	大 半	夾 半	仲 半	蕤 半	夷 半	無 半
南呂 商	南 正	應 正	大 半	夾 半	姑 半	蕤 半	夷 半
林鍾 角	林 正	南 正	應 正	大 半	太 半	姑 半	蕤 半
姑洗 徵	姑 正	蕤 正	夷 正	無 正	應 正	大 半	夾 半
太簇 羽	太 正	姑 正	蕤 正	夷 正	南 正	應 正	大 半

案十二律旋相爲宮各有七聲合八十四聲宮聲十二商聲十二角聲十二徵聲十二羽聲十二凡六十聲爲六十調其變宮十二在羽聲之後宮聲之前變徵十二在角聲之後徵聲之前宮不成宮徵不成徵凡二十四聲不可爲調黃鍾宮至夾鍾羽並用黃鍾起調黃鍾畢曲大呂宮至姑洗羽並用大呂起調大呂畢曲太簇宮至仲呂羽並用太簇起調太簇畢曲夾鍾宮至蕤賓羽並用夾鍾起調夾鍾畢曲姑洗宮至林鍾羽並用姑洗起調姑洗畢曲仲呂宮至夷則羽並用仲呂起調仲呂畢曲蕤賓宮至南呂羽並用蕤賓起調蕤賓畢曲林鍾宮至無射羽並用林鍾起調林鍾畢曲夷則宮至應鍾羽並用夷則起調夷則畢曲南呂宮至黃鍾羽並用南呂起調南呂畢曲無射宮至大呂羽並用無射起調無射畢

曲應鍾宮至太蔟羽並用應鍾起調應鍾畢曲是爲六十調六十調卽十二律也十二律卽一黃鍾也黃鍾生十二律十二律生五聲二變五聲各爲綱紀以成六十調六十調皆黃鍾損益之變也

候氣第十

候氣之法爲室三重戶閉塗釁必周密布緹縵室中以木爲桉每律各一按內庳外高從其方位加律其上以葭灰實其端覆以緹素桉歷而候之氣至則吹灰動素小動爲氣和大動爲君弱臣強專政之應不動爲君嚴猛之應

案陽生于復陰生于姤如環無端今律呂之數三分損益終不復始何也曰陽之升始于子午雖陰生而陽之升于上者未已至亥而後窮上反下陰之升始于上子雖陽生而陰之升于上者亦未已至巳而後窮上反下律于陰則不書故終不復始也是以升陽之數自子至巳差強在律爲尤強在呂爲少弱自午至亥漸弱在律爲尤弱在呂爲差強分數多寡雖若不齊然其絲分毫別各有條理此氣之所以飛灰聲之所以中律也

審度第十一

度者分寸尺丈引所以度長短也生于黃鍾之長以子穀秬黍中者

九十枚度之一爲一分凡黍實于管中則十三黍三分黍之一而滿一分積九十分則千有二百黍矣故此九十黍之數與下章千二百黍之數其實一也十分爲寸十寸爲尺十尺爲丈十丈爲引

嘉量第十二

量者龠合升斗斛所以量多少也生于黃鍾之容以子穀秬黍中者一千二百實其龠以井水準其槪以度數審其容一龠積八百一十分合龠爲合兩龠也積一千六百二十分十合爲升十升爲斗十斗爲斛

謹權衡第十三

權衡者銖兩斤鈞石所以權輕重也生于黃鍾之重以子穀秬黍中者一千二百實其龠百黍一銖一龠十二銖二十四銖爲一兩兩龠也十六兩爲斤三十斤爲鈞四鈞爲石

朱子曰古樂之亡久矣吾友建陽蔡君元定季通著書兩卷凡若干言雖多出于近世之所未講而實無一字不本于古人已試之成法蓋若黃鍾圍徑之數則漢斛之積分可攷寸以九分爲法則淮南太史小司馬之說可推五聲二變之數變律半聲之例則杜氏之通典具焉變宮變徵之不得爲調則孔氏之禮疏因亦可見

至于先求聲氣之元而因律以生尺則尤所謂卓然者而亦班班雜見于兩漢之志蔡邕之說與夫國朝會要以及程子張子之言

附錄

西山師事晦翁而晦翁顧曰季通吾老友也凡性與天道之妙他弟子不得聞者必以語季通焉異篇奧傳微辭奧義多先令討究而後親折衷之故嘗輯其問答之辭曰翁季錄

晦翁往淨安寺候元定元定自府乘舟就貶所過淨安晦翁出寺門接之坐僧方丈寒暄外無嗟勞語以連日讀參同契所疑叩蔡蔡應答灑然少遲諸人醵酒至飲皆醉晦翁閒行列坐寺前橋上飲回寺又飲晦翁醉睡方坐飲橋上詹元善即退去晦翁曰此人富貴氣別錄

晦翁致書曰每念遠別不勝悵惘至于讀書玩理欲講而無從又不但常人離別之思也某連日讀參同契頗有趣知千周萬徧非虛言也

又曰平日相聚未知其爲樂別後乃覺闕事可歎可歎

又曰病足未能平步氣血日衰前去光景想已不多病中塊坐又未息心休養才繙動冊子便覺前人闊略病敗欲以告人而無可告者

又不免輒起著述之念亦是閒中一大魔障欲力去而未能以此極思向來承晤之樂未知此生能復相從如往時否耳

又曰季通一生飽觀江湖表裏形勢不爲無補甚恨匏繫不能與之俱行其律書法度甚精近世諸儒皆莫能及但吹律未諧歸來更須細尋討耳

戊午歲西山先生卒十一月六日晦翁遣男祭其葬于其行也哭而送之曰嗚呼季通而至斯邪精詣之識卓絶之才不可屈之志不可窮之辯不可復得而見矣天之生是人也果何爲邪西山之顛君擇而居西山之下又卜而藏而我于君之生既未得造其廬以遂半山之約至于今日不能扶曳病軀以視君之反此真宅而永訣以終天也並遊之好同志之樂已矣已矣哀哉哀哉

黃勉齋曰晦翁先生之門從遊者多矣公之來先生必留數日往往通夕對牀不暇寢從先生遊者歸必過公之家聽其言論不忍去去皆充然有所得也蓋公負英邁之氣蘊該洽之學智極乎道德性命之原行謹乎家庭唯諾之際于先生之門可謂傑然者矣

唐□□曰濂溪明道伊川講道盛矣因數明理復有一邵康節出焉晦庵南軒東萊講道盛矣因數明理復有一蔡西山出焉孔孟教人

言理不言數邵蔡二子欲發諸子之所未發而使理與數燦然于天地之間其功亦不細矣

梓材謹案蔡氏九儒書載鶴林玉露與此條同第伊川下有橫渠東萊下有象山孔孟教人言理不言數下有云然天地之間有理必有數二者未嘗相離河圖洛書與危微精一之語並傳末又云近年以來八君子之學固人傳其訓家有其書而邵蔡之學則幾人無傳矣

王深寧困學紀聞曰朱文公謂蔡季通曰身勞而心安者爲之利少而義多者爲之補

西山學侶

宣獻樓攻媿先生鑰別見邱劉諸儒學案

文簡劉雲莊先生爚

侍郎劉先生炳

劉先生砥

劉先生礪並見滄洲諸儒學案

西山家學劉李三傳

隱君蔡節齋先生淵

蔡淵字伯靜號節齋西山先生之長子也先生于易一書沈潛反復積之有年精神之極神明通之著爲訓解意言辭象分爲四卷董氏眞卿曰其書經二篇以孔子大象置逐卦辭之下彖傳又置大象之後小象置各爻辭之後皆低一字以別卦爻辭繫辭文言說卦序卦雜卦亦低一字書又有卦爻辭旨論六十四卦大義易象意言雜論卦爻十翼象數餘論雜論易大義雲濠案經義考引董說易大義下又有古易叶韻開禧乙丑自序云

梓材謹案節齋兄弟皆朱子門人而實本于家學故以家學標之

易象意言

一者奇也陽之數也⚋者耦也陰之數也伏羲氏畫一以象陽畫⚋以象陰見陰陽之中各復生陰陽故再倍而三爲卦者八所謂小成者是也因而重之故三倍而六爲卦者六十有四下三畫爲貞而上三畫爲悔也

爻有四象少陽少陰老陽老陰也少陽之數七少陰之數八老陽之數九老陰之數六老變而少不變聖人取變者爲用故陽爻曰九陰爻曰六

六七八九者陰陽之用數也陽以進爲用故少于七而老于九陰以退爲用故少于八而老于六

凡爻位俱陽與爻位俱陰爲當位或陽爻位陰或陰爻位陽爲不當位

六位之卦初與四爲應位二與五爲應位三與上爲應位陽爻遇陰爻陰爻遇陽爻則爲有應若陽爻遇陽爻陰爻遇陰爻則爲无應

六位之卦三與五爲陽二與四爲陰陽以升爲用故進成乎五陰以降爲用故退成乎二五者陽成而得中也二者陰成而得中也故皆吉三陽剛未成而不中故危四陰柔未成而不中故懼

凡兩爻相比在下曰承在上曰乘以陰承陽以陽乘陰爲順以陽承陰以陰乘陽爲逆

中則不失乎善偏則流爲惡八卦相錯惟二五得中

後世互體之說不可謂全無義理彖傳言剛柔上下往來者八卦隨蠱賁咸恆損益渙也止言剛來者訟无妄二卦在八卦者或曰柔上剛下或曰剛上柔下或止曰上下然其爲卦皆三陰三陽本具乾坤之體而上下交往來也乾剛交坤而成震坎艮坤柔交乾而成巽離兌故言剛來剛下者明乾剛在上而下交坤言柔來柔下者明坤柔

在上而下交乾也若剛上之與柔上則又乾剛在下而上交坤坤柔在下而上交乾者也是皆本諸乾坤之交而互取之耳至于訟與无妄則止言剛來剛自外來蓋其爲卦皆四陽二陰非乾坤上下之交者故乾體居上不動而所以爲坎爲震之剛者皆自外來也夫子言卦變之義于此可見其兩端焉

本一氣也生則爲陽消則爲陰易之道生道也震艮陽卦震取初艮取上者理當然也巽兌陰卦與震艮爲對者也乃不取初上之陰而取二五之陽也至于復姤夬剝之類莫不取陽爲用焉是知陽能生陰不能生易之本也非聖人特賤乎陰而不取也

乾坤體純坎離體交而其用皆在中故乾坤坎離之用皆在二五也至于乾坤相錯則爲泰否坎離相錯則爲既濟未濟亦皆主二五爲用也

乾坤屯蒙卦之名也健順動說卦之性也天地風雷卦之象也陰陽剛柔卦之才也中正危懼卦之位也應害遠近卦之情也上下乘承卦之體也元亨利貞卦之辭也剛柔往來卦之變也太極理也陰陽氣也剛柔質也乾者太極之動故釋彖不言陰陽剛柔坤主質故以柔言否泰交不交氣也又具乾坤之體故皆以陰陽言否類于坤故

又以剛柔言餘卦不滯乎事則滯乎物故皆以剛柔言
四營而成易十有八變而成卦易與變本一事也未入用則謂之易已入用則謂之變蓋易無體而變有體也觀變于陰陽而立卦發揮于剛柔而生爻陰陽剛柔皆畫也未入用則謂之陰陽已入用則謂之剛柔蓋陰陽氣而剛柔質也故夫子釋乾坤闔闢曰變而不曰易釋卦爻之用曰剛柔而不曰陰陽
天數始于一地數始于二陰无首而從陽者也先陽而動則迷從陽之後則得故曰先迷後得主利
天數終于九地數終于十陽无終代其終者地也故曰地道无成而代有終也
伏羲八卦之序以二氣消長成文王八卦之序以萬物盛衰成
伏羲八卦是造化生物之理文王八卦是造化運行之理
天地者其體也四時者其用也日月所以為四時至德所以生天地
易之道有己正而他爻取之以為邪者有己凶而他爻得之以獲吉者屯之初非不正也而二近之則以為寇旅之上非不凶也而五承之以得譽命
乾知大始坤作成物故知者乾道作者坤道夫子于乾則曰知至至

之知終終之乾能兼坤故知與行無不盡也至于坤則曰直其正也方其義也坤承乾而行者故特言行之而已程子謂乾是聖人之事坤是學者之事蓋乾能盡知與行而坤則但能行之而已此所以爲有間也

伏羲八卦對待者也體靜而生則吉凶悔吝由乎我故曰先天文王八卦流行者也體動而成則吉凶悔吝奉乎天故曰後天

易中之言仁或爲陰或爲陽仁者見之謂之仁仁陰也立人之道曰仁與義仁陽也蓋自智仁而言則智先而仁後智動而仁靜自仁義而言則仁先而義後仁行而義止此陰陽之所以異也

易有太極之易未生兩儀之易也天地設位而易行乎其中生兩儀後之易也故易在兩儀之先其易无體在兩儀之後其易有體

藏諸用有兩義在顯仁之前則所以顯仁者爲用以其不可見故爲藏諸用在顯仁之後則既顯而爲物矣一物又各具生生之用故亦爲藏諸用

寒暑也晝夜也生物之陰陽也氣形也魂魄也物生之陰陽也生物之陰陽則屈伸相推無不變也物生之陰陽則陽能變而陰不能變故易大傳曰游魂爲變而不及魄者物生之陰陽也

易中言變化者剛柔之窮皆變變則化也變者化之漸化者變之成變在化之先故爲陽化在變之後故爲陰蓋以先後爲陰陽非謂陽動爲變陰動爲化也

大傳言易有三易有太極易无體易无思无爲言易之本也天地設位而易行乎其中乾坤成列而易立乎其中言易之用也易與天地準易有聖人之道四之類言易之書也

繼善陽也成性陰也此以天命之序而言陰陽也仁者陰也智者陽也此以物受之性而言陰陽也

坎之陰爲陽所得則升而爲雲陽淺則爲霧坎之陽爲陰所累則降而爲雨陰淺則爲露

陰在外陽不得出則爲雷陰固則爲地動震陰在內陽不得入則爲風陰固則爲大風巽陽包陰則爲霰離陽和陰則爲雪離交坎陰包陽則爲雹坎陰入陽則爲霜坎交離陰陽之精互藏其宅則爲日爲月離坎陰陽相戛則爲電陰陽失位則爲霓凡卦柔近剛則柔爲得剛剛近柔應柔則剛爲柔累

吉凶悔吝具四象之義悔者吉之未成也吝者凶之未成也猶少陰少陽未成乎陰陽也

貞吉貞凶貞厲貞吝其所繫雖若不同然皆一理也其得本卦本爻之正者則曰貞吉其失本卦本爻之正者則曰貞凶其失之淺者則曰貞厲曰貞吝

无咎有五義師之彖吉而无咎者也節之三過由己作而无所歸咎者也大過之上凶而不可咎者也晉之初善補過而无咎者也萃之四獲吉乃能无咎者也

无悔有四義咸之五安于无事而无悔者也復之五自修而免悔者也大壯之五理之必至而无所可悔者也渙之三急于成功不以悔爲悔者也

範圍天地之化而不過曲成萬物而不遺神也通乎晝夜之道而知易也此章之神指發而妙萬物者爲言也易指欲發者爲言也无思无爲寂然不動易也感而遂通天下之故神也此章之易指未發者爲言也神指初發者爲言也蓋易者神之本神者易之用以寂感言之明矣然寂之中又有感而感之中又有寂故夫子之言不一而足也

範圍天地之化而不過一章言聖人盡神而本于易也易无思也一章言君子學易而至于神也

感而動者發于中而無次序坎離是也動而運行者始于下而有次序震巽艮兌是也

夫子以仁義禮智爲元亨利貞然仁義禮智之在人心其發于情也不以序而見與坎離同義元亨利貞在天時則運于氣也必以序而行與震巽艮兌同義不以序者感而初發也必以序者發而後運也理雖同而時有先後此又不可不察也

氣化者有生之始而初生也故上經始乾坤形化者運行之終而復生也故下經始咸恆震巽艮兌動而運行者也然皆終于坎離者運行當止于對待乃能復生也既濟未濟雖非坎離坎離之交也

程子易序易變易也隨時變易以從道也既曰從道則所謂易者非易之理乃指易書也

聖人立象以盡意設卦以盡情僞繫辭焉以盡其言夫子豈欺我哉世儒乃欲忘象忘言果聖人作易之意乎聖人之意正在乎言象之閒也惟變而通之則象可以盡其利鼓之舞之則辭可以盡其神本末一貫皆實事也欲忘末而求本是乃老聃之學豈聖人作易之意哉

易有太極是生兩儀兩儀生四象四象生八卦觀夫子立此數語則

知所以生者不皆在未生兩儀之太極故先師謂一每生二一者太極也太極生兩儀則太極便在兩儀中故曰兩儀生四象及生四象則太極便在四象中故曰四象生八卦及生八卦則太極便在八卦中以是推之則太極隨生而立若無與于未生兩儀之太極也但人之爲學苟惟守夫物中之太極則或囿于形而不得其正必須識得未生兩儀太極之本則雖在兩儀在四象在八卦以至在人心皆不失其本然之妙矣此夫子明卦象之所由所以必原易有太極之本而子思之所謂大本者亦正在乎此學者不可不識也

漸進也坤上爻進居乾下位故曰漸歸妹退也坤下爻退居乾上位故曰歸妹皆主柔爻進退爲義也

咸以神交恆以神運一滯乎形則咸恆之道不全矣

謙陽止乎內豫陽動乎外然皆以順爲用也

蠱之彖曰先甲三日後甲三日巽之五曰先庚三日後庚三日先甲後甲先庚後庚皆所以號令也巽爲號令蠱之巽初卦也爲號令之始甲始也蠱又爲事故繫之于蠱彖焉巽之巽重巽也申號令也庚更也故繫之于上巽焉命令者君之所出故又以五言之

乾漸以一物之次序明爻象咸艮以一身之次序明爻象井革以一

卦之次序明爻象

小畜者巽畜乾也大畜者艮畜乾也巽之主柔爻也艮之主剛爻也故小畜主四柔畜剛也大畜主上剛畜剛也

凡陽包陰則是陰麗乎陽事之常也震下艮上爲頤頤養正也言陰求養乎陽正也故曰養正兌下巽上爲中孚中孚信也言陰必麗乎陽故曰信與離同義凡陰包陽則爲陽陷于陰過常之事也大者爲陽巽下兌上則兩陰包四陽陽數過焉故曰大過小者謂陰艮下震上則四陰包兩陽陰數過焉故曰小過與坎同義臨與震同親與艮同大壯與兌同遯與巽同

天數一一中有三以象言之則圓者徑一圍三地數二二中有兩以象言之則方者徑一圍四此天地之所以分也縱而數之一中有三橫而數之一中有四三之中各有四四之中各有三此天地之數所以同十二也故四十八蓍以十二約之爲四存一以爲體分三以爲用故天數體一而用三存二以爲體分二以爲用故地數體二而用兩也

天道之常先陽而後有陰先始而後有終先生而後有死今易所言而曰陰陽曰終始曰死生者皆降一等而取其變也蓋自其常者而

言之但見其先後兩事而窮焉自其變者而言之則窮而復通未嘗已也生生之道萬古不息者實于兩言之間盡之矣豈特如世之所謂文從字順而已

或問文言曰君子行此四德而先後不同何也曰仁者生物而未見貞者幹事而无形故夫子先言德因物之文而禮可見因物之分而義可明故夫子先言物

天地之間對待流行而已易體天地之撰者也故伏羲八卦圓圖天地定位至水火不相射以對待而作也文王八卦圓圖帝出乎震至成言乎艮以流行而作也伏羲六十四卦橫圖始乾夬大有終觀比剝坤以流行而作也文王六十四卦橫圖始乾坤屯蒙終既濟未濟以對待而作也是知主對待者必以流行爲用主流行者必以對待爲用學者不可不察也

或問參伍以變錯綜其數與變數象之所繫先後義未明何也曰夫子之言曲而無不中今且舉其一二例以明之如渙之剛來而不窮柔得位而上同所謂參以變也賁之柔來而文剛分剛上而文柔所謂伍以變也如揲蓍之法分二之後置右揲左復置左揲右左右者所謂錯其數也置揲而復置揲者所謂綜其數也故通其上下往來

之變則于賁遂成天之文于渙遂成水之文極其歸奇之數則得十二者遂定老陽之象得二十四者遂定老陰之象得二十者遂定少陽之象得十六者遂定少陰之象也

貞固也以貞固足以幹事取之也貞正也以君子正也取之也蓋貞者隨在各有也立乎事物之中各得其正之謂貞固在剛則曰大貞在柔則曰小貞在君子則曰君子貞在女子則曰女子貞以至在武人在童僕在牝馬莫不皆曰貞焉又以其永久者言之則曰永貞以其不息者言之則曰不息之貞又自夫用貞者言之當安則曰安貞當居則曰居貞當其可則曰可貞當其不可則曰不可貞當艱則曰艱貞其利則曰利貞其不利則曰不利貞不可疾也則曰不可疾貞又至于貞之爲用則有吉焉有厲焉有吝焉有凶焉有疾焉有亨焉有勝焉有觀焉有明焉其端不可得而窮也惟善易者隨在玩之則其義莫不皆得其當學者不可以正固兩義而拘之也

易者神之本也神者易之用也貞者易之位也

易者以變易无體而言也神者以妙萬物者而言也貞者以萬物各正性命者而言也易則神神則貞乾之象曰元亨利貞貞則當復爲元矣貞元之間其易之復乎故大傳曰乾坤成列而易立乎其中是

兼貞之理也又曰天地設位而易行乎其中是兼元之理也易神貞同一理而殊于時學易者當識之

或問仁柔義剛柔爲陰剛爲陽以此而觀則仁當屬陰義當屬陽矣曰仁主生發生發者陽之所爲也義主收歛收歛者陰之所爲也凡物有性有質故以性而言則仁陽而義陰以質而言則仁柔而義剛所以然者陽動生柔陰靜生剛也

或問太極動而生陽靜而生陰其先後之序不可易也而大傳曰闔戸謂之坤闢戸謂之乾乃坤先乎乾靜先乎動何也曰此章之義主變通而言也靜而復動之時變通之義始著

或問朱子罕言所以生陰陽之太極至于陰陽中之太極則屢言之何也曰自太極而陰陽自陰陽而萬物皆是一貫但時有不同則理氣有異耳未生陰陽之時所謂太極者無聲臭儀象之可求專以此時爲言則淪于虛無無所底止及其生陰陽之後始有儀象之可觀則其本然之妙動靜之機生生之道眞實无妄有可得而言者以此爲言則學者有定見而免淪于虛無之失矣故孟子言性亦只就惻隱羞惡之端而求之也程子曰人生而靜以上更不容說而朱子嘗謂舍愛不可以言仁者皆此義也蓋仁之理不可見苟不自其發動

處求之則仁之情狀豈可得而言邪須于此等處熟思當得朱子之意然而善學者又當以此通神明之德也

豫遯姤旅言時義者言當其時處其義也

坎睽蹇言時用者言當其時而妙其用也

頤大過解革言時者言當謹其時也

隨言隨時之義者言當隨時爲義也

理即氣之微氣即理之著性即情之微情即性之著皆一貫也但其時有不同故因其發用而立名有異

或問乾之文言可與存義與坤之文言義以方外兩義字有別否曰義只是一義但存義之義是乾之聖人已發在事物之上存之可爲法于世者方外之義乃是坤之君子從心發出以裁制于外者細而審之亦不能無始終次第之異耳以學者言之須是先集聖人所存之義積之于中所積既多自然生得心中所發之義以方于外也以此而分則集聖人所存之義屬乎知而從中所發之義以方外者屬乎行其義之爲義雖不可爲二恐必須如此次第分看然後可識用力之地也

或問敬以直內義以方外其說如何曰天命之性正性也心具正性

心之正也謂之敬者戒愼恐懼保其正也謂之直者言心發于內亭亭當當無一毫私曲于其間也如此則靜時固正動時亦正也是敬以直內之說也謂之義者裁制于中事物各得其宜而不失其正也謂之方者止之于外左右前後各有定則亦不失其正也如此則中之制者固正外之止者亦正也是義以方外之說也

附錄

王厚齋曰伯靜解離九三云鼓缶而歌當衰而樂也大耋之嗟當衰而哀也盛衰之道天之常也君子之心順其常而已不樂則哀皆爲其動心而失其常者故凶此說長于古注補

運幹蔡復齋先生沆

蔡沆字復之號復齋居士西山先生之次子也西山憐外表兄虞英無子與之爲嗣更名知方從母命歸宗入則受教家庭出則從文公學承父春秋之屬先生爰著春秋五論春秋大義春秋衍義等書蘇天爵稱其有功于春秋有補于後學者也又作敬義大旨復卦大要二篇以敬爲入德之門戶義爲一身之主宰發明敬義以示人以復爲學者遷善改過之幾與人講明復卦嘗言人當以不遠復爲法以頻復而厲爲戒尤有功于世教云

梓材謹案徐夢發志先生墓末言其爵秩惟節齋撰母江氏墓志云復之領鄉舉復歸其宗崇安縣志且言其官至文林郎兩浙運幹云

文正蔡九峯先生沈別爲九峯學案

西山門人

中散朱先生塾

朝奉朱先生埜並見晦翁學案

楊先生至別見滄洲諸儒學案

節齋家學劉李四傳

蔡素軒先生格

蔡格字伯至節齋先生長子西山先生長孫也號素軒學者稱曰素軒先生行高而德厚學足而望隆性質沖澹持身謹恪教諸子姪必遵先世禮義之訓與從弟覺軒久軒靜軒等自相師友由始至終未嘗少懈時有以佛老之教惑亂衆聽者先生與學者講明孟子盡心章以力詆之作至書以警之又著廣仁說以自勵其衛道何其嚴哉參蔡氏九儒書

節齋門人

朝奉陳先生光祖

陳光祖字世德仙遊人受學二蔡始以父歿王事補官好儒重禮德行政事皆不凡歷除廣東提刑作欽恤編以戒僚屬新濂溪祠以崇教道積官朝奉郎參姓譜

梓材謹案道南源委載先生父吉老通春秋三傳學又言先生嘗師事陳北溪又受易書于蔡淵蔡沈喪一遵文公家禮攷北溪文集韶州學師道堂記稱先生爲陳侯蓋作于提刑廣東時其奠先生文亦止云有同窗之契未見其爲師徒唯其子沂爲北溪高弟耳

翁思齋先生泳

翁泳字永叔一字思齋建陽人節齋蔡氏弟子也有注釋河洛講義補

教授熊古溪先生剛大

熊剛大建陽人爲建安教授勉齋節齋弟子也學者稱古溪先生有詩注解補

祕監葉平巖先生采別見木鐘學案

熊竹谷先生慶冑

通判徐進齋先生幾 並見西山真氏學案

熊先生西

熊西蔡節齋弟子也嘗爲節齋太極圖解序曰道學之失傳也久矣人心之昏晦也甚矣如太極圖之說世之疑者何其多乎或以繼善成性不當分陰陽或以太極陰陽不當分道器或以仁義中正不當分體用有謂一物不可言各具一太極者有謂體用一原不可言體立而後用行者有謂仁爲體統不可偏指爲陽動者有謂仁義中正之分不當反其類者諸說紛紛不一殊不知皆取于易之大意而學者不深考也至文公朱先生屢爲之辯明尚見劾于林栗之章而陳賈僞學禁之請亦由是而階也則夫道之不明不行也姦邪之說阻之也然是理微妙而難明人心昏迷而罔覺先師節齋先生乃能深究精妙著書兩卷西因侍立得而讀之見其言約而道大文質而義精意淡而味遠且比次整齊條理詳密真有得于聖賢之心者孔子謂易有太極于變易之中而有不易之妙周子云無極而太極于體用之間而有至中之理太極之精本無極也無極之真卽太極也世之言一物各具一太極者固非所以盡其本而謂太極之上別爲無極者是有二本也學者不觀太極無以知氣之所由始不觀無極無

以知理之所由充非先生窮深探微得其旨趣之大則周朱之言何由取信于人哉況時之人察理未精講論未明徒務新奇泥于名數而不思無極者乃至極之所得名不知太極者卽不可加之至理老師宿儒紛紛附和以誤天下後世者多矣未見若先生此書之明且盡者也然則聖賢之心法得周朱而傳授周朱之太極得先生而益顯其光紹前緒揭示後學也厥功蓋不細矣西不敏不足以表暴先生著述之盛而使學者有日就月將之功是亦不失作書之本意也

補

何雲源先生□別見九峯學案

陳氏家學劉李五傳

推官陳貫齋先生沂別見北溪學案

宋元學案卷六十二

勉齋學案表

黃榦
父瑀
晦翁清江門人
延平白水籍溪屏山再傳
元城龜山譙氏武夷豫章三傳
涑水二程四傳

- 子輅
- 子輔
- 何基　別爲北山四先生學案
- 何南坡　別見北山四先生學案
- 饒魯　別爲雙峯學案
- 方暹
  - 萬鎮　別見雙峯學案
- 張元簡
- 趙師恕
- 董夢程　別爲介軒學案
- 蔡念成　別見滄洲諸儒學案
- 劉子玠
- 吳泳　別見鶴山學案
- 吳昌裔

黃師雍
黃振龍
陳如晦
梁祖康
曾成叔
陳象祖
方來別見水心學案
鄭鼎新
李鑑
薛師邵
葉士龍
陳倫
熊剛大別見西山蔡氏學案
家擴

李武伯
李晦
方丕夫
袁俊明
葉真
趙必愿 別見玉山學案
宋斌 別見滄洲諸儒學案

李燔
張洽
劉剛中
李方子
楊楫
楊仕訓
王遇

劉砥

劉礪並見滄洲諸儒學案

李道傳別見劉李諸儒學案

胡伯履

詹初

余元一並勉齋講友

余崇龜景思學侶

宋元學案卷六十三

餘姚黃宗羲原本　　後學慈谿馮雲濠校刊

男百家纂輯　　鄞縣王梓材重校

鄞縣全祖望修定　　道州何紹基重刊

勉齋學案

祖望謹案嘉定而後足以光其師傳爲有體有用之儒者勉齋黃文肅公其人與玉峯東發論道統三先生之後勉齋一人而已述勉齋學案梓材案是卷多從黃氏補本或是梨洲原本謝山特補勉齋講友諸人

朱劉門人李胡再傳

文肅黃勉齋先生榦父瑀

黃榦字直卿閩縣人父瑀監察御史以篤行直道著聞父歿往見清江劉氏子澄奇之因命受業朱文公自見文公後夜不設榻不解帶少倦則微坐一倚或至達曙後文公以其子妻之補將仕郎銓中授迪功郎監台州酒務丁母憂調監嘉興府石門酒庫歷通判安豐軍尋知漢陽軍以病乞祠主管武夷沖佑觀尋起知安慶府至則金人破光山乃請于朝創郡城以備戰守不俟報而興役後二年金人破

黃州沙窩諸關淮東西皆震獨安慶安堵如故舒人德之相謂曰生汝者黃父也制置李珏辟爲參議官再辭不受既而朝命與徐僑兩易和州且令先赴制府稟議先生卽日解印趨制府先是先生移書珏有曰今日當先明保伍立堡砦蓄馬制軍器以資其用不過累月軍政可成珏不能用及至制府珏往維揚視師與偕行先生言敵既退當思所以賞功罰罪者其時幕府皆輕儇浮靡之士僚吏士民有獻謀畫多爲毀抹疏駁將帥偏裨人心不附所向無功流移滿道而諸司長吏張宴無虛日先生知不足與共事歸自維揚再辭和州之命仍乞祠閉閤謝客宴樂不與乃復告珏曰浮光敵退已兩月安豐已一月盱眙亦將兩旬不知吾所措置者何事所施行者何策但聞請總領運使至玉麟堂賞牡丹用妓樂又聞總領運使請宴賞亦然又聞宴僚屬亦然今浮光之報又至矣金欲以十六縣之衆四月攻浮光侵五關五關失守則蘄黃決不可保蘄黃不保則江南危尚書聞此已數日乃不聞有所施行者何邪其他言皆激切同幕忌之尤甚共詆排之厥後光黃蘄相繼失果如其言遂力辭去俄再命知安慶不就入廬山訪其友李燔陳宓相與盤旋玉淵三峽閒俯仰其師舊迹未幾召赴行在所奏事除大理丞不拜爲御史李楠所劾遂歸

里弟子日盛巴蜀江湖之士皆來俄命知潮州辭不行差主管亳州明道宮踰月遂乞致仕特受承議郎卒贈朝奉郎錄其子謚文肅先是文公編禮書獨以喪祭二編屬先生病革以深衣及所著書授先生手書與訣先生持心喪三年所著有經解文集行于世

梓材謹案先生祭劉靜春文曰榦也顓愚少無師承年已踰冠始來廬陵摳衣趨隅歷問所學直指前修以警後覺據此知先生少及靜春之門

聖賢道統傳授總敘說

有太極而陰陽分有陰陽而五行具太極二五妙合而人物生賦于人者秀而靈精氣凝而爲形魂魄交而爲神五常具而爲性感于物而爲情措諸用而爲事物之生也雖偏且塞而亦莫非太極二五之所爲此道之原之出于天者然也聖人者又得其秀之秀而最靈者焉于是繼天立極而得道統之傳故能參天地贊化育而統理人倫使人各遂其生各全其性者其所以發明道統以示天下後世者皆可考也堯之命舜則曰允執厥中中者無所偏倚無過不及之名也存諸心而無偏倚措之事而無過不及則合乎太極矣此堯之得于天者舜之得統于堯也舜之命禹則曰人心惟危道心惟微惟精惟

一允執厥中舜因堯之命而推其所以執中之由以爲人心形氣之私也道心性命之正也精以察之一以守之則道心爲主而人心聽命焉則存之心措之事信能執其中曰精曰一此又舜之得統于堯禹之得統于舜者也其在成湯則曰以義制事以禮制心此又因堯之中舜之精一而推其制之之法制心以禮制事以義則道心常存而中可執矣曰禮曰義此又湯之得統于禹者也其在文王則曰不顯亦臨無射亦保此湯之以禮制心也不聞亦式不諫亦入此湯之以義制事也此文王之得統于湯者也其在武王受丹書之戒則曰敬勝怠者吉義勝欲者從周公繫易爻之辭曰敬以直內義以方外曰敬者文王之所以制心也曰義者文王之所以制事也此武王周公之得統于文王者也至于夫子則曰博學于文約之以禮又曰文行忠信又曰克己復禮其著之大學曰格物致知誠意正心修身治國平天下亦無非數聖人制心制事之意焉此又孔子得統于周公者也顏子得于博文約禮克己復禮之言曾子得之大學之義故其親受道統之傳者如此至于子思則先之以戒懼謹獨次之以知仁勇而終之以誠至于孟子則先之以求放心而次之以集義終之以擴充此又孟子得統于子思者然也及至周子則以誠爲本以欲爲

戒此又孟子繼孔孟不傳之緒者也至二程子則曰涵養須用敬進學則在致知又曰非明則動無所之非動則明無所用而爲四箴以著克己之義焉此二程得統于周子者也先師文公之學見之四書而其要則尤以大學爲入道之序蓋持敬也誠意正心修身而見于齊家治國平天下外有以極其規模之大而內有以盡其節目之詳此又先師之得其統于二程者也聖賢相傳垂世立教燦然明白若天之垂象昭昭然而隱也雖其詳略之不同愈講而愈明也學者之所當遵承而固守也違乎是則差也故嘗撮其要旨而明之居敬以立其本窮理以致其知克己以滅其私存誠以致其實以是四者而存諸心則千聖萬賢所以傳道而教人者不越乎此矣

中庸總論

中庸之書章句或問言之悉矣學者讀之未有不曉其文通其義者也然此書之作脈絡相通首尾相應子思之所述非若語孟問答章殊而旨異也苟從章分句析而不得一篇之旨則亦無以得子思著書之意矣程子以爲始言一理中散爲萬事末復合爲一理朱先生以誠之一字爲此篇之樞紐示人切矣今輒述其遺意而言之竊謂此書皆言道之體用下學而上達理一而分殊也首言性與道則性

爲體而道爲用矣次言中與和則中爲體而和爲用矣又言中庸則合體用而言又無適而非中庸也又言費與隱則分體用而言隱爲體費爲用也自道不遠人以下則皆指用以明體自言誠以下則皆因體以明用大哉聖人之道一章總言道之體用也發育萬物峻極于天道之體也禮儀三百威儀三千道之用也仲尼一章言聖人盡道之體用也大德敦化道之體也小德川流道之用也至聖則足以全道之用矣至誠則足以全道之體矣末言上天之載無聲無臭則用卽體體卽用造道之極至也雖皆以體用爲言然首章則言道之在天由體以見于用末章則言人之適道由用而歸于體也其所以用功而全夫道之體用者則戒懼謹獨與夫知仁勇三者及夫誠之一言而已是則一篇之大指也子思之著書所以必言夫道之體用者知道有體用則一動一靜皆天理自然之妙而無一毫人爲之私也知道之有體則凡術數辭章非道也有用則虛無寂滅非道也知體用爲二則操存省察皆不可以不用其力知體用合一則從容中道皆無所用其力也善言道者未有加于此者也曰孔孟何爲而不言也曰其源流可考也孔子之學傳之曾子曾子傳之子思子思傳之孟子皆此道也曾子曰夫子之道忠恕而已矣忠卽體恕卽用也

維天之命於穆不已非道之體乎乾道變化各正性命非道之用乎此曾子得之孔子而傳之子思者也孟子曰惻隱之心仁之端也羞惡之心義之端也辭讓之心禮之端也是非之心智之端也惻隱羞惡辭讓是非非道之用乎仁義禮智非道之體乎此又子思得之曾子而傳之孟子者也道喪千載濂溪周子繼孔孟不傳之緒其言太極者道之體也其言陰陽五行男女萬物者道之用也太極之靜而陰體也太極之動而陽用也聖賢之言道又安有異指乎或曰以性爲體則屬乎人矣子思以爲天命又以爲發育萬物峻極于天又以爲經綸大經立大本知化育乃合天人爲一何也曰性卽理也自理而言則屬乎天以人所受而言則屬乎人矣屬乎人者本乎天也故曰萬物統體一太極天下無性外之物屬乎天者也一物各具一太極性無不在屬乎人者也或曰中庸言體用既分爲二矣程子之言性卽氣氣卽性道亦器器亦道則何以別其爲體用乎曰程子有言體用一源顯微無閒自理而觀體未嘗不包乎用沖漠無朕萬象森然已具之類是也自物而言用未嘗不具乎體一陰一陽之謂道形色天性之類是也或曰如此則體用既不相離何以別其爲費爲隱乎曰道之見于用者費也其所以爲是用者隱也費猶木之華葉可

見者也隱猶花葉之有生理不可見者也小德之川流大德之敦化隱也然大德之中小德已具小德之中大德固存此又體用之未嘗相離也

中庸總說

或者問中庸之書言道之體用則既聞之矣戒懼謹獨知仁勇之德與夫誠之一言所以全道之體用者可得而詳言之乎天命之性率性之道人之所固有而無不善者將有過不及之患而明之行之而未至夫誠則未足以造夫道也是則子思子之所憂也若昔聖賢所以立教垂世不過欲人全其固有而無不善者然其大旨固非有異而開導之方亦各不同或舉其一端或示其大法或隨其所稟或量其所至言之略者非隱也言之緩者非怠也教人之序不可以躐等而學不可以淩節而施也子思子襲孔聖之餘訓繼曾子之的傳覽古先聖賢教人之旨鑒後世學者爲學之弊作爲中庸之書其提挈綱維開示蘊奧則如言道之體用者亦既明且盡矣至于學者之所以用功者又必反覆包羅而極其詳且切也蓋嘗以其本而考之首言戒懼謹獨因天命之性率性之道固有而無不善者而爲言欲人防其所未然而察其所以然也其言要而易知其事簡而易行學者

于此而持循焉則吾之固有而無不善者將不待他求而得之也次言知仁勇三德者因君子之中庸小人之反中庸皆生于氣稟之清濁物欲之多寡而有異也故必知之明行之力而終之以勇而後氣稟物欲不能以累其固有而無不善也末言誠之一字者又因天道人道之分以見天下之理無不實欲人實用其力以全天理之實也此卽子思子所以教人之大旨也曰戒懼謹獨者靜存動察之功能若是則吾之具是性而體是道者固已得之矣又曰知仁勇者致知力行之功也能若是則由性以達夫道者舉合乎中庸而無過不及之差也曰誠者則由人以進夫天聖賢之極致也是非其言之極其詳乎戒懼于不睹不聞之際謹獨于至微至隱之中則所謂靜存動察者切矣曰知矣而繼之以仁曰仁矣而繼之以勇加之以弗措之功而勉之以己百己千之力則所謂致知力行者切矣其言誠也本于擇善固執之始而成于無聲無臭之極蓋至于所謂大而化之過此以往莫之或知也者豈非又極其切者乎若不極其詳則學者用心或安于偏見不極其切則學者用功或止于小成此子思子憂慮天下後世而爲是書也

勉齋文集

大學首章無他疑但向者以爲明德之發于外者昭著而不可掩也今之解注乃存于中者洞徹而無所蔽也故鄙意以爲莫若合內外而言之虛靈指存于中者而言昭著指發于外者而言如輝光之類皆指外者而言之今既未能不疑且守師言就本領上看尤爲有味也明德只得如章句所說然其閑亦難看更以格字致字誠字正字修字與明字相參見得分曉方理會得先生旨意

承教持守之方別恐亦無他說前輩及先師言之詳矣亦只是不爲與爲之不力耳然亦有一說致知持敬兩事相發人心如火遇木卽焚遇事卽應惟于世閑利害得喪乃一切好樂見得分明則此心亦自然不爲之動而所爲持守者始易爲力若利欲爲此心之主則雖是強加控制此心隨所動而發恐亦不易遏也便使強制得下病根不除如以石壓草石去而草復生矣此不可不察也不知高明以爲如何榦老矣未能忘祿非祿之不可忘也不仰祿則又須別求所以餬其口而勞心害義反甚于仰祿以是東西南北惟命是從何去就出處之敢言何功名事業之敢望特汨沒世俗學問盡廢大爲師門之罪人不敢自文也敬子果如何來書所謂甚費造化斷不可辭此語卻與向來議論不同今之出仕只是仰祿不得已若爲合義則非

所敢聞只管如此立說卻是浙間議論也又不知高明以爲如何敬子既是應舉得官又家貧未能不仕從之亦無害也以上與胡伯量

承誨以朋友講問之詳甚幸甚喜辭之愚陋何足以折衷之所說大抵皆善人心道心之說恐如契兄所云者爲是李所謂人心氣也余所謂性之正者皆未精確也道體之說此更宜講究謂但指隱而言者豈所以爲道體之全邪體字不可以體用言如今所謂國體治體文體字體亦曷嘗對用而言邪所謂道體者無物不在無時不然流行發用無少間斷如曾皙者眞是見得此理然後從容自得有以自樂今之局促迫狹尋行數墨輒拘礙者豈亦于此有未灑然者邪主敬致知兩事相爲經緯但言敬而不能有所見者恐亦于此有所未思耳

持守之方無出主敬前輩所謂常惺惺法已是將持敬人心胸內事摹寫出了更要去上面生枝節只恐支離無緣脫灑所謂座右銘四句者不知先師文集有邪抑故友程君之語也是必非夫子之言若程君思索所到則恐畫蛇尋足愈支離而愈鶻突矣安得起之九原一叩所疑邪

易本義不暇細觀但先天六十四卦圓圖已大錯繆所謂有小圈者

特其小失耳今以印策論之則印策中縫之左卽乾卦右卽姤卦乾姤二卦夾在策縫左右乃今所印本恆巽之位卽先天乾姤之位也乾姤居正南坤復居正北故曰冬至子之半是也若今所印則冬至在亥子之閒矣知乾姤在策縫之中則伏羲八卦圖以乾爲南以坤爲北可以類推矣此乃易之宗祖宜亟正之又圓圖後語有圓布者有方布者則六十四卦圓圖之中當有方圖豈可有其語而無其圖邪 以上復胡伯量

道之在天下一體一用而已體則一本用則萬殊一本者天命之性萬殊者率性之道天命之性卽大德之敦化率性之道卽小德之川流惟其大德之敦化所以語大莫能載惟其小德之川流所以語小莫能破語大莫能載是萬物統體一太極也語小莫能破是一物各具一太極也萬物統體一太極此天下無性外之物也一物各具一太極此性無不在也尊德性所以存心而極乎道體之大道問學所以致知而盡乎道體之細自性觀之萬物只是一樣自道觀之一物各是一樣惟其只是一樣故但存此心而萬事萬物之理無不完具惟其各是一樣故須窮理致知而萬事萬物之理方始貫通以此推之聖賢言語更相發明只是一義豈不自博而反約哉天生蒸民有

物有則于民之下又言有物者何也有物者就人身上有耳有目有手有足有君臣有父子之類而言也有此等物便有此當然之則如耳聰目明手恭足重君仁臣忠父慈子孝之類是也然此當然之則固無物不體而此理之妙實根于人性之本然惟人之生各稟此有常之性所以應事接物皆好此美德而不容已也所謂美德卽所謂物之則也其曰好是懿德是云者卽指上文有則而言也孔子又加一必字于有則之上加一故字于好是之上其旨愈明矣劉子曰民受天地之中以生是以有動作禮義威儀之則亦此意也幹嘗謂此四句便該括了中庸大學論語孟子許多說話非大聖人不能言也自有天地以來如人心道心四句及此四句皆是天心正法傳授世人不可輕將尋常詩句讀過也且如大德小德亦只是此意秉彝便是大德好德便是小德世閒只是一箇道理也

統體太極各具太極則兼體用畢竟統體底又是體各具底又是用有統體底太極則做出各具底太極語大語小則全指用而言畢竟語大底是全體語小底是用天命謂性是未發畢竟是體率性謂道是人所常行畢竟是用大德而敦化畢竟是體小德而川流畢竟是用若淺看則一段是一段更深入思量則又覺相似都湊不知如何

以上復葉味道

來教謂喜怒哀樂屬于人心爲未當必欲以由聲色臭味而喜怒哀樂者爲人心由仁義禮智而喜怒哀樂者爲道心以經文義理考之竊恐不然朱先生中庸序云人心發于形氣之私道心原于性命之正形氣在我如耳目口鼻是也聲色臭味在物豈得以發于聲色臭味者爲人心乎朱先生云雖上知不能無人心今以由聲色臭味而喜怒哀樂則是聖人未免于逐物也而可乎謂由仁義禮智而喜怒哀樂者爲道心則鄉黨一篇委蛇曲折煥乎其文章莫非由仁義而發也曷爲而以道心爲惟微乎人指此身而言道指此理而言發于此身者則如喜怒哀樂是也發于此理者則仁義禮智是也若必謂兼喜怒哀樂而爲道心則理與氣混然而無別矣故以喜怒哀樂爲人心者以其發于形氣之私也以仁義禮智爲道心者以其原于性命之正也人心道心相對而言猶易之言器與道孟子之言氣與義也人心既危而易陷道心復微而難明故當精以察之則喜怒哀樂之間皆見其有當然之則又當一以守之使之無一念而不合乎當然之則然後信能守其中而不失也復李公晦

程謝尹所論敬處固兼動靜無淺深亦各就持敬處見得一箇意思

各立爲一說以形容之今謂謝尹之說只是發明主一之意恐未必有此意耳就三先生說處各自體認湊合將來見得敬字愈覺親切今只欲就主一兩字上欲該括謝尹之說卻恐看得謝尹之說未免疏略耳明德不言性而言心楊德淵惠書亦錄云所答之語此但當答以心之明便是性之明初非有二物則直截簡徑使之自此思索卻見得分曉今觀所答是未免以心性爲兩物也如回也其心三月不違仁則心自是心仁自是仁如孟子言仁人心也則仁又便是心大學所解明德則心便是性性便是心也所答之病既誤以心性爲兩物而又欲安排併合故其說頗覺費力心之能爲性情主宰者以其虛靈知覺也此心之理炯然不昧亦以其虛靈知覺也自當隨其所指各自體認其淺深各自不同心能主宰則如謝氏常惺惺之謂此只是能持敬則便能如此若此心之理炯然不昧如大學所謂明德須是物格知至方能如此正不須安排併合也洪範五行五事之說近亦嘗思之前輩所說決然不是以庶徵觀之自可見但貌言視聽思之所以配水火木金土則恐來說未免穿鑿耳韓亦嘗反覆思之只以造化及人生之初驗之便自然合天一生水水便有形人生精血湊合成體亦若造化之有水也地二生火火便有氣人有此體

便能爲聲聲者氣之所爲亦若造化之有火也水陰而火陽貌亦屬
陰而言亦屬陽也水火雖有形質然乃造化之初故水但能潤火但
能炎其形質終是輕清至若天三生木地四生金則形質已全具矣
亦如人身耳目既具則人之形成矣木陽而金陰亦猶視陽而聽陰
也只以此配之則人身便是一箇造化理自分明似此等處只得如
此觀看耳目口鼻之配五行四象亦自分明耳屬腎腎卽水水卽太
陰目屬肝肝卽木木卽少陽口屬脾脾屬土土王于夏秋之閒卽太
陰少陽之合鼻屬肺肺屬金金卽少陰亦是自然之理如此初無可
疑也至于道生一一生二二生三三生萬物則老氏之所謂道而非
吾儒之所謂道也明道云天下之物無獨必有對若只生一則是獨
也一陰一陽之謂道道何嘗在一之先而又何嘗有一而後有道哉
易有太極易卽陰陽也太極何嘗在陰陽之先是生兩儀何嘗生一
而後生二嘗竊謂太極不可名狀因陰陽而後見一動一靜一晝一
夜以至于一生一死一呼一吸無往而非二也因陰陽之二而反以
求之太極所以爲陰陽者亦不出于二也如是則二者道之體也非
其本體之二何以使末流無往不二哉然二也各有本末各有終始
故二分爲四而五行立矣蓋一陽分而爲木火一陰分而爲金水木

者火之始火者木之終金者水之始水者金之終物各有終始未有有始而無終有終而無始二各有終始則二分爲四矣知二之無不四則知其所以爲是四者亦道之本體非其四何以使物之無不四哉故二與四天下之物無不然則亦足以見道體之本然也太極不可名狀至此亦可以見其端倪矣體用一源顯微無閒要當以是觀之塞天地貫古今無往不然仁義禮智特就人心而立者耳天以是心而成萬物人以是心而成萬事故曰天體物而不遺猶人體事而無不在也人之生也五臟百骸各有自然之則天之爲也君仁臣忠父慈子孝以至手容之恭足容之重又人所以全天之所賦者也自天之所爲者而觀之則不待人爲而此理已完具矣故曰鳶飛戾天魚躍于淵言其上下察也明道所謂活潑潑地者真見其如此亦真箇使人不知手舞足蹈也顏子之不改其樂又安得而不樂哉世間所謂功名富貴者真太虛浮雲一點也故曰朝聞道夕死可矣死生亦大矣苟見此理便死亦是閒事也數年讀先生之書適自見得如此以先生之書合之亦無不然不但世之學者尋行數墨而無見于此竊意周程邵子朱先生見得分明其他皆未知其果何如也爲學而不見其本源是入門而不至其室雖然前輩教人且只道敬此又

學者不可不思 復楊志仁

致知乃入道之方而致知非易事要須默認實體方見端的不然則只是講說文字終日譊譊而真實體段元不曾識故其說易差而其見不實動靜表裏有未能合一則雖曰爲善而卒不免于自欺也莫若一切將就自身上體著許多義理名字就自身上見得是如何則統之有宗不至于支離外馳也 答陳泰之

諸人講論祭祀鬼神一段此蓋疑于祖考已亡一祭祀之頃雖是聚己之精神如何便得祖考來格雖是祖考之氣已散而天地之間公共之氣尚在亦如何便湊合得其爲之祖考而祭之也故味道兄爲說以爲只是祭己之精神如此則三日齋七日戒自坐而享之以爲祖考來格可乎果爾則鬼神之義亦甚粗淺而聖人常謹言之何邪古人奉先追遠之誼至重生而盡孝則此身此心無一念不在其親及親之歿也升屋而號設重以祭則祖考之精神魂魄亦不至于遽散朝夕之奠悲慕之情自有相爲感通而不離者及其歲月既遠若未易格則祖考之氣雖散而所以爲祖考之氣未嘗不流行于天地之間祖考之精神雖亡而吾所受之精神卽祖考之精神以吾受祖考之精神而交于所以爲祖考之氣神氣交感則洋洋然在其上在

其左右者蓋有必然而不能無者矣學者但知世閒可言可見之理而稍幽冥難曉則一切以爲不可信是以其說卒不能合于聖賢之意也蓋嘗以琴觀之南風之奏今不復見矣而絲桐則世常有也撫之以指則其聲鏗然矣謂聲爲在絲桐邪置絲桐而不撫之以指則寂然而無聲謂聲爲在指邪然非絲桐則指雖屢動而不能以自鳴也指自指也絲桐自絲桐也一搏拊而其聲自應向使此心和平仁厚真與天地同意則南風之奏亦何異于舜之樂哉今乃以爲但聚己之精神而祭之便是祖考來格則是舍絲桐而求聲于指也可乎

復李貫之兵部

浴沂一章終是看不出喟然而歎夫子與點之意深矣集註云日用之閒無非天理流行之妙曾晳有見于此故欲樂此以終身如此卻是樂天理之流行而于本文曾晳意旨恐不相似竊意恐須是如此天理方流行中心斯須不和不樂則與道不相似而計較繫戀之私入之矣夫子無意必固我老者安之朋友信之少者懷之正是此意直與天地相似易曰貞吉悔亡憧憧往來朋從爾思夫子傳之曰天下何思何慮聖人豈教人如死灰槁木曠蕩其心徜徉其身哉張子曰湛一性之本攻取氣之欲物各付物而無一毫計較繫戀之私則

致廣大而極高明雖堯舜事業亦不能一毫加益于此矣後來邵康節先生全是見得此意思明道先生詩中亦多此意與吳伯豐

程仕曰此書今見晦庵集中萬正淳錄以呈晦庵先生先生答曰直卿之說卻是作工夫底事非曾點所以答如或知爾則何以哉之問也又云集註誠有病今復改數語試更詳之

行狀之作非得已也懼先生之道不明而後世傳之者訛也追思平日之聞見參以敘述奠誄之文定爲草稿以諗同志反覆詰難一言之善不敢不從然亦有參之鄙意而不敢盡從者不可以無辯也有謂言貴含蓄不可太露文貴簡古不可太繁者夫工于爲文者固能使之隱而顯簡而明是非愚陋所能及也顧恐名曰含蓄而未免于晦昧名曰簡古而未免于艱澀反不若詳書其事之爲明白也又自謂年月不必盡記辭受不必盡書者先生之用舍去就實關世道之隆替後學之楷式年月必記所以著世變辭受必書所以明世教狀先生之行又豈可常人比常體論哉又有謂告上之語失之太直記人之過失之大訐者責難陳善事君之大義人主能容于前而臣子反欲隱于後先生敢陳于當世而學者反欲諱于將來乎人之有過或具之獄案或見之章奏天下後世所共知而欲沒之可乎又有謂

奏疏之文紀述太繁申請之事細微必錄似非行狀之體者古人得君行道有事實可紀則奏疏可以不述先生進不得用于世其可見者特其言論之閒乃其規模之素則言與行豈有異邪事雖細微處得其道則人受其利一失其道則人受其害先生理明義精故雖細故區處條畫無不當于人心者則鉅與細亦豈有異邪其可辯者如此則其尤淺陋者不必辯也至于流俗之論則又以爲前輩不必深抑異說不必力排稱述之辭似失之過者孔孟諸賢至謂孔子賢于堯舜豈以抑堯舜爲嫌乎孟子闢楊墨而比之禽獸衛道豈可以不嚴乎夫子嘗曰莫我知也夫又曰知德者鮮矣甚矣聖賢之難知也知不知不足爲先生損益然使聖賢之道不明異端之說滋熾是則愚之所懼而不容于不辯也故嘗太息而爲之言曰是未易以口舌爭百年論定然後知愚言之爲可信遂書其語以俟後之君子書朱子行狀後

附錄

嘗詣東萊呂伯恭以所聞于朱文公者相質正及張南軒亡文公與先生書曰吾道益孤所望于賢者不輕

通判安豐軍時淮西帥司檄鞫和州獄獄故以疑未決先一夜夢井

中有人果于廢井得尸
尋知漢陽軍値歲饑荒政具舉民大感悅卽郡治後鳳棲山爲屋館
四方士立周程游朱四先生祠
創築安慶郡城日以五鼓坐于堂濠砦官入聽命以一日成算授之
受命畢乃治府事會僚佐講究邊防利病次則督視城役晚入書院
講論經史築城之杵用錢監未鑄之鐵事畢還之初先生入荆湖幕
府奔走諸關與江淮豪傑游而豪傑往往願依先生及倅安豐武定
諸將皆歸心後倅建康守漢陽聲聞益著諸豪傑又深知先生倜儻
有謀及守安慶且兼制幕長淮軍民之心翕然相向此聲旣出在位
者益忌

王深寧困學紀聞曰李微之問勉齋云南軒賜章服兩爲胡忠簡繳
還而不聞引避東萊除職旣遭陳叔進行辭醜詆乃復受之而不辭
皆所未曉勉齋答云先輩非後學所敢輕議然辭受合尙嚴今當嚴
者反寬是以不免爲具眼者勘破學者所當戒也補

黃東發日鈔曰乾淳之盛晦庵南軒東萊稱三先生獨晦庵先生得
年最高講學最久尤爲集大成晦庵旣沒門人如閩中則潘謙之楊
志仁林正卿林子武李守約李公晦江西則甘吉父黃去私張元德

江東則李敬子胡伯量蔡元思浙中則葉味道潘子善黃子洪皆號高弟獨勉齋先生強毅自立足任負荷如輔漢卿疑惡亦不可不謂性如李公晦疑喜怒哀樂由聲色臭味者爲人心由仁義禮智者爲道心如林正卿疑大易本爲垂教而伏羲文王特借之以卜筮如真公刊近思錄語先近思而後四書先生皆一一辯明不少恕甚至晦庵謂春秋止是直書勉齋則謂其閒亦有曉然若出于微意者晦庵論近思先太極說勉齋則謂名近思反若遠思者晦庵解人不知而不慍惟成德者能之勉齋提云是君子然後能不慍非不慍然後爲君子晦翁解敏于事而慎于言以慎爲不敢盡其所有餘勉齋提慎字本無不敢盡之意特以言易肆故當謹耳凡其于晦翁沒後講學精審不苟如此晦庵于門人弟子中獨授之屋妻之女奏之官親倚獨切夫豈無見而然哉其誨學者嘗曰人不知理義則無以自別于物周旋斯出自少至老不過情欲利害之閒甚至三綱淪九法斁亦將何所不至其言哀痛至此其爲天下後世慮也亦遠矣 補

百家謹案勉齋言自先師夢奠以來向日從遊之士識見之偏義利之交戰而又自以無聞爲恥言論紛然誑惑斯世又有後生好怪之徒敢于立言無復忌憚蓋不待七十子盡沒而大義

已乖矣由是私竊懼焉故願得强毅有立趨死不顧利害之人相與出力而維持之蓋勉齋之求後學其真切如此所以卒得其人而傳之于後世

謝山奉臨川帖子一曰清容嘗云朱子門人當寶慶紹定閒不敢以師之所傳爲别錄以黄公勉齋在也勉齋既沒夸多務廣語錄語類爭出而二家之矛盾始大行清容生平不甚知學顧斯言不特可以定朱子門人之案幷可以定陸子門人之案朱子之門人孰如勉齋顧門戶異同從不出勉齋之口抑且當勉齋之存使人不敢競門戶則必欲排陸以申朱者非真有得于朱可知推此以觀陸子之門人亦然

勉齋講友

文定李宏齋先生燔

直閣張主一先生洽

縣丞劉琴軒先生剛中

通判李果齋先生方子

漕使楊悦堂先生楫

料院楊先生仕訓

郎中王東湖先生遇

童科劉先生砥

童科劉先生礪 並見滄洲諸儒學案

文節李貫之先生道傳 別見劉李諸儒學案

胡西園先生伯履

胡伯履號西園□□人勉齋嘗與之書曰此間朋友往來甚多但悠悠不能自奮者亦不少每念契兄剛毅果敢未嘗不敬畏恨朝夕不得承誨云 參勉齋文集

梓材謹案首六字謝山劉記所有

學錄詹流塘先生初

詹初字以元休寧人也以薦爲太學錄上疏請辨君子小人邪正之分罷歸遂入廬山不仕嘗與黃勉齋講學性介甚吳益公有威名以其與韓平原往來遂不與通私淑朱子其所著有流塘集二十一卷今所存秖三卷此其家傳所云也予考之勉齋集中未嘗及先生同時講學諸公之書亦無及者而是書自明嘉靖以前未出王龍溪始從其家得之表章以行世集尾有詹體仁章從軒饒雙峯諸公文字程篁墩爲文獻志猶未見也其中議論固有可采但亦似有出于後

人之增益者今節錄之補

祖望謹案詹體仁是朱學章是陸學先生蓋往來其閒

流塘集補

天地雖大道中之物也吾心雖靈自道視之亦物也物者器也道者天地之所以大吾心之所以靈者也故曰道者物之神物者道之寓

至大者天至廣者地至貴者人盡人之道則可以與天地並違人之道與禽獸並

升降時也予則以爲非時也人也三皇生則皇五帝生則帝三王生則王五霸生則霸豈三代以前常升以後常降乎存乎其人而已

禮者君之道不期臣之忠否也臣雖不忠君猶有盤水加劍之禮忠者臣之分不期君之禮否也君雖無禮臣剖心而不變

儒者人之需也上焉君需之下焉民需之前聖需之以繼後學需之以開故其道大其任重

靜安而後能慮似與釋氏靜而生慧相近然吾儒前有知止工夫佛氏止是死守著一淨

或問尊德性道問學朱陸之分曰此非學者所可輕議

聖人未嘗不欲生惡死但其一生一死皆斷以理而無一毫有我之

心所以爲仁若必死以求名雖勝于必生以苟祿者然必之一字便是私意未免死之或過然此自仁人言之若後世雖死傷于勇也還是一好人

心無出入心之神有出入故操之

卜式初以阿意得官後乃直諫君子譏其自知無益于時乃以此塞責以君子之道論之固是賣直然還是他廉恥之心未盡泯處

常遇事輒自期于心曰無私欲以此去私不知此一念期必底心便不好須反之于內自有無私底本體不期于無私而自無私矣

常早夜不寐思此乃心不定之過因立心要靜不知立心去靜便是動程子曰無欲故靜

梓材謹案謝山所錄此下有論朱陸一條移入象山學案

學不可緩亦不可急緩則怠而無功急則進銳而退速

祖望謹案以上皆其粹言也若其論朱子申申夭夭章註有圈內圈外之說此乃明人講章家所言陋甚必非宋儒所言也

州判余先生元一

余元一字景思仙遊人淳熙五年以詩學魁南宮登進士乙科娶黃勉齋女弟而勉齋則朱子婿因得親炙始見之日以仁義禮知信分

作五論及自著文集爲贄朱子敬愛之嘗有答余景思書見集中知同安縣號稱清嚴終池州通判參仙遊縣志

景思學侶

侍郎余先生崇龜

余崇龜字景望仙遊人也兄元一從朱子遊先生以進士入官不附韓侂胄出知江州嘉定更化宰相言自權臣專政朝士獨余某中立不倚除御史終于兵部侍郎補

勉齋家學李胡三傳

黄先生輅

黄輅字子木勉齋長子也爲朱文公外孫文公嘗以陸探微所畫師子像遺之眞西山跋畫師帖曰子木之幼也晦庵已深期之今其問學日進而志氣日彊蓋庶乎不負先生之期許者又因以勉之參眞西山集

黄先生輔

黄輔字□□勉齋次子也勉齋與胡伯量書曰輔年二十三幸其靜重遺之趨受望借一寺舍僧房近郡治者與之處誨之以所當讀之書云參勉齋文集

勉齋門人

文定何北山先生基別爲北山四先生學案

河南坡先生㞬別見北山四先生學案

文元饒雙峯先生魯別爲雙峯學案

處士方連雲先生暹

方暹字明甫平江人也師事李宏齋以宏齋之命學于勉齋時以饒伯輿張元簡趙師恕與先生稱四子勉齋貽宏齋書曰明甫遠來志氣甚篤殊可愛敬知其源流有自也老來只覺存養玩索不可偏廢學者往往墮于一偏是以無得苟得明甫輩十人布在四方吾道其庶幾矣又與甘吉甫書曰明甫于道理大端講之甚明而志氣高尙尤切于義利取舍之辨向來朋友未易出其右也先生極推伯輿以爲己所不及而元簡之言曰伯輿明理而遠于事明甫見事而中于理則先生在伯輿之上矣淳祐中湖南帥董槐荆南帥孟珙並薦之槐稱其冰清玉潔妙性命道德之原珙稱其脫去塵滓游心高明之域詔免文解一次先生辭不受命珙請如尹和靖例加以處士之名未報而先生已卒學者稱爲連雲先生先生言論宗旨不傳要當爲

勉齋門下第一修

寶章張先生元簡

張元簡字敬父清江人也勉齋黄氏高第勉齋嘗貽之書曰幹歸鄉兩年有餘徧閱友朋無一可人意者其可與言者李隨父陳儀父耳然李陳亦天資醇耳恐未必堪跌撲故每與相識言且煩于鄉里尋一如張敬父者則久而無對非爲諂也實無第二人得人之難如此先生初官縣尉秩其見于鶴山集中稱其知荊門軍嘗誅陳馬奴漫塘又嘗薦之李制使埴謂其足任監司之選其後果官直寶章閣權發遣鄂州沿江副制置使修

漕帥趙先生師恕

趙師恕字季仁□□人爲餘姚令行鄉飲酒禮勉齋稱其宦不達而忘其貧今不合而志于古

梓材謹案謝山劉記云季仁其後貴于朝攷鶴山師友雅言有曾答夔漕趙師恕之說則先生固不止餘姚令也儒林宗派兩

列先生于朱子勉齋之門

州判董介軒先生夢程別爲介軒學案

隱君蔡先生念成別見滄洲諸儒學案

劉先生子玠

劉子玠字君錫長樂人朱子門人砥之子幼孤育于外家長從勉齋學非賢士不交非義理之書不讀嘗戒其子弟曰行好事做好人足矣倖求名利非吾志也遜田數百畝與從子以承母志年四十八卒

尙書吳鶴林先生泳別見鶴山學案

忠肅吳先生昌裔

吳昌裔字季永中江人早孤與兄泳師事黄勉齋得程張朱子書研繹不倦登嘉定進士調閬縣尉又調眉州教授眉士故尙蘇學先生取諸經爲之講說揭白鹿洞規放潭州釋奠儀祀周程五賢士習丕變薦知華陽改眉州通判著苦言十篇以慮蜀後患尋權漢州力辯興元帥趙彥呐東納武仙西結秦鞏之議未幾武仙果敗二州民叛端平元年召入歷軍器將作二簿改吳益王府教授轉對陳六事言天理未純天德未健天命未敕天工未亮天職未治天討未公拜監察御史與徐清叟杜範並命三人皆天下正士四方想聞風采爲至和三諫詩以修之疏凡撓政之害言皆激切改大理少卿人咸惜之既而權工部侍郎參贊四川宣撫軍事得疾險祕閣修撰知嘉興辭改贛州尋以右文殿修撰主管鴻慶宮遷浙東提刑復知婺州加集英殿修撰寶章閣待制致仕卒諡忠肅先生剛正莊重遇事敢言兼

習典章嘗輯至和至紹興諸臣奏議本末名儲鑑又會萃周漢至宋蜀道得失興師取財之所名蜀鑑有文集奏議四書講義鄉約口義諸老記聞容臺議禮行于世修

侍郎黃先生師雍

黃師雍字子敬閩清人少從勉齋學寶慶二年舉進士調婺州教授學正一以呂東萊爲法慕徐僑欲見之會其有召命先生曰今不可往也徐聞而敬之至闕以其學行聞于政府喬行簡許以朝除公以書見行簡勸其歸老行簡不悅遂出之外縣累官禮部侍郎先生簡淡自守言若不出口而于邪正之辨甚明愛護名節無媿師友云

鄉貢黃先生振龍

黃振龍字仲玉閩縣人得朱子端莊存養之說默契于心書之座隅已從勉齋遊請所未悟勉齋亟稱之謂其可與適道以鄉貢卒

教授陳先生如晦

陳如晦字日昭長樂人從勉齋遊嘗讀西山真氏夜氣箴曰須見冬爲四時之夜夜乃一日之冬便是自家嚮晦入息處又見得造化發育之妙便是自家事物周旋處于此敬義夾持動靜交養則兩得之矣遂次其韻爲生意箴西山見而歎賞焉

雲濠謹案閩書載先生以趙汝騰薦充經筵不果授本州教授
卒所著有論語問答及講義文集

梁先生祖康

曾先生成叔合傳

梁祖康字寧翁不知何所人也嘗以小不謹致書勉齋自引咎答曰
華峯朋友中深愛賢者與曾成叔之沈靜縝密可與共學想不無相
忌者便使年少陷于子弟之過翻然改悔何所不可而畏彼紛紛之
口邪則先生亦勉齋所稱許弟子也修

陳先生象祖

陳象祖梓材案張直閣傳陳儀父當是先生之字侯官人朱子弟子
孔碩之族也不避勞苦刻意講習勉齋以爲儻得如象祖者十數人
講之精行之果如干將莫邪則先師之道猶未至于浮雲點翳也
侍郎方先生來別見水心學案

通判鄭先生鼎新

鄭鼎新字中實梓材案一作仲實仙游人嘉定十六年進士知晉江
縣尋通判處州先生少受業勉齋而與楊信齋遊故深于禮樂所著
有禮學舉要及禮學從宜集補

提舉李先生鑑

李鑑字汝明不知何所人也與其同志數十人爲經會問學于勉齋答曰足下年少才俊于前修格言記誦如流有老儒一生辛苦所不及者然博文在乎約禮秋水方至百川渺瀰霜降水涸涯涘自見蓋亦篤學之士也補

梓材謹案道南源委載先生爲寧德人嘉定進士歷官廣東提舉初從楊信齋遊得聞敬義之旨歸創六經講社推明師說誘掖後進故儒林宗派亦列先生于信齋之門又案道南源委于長溪黃幹言先生與饒雙峯師之是又不獨爲信齋勉齋門人也

薛先生師邵

薛師邵字希賢撫州人也勉齋官臨川從之遊謂其超然獨得皆自胸中流出無蹈襲語補

堂長葉淡軒先生士龍

葉士龍字雲叟括蒼人也後遷居長樂之唐石從學勉齋嘗以妙年力學勉其向道補

雲濠謹案先生號淡軒嘗爲考亭書院堂長編朱子語錄十八

陳先生倫

陳倫字泰之長溪人也學于勉齋補

梓材謹案勉齋有答先生書見上勉齋文集

教授熊古溪先生剛大別見西山蔡氏學案

太學家先生演

家演字本仲蜀人也受業勉齋之門其時李果州道傳初亡勉齋歎曰先生沒後得擔負者秪一李貫之可望乃止于此本仲極不易得多讀書持身甚介玩理甚精務學甚實于貫之足伯仲又趙季仁謂本仲異日不在貫之下亦各有所長然真不凡也又言其與諸生伏闕上書試中優等而其詳不可考矣補

附錄

真西山請絶金幣喬行簡爲淮西漕獨曰強韃必亡金昔者金爲吾之仇今爲吾之蔽古人脣亡齒寒之轍可鑒宜姑與之使得拒韃史彌遠主其說太學諸生黄自然黄洪周大同家演徐士龍等伏麗正門請斬行簡以謝天下

李先生武伯

李武伯臨川人勉齋徒 補

李先生晦

李晦字隨甫長樂人也勉齋嘗貽之書曰一去鄉者十五年投老歸來每興索居之歎承示論語疑義用心甚苦所謂空谷足音也其後先生遂學于勉齋 補

方先生丕父

方丕父 補

梓材謹案先生莆田人爲紫微門人豐之之孫晦翁門人士繇之子從學于勉齋

袁先生俊明

袁俊明字稼學勉齋黄氏弟子也勉齋講錄二十餘卷舊本散逸先生重裒輯而行之 補

葉先生真

葉真建安人勉齋弟子 補

直閣趙先生必愿 別見玉山學案

布衣宋先生斌 別見滄洲諸儒學案

連雲門人 李胡四傳

參軍萬先生鎮別見雙峯學案

宋元學案卷六十三

潛庵學案表

- 輔廣 晦翁東萊門人，延平白水籍溪屏山玉山三山芮氏再傳，元城龜山譙氏武夷紫微豫章橫浦三傳，涑水二程滎陽了翁廌山和靖四傳
  - 董槐 父永附 師葉師雍
  - 朱鵬飛
  - 余端臣
    - 王文貫
      - 汪元春
        - 徐天錫
        - 徐天彝
        - 黃奇孫
        - 李齊
        - 王冕
        - 夏泰亨
      - 黃震 別爲東發學案
    - 汪元春 見下王氏門人
    - 韓翼甫
      - 子 性
      - 從子 忼 別見清江學案
      - 陳普
        - 韓信同

王禧翁

黃寬

張以寧

林文珙

鄭犧

楊琬

黃裳

任士林

黃叔英 別見東發學案

並莊節學侶

劉敬堂

熊禾

董真卿 別見介軒學案

安實

安劉 別見廣平定川學案

輔萬
晦翁門人
張洽 別見滄洲諸儒學案
魏了翁 別爲鶴山學案
並潛庵學侶

並輔氏所傳

宋元學案卷六十四

餘姚黃宗羲原本　後學慈谿馮雲濠校刊
男百家纂輯　鄞縣王梓材重校
鄞縣全祖望修定　道州何紹基重刊

潛庵學案

祖望謹案慶源輔氏亦滄洲之最也遺書散佚世所尊語溪宗輔錄者特其糟粕述潛庵學案梓材案是卷原本修補尚詳盡第輔氏之門有前後時不相值者特爲校正

朱呂門人李汪再傳

朝奉輔傳貽先生廣

輔廣字漢卿號潛庵其先趙州慶源人也父逵字彥達南渡隸楊和王沂中麾下累立戰功官至左武大夫邵州防禦使知泰州稱能吏老居崇德之晚村遂爲崇德人泰州四子先生其仲也先生生于軍中以父恩授保義郎轉忠訓郎漕舉四試不第始從呂成公遊已問學于朱文公留三月而後返秋塘陳善有詩送之云聞說平生輔漢卿武夷山下啜殘羹言其用志堅苦也僞學禁嚴學徒多避去先生不爲動文公曰當此時立得脚定者甚難惟漢卿風力稍勁開禧議

和方信孺奉使未成欲遣先生辭以考亭諸生老不稱使舉王柟自代與魏文靖公善每相過必出文公言語文字雒誦移晷而去文靖外補先生以其生平所得于文公者盡畀之先生容止氣象不類東南人物達官貴人稍有過舉卽正色規戒嘉定初上政府書反覆于是非成敗之際政府不悅時衞清叔在樞密雅重先生政府益忌之授意言官劾之奉祠而歸歸築傳貽書院教授學者稱爲傳貽先生所著有語孟學庸答問四書纂疏六經集解詩童子問通鑑集義潛庵日新錄師訓編卒贈朝奉郎

宗羲案乙巳歲余拜輔漢卿先生之墓于崇德退而攷于邑志及其邑人所作宗輔錄皆不能詳且多錯誤故以其間出他書者爲輔潛庵傳

宗羲又案舊志言魏文靖公出先生門案文靖跋文公與先生帖云亡友漢卿端方而沈碩文公深所許可此可以證其非弟子矣其爲此言者文靖由先生而得文公之書宋史文靖列傳影響其詞謂了翁築室白鶴山下以所聞于輔廣李燔者開門授徒蓋本文靖語類序而分疏不詳志則本宋史而展轉失實文靖于先生與敬子皆友而非師也宗輔錄言蔡元定貶死先生入京以身試

禍賈偉節西行解禍君子尚不以爲然寧有試禍之理案文公與先生書云省闈不利亦是時節如此看此火色但得安坐已是幸事豈其別有冀望邪然則先生入京是其應舉時耳

詩童子問

梓材謹案詩童子問謝山原底標其目尚未錄其說宜求其書以補之

宗輔錄 補

道理無空缺處亦無閒斷時一有空缺閒斷便欠少了是以君子之學無時無處不然子夏篤實次于曾子而有小德出入之論所以不及

學者須是將聖人言語熟讀深思晝夜玩味則可以開發吾之知識日就高明涵養吾之德性日就廣大乃見得聖賢言近指遠意思飽飫饜足若只作言語解著則意便死于言下局促蹇淺

羞惡之心存之則有所不爲故可進于聖賢失之則無所不爲故至入于禽獸讀之使人凜然

理義之心人所固有雖易發而亦易窒故須力充之

利者民生所不可無者也故乾之四德曰利書之三事曰利此所謂

君子未嘗不欲利但專欲利而不顧義則害于人

人不經憂患困窮頓挫折屈則心不平氣不易察理不盡處事多率故人須從這裏過

武公三以溫柔爲言蓋人纔溫柔則便是消磨那客氣其德方可進明道謂義理與客氣常相勝橫渠亦言學者先須去其客氣故惟溫柔可以集德

伊尹惟其任底意思在故未能與天爲一而不得爲聖之時若孔子曰吾其爲東周乎多少含蓄

狂者于知上所得分數多狷者于行上所得分數多

後世正君知攻過而不知養德是謂無本

古人以善爲常多不記載以惡爲反常故時記之後世之人負大罪惡于身不知媿恥一有小善沾沾自喜可哀也已

楊氏資質偏于剛毅墨氏資質偏于寬厚只緣不知至理所在流于一偏

祖望謹案朱門弟子潛庵其眉目也然其遺書今惟詩童子問尚傳而餘皆未見語溪人有宗輔錄一編所集潛庵之語皆浮淺無甚精意蓋出于庸人之手也惜哉今採其精者僅一十二

條而已

輔漢卿說

易須識得辭變象占四字如初九潛龍勿用辭也有九則有六變也潛龍是象勿用是占人謂本義專主占筮者未識先生之意鶴山雅言

附錄

陳本堂敏求齋記曰潛庵輔先生謂生而知之者義理好古敏求者事實理與事一貫知與行相資但恐求非所求差毫釐繆千里其機甚危故欲學夫子之敏求當學孟子之求放心始補

胡一中序詩童子問曰詩童子問者潛庵輔傳貽先生所著羽翼朱子之集傳者也自三百五篇穿鑿于小序傅會于諸儒六義之不明久矣至朱子一正聖人之經微詞奧旨昭若日星先生親炙朱子之門深造自得于問答之際尊其師說退然弗敢自專故謙之曰童子問既具載師友粹言于前復備論詩序辯說于後俾讀詩者優柔聖經賢傳之趣而鼓舞鳶飛魚躍之天豈不大有功于彝倫也哉

宗羲案先生之學入閩者熊勿軒陳石堂其尤也入東浙者韓莊節黃東發其尤也逮至明初而韓古遺及吾族祖黃菊東尚接其

傳於乎道之行不行豈以時位哉何先生之牢落而自遠有耀乎
百家謹案輔潛菴一儒生耳漕試四舉不第陳秋塘送之詩云
聞說平生輔漢卿武夷山下啜殘羹其衰颯一至此也而所傳
之學蜀則有魏鶴山了翁閩則有熊勿軒禾陳石堂普吾東浙
自韓恂齋翼甫傳子莊節性余端臣再傳而有黃文潔震逮至
有明傳其學者不絕此先遺獻云道之行不行豈以時位哉何
先生之牢落而自遠有耀乎

潛菴學侶

輔先生萬
輔萬潛菴先生從弟亦事朱子
直閣張主一先生洽別見滄洲諸儒學案
文靖魏鶴山先生了翁別爲鶴山學案

潛菴門人李汪三傳

文清董榘堂先生槐父永附師葉師雍
董槐字庭植濠州人少喜言兵論事慷慨自方諸葛孔明周公瑾父
永怒而嘻曰不力學又自喜大言此狂生耳吾弗願也先生心愧乃
益自摧折學于永嘉葉氏師雍聞潛庵輔先生爲朱子之門人往從

之登嘉定進士歷知江州主管江西安撫司公事視其賦則吏侵甚下教曰吾治州而吏猶爲盜不自悔吾且誅之吏乃震恐願自新先生因除民患害凡利有宜弛以利民唯恐不盡弛又歷廣西運判兼提點刑獄至邕州上守禦七策又與交趾約五事南方悉定累封至侯爵同知樞密院事寶祐二年進參知政事上疏請視師四川詔報曰腹心之臣所與共理天下者也宜在朝廷不宜在四方又上疏願上官爵不許進封濠梁郡公帝曰嚮用先生言事無所隱意在格心不爲容悅每奏帝輒稱善三年拜右丞相兼樞密使後因劾丁大全袁佐不可近遂上書乞骸骨不報四年策免丞相以觀文殿大學士提舉洞霄宮時大全亦劾先生書未下卽發省兵迫遣之于是太學諸生陳宜中等上書爭之其後屢用祀明堂恩加食邑連封許國公一夕天大雨烈風雷電先生起衣冠而坐麾婦人出爲諸生說兌謙二卦問夜如何諸生以夜中對遂卒贈太子少師謚文清　參史傳

附錄

方文正孝孺曰董文清公槐葉丞相夢鼎王文憲公柏皆謂大學致知格物傳未嘗闕特編簡錯亂遂歸經文知止以下至則近道矣以上四十二字于聽訟吾猶人也之右爲傳第四章以釋致知格物章

先生清臣嘗爲書以辯其說之可信

教授朱先生鵬飛

朱鵬飛者崇德人也從輔潛庵學以進士教授高郵

太學余訥庵先生端臣

余端臣字正君鄞縣人太學生以經學教授閭里從之者數百人其源出于輔潛庵學者稱爲訥庵先生

余氏門人 李汪四傳

宗學王先生文貫

王文貫字貫道鄞縣人早嗜學與鄉先生余端臣遊登進士第教授真州除宗學諭從遊嘗數百人黃文潔公震其弟子也

知軍汪先生元春 見下王氏門人

輔氏所傳

寺簿韓恂齋先生翼甫

韓翼甫號恂齋會稽人也官朝奉郎大理寺主簿有元取宋士人之在班行者多攜故所受告敕入換新命先生獨挈家絕江而東杜門不交人事其學出于輔氏 梓材案先生學出于輔氏言爲輔氏之學耳非必親受業于潛庵 用功本諸四書四書通然後求之六經不貴

文詞不急祿仕真知力踐求無媿古之聖賢秦漢而下漠如也門人陳普曰聆韓先生夜旦誦四書如奏九韶令人不知肉味梓材案黃氏補本此下續云子忱性

劉敬堂先生□

劉□號敬堂□□人熊勿軒遊浙中嘗因受業得聞文公晚年所以與黃勉齋陳潛室論學之要旨然後知文公之學其體全體其用大用與世之所言第以資誦說者固不同也參熊勿軒集

梓材謹案敬堂先生蓋亦輔氏所傳者輔氏之學在浙中故勿軒從而受之兼得黃陳之論也

吏部安先生劉別見廣平定川學案

王氏門人李汪五傳

知軍汪先生元春

汪元春字景新奉化人受詩學于王文貫嘉熙四年鄉薦第一明年登進士第累官宗學博士出知興化軍而卒嘗謂黃東發曰爲人如流水但務平平偶遇湍激爲奇爲變亦惟行其所自然

文潔黃於越先生震別爲東發學案

恂齋家學

莊節韓先生性

韓性字明善愓齋之子弱冠博綜羣書而于先儒性理之説尤深造其閫域延祐初復舉科目學者負笈而來以文法請先生語之曰今之貢舉悉本朱文公私議欲爲貢舉之文而不知文公之學可乎四書六經千載不傳之學自程氏兩夫子至文公而發明無餘蘊矣顧力行何如耳施之場屋直其餘事先生之爲文一主于理凡經其口授指畫自合繩尺當時薦爲慈湖書院山長謝曰幸有先人之敝廬可庇風雨薄田可具饘粥此外非所願也竟不起葢先生少傳其父之遺志其所往來王尚書深寧王將作英孫王理得唐玉潛之徒皆逸民故終身不欲仕元私謚莊節先生雲濠案黄氏補本載元史儒林傳云以門人李齊請于朝謚莊節然攷之元史爲先生請謚者月魯不花也則黄氏誤節史文矣此傳作私謚亦誤先生高祖膺胄始居越蕺山先生父子皆師劉子澄而友楊敬仲至先生始傳輔氏之學其指授不爲甚高論而義理自融見人有善必爲延譽及辨析是非則毅然不可犯出門徒步而行者讓道至隸卒廝役皆稱爲韓先生所著有禮記說四卷詩音釋書辨疑各一卷莊節先生集十二卷雲濠案一本作五雲漫稿十二卷又續紹興志八卷予嘗于永樂大

典中見其集修

韓義行先生忼別見清江學案

恂齋門人

徵君陳石堂先生普

陳普字尚德福之寧德人所居有石堂山學者稱石堂先生稍長聞恂齋韓氏倡道浙東負笈走會稽從之遊入元開門授徒翕然以斯道自任四方及門歲數百人朝廷三辟爲本省教授不赴建州劉純父聘主雲莊書院熊勿軒留講鼇峯首議聖賢宜撤肖像祀用木主勿軒意合且曰此事不革斯文之運未敢望其升也尋講饒廣晚在莆中十有八年造就益衆嘗曰性命道德五常誠敬等事在四書六經中如斗極列宿之在天五嶽四瀆之在地舍之不求更學何事延祐乙卯卒年七十二

石堂文集

承下問仰見用功之勤于先儒明理之書必求洞徹淺陋何足承厚意然平生于此亦嘗致思恍惚之中屢有所契而不知手舞足蹈者大略天下之物其形體性情位分度數凡如此如彼者皆是道理當然所以千古萬古無一毫變易蓋理至此止不可得而易也止此謂

之極無以加謂之太極不過道理之總名爾物有去來生死而此道理常在人閒耿耿人心目中所以聖人提出濂洛畫出其所提出畫出只是一箇所以爲物者而已思之而見察之而得然則形迹聲臭可以耳目聞覩故謂之無極無極太極只是一箇非有二也有物必有則有形必有性則各有所至性各有所極物與形出于氣而則與性卽太極之各具于物者與物未嘗相離然必別提出狀之于物上者物有去來生死其則其性乃道理之本體無時而不在也故須別作一處蓋欲使之見其則之必如是知其性之常如此故文公云非有以離乎陰陽明陰陽而指其本體不雜乎陰陽而言蓋形氣與理爲一然形氣須作形氣說道理須作道理說旣須各說則須畫箇有形有氣者在下無聲無臭者在上形氣是所爲者道理是所以爲者便自分大小尊卑一上一下皆自然之理也非獨如此道理本是做一處如前所言但可以心見而不可以耳目見爾往年嘗以管見爲太極說一篇其中有云物皆理之所爲則物固小而理自大物自沈而理自浮物自後而理自先當時爲此亦不曾念到濂溪圖及孫伯御先生以爲物與理不相離豈可言浮沈始省得來指與人看一箇空圈在上一箇空圈在下如何不是浮沈因此反得自慰恨未及與

孫言也承下問勸渠卻更須詳看周子本文最上圈是太極不可以耳目聞見故曰無極而太極意謂太極不可以形氣言也蓋雖無而實有也緣後之儒者將太極作一塊混沌之氣故立此二字以示人使知其爲理而非氣其辭則張南軒所謂莫之爲而爲者最證得好文理當然不可增減下問所謂太極本無極似太極之上無所謂無極蓋上一圈卽太極太極卽是無極別作一體不得第二圈是半白半黑是陰陽二氣不可以太極言但其圈之大之圓與上圈同則又見其不相離之妙中一小圈謂太極卽在陰陽中常生常死常有常無謂自中央一箇分開作兩箇只是頭上一大圈但取在其中常爲主非又別有一箇小底故文公云中○者其本體也本體卽上文本體小大不同本非有異亦猶五行下一箇小圈見二五之合爲一者又是大彌六合小不滿一掬之義畫出成此一箇亦是妙處非有意爲之也圖下二圈只是一體一太極男女圈義深最當看男女非指人之男女謂天地之生氣化之初合下只有兩端一陰一陽一牝一牡人之男女草木禽獸之雌雄牝牡皆在其中橫渠所謂陰陽兩端立天地之大義亦此意也二體既成則形感之生散爲萬殊猶一男一女分爲子孫支庶百代不知其極又含一意謂生物或有窮時而

乾道坤道之生常不息只要天在地在則人物皆無憂此理又當意會難以言語詳也文公本體二字最好謂物與太極不相離而別提出畫出者以其所以生而言也本體者所以生之謂也程子不以示人不過如文公之言尊見之疑只將無極太極合爲一加詳周子本文則自明矣區區如此精微至理彷彿而已必有漏綻更望垂教 答

謝子祥無極太極書

普讀書不多于象山平山未能悉其表裏姑據來示一二則其于思孟程朱之大義已有胡越參辰之擬謂朱似伊川陸似明道朱似伊川則有之矣陸似明道豈不以陸之持敬有類于終日危坐如泥塑人者邪又豈不以明道未嘗著書而陸鄙薄傳註似之抑謂陸亦元氣之會能有龍德正中氣象邪明道不壽不及有書伊川得年以有易傳若如陸說則易傳爲虛作而大小程異趣矣詩書易禮四書微周程朱學者至于今猶夜行耳據當時則朱之訓詁爲可矣由今觀之則朱之四書詩書禮易是邪非邪可有邪不可有邪漢儒性命之學微正坐不識性命耳不以傳註熾也五經傳註豈可無但視其是與非足矣豈宜一切屏之若高洋斬亂絲不問其是非曲直但與之一劍哉六經註我莊生之流傲忽之辭六經註我而我于六經之義

仍猶有所未明何哉未辨太極面目而遽斥無極之非未詳于易而遽目易爲註我此所爲傲忽者也先立其大則必略其小而迷于下學上達之途矣且有小德出入之弊近日有磨礪大節至其平居則放言縱欲致犯清議者此說開之也大概陸學多犯朱書明辨是非處論語註中所謂力行而不學文則無以考聖賢之成法識事理之當然而所行或出于私意又曰子夏之言其意善矣然其流之弊將或至于廢學必若上章夫子之言然後爲無弊也又曰不切則磋無所施不琢則磨無所措故學者雖不可安于小成而不求造道之極致又不可騖于虛遠而不察切己之實病也中庸註中所謂賢者行之過以道爲不足知此道之所以常不明也大學或問中所謂不知衆理之妙而無以窮之則褊狹固滯而無以盡此心之全又曰藏形匿影別爲一種幽深恍惚艱難阻絕之論務使學者莽然措其心于文字語言之外而曰道必如此而後可以得之又曰先其大者不若先其近者之爲切也又曰今日格一物明日格一物凡此無非程子之言者諸家所記程子之言此類不一不容皆誤不知何所病而疑之豈其習于持敬之約而厭觀理之煩邪孟子註中所謂告子之不動心殆亦冥然無覺悍然不顧而已耳凡此皆陸學氣象多相似答

上饒游翁山書

莊節學侶

山長任松鄉先生士林

任士林字叔實其先緜竹人徙居奉化梓材案趙松雪誌先生墓云少師希夷之後八世祖來居奉化又再世而居琦山琦山屬鄞故謝山云鄞人講道會稽授徒錢塘至大初以薦授安定書院山長著有中易松鄉集參寧波府志

中易自序

大哉乾乎立天之道曰陰與陽立地之道曰柔與剛立人之道曰仁與義如斯而已矣是故在天成象在地成形聖人設卦之宜也化而裁之存乎變推而行之存乎通神而明之存乎其人聖人作易之旨也易乎易乎彰往而察來鉤深而致遠原始而反終其幾神矣子曰舜隱惡而揚善執其兩端用其中于民此之謂也詩云鳶飛戾天魚躍于淵言其上下察也然而子思沒中庸之道不明而易隱矣予生千載之後獨抱全經潛心研思亦既有年然後豁然始悟天地之變人事之始終作爲中易分上下篇三陳其卦所以極河洛之數成大衍之用體天地之撰盛德大業顯仁藏用一本坎離頤大小過之妙

既未濟隨蠱之幾井噬嗑賁困之感屯鼎革蒙之推聖人通變立言之旨粲然甚明格物致知誠意正心修身齊家治國平天下之道盡在是矣可不究乎子曰天何言哉四時行焉百物生焉天何言哉此夫子之所以爲聖也

梓材謹案謝山奉萬九沙問松鄉集書云任士林者鄞人當宋季元初時其人與謝皋羽唐玉潛友善博學工文詞當是時鄞江稱著述手者首學士袁公桷而士林實與齊名據此則先生之梗概可知又案先生講道會稽當是韓莊節輩學侶也

教諭黄戇庵先生叔英 別見東發學案

劉氏門人

參軍熊勿軒先生禾

熊禾字去非一字退齋建陽人志濂洛之學乃訪考亭之門人輔氏而從遊焉 梓材案董丞相槐爲嘉定六年進士次年甲戌下至咸淳十年復在甲戌如先生與丞相同學于潛庵不當年歲懸絶如是所謂考亭之門人輔氏亦謂輔氏之門耳非親受業于潛庵可知又案王宗學文貫爲寶慶三年丙戌進士前于咸淳甲戌者四十八年已爲潛庵再傳弟子益知先生之非親受業也 咸淳十年登進士第授

汀州司戶參軍入元不仕謝枋得聞而訪之相與講論而別束書入武夷築洪源書堂講學凡一星終乃歸故山築鰲峯書堂及門者甚衆嘗與胡一桂論學謂秦漢以下天下所以無善治者儒者無正學也儒者所以無正學者六經無完書也六經無完書則學不可得而講矣儒者無正學則道不可得而明矣千五百年牽補架漏天地生民何望焉考亭夫子平生精力在四書詩易至于書則付之門人九峯蔡氏猶未大暢厥旨三禮雖有通解缺而未補者尚多勉齋黃氏信齋楊氏粗完喪祭二書而授受損益精意究無能續之者春秋則不過發其大義而已豈無所俟于來學乎當吾世不完則亦媿負師訓矣先生于六經秖儀禮外傳未及成餘皆有集疏每經取一家之說爲主裒衆說以證明之已而春秋通解厄于火今所傳者易義入學講義而已皇慶元年卒年六十學者稱爲勿軒先生

勿軒文集

記甲申歲余始卜居武夷之南邑里秀俊相與遊從者固不乏人而求其穎異成材者指亦未易多屈當路崇植儒官獎引士類惟儒官一途爲捷徑于是年歛力強欲藉以奮身者胥出焉隱屏之下曲溪之濱歲歲作贈語餞友朋散在郡邑蓋不少矣樵泮居閩上遊往年

拔其尤一人爲之正曰劉某今年拔其尤一人爲之錄曰詹君履皆武夷舊遊也君履行有日同舍各致贈言之義余將何以告子則謂之曰當路遴選儒官一途非但可資以進身也涵養德器修礪學業正在此時夫以一鄉未足而之一國焉見聞頤養當益廣矣今風俗偷薄綱常埽蕩前修文獻欲盡吾閩自道南以來號小鄒魯樵昔爲多士之國當有韜德蘊道升堂而發薰養之歎者坐明倫堂領袖前廡豈但曰友之云乎抑當有事之者云耳請告子以樵先正故事方伊洛之學盛行西山李氏早年登龜山之門嘗與以求仁次第每有所講必曰不然參之二十年然後渙然不逆漢上朱氏一日見上蔡問爲學之要朗誦子見齊衰與師冕見二章曰一部論語盡說與賢矣夫仁者之旨義何待二十年而有得而此二章亦何有乎精妙而足以盡一部論語之大義此在學者深思而自得之伊洛之學有傳于樵者自二公始乾淳盛矣端明黄公道德之懿師表宇內以文公之行之鄉國凡書俯伏請納端拜之禮流風懿範藹然逮今果齋諸賢克紹考亭之學又其後出也遺言緒論必尚可尋此皆後學所當景慕而取法焉者也君履其勉之謙恭自下以持其身勤敏不怠以進于學常若武夷相與遊從時修途萬里發軔正不俟壯巨木千

尋其培根也不可不厚君履其重勉之送詹君履學正序

梓材謹案此下有考亭書院記一條移入晦翁學案

僕于雲谷之陽鰲峯之下創小精舍中爲夫子燕居配以顏曾思孟次以周程張朱濂溪明道伊川橫渠晦庵五先生隆道統也或有議者曰文公竹林精舍以六君子從祀先朝表章文公之道取其法行之太學達于郡縣今乃邵馬二賢不與焉無乃非文公之初意邪曰從祀之典凡先儒之有功德于聖門者咸在若夫配食先聖則非其道德功言足以得夫聖統之正傳者不足以與此也韓氏曰軻之死不得其傳此五先生所謂吾無閒然者矣後有作者不可易也若夫邵馬及張呂諸賢固以秩在從祀矣非去之也文公贊六君子乃其一時景行先哲之感心而竹林之祠增延平先生爲七賢又以致其平生尊師傳之意是固各有攸當非可以此爲疑也歲在癸卯之夏三山郡泮議創新祠郡博士東武劉叔敬諗予曰泮舊有道立堂按舊碑蓋取師道立善人多之義自濂溪而下凡十有五人首六君子次廣平游氏龜山楊氏豫章羅氏延平李氏次晦庵朱氏南軒張氏東萊呂氏西山蔡氏勉齋黃氏丙子兵戈之後司文臺典教職者又益以北山陳氏信齋楊氏毅齋鄭氏說齋楊氏庸齋趙氏凡五人皆

學于文公亦所以昭是邦文物之懿也但考之郡志西山真氏帥三山時嘗創尊道閣祀文公但以勉齋配道立堂舊祠亦止于勉齋今廉臺之長恪齋嚴公更創新祠欲復尊道之舊而議者言人人殊子其有以教之僕曰是祠若仍道立之名則爲隆師道而設姑仍其舊可也但師弟子不應皆北坐南向勉齋以下北山信齋諸賢皆北面受經于文公者乃侈然並居南面之列此則有不可不正者若更尊道之名則爲隆道統而設其祠固當止于五先生他有不得而與焉邵馬張呂諸賢自有從祠彝典廣平龜山豫章延平西山諸賢則建創鄰郡各有專祠稽之禮經國無先師則合于鄰國勉齋爲朱門道統單傳又不但三山一邦之望莫若正西向侑食之位雖不合于鄰國可也西山尊道初意亦正如此時盱江德臣李君亦曰饒之石洞亦以夫子居中配以顏曾思孟周程張朱五賢勉齋繼之時曲阜孔君申卿實主其議遂白之嚴公首以爲允于是繪像立祠更扁尊道又以僕嘗與聞斯議且屬爲記適莆陽史侯有刊修禮書之約遂不得竟其事繼會莆陽博士永嘉宋蜀翁議創先賢祠亦以下問僕援此答之皆以爲允但有以程張坐次爲疑者蓋橫渠于二程爲表叔端平從祀之典張先于程竹林七賢之祠與六君子之贊則程先于

張二者不同議卒靡定僕曰横渠之學得于二程阜比之撤與夫平居議論歷歷可攷聞道在先固有所受也但當以竹林之祠爲正此乃學校之公不得與家庭之私例論矣于是莆之新祠位置遂定會孔君以三山士友之請屬記于史侯深言尊道之祠止于五賢不及邵馬者乃萬世道統所係惟當以此爲定孔君又言曲阜舊有五賢祠乃祀荀楊諸賢今祠已燬歸當請之衍聖公更議以此五賢易之此不惟大明洙泗之正傳亦以一洗漢唐之陋習扶世立教抑邪崇正之功宏矣因其行也力贊勉之私竊自謂山中一時緜蕝之禮或者因莆福二郡以爲之兆亦區區之志也忽三山朋友以書來詰謂舊祠以邵馬以下凡十有四人皆從改撤公議之戈莫不倒指于首議之人子當何以解之且賢牧鄉賢二祠亦聞有所建白若其果然慎勿復言可也余蓋深歎世衰道微之餘學校無公論迺至于此自可忘辯然斯道所關則亦不可以不直者輒申其義或者儻有察焉亦學校風化之一助也

三山郡泮五賢祠記

或謂文公贊六君子竹林祠七賢今尊道之祠止及五先生而不及邵馬其義可得聞乎曰尊道有祠爲道統設也古者建學立師教學爲先而其所學則以道德功言爲重而道其總名也太上立德其次

立功其次立言是三者皆非有得于道不可立德者道之本也立功者道之用也立言者所以載道之文也言學而無見于道則不足以爲學言道而無得乎道之全體則亦不足以爲道矣是故一善之德亦可以言立德一時之功亦可以言立功一語之有關于世教亦可以爲立言而皆無見乎道體之全則亦不足與乎道統之正矣今觀六經之文皆其德被生民功加萬世堯舜禹湯文武周公孔子之傳在是自是之後四代禮樂之具惟顏氏有之晚年則惟曾子所傳獨得其宗曾傳之思思傳之孟矣大學中庸七篇之書皆可具見道喪千載直至濂溪明道伊川橫渠晦庵五先生而後此道始大明于世而其學皆足以爲天地立心生民立極往聖繼絕學萬世開太平其立德立功立言未有大于此者矣若夫康節涑水謂非世之大賢不可而其學視此則有閒矣駕風鞭霆之英傑非可與準繩規矩之君子同科空中樓閣自是宇宙閒一卓偉之見觀其玩視古今遊戲物外其出言制行不免近于高曠非可以爲世常法者也程子與康節居洛三年未嘗一語及其學亦謂是也若涑水之力行苦節制行非不誠一而前輩謂欠卻致知一段如尊楊雄而疑孟子黜漢統而帝曹魏正自有不可揜者又不待辯而定也故五先生直可以繼顏曾

思孟之次配食夫子而邵馬則亦仍舊祀之典可也或謂邵馬與張呂諸賢秩在從祀固無以議爲也但此五先生者所在郡縣别立祀庭自爲專享得不傷于煩乎曰學校之祀典不正久矣五賢者所在郡縣非無祀秩然學校各别爲專祠或以所居之邦或以遊宦過化之地或特以義起載在先儒文集與夫碑誌之類其來非一日矣揆之人心稽之公議未有不以爲允者是果何故吾聞道統于一祀典亦當定于一後世乃裂而二之謂之不傷于煩不可也此事之失源流闊遠豈一言可斷哉兩廡從祀理宜損益孔庭之祀按貞觀二十一年顏回以下次以左邱明等二十二人升侑尼父開元八年始塑十哲繪七十弟子及二十二賢于壁二十七年又以曾參而下止六十七人遂以杜佑通典所載益以林放等五人以足七十二人之數此不過唐禮官一時建議云耳宋仍唐制不復更改至今按爲定式竊謂學者尊事聖賢春秋祭享非但崇飾俎豆姑以盡吾報本之心而已必其平時方寸之閒真有信慕服行之素則斯道氣脉相屬今也姓名昧昧年代闊遠尋常方冊之閒耳目尚有不接一旦對越之際肸蠁豈易遽通此文公竹林之祀所以止于顏曾思孟配享六君子從祀今所在書院但按此爲法亦恐其煩也程子

本言十哲世俗之論予之書寢短喪求之聚斂貝臣已見責于聖門況顏子既升配享又增子張爲十哲果何義邪十哲之外若南宮适宓子賤蘧伯玉曾皙漆雕開澹臺滅明原憲有若公西赤之徒班班見于傳記所載亦可數矣此其當正者一又七十二賢之下益以諸儒二十二人此蓋唐禮官一時見其六經三傳曾有訓詁之勞故悉從而位置之不復甄別西都承秦絶學若伏生之書毛萇之詩大小戴之禮左氏公穀之春秋與鄭孔諸儒之傳疏雖其閒不無同異謂其無羽翼聖經之功不可也學者言必根理文必稱行馬融爲竇憲作奏草一事誣陷忠良漢祚以傾平日聚徒著書竟亦何用杜預建短喪之議自背于春秋王弼尚老莊之學自背于易凡若此類訓詁何取此其當正者二又如孟氏之後無傳濂洛未興之前寥寥千載獨一董仲舒學最正行最醇顧不得秩在從祀而楊雄美新投閣不能揜綱目莽大夫之書荀況以性爲惡以禮爲僞大本已失更學何事至今二人上敢與孟子同列下猶不失與王通韓愈並稱向微文公品論權衡之定則孟子終貶而荀楊輩偃然得在弟子列矣世教不明至此可勝歎哉此其當正者三宋諸儒如康節涑水南軒東萊四賢固已在從祀之典泝其淵源豈無尚有攷論者 龜山載道而南

再傳爲延平李氏學行醇正其傳是爲文公竹林從祀亦在六君子之次又文公之學惟勉齋黄氏獨接其傳問學操行一出于正且其羽翼四書三禮之功爲大三山郡泮亦爲之大耳道無二統不合不公誠有作者表章正學統一聖賢首之京師達之郡縣大明學校祀典一正天下人心凡若此類首宜損益決不可以唐開元一時禮官無識之輕議遂以爲千萬世不刊之定典也

或謂祭祀之禮各從國俗之舊若構立新祠以義起禮可也今所在郡縣各有舊祠或繪或塑以子之言一從毀撤于人情豈無不安者乎曰是何言也承訛踵謬樂因循憚更改此漢唐千載弊政也豈但此一事哉仍舊貫之言聖人子之亦謂可以改可以無改者耳學校祀典所以正人心明世教也清議所在不可厚誣理有當更對越無媿嘗記荆公配享廟庭其子雱從祀廡下權勢所在何向不可一朝毀撤萬口無辭且如從祀之典仲舒當在所益楊雄馬融之類當在所損此皆不可一日不正者豈可習之爲安而以毀撤爲嫌乎三山郡泮舊志先賢祠止陳公襄等五人後增至十有一人今則五十餘人矣鄉牧祠内有某人者顯爲清議不容舊曾守土不死封疆姑且勿論丁丑戊寅之閒反覆變詐見之大書榜中至今人猶誦之以爲

戲笑當其再叛也何至如此詆毀及其再附也又何用如此夸諛後又賡緣一謚命下之日有作詩諷之者曰兩朝忠義傳俱有某人名方其反覆之際題門曰葵藿有心終向日杏桃無力謾隨風是全不知有世間羞恥事以此為文章問學以此得朝廷爵謚又以此齒學校祀典豈可不為郡泮羞豈可不為世教惜舊嘗建白公堂顧不得以子孫權勢赫奕有所辟而不行也雖然又不特三山一郡為然矣

或謂程張坐次以竹林之祠為定固不得以家庭之私妨學校之公矣雖則顏曾子思以坐像配享堂上顏路曾皙伯魚以立像從祀廡下或者疑焉如此則學校祀典之公亦不可以家庭之私為斷乎曰是不可以此為斷矣學莫大于明人倫人倫莫先于父子子坐堂上父立廡下非人道一日所可安也且子雖齊聖不先父食久矣必仍今之制則宜別設一室以齊國公叔梁紇居中南面顏路曾皙孔鯉孟孫氏侑食西向春秋二祭當先聖酌獻之時以齒德之尊者為分獻官行禮于齊國公之前其配位亦如之兩廡更不設位如此則亦可以示有尊而教民孝矣但有王者作禮當損益祀不可瀆也姑誌于此

或謂顏曾思孟所在學校皆東坐西向于義何居曰舊例循習已久

問之先輩皆莫能通其義或謂神道尊右西廡乃迎送神之所辟右者不敢當尊也故獻官序立東廡之前而行禮執事者升降必由東階蓋其義也然則今之十哲配享兩廡從祀皆左右列則有所不通矣向嘗見一野史載夫子廟庭只有顏孟配享皆東西向後因王安石配享遂以顏孟東坐西向王安石介于顏孟之閒西坐東向後來雖撤去安石配位而顏孟坐次亦因而不改竹林精舍初創但就中增入曾子子思二神位而先朝取其法行之亦承襲不暇攷正今宜改爲東坐西向北上神道尊右兗國公顏氏西一郕國公曾氏東一沂國公孔氏西二鄒國公孟氏東二周程張朱五先生又以次列東西行則合舊矣然所謂舊制者亦開元二十八年以後之制亦非古也按開元禮夫子猶西坐東向蓋儀禮特牲太牢饋食禮尸位也配位西向主人位也從祀南向衆賓位也開元末年夫子始封王爵襲衮冕執鎭圭遷爲南向失之矣世學不講有論及此者則以爲怪安得一復古制之爲快哉

或問所在郡國學校各祀鄉之先賢或郡之良牧于禮亦有稽乎曰禮有祀先賢于東序及祭鄉先生于社之文前之所言蓋天下通祀也若以一國一鄉論之各有先賢鄉先生其節行足以師表後進軌

範薄俗者固在鄉國之所當祀矣孔明之在南陽宣公之在吳江管幼安之在東海陽城之在晉鄙三代而下論天下人物亦當首稱正使列侍聖門夫亦何歉顧道喪千載淵源無所攷泝耳又如蜀之文翁閩之常袞首開一方文治雖去之千載猶思慕之雖欲不祀人心獨無恝乎凡若此類宜悉詔郡國按彼舊志採其尤著者悉以來上列之郡祀咸秩無文或復其子孫錄其賢裔舊有祠廟去處必爲守護增葺亦所以昭示朝廷褒美先賢之意雖後有作者亦莫之易也

或問子所言首之京師達之郡國大明學校祀典一正天下人心但京師太學與郡國之學攷之古今不無異制不知尚有當攷論者乎曰道者天下通行之道則其所以爲教者自天子至于庶人一也先王建學必祀先聖先師自古至今未有以異獨五學之說不同禮家謂詩書禮樂各有其師所以爲祀亦異則疑出于漢儒專門之傅會三代以上大道未分必不至此蓋嘗聞之師曰五學之制中爲天子之學所謂太學是也小學亦只在王宮之南不惟天子視學行禮爲便而元子庶子與夫公卿大夫之適子入學亦近而易習東西南北各設學以待四方之士自國之貴胄與鄉之俊秀及諸侯貢士以備論選者未必咸在天子之學則亦隨其方而處之意必古有其法而

唐之國學四門學恐亦其遺意也是故京師首善之地莫先于天子之太學矣又嘗聞之天子太學祀典宜自伏羲神農黃帝堯舜禹湯文武自前民開物以至後天致用其道德功言載之六經傳在萬世誠萬世天子公卿所宜取法者也若以伏羲爲道之祖神農黃帝堯舜禹湯文武各以次而列焉臯陶伊尹太公望皆見而知者周公則不惟爲法于天下而易詩書所載與夫周禮儀禮之書皆可傳于後世至若稷之立極陳常契之明倫敷教夷之降典益之贊德傳說之論學箕子之陳範是皆可以享于先王者天子公卿所宜師式也以此秩祀天子之學禮亦宜之若孔子實兼祖述憲章之任集衆聖大成其爲天下萬世通祀則首天子下達夫鄉學春秋釋奠天子必躬親蒞事養老乞言退就師保一言行一政事天子一是以此爲法教化本原一正于上四方其有不風動也哉夫然後公卿近臣各舉天下道德學問之士以禮延聘萃于京師館之太學一如明道先生熙寧之所奏講明正學以次傳授自國學達于郡邑鄉校其爲學一依古人小大學教法凡近世學官一切無用之虛文悉以罷去學問必見之踐履文章必施之政事使聖人全體大用之道復行于世不數十年作養成就士習丕變人材輩出先王至治之澤不患不被乎天

下顧上之人力行何如耳以上祀典議

梓材謹案勿軒祀典議本九條今以其第二第九兩條移入百源學案

洪荒之世氣浮而爲天者不過茫茫一太虛耳固未有度數之分也黃帝顓頊雖云造歷蓋未詳也至帝始命羲和分掌天地四時于是推步之法愈密日月星辰之麗于天者始則而象之歲分爲四時又分爲十二月又分爲三百六十日因其氣盈朔虛又爲置閏以應周天之度于是天道可得而成矣質凝爲地者亦不過一塊土耳固未有疆理之別也黃帝雖曰分州畫野亦未詳也至帝始咨四岳舉其能治水者以拯斯民墊溺一朝之命鯀不能治而禹繼之其施功之最難者莫如冀壺口龍門等處此蓋混沌初分水未有洩積之歲久衝決奔放愈甚則懷襄之害愈烈禹因其勢疏鑿而順導之若其次第則先青兗徐揚之下流而荊豫梁雍以此底績弼成五服自侯甸至綏而封建之制以立咸則三壤自畎澮至川而井田之法以成于是地道可得而平矣自羲皇黃帝之後又適當一元文明之會風氣駸開創制之法維其時也五典惇五禮庸五服章五刑用法度禮樂彰彰然著明如日月行天亙古常見此又立人之道以參贊天地化

育之所不及者蓋萬世之功也帝堯萬世之功論

天下之治亂繫風俗風俗之美惡繫人心三代固皆有道之長也而商之一代風俗爲最美每讀商書之終篇紂之亡三仁寧死寧遯寧佯狂爲奴所以自靖自獻者不敢負先王之心夷齊叩馬一諫凜凜乎萬世君臣之大義雖聖人復起不可易也或言微子先抱祭器歸周者非也書所謂我不顧行遯我罔爲臣僕者去而避紂曷嘗有去商卽周之事哉歸周以全宗祀自是商亡以後事比干之死固已安之箕子之佯狂後來武王下車訪道授聖大法而終不爲之臣朝鮮長往用廣宗祀此其志何如哉不但是也當時爲商之臣若民者大率有不肯臣周之心大誥洛誥多方多士諸篇班班可覩雖周人目之爲頑在商則不失爲義矣陳同父所謂歷三代而後世變風移蓋當康王之世歸周且四十年壯者已老老者已死其逋播遺黎眞是至死不貳亦可見商一代之人心風俗矣夏末之前聞也周平王以後奄奄如一尩羸病廢之人略無能出一七強劑以起其生則所謂養成一代之人心風俗有王者作誠不可已也商有三仁兩義士論

汪氏門人李汪六傳

鄉舉徐梅江先生天錫

教諭徐先生天彝合傳

徐天錫字禹圭其先奉化人父景山家于鄞先生與弟天彝皆刻志好學家貧無書晝鈔夜讀受業汪元春之門兄弟自相切劘先生兩中浙江鄉試卒以母老不仕鄉人因其所居稱曰梅江先生天彝字禹疇嘗舉爲慈溪學教諭不赴爲人沈靜無疾言遽色年八十四卒參寧波府志

莊節門人恂齋再傳

隱君黃先生奇孫

黃奇孫字行素新昌人尚書度曾孫也師事俞浙石余亨及安陽韓性入元不仕所著有蚓鳴集南明志又輯其祖三朝言行錄補

郡守李先生齊

李齊字公平廣平人元統初進士第一知高郵府有政聲張士誠據泰州淮南行省遣先生往招降被拘久之縱歸已陷高郵爲其所害先生嘗學于韓莊節性及爲御史以性行義上聞于朝會性卒而止修

參軍王先生冕

王冕字元章諸暨人也貧家兒竊喜讀書安陽韓性聞而異之錄爲

弟子遂爲通儒性卒門人事先生如事性北遊燕都泰不華薦以館職先生即日南轅隱九里山下樹梅花千本嘗倣周禮著書一卷祕不示人更深挑燈朗誦歎曰持此以遇明主伊呂事業不難致也有明攻越授以諮議參軍一夕病死修

編修夏先生泰亨

夏泰亨者會稽人也安陽高弟百家纂

梓材謹案紹興府志載先生字叔通領鄉薦官翰林院編修著有詩經音考

陳氏門人

山長韓中村先生信同附門人王禧翁

楊先生琬合傳

黃先生裳合傳

韓信同字伯循福寧人陳石堂普以道學倡士未有信之者獨先生與其友楊琬白圭黃裳彥山執弟子禮刊落舊聞貫穿周程張朱之說毫分縷析建安聘主雲莊書院以四書六經爲課試屬科目未興學者方務詞賦爲之譁然先生謂之曰文公四書天心所在也科舉極弊于宋廢必復復則文公私議必行延祐甲寅科舉法行衆始翕

然以服弟子日益進至順壬申卒年八十一嘗曰讀大學傳不知淺深始終讀中庸不知支節脈絡詳略巨細與凡諸說同異得失讀論孟不知以門弟子所問爲己問孔孟所答爲己聞非善爲四書者也吾嘗聞陳先生讀四書法各章五十徧三年七八反大字小字如流水又必字求其義句逆其情涵泳從容無少間斷則庶乎有以得之又曰文公精力盡于此書集註章句或問學者專用力庶不爲他說所亂近世饒氏謂新民不可使止至善但可使之樂樂利利則明德殆別有一至善耶又謂性道教不當兼以物言者彼于性善之奧萬物一原之妙蓋甚昧也學者稱爲古遺先生又號中村所著有四書標註四卷易詩三禮旁註書集解書講義諸史類纂若干卷詩文集十餘卷其門人曰王禧翁字馬山其壻也曰黃洵饒氏明人纂大全多采黃氏之說

中村遺書

不知孝弟爲仁之本便是兼愛不知仁爲孝弟之本便不識性

三省曾子入道處一貫曾子悟道處

性與天道只在詩書執禮中

四海之內皆兄弟輔氏謂或啓人輕視天倫之心最是集註所以謂

其意圓語滯
邦無道富貴之可恥甚于邦有道貧賤之可恥
熊氏門人敬堂再傳
董先生真卿別見介軒學案
鄉舉安先生實
安實字子仁本姓哀長吉曾孫易今姓勿軒熊氏弟子也刻苦務學
志剛理邃嘗預計偕凡三勸駕竟齟齬以卒補
古遺門人恂齋三傳
孝子黄洵饒先生寬
黄寬字洵饒福鼎人事親孝苦學工文世變避兵以憂感卒無後貢
師泰爲誌銘著有四書附纂時事直紀參福寧府志
知誥張先生以寧
張以寧字志道古田人年十五往寧德受業于韓古遺歷五年而後
歸學業大進登泰定丁卯進士第累官翰林院入明官翰林侍讀學
士知制誥兼修國史出使安南歸而卒補
鄉舉林先生文珙
林文珙字仲恭三山人天歷己巳鄉舉韓古遺門人也

鄭先生轙

鄭轙字子乘霞浦人少受業于韓古遺古遺嘗曰君可續吾閩五賢理學古遺卒心喪三年著有詩文集參道南源委

祖望謹案鄭轙不知何所人亦見梨洲序目梓材案謝山未查福建通志故云不知何所人

宋元學案卷六十四

木鐘學案表

- 陳埴 父煜。晦翁水心門人。延平白水籍溪屏山鄭氏再傳。元城龜山譙氏武夷豫章徐氏三傳。涑水二程四傳。
  - 翁敏之
  - 翁巖壽
    - 胡一桂
  - 車安行
    - 從子若水 別見南湖學案
    - 從子若綰
      - 子瑢
    - 從孫惟賢
  - 董楷
  - 徐霆
  - 趙復齋
    - 賈漢英
      - 嚴侶
  - 子采
  - 繆主一
  - 王夢松
    - 余學古
      - 胡長孺 祖巖起 父居仁
        - 陳剛
          - 章瑤
          - 洪濤
- 葉味道 晦翁門人。延平白水籍溪屏山再傳。元城龜山譙氏武夷豫章三傳。涑水二程四傳。

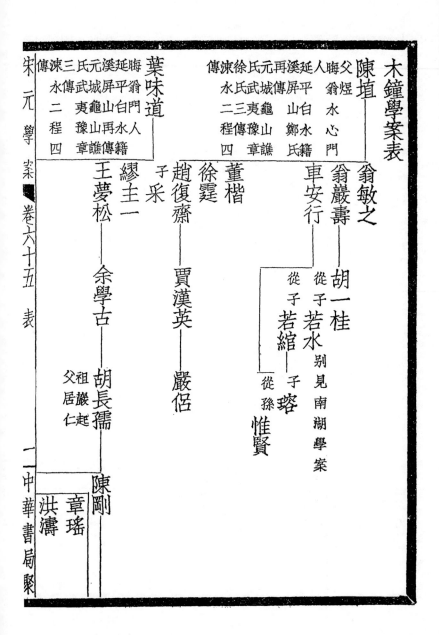

林温
陳善
李時可
王清
謝暉
吳雄
李康
文誠別附
章仕堯
彭庭堅
趙次誠
蔣允汶

趙景緯別見滄洲諸儒學案
王柏別爲北山四先生學案

史伯璿 並朱學之餘

徐宗實

黃淮

徐興祖

張文選

謝夢生

潛室西山講友

宋元學案卷六十五

餘姚黃宗羲原本

男百家纂輯

後學慈谿馮雲濠校刊

鄞縣全祖望修定

鄞縣王梓材重校

道州何紹基重刊

木鐘學案

祖望謹案永嘉爲朱子之學者自葉文修公與潛室始文修之書不可攷木鐘集猶有存焉自是而永嘉學者漸祧艮齋一派矣述木鐘學案梓材案是卷本稱潛室學案謝山始易其稱曰木鐘葉文修亦朱門高弟之在永嘉者其派亦并入此卷

朱葉門人李鄭再傳

通直陳潛室先生埴父煜

陳埴字器之永嘉人舉進士少師水心後從文公學其言善問者如攻堅木善待問者如撞鐘朋友講習不可以無問也問則不可以無復今之不善問者徒先其所難後其所易取其節目之堅乃欲一斧而薪之不少徐徐以待其自解則匠石從旁而竊笑之矣至其待人之問者或小叩之而大鳴或大叩之而小鳴不待其再至而亟盡其餘聲或餘之未盡而悉其人之更端焉然則是鐘也其必州鳩氏之

所棄者乎故集其答門弟子之問者名之曰木鐘集其四端說即文公之答其所問者而轉以之答其弟子之問蓋能墨守師說者也江淮制使趙善湘建明道書院辟先生爲幹官兼山長從遊者甚盛後以通直郎致仕所著有禹貢辯洪範解王制章句學者稱爲潛室先生先生之父煜字民表隱君子也嘗戒其子曰昔人患進士浮靡議罷之察孝廉雖不果然薦送必由州縣比鄉舉里選猶近也今糜歲月捐父母棄室家以爭優校可乎得喪命也若慎無然諸子守其教必待鄉貢不上太學 修

四端說

性是太極渾然之體本不可以名字言但其中含具萬理而綱理之大者有四故命之曰仁義禮智孔門未嘗備言至孟子而始備言之者蓋孔子時性善之理素明雖不詳著其條而說自具至孟子時異端蠭起往往以性爲不善孟子懼是理之不明而思有以明之苟但曰渾然全體則恐爲無星之稱無寸之尺終不足以曉天下于是別而言之界爲四破而四端之說于是而立蓋四端之未發也雖寂然不動而其中自有條理自有閒架不是儱侗都無一物所以外邊纔感中閒便應如赤子入井之事感則仁之理便應而惻隱之心于是

乎形如蹴爾呼爾之事感則義之理便應而羞惡之心于是乎形如過廟過朝之事感則禮之理便應而恭敬之心于是乎形如姸醜美惡之事感則智之理便應而是非之心于是乎形蓋由其中閒衆理渾具各各分明故外邊所遇隨感而應所以四端之發各有面貌之不同是以孟子析而爲四以示學者使知渾然全體之中而粲然有條若此則性之善可知矣然四端之未發也所謂渾然全體無聲臭之可言無形象之可見何以知其粲然有條如此蓋是理之可驗乃依然就他發處驗得凡物必有本根而後有枝葉見其枝葉則知有本根性之理雖無形而端的之發最可驗故由其惻隱所以必知其有仁由其羞惡所以必知其有義由其恭敬所以必知其有禮由其是非所以必知其有智使其本無是理于內何以有是端于外由其有是端于外所以必知其有是理于內而不可誣也故孟子言乃若其情則可以爲善矣乃所謂善也是則孟子之言性善蓋亦溯其情而逆知之耳仁義禮智既知得界限分曉又須知四者之中仁義是箇對立底關鍵蓋仁仁也而禮則仁之著義義也而智則義之藏猶春夏秋冬雖爲四時然春夏皆陽之屬也秋冬皆陰之屬也故曰立天之道曰陰與陽立地之道曰柔與剛立人之道曰仁與義是知天

地之道不兩則不能以立故端雖有四而立之者則兩耳仁義雖對立而成兩然仁實貫通乎四者之中蓋偏言則一事專言則包四者故仁者仁之本體禮者仁之節文義者仁之斷制智者仁之分別猶春夏秋冬雖不同而同出乎春春則春之生也夏則春之長也秋則春之成也冬則春之藏也自四而兩自兩而一則統之有宗會之有元矣故曰五行一陰陽陰陽一太極是天地之理固然也仁包四端而智居四端之末者蓋冬者藏也所以始萬物而終萬物者也智有藏之義焉有終始之義焉則惻隱羞惡恭敬是三者皆有可爲之事而智則無事可爲但分別其爲是爲非耳是以謂之藏也又惻隱羞惡恭敬皆是一面底道理而是非則有兩面既別其所是又別其所非是終始萬物之象故仁爲四端之首而智則能成始能成終猶元氣雖四德之長然元不生于元而生于貞蓋由天地之化不翕聚則不能發散理固然也仁智交際之閒乃萬化之機軸此循環不窮脗合無閒程子所謂動靜無端陰陽無始者此也

梓材謹案此說原在木鐘集中本朱子之說先生轉以答其弟子今移列木鐘集之前猶晦翁學案中和說觀心說之先于語要也

木鐘集

孔子曰伯夷叔齊求仁而得仁伯夷以父命爲尊叔齊以天倫爲重是固天理恁底然二子只句當得自身上道理無虧欠處若律以天下之大義叔齊辭伯夷又辭更無仲子誰擔當得這國事去彼仲子既于天倫父命兩不相干受之毋乃非邪

既是句當得自身上道理無虧欠處更復何求所謂吾何求哉吾得正而斃焉斯已矣聖賢殺身成仁只要賭一箇是耳若更反顧身後去卽成計較之私矣二子既逃國歸仲子天理人倫已安若仲子更執夷齊之義夷齊亦管不得他彼視國直敝屣耳

夫子言未見蹈仁而死者也後又言有殺身以成仁者

蹈仁有益無害人何憚而不爲此勉人爲善之語若到殺身成仁處是時不管利害但求一箇是而已學者患不蹈仁耳蹈仁則心無計較之私若當死而死雖比干不害爲正命

博學而篤志切問而近思何以言仁在其中

博而能篤切而又近如此學問儘鞭辟向裏心不外馳故言仁在其中蓋心存而仁便存心既在則仁亦在是矣指存心便喚作仁固不可但離了心外更何處求仁

克己復禮爲仁如何

仁者心之全德惻隱之心是仁之正頭面緣私欲障礙填滿胸次則所謂惻隱者如頑癖風痺不復流行發見必須先去己私復還天理則本來面目方始流行發見克己工夫非有他卽非禮勿視勿聽勿言勿動之謂既知此爲非禮則視聽言動便當一一復還于禮除四勿之外別無克己工夫工夫既到則私欲淨盡中無障蔽滿腔子渾是惻隱之心而日用之閒無非眞心之流行發見若不于禮上用功必流于釋氏絕滅之學蓋徒知克去己私而不復于禮謂之空寂則可若求其惻隱之心則如死灰槁木矣故聖人以此告之蓋克此卽復彼矣先儒以克己復禮爲乾道主敬行恕爲坤道豁開雲霧便見青天此顏子之仁淘去泥沙旋引清泉非顏子之克己復禮也

孔子答仲弓問仁一章程先生云孔子言仁只說出門如見大賓使民如承大祭看其氣象便須心廣體胖動容周旋中禮惟謹獨便是守之之法謹獨固是做持敬行恕工夫然心廣體胖動容周旋中禮地位仲弓學力當得來

大賓在庭大祭在堂是時境界如何想得好一片空闊世界只緣未下持敬謹獨工夫欲見此境界不能

居處恭執事敬與人忠程子以爲徹上徹下語如何

徹上徹下謂聖凡皆是此理聖人一語小則樊遲可用大則堯舜不過程子所謂語有淺近而包容不盡是也未純熟時但曰下學已純熟後卽是上達無兩箇塗轍

顏子當博文約禮之時既竭吾才直是大段著力及夫所立卓爾之後雖欲從之末由也已至此又無所用其力不知合如何下工夫

到此際力無所施乃冰消雪釋渣滓融化之境雖聖人亦不能授顏子顏子亦不能受之于聖人今欲學顏子未須問他此處且把博文約禮作依據日積月累人十己千備見高堅前後境界將來不知覺自有豁然融會時

子曰吾道一以貫之曾子曰忠恕而已矣

一貫忠恕雖有大小之不同大要都是心上做出聖人之心渣滓淨盡統體光明具衆理而該萬用故雖事物之來千條萬目聖人只是那一箇心應將去全不費力如繩索之貫錢然易所謂何思何慮殊塗而同歸百慮而一致者正聖人一貫之說也彼學者之心被私欲障蔽未便得他玲瓏須是逐一蕩滌以類而推方能自我及物如子

貢所謂施諸己而不願亦勿施于人卻是忠恕正頭面使學者工夫純熟則一日霧除雲散自是一貫境界是知一貫乃聖人事也忠恕特學者事但聖人見決學者見遲一貫是熟底忠恕忠恕是生底一貫本非有二道也曾子恐門人曉一貫未達故借忠恕以明一貫是將一貫放下說了若程子於穆不已各正性命之言則借天地以明忠恕是將揭起來說了彼此互相發明在人領會之耳

論語一貫與中庸合內外之道程門體用一原微顯無閒之說同否

道理只是一箇道理有就吾心性上說者有就事物上說者自是兩樣頭面今人都作一般看了如何謂之識道理夫論語之一貫卽中庸所謂合內外之道者也聖人所以能推一心以貫萬事者正緣他胸中渣滓淨盡統體光明具衆理而該萬用故雖事物之來千條萬目聖人只此一心應將去全不費力滿腔子都是道理更無界限無界限更不分內外分中邊才分內外便是有界限了才有界限則便不能以一心而貫萬事如何謂之合內外易曰天下何思何慮殊塗而同歸百慮而一致一貫之說也至于程子之說又就物理上論卽論語所謂下學上達形色天性灑掃應對精義入神之謂也及其歸

則一而已

何謂下學上達

下學上達如言禮儀三百威儀三千無一事而非仁也理會得底則一部論語聖人雖就人事上說卻無非言性與天道處理會不得底雖皓首窮經鑽破故紙仍舊不聞此處只關係自家心裏在與不在耳心存則見其然必知其所以然若不存是謂習矣而不察今人只說事理一貫然亦須分別次序始得如程子言形而上爲道形而下爲器須著如此始得下學人事自然上達天理若不下下學工夫直欲上達則如釋氏覺之之說是也吾儒有一分學問工夫則磨得一分障礙去心裏便見得一分道理有二分學問工夫則磨得二分障礙去心裏便見得二分道理從此惺惺恁地不令走作則心裏統體光明渣滓淨盡便是上達境界

大德不踰閑一章集註云不能無弊如何

弊在出入可也聖賢心密若大若小皆不令有小罅漏子夏功疏只照管得大處小處不免走作故有此語便是開一線縫不是盛水不漏工夫今人連大處走了又子夏之罪人

子在川上一章孔子只是說天地間道理流行無有窮盡如水之

更往迭來晝夜常恁地初無一朝停息即此是道體大意亦可見
集註云自漢以來儒者皆不識此義如何
自漢以來號爲儒者只說文以載道只將詩書子史喚作道其弊正
是鑽破故紙原不會領會得然此事說之亦易參得者幾人必如周
程邵子胸次灑落如光風霽月則見天理流行也
動容貌斯遠暴慢矣一章斯字之義如何
君子持敬成熟開眼便見此理更不待漸次安排謂如一動容貌當
下即便遠暴慢一正顏色即便近信一出辭氣即便遠鄙倍蓋持敬
效驗如此若待言動之後漸次點檢安得相應之速如此學者持敬
工夫當其未成熟時須著呼喚方來及工夫熟後須見此等境界然
後謂之成熟蓋斯之爲言猶緩斯來動斯和應驗疾速之謂也
程子謂灑掃應對便是形而上者故君子只在愼獨
灑掃應對雖是至粗淺事但心存則事不苟此便是上達天理處謹
獨是存主此心存此心便是存天理
飯疏飲水之樂簞瓢陋巷之樂所樂者何事此濂溪點化二程子
訣二程從此悟道終不以此語學者晦翁事事剖露說向後學獨
此不敢著語

凡說所樂在道以道爲樂此固學道者之言不學道人固不識此滋味但已得道人則此味與我兩忘樂處卽是道固不待以彼之道樂我之心也孔顏之心如光風霽月渣滓渾化從生至死都是道理順理而行觸處是樂行乎富貴則樂在富貴行乎貧賤則樂在貧賤夷狄患難觸處而然蓋行處卽是道道處卽是樂初非以道爲可樂而樂之也故濂溪必欲學者尋孔顏所樂何事豈以其樂不可名使學者眈空嗜寂而後爲樂邪濂溪以此點化二程二程因此省悟後卻一向不肯說破與學者至今晦翁亦不敢說破豈祕其事謂不可言傳邪蓋學者才說此事動口便要說道謂道不是固不可但才說所樂在道以道爲樂則又非孔顏氣象惟知孔顏樂處便是道則德盛仁熟之事也要知顏子之與諸子但有生熟之分耳工夫生則樂與道爲二不妨以此而樂彼及工夫純熟之後則樂與道爲一自不可分彼此矣前賢不肯說破此事正要看人語下氣味生熟耳

梓材謹案此下有論南豐有知之之明云云條今移入廬陵學案

志道據德依仁不知志據依如何用工夫道德仁又如何不同

志于道是一心向聖路上行欲學做聖人事據德卽志道工夫既成

凡向之所志者今則實得于己如有物可執據然依于仁則據德工夫既熟天理與心爲一不可脫離于片時如衣之在人身不可脫舍也只是一箇做聖人之心但初來生而後轉熟初來猶是兩片後來方成一物耳

晦翁謂幽明始終無二理程子謂晝夜死生之道意者此理非有二塗所謂一而二以幽明始終言之二而一蓋死復生生復死人復爲鬼鬼復爲人如晝夜之循環

氣聚則始而生氣散則終而死聚而生者爲人散而死者爲鬼有聚則必有散聚散本一理也原始而知其所以生則反終而知其所以死所謂一而二者聚散本一氣分而爲聚散耳所謂二而一者雖分而爲聚散其實一氣耳惟其一而二故有生必有死惟其二而一故知生則知死

鬼神之事以爲無邪則四時之祭祀皆可無也以爲有邪則事死如事生事亡如事存溫凊甘旨之奉不可一日無也

此淺學浪問鬼神乃二氣之屈伸二氣有無時否鬼者陰之靈神者陽之靈在人之身卽爲魂魄人死則魂升魄散雖散于無有然生氣之分于子孫者卽其氣猶在也故其子孫賢者之死而致生之則其

鬼神不賢者之死而致死之則其鬼不神

志士仁人殺身成仁夫殺身之事誠難矣未曾實有所得實有所見誰忍捐生就死

有志之士所存主處不汚下故決不肯苟賤以偷生程子曰古人殺身成仁亦只是成就一箇是而已旣謂之成仁則必如是而後天理人倫無虧欠處生順死安無悔憾處當此境界但見義理而不見己身更管甚名譽邪

夫子賢于堯舜遠矣何以見之

當時若無孔子今人連堯舜也不識

孟子曰仁人心也程子曰心如穀種仁其生之性同乎否乎

心生物也而所以能生者以有仁也故心如穀種雖具此生理然有形百穀只一粒物耳不能以自生所以能生者性實爲之仁之于心亦然人心是物穀種亦是物只是物之有生理者耳然便指心爲仁則不可但人心中具此生理便以穀種爲仁亦不可但穀種亦含此生理穀不過是穀實結成而穀之所以纔播種而便萌蘖者蓋以其有生之性心不過是血氣做成而心之所以有運動憫怛處亦以其有生之性人心之與穀種惟其有生之性故謂之仁而仁則非梏于

二者之形也孟子只恐人懸空去討仁故卽人心而言程子又恐人以人心爲仁故卽穀種而言以是知仁不止于二者則凡有生之性皆是也

學問之道無他求其放心而已矣誠如是卽不須千頭萬緒理會學問便一向求放心如何

學問之道千緒萬端必事事物物上都去理會將過無非幷欲求其已放之心鞭辟入身上來在自家腔子裏從此尋向上去卽下學上達工夫止如詩三百篇頭緒甚多一言以蔽之曰思無邪學詩之人每一章一篇並存無邪之思以觀之則百篇之義不在詩而在我矣此章特爲學問務外不務內者言之所謂學問之道無他就千條萬緒皆一一是求放心必從心上下工夫則學問非詞章記問之比矣如云學問只是求放心卽不須千條萬緒此卻是禪家寂滅之說非孟子意

盡心知性則知天存心養性以事天有何分別

心體昭融其大無外包具許多衆理是之謂性性卽理也理有未窮則心爲有外故盡心必本于窮理蓋謂窮究許多衆理則能極心體之昭融而無不盡性與天只是一理程子曰自理而言謂之天自稟

受而言謂之性語其分則不同耳既知得性便知得性所從出是謂知天到得知天地位已是造得此理了然聖賢學問卻不道我已知得到這地位一齊了卻又須知行夾持始得故必存此心而不舍養此性而無害存養工夫到此愈密愈嚴所謂敬以直內是乃吾之所以事天此時直是常在天理上行天不在天而在我矣知行二字不可缺一且如自家欲事天向使未知天爲何物不知事箇甚麼到得知天卻不下存養工夫則亦非實有諸己

程先生謂孟子說性善只說繼之者善昨聞先生云水無有不下處卻是太極據此說則孟子似指流而至于海終無所汚者爲太極邪

孟子說時本是直提一陰一陽之謂道來說但善者惡之對有善便有惡故程子以爲不說得源流正派說得繼之者善蓋善猶水之清惡猶水之濁既以清爲水之性則濁非水之性乎要知清濁可以爲水之流不可爲水之性繼之者善亦猶是也蓋繼之者是說太極流行之第一節則可謂是太極則不可

程子以才爲氣質之性孟子曰若夫爲不善非才之罪則是人善惡又當以氣質論

爲孟子把諸路一齊截斷了故諸子不服須是尋他不善路頭從何處來

公都子問性三節孔子性近習遠上智下愚之說相似否

除第一問性無善無不善外第二問卽性近習遠意第三問卽上智下愚意

天命之謂性則有生卽有性孟子何以深詰告子生之謂性

孟子只爲他認生處爲性更不分別人物是將血氣知覺爲性凡物有血氣知覺者皆與人性一樣見血氣而不見道理此則不可也

君子不謂性命

世人以上五者爲性則見血氣而不見道理以下五者爲命則見氣數而不見道理于是人心愈危道心愈微孟子于常人說性處卻以命言則人之于嗜欲雖所同有卻有品節限制不可必得而人心安矣于常人說命處卻以性言則人之于義理其氣稟雖有清濁不齊須是著力自做工夫不可一委之天而道心顯矣大要上是人心人皆知循其在人而君子則斷之以天下是道心人皆知委其在天而君子則斷之以人此君子言知命盡性之學所以異乎常人之道也歟

梓材謹案此下有四端說別列木鐘集之前

程子云論性不論氣不備論氣不論性不明願詳其旨

孟子性善從源頭上說及論情論才只是說善不論氣質清濁厚薄是不備也諸子紛紛之說各自把氣質分別便作天性看了其不明之說爲害滋甚孔門性相近習相遠卻就氣質之性上論清濁至說上知下愚乃論得氣清之十分厚者爲上知氣濁之十分薄者爲下愚其閒相近者乃是中人淸濁在四六之閒總起是三等氣質此說乃是與孟子之說互相發明要知孔子是說氣質之性孟子是說源頭本然之性諸子只是把氣質便作本然之性看錯了

繼善成性繼與成字如何

凡物之生死有理而後有氣善當作理看此性謂氣質之性道卽太極也太極纔動首先撒出者便是理故以繼善言隨太極之後漸次成就者卽謂性成則有形質矣孟子說性善是第一義從他繼之者諸子說不善是第二義從他成之者

知至而后意誠程子又謂格物窮理但立誠意以格之

程門此類甚多如致知須用敬亦是先侵了正心誠意地位不是于格物致知之先更有一級工夫在上只是欲立箇主人翁耳但常得

此心有在物可從此格知可從此致此程子所以言格物窮理但立誠意以格之

不睹不聞乃此心不動之境既是不動卻又下戒謹恐懼工夫莫是太著力否太著力則恐反動其心何以謂之未發之中

此處猛著力不得纔著力便是動了雖不著力然必有事焉方可前輩謂敬貫動靜正謂此也戒謹恐懼卻是常惺惺法不爾便自地倒了否則空空死灰矣此處如道家爐火養丹法火冷則灰死火炎則藥死

不睹不聞晦翁謂喜怒哀樂未發之初至靜之時也當至靜之時不知戒懼之心何處著落

此間最精前輩于此境界最難下言語既是未發才著工夫便是發了所以只說戒謹恐懼蓋雖是未發之初體已含具萬用在此不比禪家寂如空如所以惺惺主人常在冥漠中照管都不曾放下了蓋雖是持守體段卻不露痕跡

鳶飛戾天一章程子謂此一段是子思喫緊爲人處是如何

大要不要人去昏默冥窈中求道理處處平平會得時多少分明快活

近思錄載一陽復于下乃天地生物之心先儒以靜爲天地之心不知動之端乃天地之心又說陽始生甚微安靜而後能長既以動爲陽之始復又指安靜云何邪

一陽復于地下卽是動之端但萌芽方動當靜以候之不可擾也故卦辭言出入无疾而象言閉關息民蓋動者天地生物之心而靜者聖人裁成之道

程子說性與孟子不同

性者人心所具之天理以其稟賦之不齊故先儒分別出來謂有義理之性有血氣之性仁義禮智者義理之性也知覺運動者氣質之性也有義理之性而無氣質之性則義理必無附著有氣質之性而無義理之性則無異于枯槁之物故有義理以行乎血氣之中有血氣以受義理之體合理與氣而性全孟子之時諸子之言性往往皆于氣質上有見而遂指氣質作性但能知其形而下者耳故孟子答之只就他義理上說以攻他未曉處氣質之性諸子方得于此孟子所以不復言之義理之性諸子未道于此孟子所以反覆詳說之程子之說正恐後學死執孟子義理之說而遺失血氣之性故幷二者而言之曰論性不論氣不備論氣不論性不明程子之論舉其全孟

子之論所以矯諸子之偏人能卽程子之言而達孟子之意則其不同之意不辨而自明矣

爲人爲己如何

爲己是眞實無僞爲人只是要譽近名聖人此言是就他源頭上分別出來今學士大夫謂爲己不求人知而求天知纔說有求天知意便不是爲己爲己者只是屈頭擔重擔不計窮達得喪也

或問明道曰出辭氣莫是于言語上用工夫否曰須是自然語順如何

出辭氣出字著工夫不得工夫在未出之前此是靜時有工夫故才動道理便在此動時自有著工夫者如修辭安定辭之類

明道曰中者天下之大本惟敬而無失盡之敬便是中否

當喜怒哀樂未發之時便著甚工夫才著得力便是發了所以先賢當此境界不是無工夫又不可猛下工夫只是敬以直內卽戒謹恐懼意敬不喚做中敬而無失方是中無失卽不偏倚之謂

明道云人之爲學忌先立標準何謂標準

標準猶言限格學問既路頭正了只劄定脚跟滔滔做去不可預立限格云我只欲如此便休今世學者先立箇做時文取科第標準橫

在胸臆殺害事

明道謂學者能識仁體實有諸己只要義理栽培如講求經義皆栽培之意仁之在人心一耳不學之人獨無仁乎

識得仁體謂滿腔子是惻隱之心既體認得分明無私意夾雜又須讀書涵泳義理以灌漑滋養之不爾便枯燥入空門去

晦翁謂凡物自有天理人欲之辨而不可以毫釐差恐是如程子所言峻宇雕牆本于宮室酒池肉林本于飲食先王制其本者天理也後人之流于末者人欲也凡物之天理人欲皆可放此推之

五峯曰天理人欲同行異情此語儘當玩味如飲食男女之欲堯舜與桀紂同但中理中節卽爲天理無理無節卽爲人欲

率性之謂道

率性不要作工夫看物性自然各有所由行之路如牛是牛之性馬是馬之性飛潛動植各一其性而不可移換便是率處若牛作馬馬作牛飛者潛之動者植之卽是違其性非物之所謂率性矣

意實則心實矣然或但知誠意而不能密察此心之存否則又無以直內而修身也夫心意未嘗相離也意特心之所發耳以章句之旨觀之毋乃心自心意自意也密察此心不知又將一箇心密

察邪
本是長匹無縫底物事聖人欲人警悟處翦下逐段向人看理會得時仍是長匹無縫不曾翦斷密察之閒有味卽密察處便是心更復何處外討一箇來前輩有以心使心語此喫緊示人處要人領會
潛室語黃氏補
明道言中有主則實實則患不能入伊川言心有主則虛虛則邪不能入其所主不同何也蓋有主則實謂有主人在內先實其屋外客不能入故謂之實有主則虛謂外客不能入只有主人自在故又謂之虛知惟實故虛蓋心既誠敬則自然虛明
赤子之心只是真實無僞然喜怒哀樂已是倚向一邊去若未發之中卻渾然寂然喜怒哀樂都未形見只有一片空明境界未有倚靠此時只可謂之中要之赤子之心不用機巧未發之中乃存養所致二者實有異義
心居性情之閒向裏卽是性向外卽是情心居二者之閒而統之所以聖賢工夫只在心裏著到一舉而兼得之橫渠謂心統性情此語大有功
上蔡專以覺言仁所以晦翁絶口不言只說愛之理心之德此一轉

語亦含知覺在中可更思求

顏子一身渾是義理不知有人孟子見義理之無窮惟知反己顏子之量無涯孟子之言有迹

伊川云盡性至命必本于孝弟窮神知化由通于禮樂蓋盡性至命窮神知化皆聖人事欲學聖人皆從實地上做起升高必自下陟遐必自邇此聖門切實之學也積累之久將自有融液貫通處非謂一蹴便能

記問之學雖博而有限中窒故也義理之學至約而無窮中明故也

晦翁門人 劉李再傳

文修葉西山先生味道

葉味道初名賀孫以字行更字知道溫州人 雲濠案一作龍泉人 師事文公試禮部第一時制策禁僞學先生所對率本程學不爲顧避知舉胡紘斥之學禁開登嘉定進士調鄂州教授理宗訪問朱氏學徒及所著書部使以先生聞差主管三省架閣文字遷宗學諭授太學博士兼崇政殿說書時因皇子竑事帝惑于鬼神之理疑伯有爲厲涉于誕妄對曰陰陽二氣之聚散雖天地不能易死而氣散者其常也若不得其死鬱結不散者其變也故聖人設爲宗祧以別親疏

遠近正所以教民親愛參贊化育伯有之死其氣不散爲妖爲厲使國人上下爲之不寧當時爲立良止以奉其後庶乎鬼有所知而神始安寧矣又言三京用師廷臣交進機會之說搖本根以事枝葉無益于國既而洛師累敗人服其先見尋終著作佐郎所著有四書說大學講義祭法郊社外傳經筵口奏故事講義雲濠案謝山學案劄記云先生著有四書說禮解大學講義經筵講義輯次朱子語錄祭法宗廟郊社外傳謚文修

陳葉講友

祕丞謝夢頤先生夢生

謝夢生字性之一字夢頤永嘉人也因葉賀孫陳器之以私淑朱子登嘉定癸未進士累官祕書丞知汀州

潛室門人李鄭三傳

祇候翁先生敏之

翁敏之字功甫樂清人也少受知于葉水心後師潛室成淳祐進士官至閤門祇候

知軍翁庶善先生巖壽

翁巖壽字如山初名夔永嘉人師事潛室最久盡得其奧從遊日衆

嘗令人讀近思錄曰此讀書梯級也又令觀言行錄曰此爲人標準也其學以修身勵行爲務不專在語言文字之末登淳祐第爲永州教授除太常博士遷國子丞知興化軍卒學者稱爲庶善先生祠像于家學

車韶溪先生安行

車安行字正路號韶溪黄巖人景山弟遊陳潛室之門得武夷宗旨嘗曰聖賢窮達自關世道于人何與過京師見吴丞相憐其不遇問曰欲往揚州乎曰不能欲史館乎曰不能退而告人曰天不與我丞相安能與我尤工于詩所著有鏤冰集

吏部董克齋先生楷

董楷字正翁臨海人雲濠案謝山學案底本作字正叔一字克齋臨安人御史亨復之子戸部侍郎樸之弟也登文天祥榜進士初爲績溪簿直冤獄賑饑饉修城捍水擢守洪州有惠政終吏部郎先生從潛室陳器之得朱子再傳之學所著有克齋集程朱易行于世雲濠案學案底本云所著有周易傳義附錄十四卷始合程朱兩家次第而一之論者以爲非

軍守徐先生霆

徐霆字長孺永嘉人也潛室先生之甥得其舅之傳嘗在趙善湘幕

中豫平李全之亂官至守漢陽軍

趙復齋先生口

趙口號復齋桐廬嚴高節佀從學于賈漢英漢英得于先生先生得于潛室潛室親授于晦庵其淵源如此參東維子文集

梓材謹案趙復齋有二其一名彥肅與朱陸同時而私淑于象山若先生爲朱子再傳弟子當別爲一人

西山家學劉李三傳

祕監葉平巖先生采

葉采字仲圭雲濠案謝山學案原底云一字平巖邵武人初從蔡節齋受易學已而往見陳北溪北溪以其好蹴高妙而少循序就實工夫屢折而痛砭之先生自是屏斂鋒鋩俛意信向駸趨著實北溪深喜之雲濠學案學原底有云初事節齋後事李方子寶慶初爲祕書監嘗論郡守貪刻之害上嘉納之

梓材謹案道南源委儒林宗派皆以先生爲文修子蓋自文修從朱子于武夷遂居建寧及先生登淳祐進士爲邵武尉故譌而爲邵武人歟

平翁語

有人一子名光一子名梵一子名晃其父遠出不歸光者子細探其蹤跡知其北往求之幽燕梵者不子細探討乃求之南閩晃者在家嬉遊而已一日光者得其父以歸梵者索然而歸光以責梵晃亦以責梵光可言也晃不可言也梵雖行路差尙曾求父也晃坐于家不曾求父乃責梵之不善于求父今之人未嘗求道而空空以議人何以異此釋氏行路差尙曾求道也

梓材謹案此條自梨洲所節車氏脚氣集移入

附錄

陳北溪答卓廷瑞曰葉仲圭資質甚穎敏可與適道而貪多欲速馳騖飛揚誠如長者之喻由其所師者節齋之學又別自立一家不純用文公節度如易解雖訓詁詳于本義而理義要歸未能脫王韓老莊之見則其爲教也好躐高妙而鮮循序就實工夫

車玉峯脚氣集曰平翁送乃子清父生日以香一片銘其上曰始于克己終于舍己聖學終始有立卓爾予按非禮勿視非禮勿聽非禮勿言非禮勿動此顏子克己處也以能問于不能以多問于寡有若無實若虛犯而不校此顏子舍己處也二己不同私者既盡八荒洞

然不見人我之異其始終如此補

雲濠謹案平巖之稱平翁猶了齋之稱了翁晦庵之稱晦翁也

西山門人

隱君繆天隱先生主一

繆主一字天隱永嘉人也從西山先生葉味道學博聞強記入太學貫似道蕪湖之敗先生與同舍諸生伏闕上書攻之宋亡隱居教授雙目晚瞽當事與致之爲學舍經師大德閒初製大成樂器皆以詢之所著有論學規範尙書說禮記通考天隱集補

隱君王愼齋先生夢松

王夢松字曼卿青田人篤志好學著禮記解學者稱爲愼齋先生參括蒼彙記

梓材謹案宋文憲作胡汲仲傳贊稱先生爲順齋處士

文安趙星渚先生景緯別見滄洲諸儒學案

文憲王魯齋先生柏別爲北山四先生學案

庶善門人李鄭四傳

鄉貢胡人齋先生一桂

胡一桂字德夫永嘉人也從庶善翁氏遊德祐乙亥上政府書幾萬

言時莫能用研究周官經國制度參互考訂至忘寢食故六官錯簡咸貫通補正有古周禮一百卷雲濠案謝山劄記先生著有古周禮補正一百卷四書提綱孝經傳贊字義口義講義人齋存稾學者稱爲人齋先生以其學配鄭伯謙補

雲濠謹案温州府志載先生云咸淳庚午領鄉薦教授于鄉又言董左丞俾攝郡學

車氏家學

聘君車玉峯先生若水別見南湖學案

迪功車雙峯先生若綰

車若綰字經臣後改名垓號雙峯韶溪之從子也先生與從兄若水並傳其學咸淳中以特科授迪功郎浦城尉不赴遂于經學而禮經較詳所著內外服制通釋九卷多備朱子之不備補

車大雅先生琛

車先生惟賢合傳

車琛雙峯子車惟賢韶溪之從孫也皆能世傳其學補

梓材謹案車先生琛字大雅牟楷序雙峯內外服制通釋云余聞雙峯先生服制有書舊矣而常恨莫之見也年幾耳順先生

之子大雅翁始編以示余蓋大雅謀梓是書而又爲之跋云

復齋門人

賈先生漢英

賈漢英南康人嚴侶從學于先生先生之學實源于朱子參桐盧縣志

愼齋門人劉李四傳

學正余先生學古

余學古青田人胡汲仲初師先生先生師邑人王夢松夢松受學龍泉葉味道味道則朱文公弟子也從黃氏補本錄入

梓材謹案先生著有大學辯問嘗爲國子正

賈氏門人李鄭五傳

高節嚴先生侶

嚴侶字君友桐廬人也漢高士光之後嘗從賈漢英遊賈則朱子之傳也宋亡不仕與謝皐羽方韶父吳子善輩哭文山于西臺皐羽所謂甲乙丙者也居親喪一用朱子禮楊維楨志其墓門人私諡曰高節先生補

余氏門人劉李五傳

純節胡石塘先生長孺祖巖起父居仁

胡長孺字汲仲永康人祖巖起宋嘉定進士知閩縣事父居仁淳祐進士知台州軍州事文辭政事皆絕出一時至先生而其學益振先生性聰敏九經子史無不貫通外舅徐道隆爲四川宣撫參議官先生從之入蜀與高彭李湜梅應春等號南中八士咸淳中以任子入官銓試第一歷倅福寧州而宋亡退棲永康山至正中薦授揚州教授建昌檄攝錄事轉台州寧海縣主簿延祐初轉兩浙長山場鹽司丞未上以病辭隱杭之虎林山先生淵源既正行遊四方旁求旨趣益信涵養主敬爲最切每曰一民失所便非君子學道之實嘗言人雖最靈與物同產初無二本此學之大原舍是而學則學非其學病喘一日具酒食召比鄰云將返故鄉門人問曰先生精神不衰何爲遽欲觀化曰精神與死生初無相涉也俄正衣冠坐逝年七十五所著有瓦缶編建昌集寧海漫鈔顏樂齋稾門人謚曰純節先生其高弟曰陳剛謝暉從黃氏補本錄入

雲濠謹案主一宋元儒傳私記云先生學有淵源文章有精魄與金仁山並以學術爲郡人倡海內重購其文有石塘文集若干卷宋景濂曰其從兄之綱之純並有文名人稱爲三胡

附錄

吳淵穎曰說者稱濂溪之所授受實本于壽崖佛者之徒永康先生胡公至爲論辯以著明之曾不容喙是殆當世之所深感者也朱子以東都文獻之餘集濂洛諸儒之大成而陸氏欲踵孟子曾不以循序漸進爲梯階特以一超頓悟爲究竟今則至謂朱爲支離陸爲簡易必使其直見人心之妙而義理自明然後爲學自謂爲陸實卽禪也故曰世之學者知禪不知學知學不知禪是豈深溺于異端外學之故而遂誣其祖乃舉七聖相授洙泗以降四子所傳之道而悉謂之禪邪道術所在茍或不契于古之聖賢則其所以召夫後世之嘵辯讙咋者不能遽已先生曾不此憚而直以此道爲己任又著明之子殆不可得而妄測者也予自燕還與金溪傅斯正再見先生傳之曾祖父本陸學亦喜談陸自近年科舉行朱學盛矣而陸學殆絕世之學者玩常襲故尋行摘墨益見其爲學之弊意其幸發金溪之故櫝而少濯其心邪 補

石塘門人 劉李六傳

陳潛齋先生剛

陳剛字公潛平陽人也受業胡石塘之門石塘爲西湖書院山長見

其勤晝夜研索不倦留之于家與同寢食遂盡得其學稱高第博通天人之奧所著有五經問難四書通辯述歷代正閏圖說渾天儀說歷代官制說禹貢洪範手鈔其文宗西京詩亦不屑六朝以下累試不售後瞽猶能作文口授學者稱爲潛齋先生其弟子著者曰章瑤洪鑄梓材案洪鑄當是洪濤傳寫之誤林溫陳善李時可王清修

謝先生暉

謝暉字彥實資陽人自其曾祖爲沿海參議官始家于鄞先生識見通敏聞永康胡汲仲以道學淑後進往受業其門或勸習舉子業答曰學以博通古今資文行耳仕奚所急哉趙文敏孟頫授以書法爲詩文簡淡雋永人以得其片楮爲榮先生亦不自祕惜求輒應之有所不可雖貴勢不能動也參成化四明志

學正吳碧崖先生雄

吳雄字一飛諸暨人也學者稱爲碧崖先生石塘胡氏弟子辟爲本州學正不就所著有地里書卜筮考

徵君李先生康

李康字寧之桐廬人永康胡汲仲之徒也元時累徵不起所著有桐川詩派等書補

別附

浮屠文誠

浮屠文誠字道元不知何所人也少從胡石塘遊著性學指要十卷其中多排朱子之說蓋石塘晚年緒論也至正中禾人雕其書淮張建國鄭明德陳敬初言而毀之予謂文誠欲宗陸以抑朱而身爲釋氏其說何以取信于人徒使論者斥槐堂之學爲禪耳然士誠之草竊亦豈足以正學統皆可嗤也 補

朱學之餘

鄉貢章清所先生仕堯

章仕堯字時雍一字清所平陽人也篤志朱子之學嘗曰時之治亂由于人心之邪正心之邪正由于學術之醇疵其門人曰彭庭堅趙次誠蔣允汶 補

梓材謹案溫州舊志稱先生通經史深究四書閫奧又言其累舉延祐丁巳庚申鄉貢

史先生伯璿

史伯璿字文璣平陽人也篤志朱子之學時諸儒雖宗朱子然饒氏輯講許氏叢說胡氏通旨陳氏發明亦多互異乃著四書管窺以辨

明之文取諸經史天文地理古今制度名物考證爲外編或勸之仕則曰讀書本以善身爲仕而學非吾志也卒不出補

潛齋門人劉李七傳

章先生瑤

章瑤

教授洪先生濤

洪濤字元質永嘉人至正間浙省右丞季朵兒只奉旨命儒士陶凱韓大理瞿宗奎與先生等同校勘一統志一千三百卷並奏授教授參温州舊志

府佐林先生温

林温字伯恭永嘉人博極羣經而尤長于春秋擢至正甲午進士歷佐省憲二府宋潛溪稱其正色直言百千畏懾云參宋文憲集

梓材謹案黃氏千頃堂書目言明太祖命儒臣孔克表劉基林温等以恆言釋羣經使人易通曉親解論語二章以爲之式克表等承釋五經四書以上賜名羣經類要蓋先生以元進士仕明

陳先生善

陳善
李先生時可
李時可
王先生清
王清
章氏門人
忠愍彭先生庭堅
彭庭堅瑞安人舉進士爲崇安縣尹民服其威信後陞福建都帥遇害賜謚忠愍參姓譜
隱君趙雪溪先生次誠
趙次誠字學之樂清人也章清所弟子所著有四書考義雪溪集補
雲濠謹案先生隱居不仕以雪溪自號
訓導蔣先生允汶
蔣允汶字彬夫永嘉人元末避地閩中就試中流寓榜第一洪武初歸里官府學教授著有四書纂類中庸詳說參温州舊志
雲濠謹案經義考引黄虞稷云洪武初官本府訓導葢先生本延爲府學五經師訓導其實授也

史氏門人

侍郎徐靜齋先生宗實

徐宗實號靜齋雲濠案先生名垕宗實其字也以字行黃巖人也永嘉史伯璿弟子洪武中官至兵部侍郎所著有靜齋集其門人曰黃淮補

訓導徐橫陽先生興祖

徐興祖字宗起平陽人也史伯璿高弟洪武中官訓導補

雲濠謹案温州舊志載先生明易詩書三經洪武壬子舉授温州府學教授以性理之學教導諸生咸尊之曰橫陽先生

靜齋門人史氏再傳

文簡黃介庵先生淮

黃淮字宗豫永嘉人舉洪武丁丑進士歷官武英殿大學士掌內制進少保兼戶部尚書以疾乞休卒謚文簡其性明果達于治體參史傳

雲濠謹案萬歷温州志稱先生優游林下十餘年壽八十三所著有介庵集歸田稿介庵其自號也

橫陽門人

吉士張先生文選

張文選字士銓永嘉人也徐與祖高弟嘗曰讀書在躬行不在耳食

官翰林庶吉士修實錄卒補

宋元學案卷六十五

南湖學案表

- 杜煜 晦翁石克齋門人延平白水籍溪屏山再傳元城龜山譙氏武夷豫章三傳涑水二程四傳
  - 從孫 范
    - 車若水
      - 戚象翁 別見北山四先生學案
      - 潘希宗
      - 金叔明 附董華翁
  - 邱漸
    - 戴亨
    - 方儀

胡常

王賁 別見北山四先生學案

沈可亨 並玉峯講友

蔡希點
- 潘希宗 見上玉峯門人

戴良齊
- 吳澄 別為草廬學案

並玉峯同調

杜知仁 南湖弟晦翁石克齋門人 —— 從孫 範 見上南湖家學

車瑾 南湖同調 —— 子 似慶 —— 孫 倬 —— 曾孫 若水 見上清獻門人

子 似度 —— 孫 景山 —— 曾孫 若綰 別見木鐘學案

孫 安行 別見木鐘學案

蔡夢說 —— 黃超然 別見北山四先生學案

高耕

方儀 見上木居門人

宋元學案卷六十六

餘姚黃宗羲原本　後學慈谿馮雲濠校刊
男百家纂輯　鄞縣王梓材重校
鄞縣全祖望補定　道州何紹基重刊

南湖學案

祖望謹案南湖杜氏兄弟之在滄洲亦其艮也再傳而有立齋爲嘉定以後宰輔之最聲望幾侔于涑水矣其學傳之車氏是時天台學者皆襲篔牕荆溪之文統車氏能正之述南湖學案梓材案是卷爲謝山所分立底稾未全移入車玉峯脚氣集尙有黎洲原本

朱石門人　劉李再傳

主簿杜南湖先生煜

杜煜字艮仲黃巖人嘉定元年進士官終東陽縣簿初與弟知仁學于克齋石先生𡑞克齋致先生于紫陽于是師事者十餘年紫陽嘗謂其論敬字工夫甚善論氣稟有偏而理之統體未嘗有異亦爲得之學者稱南湖先生從孫則卿裒集成書名之曰南湖先生文集參台學源流

杜方山先生知仁

杜知仁字仁仲號方山南湖先生之弟也少有俊才爲舉子文操筆即驚人刻意于詩不奇不已曰是不足以爲學于是即六經語孟考論一時諸先生風旨至紫陽之書則拱而曰道在是矣窮理求仁吾知所止所著詩文十五卷訂禮讀易說詩多所論述未及裒次而卒同上

南湖同調

隱君車敬齋先生瑾

車瑾字元瑜號敬齋黃巖人究心理學隱居馬家山參台州府志

梓材謹案謝山學案劄記車瑾字敬齋蔡夢說之師也誤以其號爲字劄記又云車敬齋未識即安行否又云敬齋當是魯齋弟子攷浙江通志引黃巖遺逸傳亦云車敬齋名瑾字元瑜景山其孫也觀先生弟子之門人有在魯齋之門者玉峯爲先生曾孫亦嘗學于魯齋則先生之不得爲魯齋弟子明矣

南湖家學 劉李三傳

清獻杜立齋先生範

杜範字成之雲濠案一作成己黃巖人少從其從祖良仲仁仲游從

祖受學文公至先生益著由進士轉軍器監丞入對言君相之私未去更新之效未睹又言近用名儒發明格致誠正之學願以其講明見之施行及爲御史以言忤時相鄭清之先生自劾言宰相與臺諫當同心爲國豈容以私害公幷論斥侍從近臣監司郡守之失職者時相愈忌之先生自入臺屢丐祠至改常少復五上歸田之請不允還祕書監拜殿中侍御史先生奏臣冒耳目之寄輒忤宰相今又使居言職豈以臣絕私比而其言猶有可取邪復言時相橫啓邊釁並發其私疏入不報而有左史之命卽渡江歸嘉熙二年知寧國府四年還朝累遷至禮部尚書兼中書舍人擢同簽書樞密院事先生自還朝後抗言無隱情既入都堂丞相史嵩之忌之遷同知樞密院事以李鳴復參知政事先生嘗劾鳴復不屑與共政去之會嵩之遭喪拜先生右丞相力疾入覲帝親書開誠心布公道集衆思廣忠益賜之先生上五事並條利病與政事可行者爲十二事一以去私爲主雖秉鈞未久不能大有所匡正而其忠君愛國之忱悱惻懇到于宋之末葉求之蓋亦難其選矣卒贈少傅謚清獻所著有古律詩歌詞五卷雜文六卷奏稿十卷外制三卷進故事五卷經筵講義三卷參史傳○雲濠案四庫書目收錄清獻集二十卷蓋後人重輯之本非

其舊矣

清獻文集 補

老氏宗虛無尙柔謙傷周衰文敝欲返之樸古者蓋其著書本意若圖錄之傳符咒之術乃本之張道陵而寇謙之借李君以文其欺

梓材謹案謝山所錄清獻文集二條其一條移入車隱軒傳後

南湖門人

布衣邱木居先生漸

邱漸字子木黃巖人也受業南湖杜氏之門故與清獻爲莫逆交講明道學以淑後進清獻枋國先生多所贊畫然欲援之仕則不可卒以布衣終門人甚盛四書衍義其所著也門人之最著者曰戴亨 補

雲濠謹案台州府志載先生鄉人尊之曰木居先生

方山家學

清獻杜立齋先生範 見上南湖家學

敬齋家學

隱君車隱軒先生似慶

車似慶字石卿號隱軒潛心理學隱居樂道年已及耄觀書猶至夜分釋經評史權古商今不襲前策陳言迥出新意自成一家言所著

有五經論閒居錄隘軒文集杜清獻公陳篔窗爲之序嘗與王侍郎方巖友善及方巖擢高第登顯仕强而附者鱗鱗然先生至絶迹其門郡守屢挽之不能致（參台州府志）

梓材謹案台州志誤作車卿字似慶今據謝山節錄杜清獻文原注云隘軒名似慶字石卿改正

附錄

杜清獻曰車隘軒閒居錄于邪正義利雅俗之雜與傲上謟下淩弱畏勢等語皆不易之確論至謂以僻異解經當與侮聖言同科尤見其所守條律之嚴（補）

車先生似度

車似度隱君瑾之子與其子景山皆老于儒（參柳待制集）

車先生倬

車倬字章甫隘軒子能世其家以身爲鄉社倚重者四十年（參台州府志）

車密林先生景山

車景山號密林敬齋孫博學能文舉鄉科上春官不第遂老于家（同上）

車韶溪先生安行別見木鐘學案

聘君車玉峯先生若水見下立齋門人

迪功車雙峯先生若綰別見木鐘學案

敬齋門人

蔡起巖先生夢說

蔡夢說字起巖黃巖人嘗從車敬齋遊究心濂洛之傳開門授徒黃超然高志伊方儀皆其高弟所著書多散亡獨箋詩八卷藏于家補

立齋門人劉李四傳

聘君車玉峯先生若水

車若水字清臣黃巖人賈似道再聘入史館不赴先生嘗登篔簹陳耆卿之門篔簹學古文于水心葉氏適而得其傳者也是時吳子良先從篔簹已登科聲譽甚震先生以晚進一旦篔簹于人前揚之過當同門皆不平久之乃服已而事杜清獻公範乃自以爲求道之晚嘗著道統錄自周子至勉齋講明性理自號玉峯山民有宇宙略記世運錄道統錄玉峯冗稿修

梓材謹案玉峯傳及脚氣集黃氏原本在金華學案今據序錄入是卷

玉峯脚氣集

養氣要緊在有事與勿忘上工夫自到又不可責近效所謂大段著力不得也著力則氣壹動志前功不保矣勿正是爲常有事者言也勿助是爲勿忘者言也揠苗是爲已耘苗者言也不曾耘苗草長而苗且不存又何苗之可揠乎告子不肯做有事與勿忘工夫只願勿正勿助其曰不得于心勿求于氣不得于言勿求于心此後世釋氏之不動心非儒者之不動心

祖望謹案所謂揠苗非指告子

濂溪不言知格徑說定以仁義中正而主靜以上皆知格也厥彰厥微弗靈匪瑩其知格也至矣定之仁義中正則著實主靜則立本其知格也至矣

禮運首章載孔子言大道之行天下爲公大道既隱始以禮義爲紀離禮義以言道是老子之言也 補

漢時士大夫奏事宮中要便入來只是不到後庭所以公孫宏燕見武帝或時不冠又不冠不見汲黯猶是周禮古意自武帝以宦者典章奏而士大夫遂疏門禁森嚴全隔絶矣于是親宦官宮妾之時多親士大夫之時少 補

禪家之法只是要人靜定凝守一向更不思別路久而自能通達此吾儒至誠如神意吾儒公溥他只是自私他要不落窠臼誠是不落窠臼然亦有可搏摸者問如何是佛祖西來意曰庭前柏樹子此語最好是吾儒一箇仁字也如何是佛曰乾屎撅謂前人往矣我自當作工夫說前人甚麼此句與吾儒別有問請師安心曰將心來與汝安百丈謂溈山曰汝撥爐中有火否溈山撥云無火百丈起深撥得火云此不是火吾儒亦如此教人但今聽之者不把作事看反不如他能信向服行也然既曰悟道必當首先悟吾父母何如三綱五常身體髮膚七顛八倒反借吾儒名分之說與四海五湖無所係著之人挽合交道而自謂高于一世而人亦以是高之然若無朝廷見成飯與喫見成法與持亦定坐禪不成也

程子令人類聚論語言仁處玩味此最切于教人仁實是難訓看來看去自曉得可也上蔡識痛痒之語亦切蓋出于程子痿痺不仁之語意愚嘗講程子觀雞雛可以觀人仁說得幾句自謂有功于諸儒

明道先生說今學者敬而不見得又不安者只是心生亦是太以敬來做事得重此恭而無禮則勞也恭者私為恭之謂也禮者非體之禮是自然底道理也只恭而不為自然底道理故不自在也人把禮